一刀流極意

笹森順造

本書を流祖
伊藤一刀斎景久
小野次郎右衛門忠明
並び代られ師の
霊にさゝぐ

著者

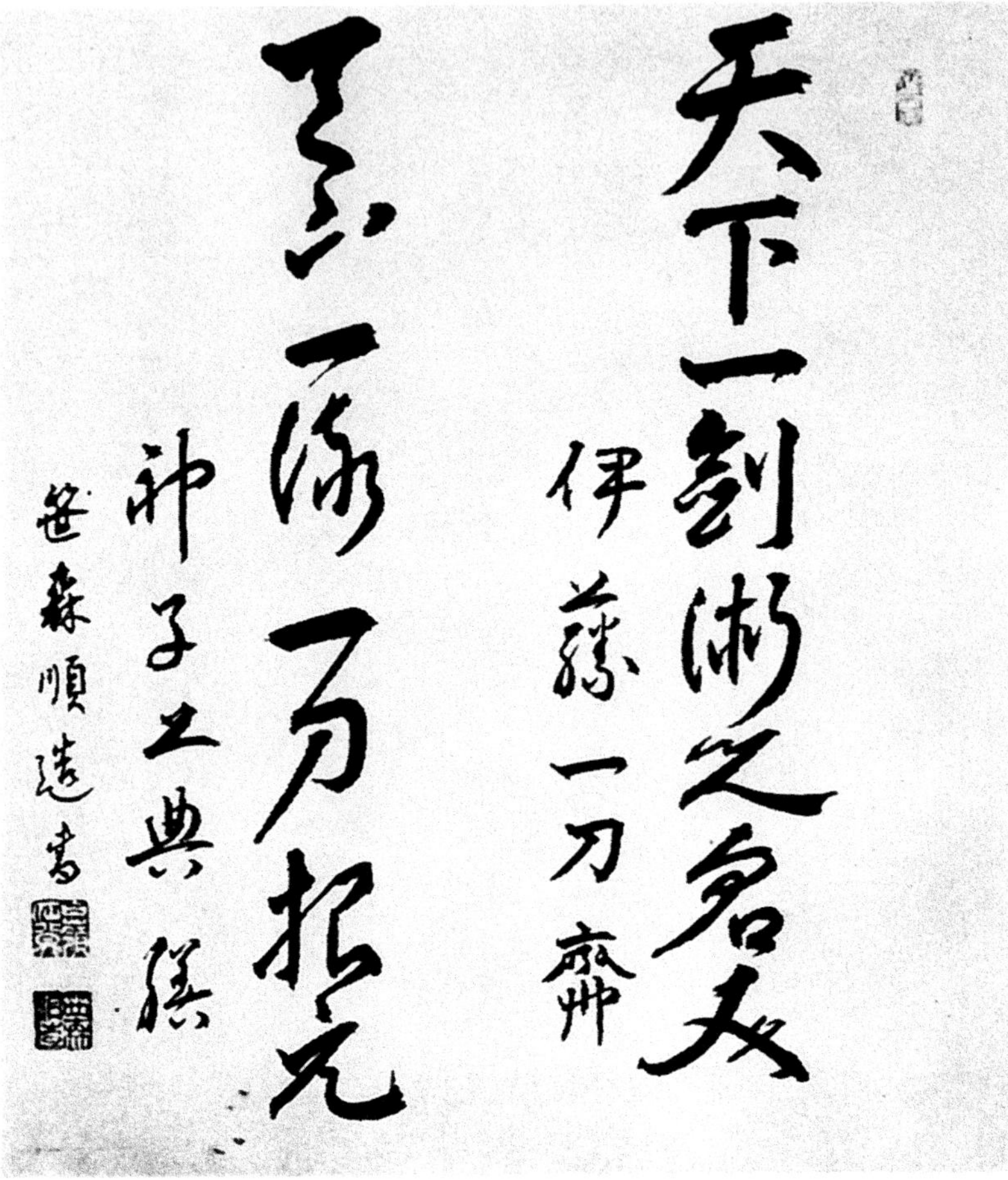

神子上典膳　自称之贊　　伊藤一刀斎　自称之贊

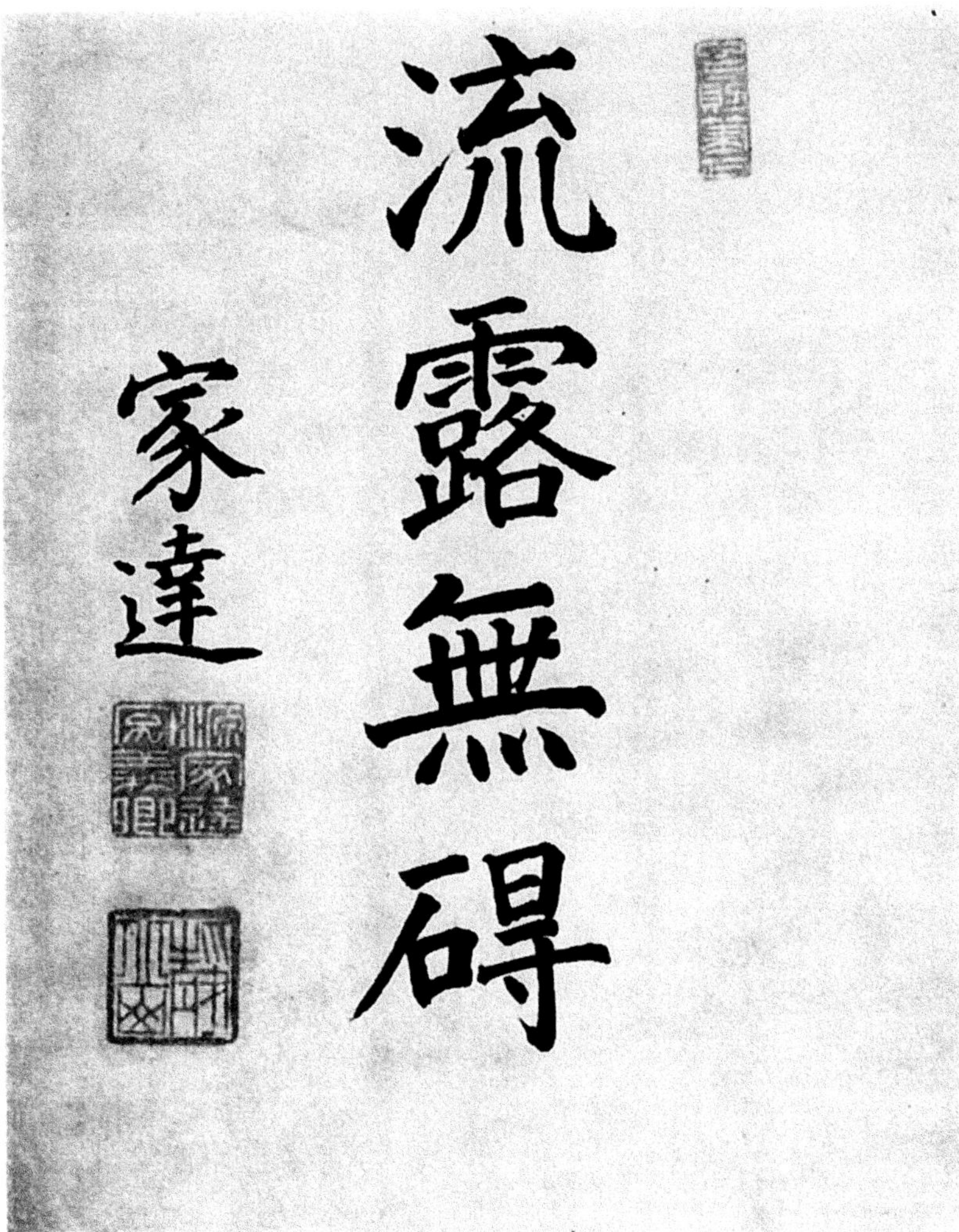

徳川家達　本著のための揮毫　（一刀流極意）

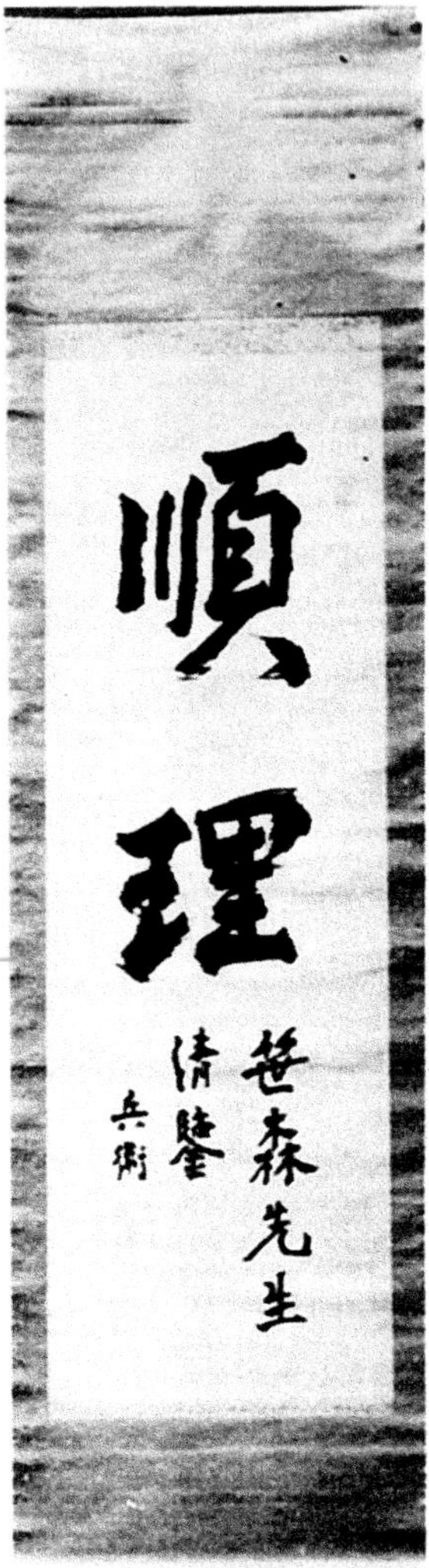

明治神宮宮司護国館長　陸軍
大将一戸兵衛本著のため揮毫

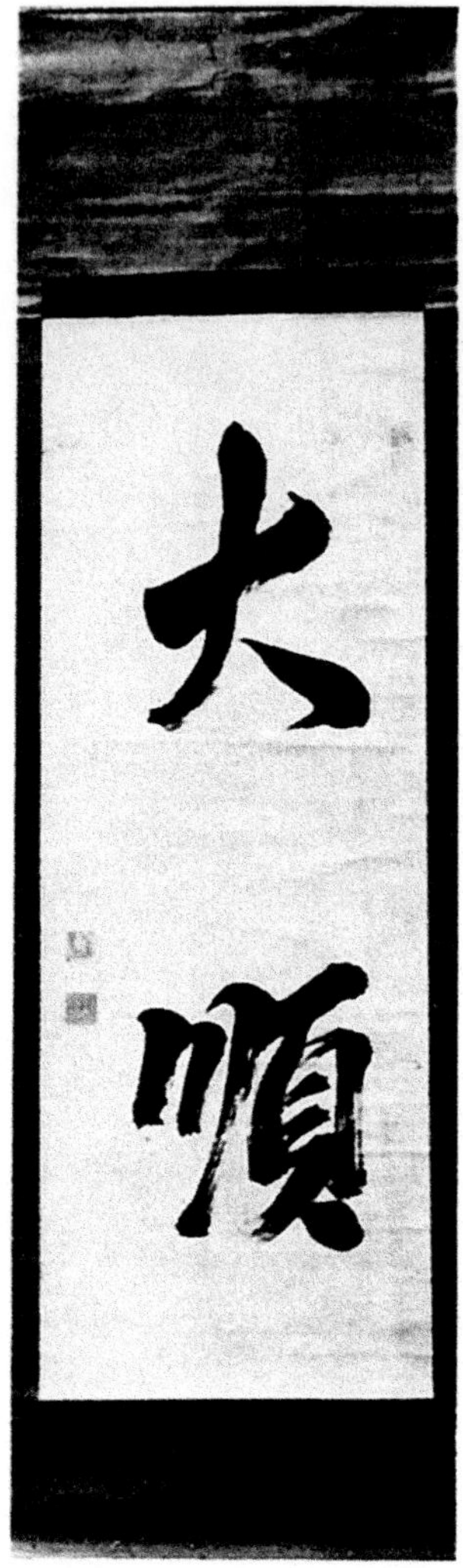

津軽九代藩主寧親書　藩大学
稽古館創立者　　一刀流奨励

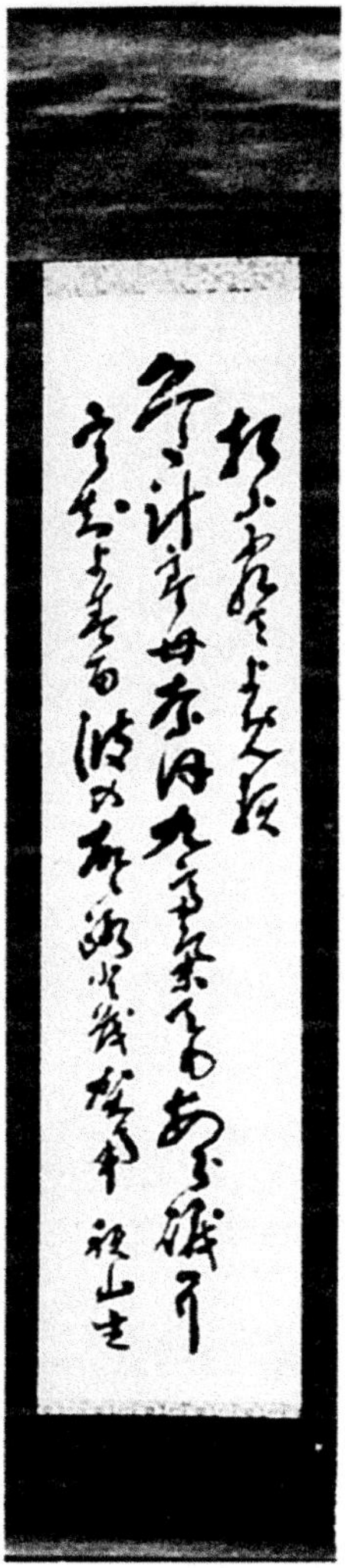

大日本武徳会会長護国館
顧問陸軍大将浅田信興書

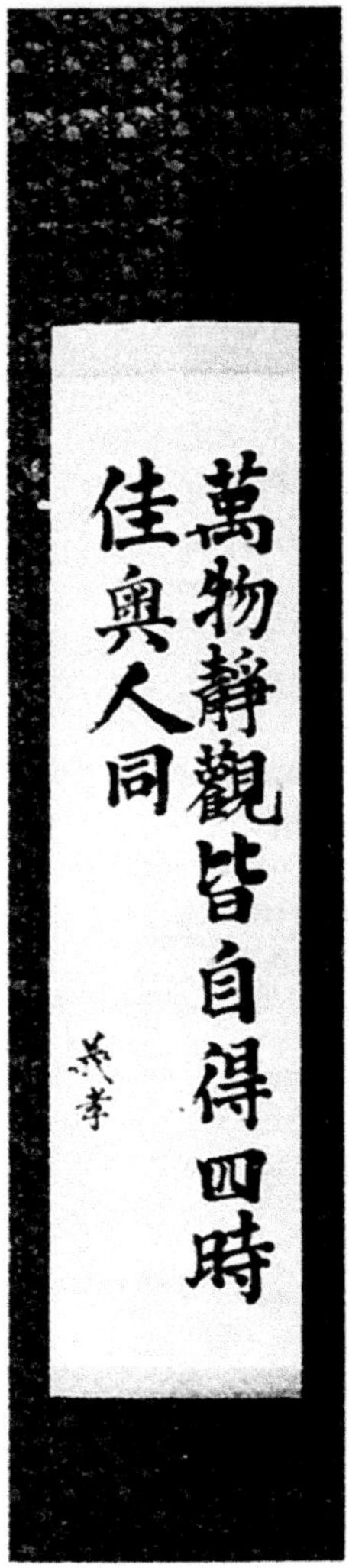

津軽 14 代義孝書 一刀流
極意万物味方心得の事

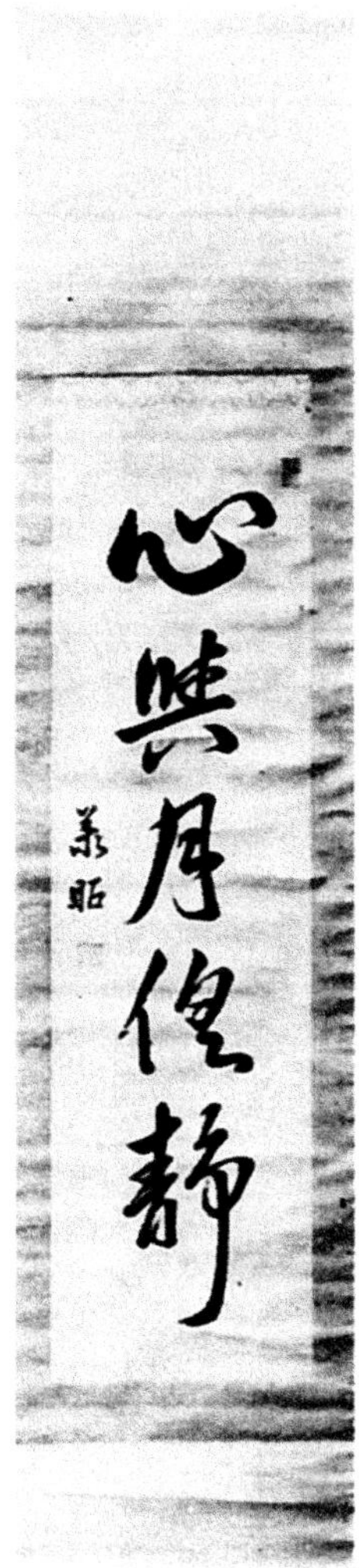

津軽 12 代藩主承昭書
一刀流極意心月の事

小野次郎右衛門忠明（木像）　　小野次郎右衛門忠常（木像）

小野次郎右衛門の墓前にて一刀流奉納演武（於　永興寺）

左　鶴海成知範士　　右　著者

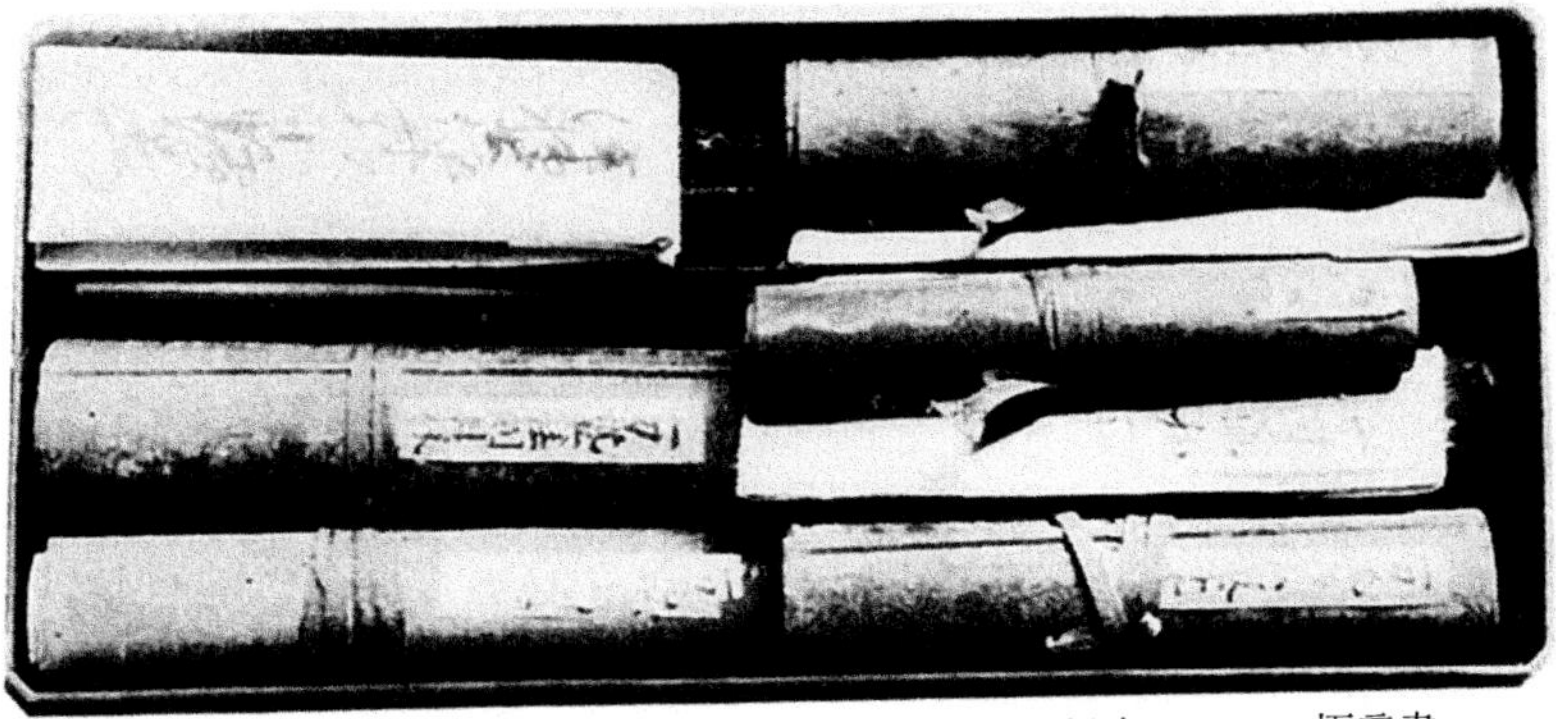

津軽家伝来　極意書

楠公六百年祭　湊川神社にて一刀流奉納演武

左 高野佐三郎範士　右 著者

著者近影（第80回の誕生を迎えて）

序

笹森順造氏が「一刀流極意」の書を著わし、日本武道の代表的流儀を詳述した。日本民族遺産たる剣道の哲理、徳目、術理が流祖以来極意口伝として厳秘に付されていた。著者は一刀流極意秘伝を本著で大胆に公開し、懇切に詳解した。剣道上達を望む人、必勝の処世術を求める人、日本民族性の尊い教養を欲する人が必読すべき日本武道の代表的名著である。

木村篤太郎
（全日本剣道連盟会長）

一刀流は天下一剣術之名人と号する伊藤一刀齋景久が創めた日本剣道の名流であり、江戸時代に天下を風靡した。その中期に一刀流の門弟中西の道場で組太刀の技を自由奔放に応用練習するため防具竹刀が考案され、その後の剣道練習方式ができた。故に一刀流を学ぶと剣の理論が実践になる。事理一致すると期せずして勝ち、老来益々心技が冴える。この剣の道は処世百般の道に通達することになる。その極意が笹森順造氏七十年の苦心体験に成る本著によつて与えられる。学剣者として必読の好著と信ずる。

斉村五郎
（剣道十段範士）

一刀流祖伊藤一刀齋が天下無敵の剣聖であり、卓抜な指導法を遺して後世に幾多の強豪を輩出した。組太刀の稽古に大太刀、小太刀を真剣、刃引、木刀、袋撓を使つた。鬼小手、木刀が常用され、素肌の袋撓が最も手軽に行われたが、防具竹刀、自由乱打が一刀流の門弟中西忠藏によつて工夫されてから今日の剣道方式が確立し普及した。

本書「一刀流極意」は著者笹森順造氏が幼少から七十年一刀流を研鑽し奥儀を承け、且つ教育家として幼稚園、中、高、大学の長として多年剣道教育に心を注いだ体験による剣道強化書として絶好の著書である。

野　田　孝

（全日本学校教職員剣道連盟会長）

我国固有の剣道は近来大いに青少年の間に普及され既に各学校の正科体育にも採り入れられ、今後益々その正しい発達が期待されて居る。にも拘らずその基本原理をなす各流の極意書は極度の厳秘主義の下に置かれた為、不幸にして今日は殆んど烟滅し去つて之を求むべくもない。

然るに、その最も代表的な一刀流の極意が極めて完璧に津軽藩に伝承せられ、その正統をつぐ笹森順造氏が七十年の研修の精を注ぎ明快詳細な叙述と解説を施して世に提供されたことは、日本文化史の為欣びに堪えない。

世の剣道に志ざす人々は之によつてその理と技の源を正しく知り、先人苦心の剣道の真髄を窺つて人生の指針とされんことを念願して已まない。

矢　野　一　郎

（全日本実業団剣道連盟会長）

わたくしども多年待望の「一刀流極意」が笹森順造氏によつて刊行された。門弟の一人としてまことに喜ばしい限りである。

流祖伊藤一刀齋景久の足跡は今日必ずしもつまびらかではないが、中条流鏡巻自齋について刀法を学んだことは確かである。上達するに及んで諸国を武者修業し、名ある者と真剣勝負をすること三十数度に及んだと言われ、遂に剣の精妙を極め、勝つた刀法と諸流の長を採つて自ら工夫発明して一流を創めるに至つた。即ち一刀流である。鶴岡八幡宮に祈願してその満願の夜、夢想剣の極意を霊験した話は一刀流秘事として広く知られている。

二代小野次郎右衛門忠明についても多くの言伝えがあるが、師の命により心の正しくなかつた相弟子善鬼を真剣勝負によつて斃し、一刀齋自作の伝書と瓶割刀を相伝した悲壮な物語は奥秘相伝の厳粛さを思わせる。忠明はのち徳川家康、秀忠に仕え、その後代々、将軍家の師範役を勤め、かくて柳生新陰流と並び称せられ武人の心酔するところとなり諸大名からも重んぜられた。のち忠也派、梶派、中西派、北辰一刀流など分派を生ずるに至つたけれども、ともかく一刀流が江戸時代剣道の大宗として重きを為した事実は動かない。

一刀流に限らず、剣道諸流はその精妙の凝結とも言うべき型、組太刀の修練、体得を重んじ伝書、口伝を以てこれを補い、次第に事理一致の妙所に導くわけであるが、江戸時代の中頃、防具、竹刀が現われ千変万化、実戦さながらの働きを試み度いとの欲求がたかまるにつれて、自づと勝敗に拘泥し、竹刀稽古に重点がおかれる様になり、やがて諸流の精髄である型、組太刀の伝承は次第に疎略となつた。

かくて一時は数百を数えた諸流派も維新を経、明治、大正、昭和と時代の移るにつれ少数の例外を残しては概ね絶滅して了つた。大東亜戦争を経て原子力の出現した現代に至つても、人間完成の道としての日本剣道が正しく評価され竹刀剣道が日に隆盛に赴くのはまことに喜ばしい次第であるがその本源が忘失され、由緒あるその本質が危殆に瀕するのは残念至極である。

然るに一刀流にとつてまことに奇蹟とも言うべきは北辺の津軽藩において本源そのままに温存せられたことである。一刀流の正統は中央において二代忠明より三代忠常、常四代忠於、五代忠一と継いたのち、故あつて一時津軽藩主土佐守信寿公に相伝されたという。この様に藩公自らが流派の正統を相伝したという稀有の事実と、その首都弘前が中央から遠く距つた純朴敦厚な僻地であつたこととが相俟つてその奇蹟を可能にした好条件であつたと思われる。日本武道にとりまことに天佑というの外はない。

かくて笹森順造氏は幼少の頃から津軽藩主の承けた一刀流の正統を藩の師範家山鹿元次郎高智から与えられ、その極意秘伝と組太刀の技を悉皆伝承されたものである。清純温厚の高士として令名高く、長い在米生活を通じ世界的活眼の広い同氏も既に八十の齢を超えられた。七十年間にわたる精励体得を以て流儀の歴史、技法、伝書、奥秘を詳述解説せられたのが本書である。まことに権威ある名著として広く世間に推奨したい。

石田和外

（最高裁判所判事）

緒言

一刀流は不世出の英傑伊藤一刀斎景久が、日本に大昔から伝わつた剣道の教えを、室町時代に大成した日本剣道流儀の最高峰である。又現代に行われている試合剣道方式は、一刀流が剣道強化のため、江戸中期に創定したものである。仍て剣の道に達しようと志す人は必ず一刀流を学びその本流を汲むべきである。

剣道は武技か体育か競技か哲理か道義か宗教か、それはその人の修得と悟達の深浅如何によつて異る。古来剣道の一門を開いた流祖はみな生死を賭けた一生の鍛錬と宗教的霊験によつて妙奥に達している。一刀流は卒爾として室町時代に遇発したのではなくそのよつて来る所が頗る宏遠である。往昔から日本民族性に発祥し伝達された日本独自の剣太刀の思想を承け嗣ぎ、これを大成した日本剣道の精華である。

史実を考証すると、日本古文献の権威たる大江匡房の著、闘戦経の巻頭に「我が武は天地の初めに在り、而して一気に天地を両つ、若も雛の卵を割るがごとし、故に我が道は万物の根源、百家の権輿なり」とある。また古事記に伊邪那岐命が御佩かる十拳の剣を抜きその子の迦具土の頸を斬りたまえば十六柱の命が新たに生れ出たとある。その中に後世武神と崇められる建御雷命もいる。その後に天照大神が須佐之男命から十拳剣を受けた時、これを三段に打折りたまうと、また三柱の命が生れ出たとある。このようにわれらの先祖は剣をもつて、いつも新生命を生む働らきをなすものと観てきた。須佐之男命が八俣の遠呂智の中尾を切り、刺し割つてみると、都牟刈之太刀があつた。これは後世に草那芸の太刀と唱えられている。また大穴牟遅の佩いたのを生太刀という生きた太刀、生かす太刀という意味である。その後に建御雷命が出雲国五十田の小汀で十拳の剣を遣う物語が出てくるのである。

日本の剣は古くは都流岐（つるぎ）または都牟賀理（つむかり）とよばれた。利く截断ち、刺通すことを意味する。剣を太刀または多知とよび、一つを二つにたち切り、二つを四つに切つてその数を殖やし増し加え、これを一つに纏め、生かし育て完成することを古来から日本人は太刀技（たちわざ）の道（みち）としてきた。

日本の武は神武不殺と言つて殺さないばかりでなく武は『む』であり『産』『うむ』『むすび』の義であるとして、われらの先祖は生命の根源と生産の働らきを矛や剣で考え、これを神聖な宝器不可思議な珍器とし、日本民族生成の象徴としてきた。また兵は平なりと言い、兵術を和術と称し、小にしては人と和するの術、大にしては天下を平和にする術と教えてきた。この生成と平和の特性から生れてくる道義は即ち育成教化、仁愛慈悲、寛忍忠恕、正義大勇、真鋭純潔、清浄無垢、礼儀撙節、淡泊瀟洒、公明正大、犠牲奉仕、協同互助、勤勉努力、向上進歩などの能動的諸徳である。剣道の真髄はどんな時代になつても、個人にも社会にも欠いてはならない哲理と道義の上に成り立つものと教えられてきたのである。

外国の武の考えはこれとは全く違う。漢字の武を意解する説文に『楚　荘王日　夫武定功戢兵　故止戈為武』とある。戈は悪いものであるからこれを止めるのは武であるとは彼等の考である。また老子は『夫佳兵者不祥之器　物或悪之』と言つている。また彼等は剣を説く釈名に『剣は撿なり、非常を防撿する所以なり』とあるように剣の最高目的は悪いものをしらべふせぐ働らきをなすことと考えている。この消極的な凶器の考と、日本の積極的な宝器の考とは雪坭の差がある。

日本剣道史の発達の過程を見ると、わが民族とともに進んできた。大古に発祥した日本の剣の道は戦国時代に俄かに勃興した。雄将猛士が数百年に亘つて戦場を馳駆し、或は騎馬に跨り、または徒歩で先ず遠矢をかけ、進んで薙刀でなぎ伏せ、鎗で突き斃し、接しては刀を抜いて切り捨て、刀折れては組討を行い投げ倒し鎧通しで止めを刺す。各種の武器を用い各種の武芸を綜合的に揮って雌雄を決した。これを武芸十四事とか武芸十八番とかいつて武人の嗜みとした。彼等は死生の巷を出没し武技を実戦場に於て百錬千磨し勇を鼓し、機略を縦横に施して必勝不敗の功を腕に覚え心に悟り、国を守り身を完うし、達しては自己内心の敵に克ち、生死によつて志を変えず、徳性を養い和戦ともに処世の心得とした。彼等は己れの刄にかけた好敵手の霊を弔らう温情を決して忘れなかつた。彼等は戦場の経験と知識と技能と信条とを整理統合し、天地の大道、聖賢の教に則して一つの方式を創建し一流を開き、これを子孫に伝え人に教えるに至つて日本独自の武道の各種各流各派の道統が立てられ、燦然たる光輝を放つ盛観を呈するに至つた。わけても天下無比の強豪、安心立命の信念、泰平昌栄の基盤として後代に伝えられた最も秀でたものは伊藤一刀斎景久の創建した一刀流であり、室町時代から江戸時代を貫いて将軍や雄藩々主及び多くの武人がその流れを汲んだ。

明治維新は日本の封建制廃止とともにあらゆるものの変革期であり、帯刀禁止により古来の武芸は一時に衰退した。第二次世界大戦に於て原爆の威力は従来の兵器の効力を抹殺した。いまになつて剣を揮つて原水爆や人工衛星に立向う狂人もない。併しながら永くわが民族の中に伝承された武芸の各流各派の始祖の苦心、経験、工夫鍊磨、体験、悟達やまたその宗家歴代名人の積んだ鍛錬と、その門弟子の嘗めた辛酸の結晶として出来上つた流儀の体技、心術、哲理、道義の教は日本歴史の遺産として不滅の価値があるものであり、また後代の人々の心身修養の体育競技の尊い規範となり、且つ新時代に換骨脱体した処世訓となり永久に保存振興顕彰さるべきものである。

この貴重な伝家の極意秘伝書が幾度か滄桑の変にあい、いくばくもなく埋没し去ることは誠に惜しむべきである。古伝の多くが短年月の間に煙滅したのは身骨を砕いて継承する篤志の人が殆どなくなつたのと、古人が流儀の教を独占秘蔵し極意の大事については口伝により、子弟の脳裏に刻み身体に覚えさせ、筆紙の記録を禁じた。而も伝書目録は他言他見を許さず、最高奥秘の教は唯授一人、一子相伝として門外不出となし、折角の貴重な教えの伝達、流通、公布、永続、振興、発展を不便にしたからである。従つて今日遇々旧家の櫃底に蔵されている極意秘伝書の巻物なども多くは教えの題目の目録だけであつて、技の手順の説明もなく、教の解釈もなく、意味が不明で実意が伝わらず、況や実技を行い得る者のなくなつたことは誠に遺憾の極みである。仍つて武芸各種各流各派の教えの研究、詮索、継承は今日に於て日本民族文化史保護のためにも欠くことの出来ない喫緊事である。

著者は明治二十年代幼少七・八才の頃から弘前市北辰堂道場で旧津軽藩の指南役対馬健八等に一刀流の手ほどきを受け、続いて青年の頃から中畑英五郎に就いて師が八十二才の高齢に達するまで絶えず一刀流の指導を受けた。また山鹿素行四代の後裔山鹿八郎左衛門高美は小野次郎右衛門忠喜から一刀流の極意伝授を承けていたが、山鹿家は軍学と一刀流兵法をもつて代々津軽藩に仕えていた。高美四代の孫高智は家伝の一刀流の極意秘伝書全巻と高厚愛用の大太刀の木刀明和四年の作とを著者に伝えた。更に著者は小野次郎右衛門忠一から津軽土佐守信寿に伝え、爾来代々津軽家に伝わつた一刀流の正統直伝を悉皆伝えられ、一刀流の一切の技法、目録、口伝聞書極意解説書等を相伝している。著者は大正十四年に市川宇門、渋谷文男等の同志と図り、弘前市に護国館道場を創立し、古来の武道各種各流各派を奨励し特に一刀流の研鑽に力を致した。

昭和五年十一月、明治神宮鎮座十年祭に当り、内務省が主催し、一戸兵衛が会長となり、日本武道形奉納演武大会を行つた際に全国から各種各流各派の道統を継ぐ者集まり、その演武により、朧気乍ら先人千年苦心伝来の尊い神技の片鱗が窺われ、興味津々たるものがあつた。この日選ばれて日比谷公会堂で演技したのは剣道、柔道鎗術、居合術、長刀術、杖術、棒術、鎖鎌術、銃剣術、唐手術、陣具術、捕縄術、弓道、場外では游泳術、馬術の合計十五種目であつた。数百流の内から厳選された有名な剣道流派につき当日演技の順序に従つて列挙すると、大石神影流、天真正伝香取神刀流、水府流、神陰流、北辰一刀流、無外流、神道無念流、警視流、高師五行形、天真流、小野派一刀流、大日本帝国剣道形、一刀正伝無刀流、直心影流、戸田流、中和一刀流、改心流、力信流、鞍馬流、卜伝流、雲弘流、天然理心流、田宮流、山口一刀流、馬庭念流の二十五流派である。右の内特に著名な数流派は台覧の特選となり、小野派一刀流もその栄を担い、著者は高杉健吉と極意刃引を演じた。

昭和八年十一月三日明治神宮体育大会に日本青年館にて小野派一刀流の大太刀の切組を高野佐三郎と著者とで演じ、昭和十年五月大楠公殉忠六百年祭に当り、湊川神社で高野佐三郎と小野派一刀流の組太刀を演じた。昭和十一年三月十八日に弘前市東奥義塾に秩父宮、同妃両殿下奉迎古来武道大会で、台臨のもとに津軽南部両藩に発祥伝来した主要な十二流派の演武を行った。それは梶派一刀流、小野派一刀流、当田流、卜伝流、神夢想林崎流、穴沢流、直元流、柳生流、日下真流、日下新流、一当流、本覚克己流である。著者は小野派一刀流極意刃引を鶴海成知と、極意払捨刀を小舘俊雄と、高上極意五点を藤原新太郎と演じ、また一刀流極意秘伝書を台覧に供した。

昭和十四年十一月著者は東京に移つてからは各種の武道大会に於て一刀流の公開演技を行う機会多く、昭和三十九年十月十五日第十八回オリンピック東京大会デモンストレーション武道大会が新装成れる日本武道館で行われた際に、日本古武道の形として著者は鶴海成知と一刀流高上極意五点を演じた。また著者は自邸内に「礼楽堂」道場を建立し一刀流其他の武道に執心する士の便宜に供している。

著者は幼少以来七十余年前から先師について一刀流に精進を重ねたが、その理を探ぐると愈々深く、その道を望むと益々遼遠である。小野次郎右衛門忠一の弟子中西四代の忠兵衛子正が自画像の自讃の和歌に『尋ねてもまたたづねても たづねても たづねあたらぬ剣術の道』とある。この一幅の掛軸は子正の弟子須藤半兵衛に与えられ、後に須藤家から著者に贈られたものであるが、歌の心はよく斯道の幽玄を詠んでいる。流祖以来の名人の神技明哲を尋ね究めて示すことは至難であるが、著者は一刀流の古来の正統直伝の権威ある技法、秘伝を理解体得することに心を砕き、資料を蒐集整理し、教えの本義と技術とを順序に従つて分類、配列、解説に遺憾なきことを期したくこの道に専念すること七十年、ここに禿筆を駆して漸く稿を脱し、本著を上梓することとした。

古来武道の門に入り流儀の教を受けるのには起請文に血判を捺し、教えの他言他見は神罰を蒙るべきものと盟い、その極意を厳秘に付するのは掟であつたが、著者はいま敢てこれを後学の人に解放公開する所以のものは、古来極秘の妙理妙術を後代の剣道家に伝え、古人苦心の偉功を顕彰し、雄渾なわが国独自の精神文化と芸能を保存、伝達、振興せんがためである。一刀流の極意解明は一刀流によつて発明された剣道を学ぶ者に稗益する所が甚大であり、この公開によつて正しい古流を学ぶ篤志の士が輩出し同好者の研究に資し、また新らしい姿の剣道家の指針となり、心身修養の根源となり、更に剣を手にしない人にも日本独自の思想と行動の卓抜なことを窺う資料となす所があるならば幸慶これに過ぐるものがないのである。

昭和四十年五月十八日

第八十回の誕生を迎えて　著者識す

本書を限定版として刊行会から出したが、同好者の賛同により頒布を完了した。引続き一刀流の極意を求める諸士から所望があるので、このたび第二版を出すことにした。なおこの機会に若干の加筆訂正をした。

昭和四十五年五月十八日

第八十五回の誕生を迎えて　著者識す

目　次

目　次

第二編　組太刀の技

第三編　剣道強化

第四編　伝　書

第五編　極意秘伝

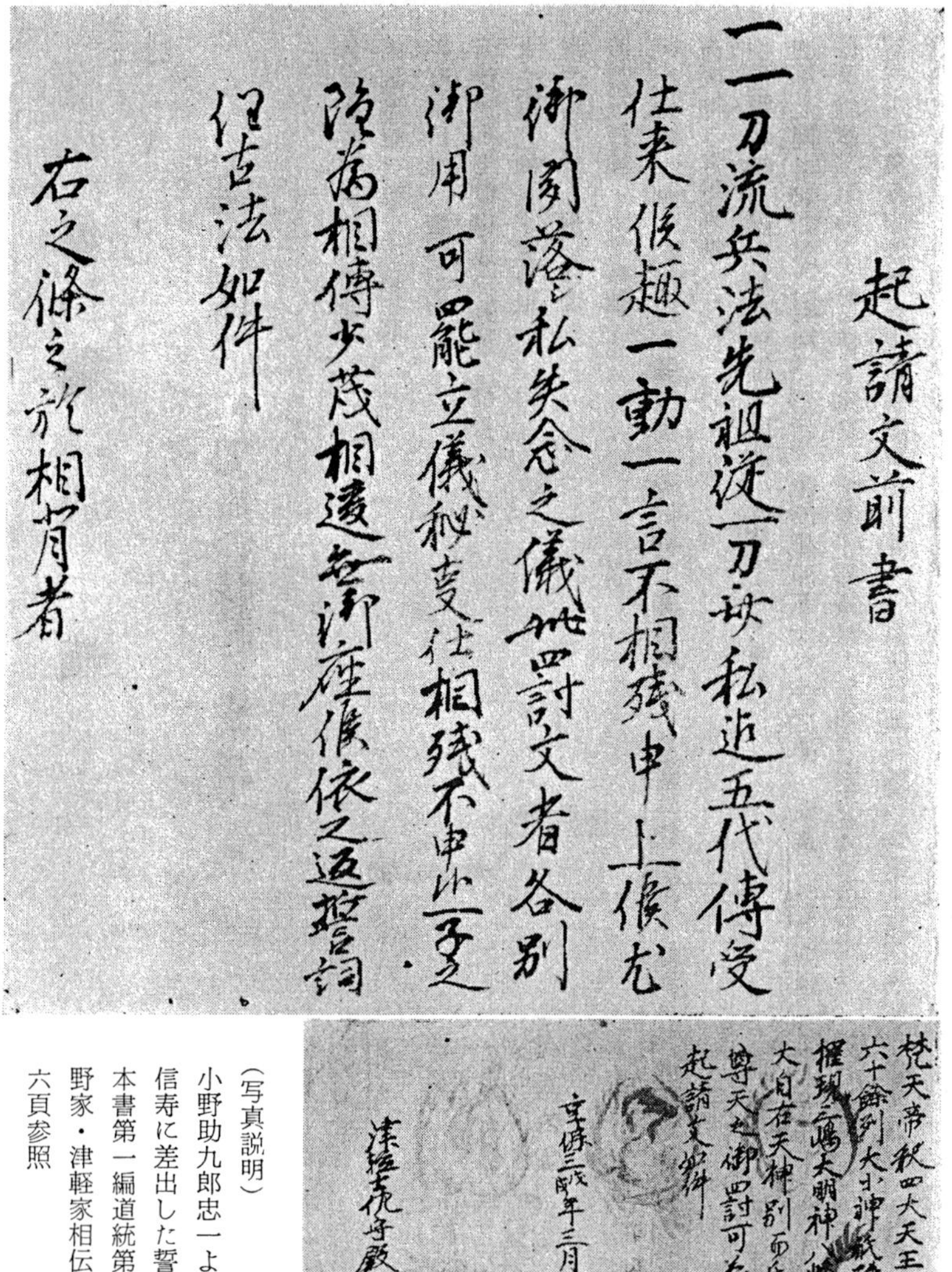

起請文前書
一　一刀流兵法先祖從一刀斎私迄五代傳受
仕来候趣一動一言不相残申上候尤
御聞落之私失念之儀於無之者各別
御用可罷立儀秘事仕相残不申小野子之
除為相傳少茂相違無御座候依之返誓詞
但古法如件
右之條々於相背者

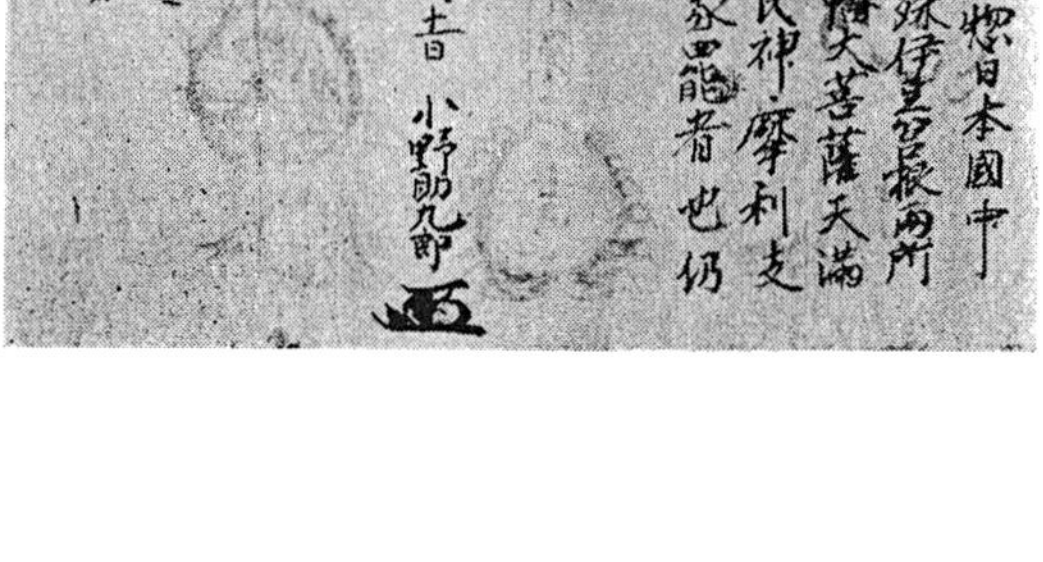

梵天帝釈四大天王惣日本國中
六十餘州大小神祇殊伊豆箱根両所
権現三嶋大明神八幡大菩薩天満
大自在天神別而氏神摩利支
尊天之御罰可蒙罷者也仍
起請文如件
享保三戌年三月吉日　小野助九郎（花押）
津軽土佐守殿

（写真説明）
小野助九郎忠一より津軽土佐守信寿に差出した誓詞原文
本書第一編道統第五章一刀流小野家・津軽家相伝事情の項六十六頁参照

第一編　道　統

第一章　一刀流の縁起と系譜

天之御中主神―天地創造
高御産巣日神―宇宙生産
神産巣日神―霊界生産
宇麻志阿斯訶備比古遅神―成長
天之常立神―宇宙修理
国之常立神―地球修理
豊雲上野神―大気修理
宇比地邇上神＝妹須比智邇去神　角杙神＝妹活杙神　意富斗能地神＝妹大斗乃弁神　游母陀琉神＝妹阿夜上訶志
古泥神―天国固成
伊邪那岐神＝妹伊邪那美神―国造（天沼矛）（十拳剣）
迦具土神―建御雷之男神、亦名、建布都神等十六柱之神　出産　以上神話
日本武尊―天地人三段之位を定む　陸奥守源義家―天地人陰陽五段之位を定む　以上伝説
慈音―中条兵庫助長秀―大橋勘解由左衛門―富田九郎右衛門長家―富田治部左衛門景家―富田治部左衛門景政―
鐘巻自齋通家―伊藤一刀齋景久―小野次郎右衛門忠明

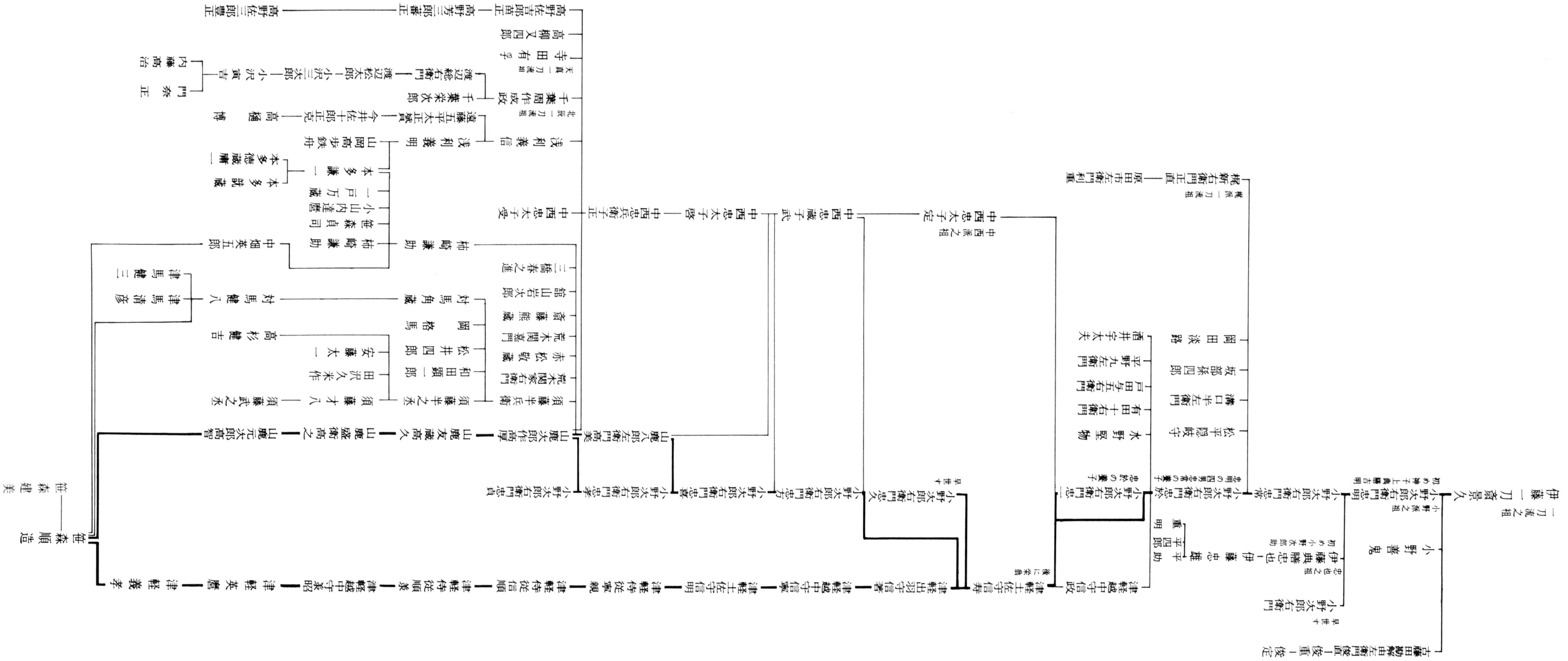

伊藤一刀斎景久
一刀流之祖
小野善鬼
小野次郎右衛門忠明
初め神子上典膳吉明
小野派之祖
古藤田勘解由左衛門俊直―俊重―俊定
伊藤典膳忠也
忠也之祖
初め小野次郎助
伊藤忠雄
平四郎助
平重明
小野次郎右衛門
早世す
小野次郎右衛門忠常
梶新右衛門正直
梶派一刀流祖
原田市左衛門利重
岡田淡路
坂部孫四郎
溝口半左衛門
松平隠岐守
小野次郎右衛門忠於
忠明の四男忠常の養子
津軽越中守信政
酒井宇太夫
平野九左衛門
戸田与五右衛門
有田十右衛門
水野堅物
小野次郎右衛門忠一
忠於の養子
津軽土佐守信寿
後に栄翁
中西忠太子定
中西派之祖
小野次郎右衛門忠久
早世す
津軽出羽守信著
中西忠蔵子武
小野次郎右衛門忠方
津軽越中守信寧
中西忠太子啓
小野次郎右衛門忠喜
山鹿八郎左衛門高美
津軽土佐守信明
中西忠兵衛子正
小野次郎右衛門忠孝
山鹿次郎作高厚
津軽侍従寧親
津軽侍従信順
津軽侍従順承
津軽越中守承昭
津軽英麿
津軽義孝
小野次郎右衛門忠貞
高野佐吉郎苗正
高野芳三郎審正
高野佐三郎豊正
高柳又四郎
寺田有孚
天真一刀流祖
千葉周作成政
北辰一刀流祖
千葉栄次郎
渡辺総右衛門
渡辺松太郎
小沢三次郎
小沢寅吉
内藤高治
門奈正
浅利義信
遠藤五平太正蔵
今井佐十郎正克
高橋博
浅利義明
山岡高歩鉄舟
本多謙一
本多徳蔵庸一
本多就蔵
一戸万蔵
小山内達麿
笹森貞司
柿崎謙助
中畑英五郎
中西忠太子受
三橋春之進
舘山岩次郎
斎藤熊蔵
荒木関嘉門
赤松敬蔵
荒木関家右衛門
須藤半兵衛
対馬角蔵
対馬健八
津馬清彦
津馬健三
岡格馬
松井四郎
和田顕一郎
須藤半之丞
高杉健吉
安藤太一
田沢久米作
須藤才八
須藤武之丞
山鹿友蔵高久
山鹿盛衛高之
山鹿元次郎高智
笹森順造
笹森建美

第二章　一刀流祖伊藤一刀斎景久伝

第一節　一刀流の起り

一刀流は日本武道史に胚胎した時代の寵児である。それを概観すると、大昔に日本発祥の都流岐多知の道に天地人三段の位を定めた日本武尊に次で国摩偵人(くになづまひと)は神妙剣一之太刀の勢法(かた)を作つた。桓武天皇は武徳殿を建て武技を天覧された。八幡太郎義家は剣法三段に陰陽を加え五段の位を制した。降つて剣法の名人念流の祖慈音の門から中条兵庫助長秀が出で、その教を受けた大橋勘解由左衛門はその統を富田九郎右衛門長家に伝えた。その子孫治部左衛門景家、同景政等は英名をはせた。富田門下の逸才鐘巻自齋外他通家は鐘巻流を興し、高上金剛刀五点の極意を以て雷名を轟かした。自齋に学び出藍の誉れ高く万代に傑出したのは伊藤一刀齋景久である。一刀齋は豪邁卓抜な天禀と幾多実戦の危機を通り、体得し創意工夫した剣の妙技を深い思索と宗教三昧の霊験の上に一刀流の一大体系を創建するに至つて、日本剣道史上に燦然たる光輝を放つこととなつた。これは日本文化史と武道史に画期的な発達を招き、各般の文物諸芸に新機軸を出した室町時代であつた。

第二節　出生と幼時

伊藤一刀齋景久は伊藤入道景親の後裔で伊藤弥左衛門友家の子として＊天文十九年（一五五〇年）八月五日、伊豆大島に生まれ、幼名を前原弥五郎と称した。生来骨格が逞ましく膂力が人に勝ぐれ敏捷で、幼少の頃から跳ねたり走つたりする遊びを好み、また性質が剽悍で、小供等と戯れているのを遠方から見ると、恰も鶏が群がつてる中に荒鷲が飛込んで蹴散らすようであつた。八才で漁業に従事し、小さな舟を蒼海に操り怒濤に戯れ、大魚を手捕りにして隣人を驚かしていた。生長するに従つて筋骨が益々発達し、眼光炯々として人を射、顔色が鉄のようで常に惣髪を垂れ、一見して怪傑の風貌を備えていた。彼は昼となく夜となく火焔を吐く三原山や巖角に逆巻く大海の瀾頭に跳躍し、勇猛臨機の心身を練つていたので、隣人は恐れて彼を鬼夜叉と呼んでいたが、彼の本性は天真爛漫で邪曲を嫌い、弱少を助けることを楽しみとしていた。少年の時代を大島で過ごしたが彼は思うに出生地大島は一孤島であつて永く跼蹐する場所ではない。天下に雄飛するのには活路を大陸に開かなければならないと目を西の空にむけ、ひそかに大島を脱出しようと決意していたのである。

＊西国の産との異説もある。永祿三年八月五日生との説もある。

第三節　大島脱出　伊豆上陸　一放との初勝負

弥五郎は愈々大島脱出を企て、板子一枚を携え単身海に飛込み、泳いで伊豆に上り、三島に至り三島神社の床下に起居していた。三島の里人は彼の風貌を恐れて、島天狗がきたと騒ぎ、敢て近寄る者がなかつた。その頃三島に富田越後守重政の門人で富田一放という刀術者がおり、武名をあげ比隣に暴威を擅にしていた。これを聞いた弥五郎は彼と武技を競つて見たいと思い勝負を申し込んだ。

一放は名にし負う武術の大先生で数十人の門弟を従え堂々と乗込んだが、弥五郎は単身で瓢然と出てきて、三島の祠官織部の許に相会した。双方仕度が整つて庭前に立会うと、一放は弥五郎の見すぼらしい身なりをさげしみ、自分の華々しい服装威容をほこり、かねての名声を鼻にかけ、構のていさいや外聞に気を取られ、散漫な而も傲然とした構で、間合のはかりや、応変の活らきが隙だらけであつた。そこえ弥五郎は一心不乱になり、しばらく呼吸をはかり、飛鳥のように遠間から身を躍らし切先も合わせず一気に打込んだものであるから、一放は全く意表に出られ、肩先から袈裟にかけてしたたか打たれてその場に倒れた、一放はこれを恥じてすごすごと三島を立去つた。弥五郎の齢はこの時僅かに十四才であつた。

第四節　瓶割の刀を授けらる

織部祠官は弥五郎の勇気を賞して神宝一文字作の刀を贈つて言うのには『昔備前の名工一文字がこの三島神社に大願をかけて拜殿に参籠すること三七日、丹誠をこめ心魂を打こんで鍛上げ奉納したのであるが、刀の鞘把を脱し抜身のまま縄を結んで棟上にかけて幾年もたつたが、ある日偶々縄が切れて刀が墜ち、神前に供して置いた酒瓶は綺麗に二つに割れた。その鋭利なことはまことに天下無比である。われはいまこれを神前に請うて汝に与える』と。弥五郎は大いに喜び拜し戴いた。それから弥五郎は織部の客となつた。

その後に或る夜数十人の賊が遽かに織部邸を襲うた。一放の使嗾する者か、または残党の意趣返しであつたろう。弥五郎は蹶起し、当るを幸と立所に七人を切捲くつたので、この勢を見た衆賊は蜘蛛の子を散らすように逃げ去つた。その内の一人が逃げ路を失つて釀瓶の後に匿れ、追うと瓶を廻わつて逃げる。弥五郎は事面倒だとばかり瓶諸共に賊を真二つに斬つた。それからこの刀を瓶割の刀と名付けた。爾来この刀は＊一刀流の家宝となり、代々その宗家に伝えられ、その後日光廟の宝庫に奉納されたという。

＊現在瓶割刀の所在を尋ねても不明である。

第五節　鐘巻流と判官流とを修得

前原弥五郎は愈々武道執行の志を篤くし、高名の武人を訪ねて三島から東上した。その頃に高上金剛刀を極意とし、英名を走せていた中条流の達人鐘巻自齋通家を江戸に訪ね、就いて自齋から中条流の小太刀や自齋の工夫に成る中太刀を学んだ。弥五郎は日夜一心不乱に鍛錬の功を積んだので、幾年もたたないうちに技大いに上り門弟中彼に叶う者が一人もなくなつた。弥五郎が自信を持つに至つたので、師の自齋の前に出て『私はいま御流儀の妙所を会得したからお暇を頂きます』と述べると自齋は肯がわず『汝が吾れに従つて未だ五年にならないのにどうして妙境に達することができようか』と、承知しない。そこで弥五郎は『師がもし私の言を疑われるならばどうか一度お試めしください』というので、自齋はさらばと木刀を執つて弥五郎に立向かい、三度立合つたが三度とも勝つことができなかつた。自齋は弥五郎の上達とその強剛なのに驚き、どうしてここまで会得したかと尋ねると、弥五郎の言うのには『師が私を打とうとすると、それが私の心に写る。ただそれに応ずるだけである。頭がかゆいと自然に頭に手がゆくようなものである。妙とは心の妙であつて師から教えられるものではない』と自齋は深く感心して自流の極意、奥秘の刀法たる妙剣、絶妙剣、真剣、金翅鳥王剣、独妙剣の五点を悉く弥五郎に授けたので、弥五郎は喜こんで自齋の許を謝して出でた。弥五郎は出藍の誉れ高く、遂には師自齋を遙かに凌駕して天下一の名声を博するに及んでも尙お師恩を深く心に留め、後に一刀流を創建し幾多の妙技を工夫発明設定したが、師自齋から伝えられた五点の太刀技を一刀流極意の最高位に置いて尊んだ。一刀齋は豪放不羈の一面また恩師を慕う人間味豊かな純情の持主であつた。弥五郎は自齋の許を去つてから更に外他道宗を訪ね源家一統の判官流を学び、いくばくもなくその奥秘を悟得してそこを辞去した。

前原弥五郎はそれから諸国執行の旅に出た。時は宛も足利将軍の威望が頓に衰え群雄が諸方に蜂起し、戦乱相踵いで起り物状騒然とした世相であつたので弥五郎はこれに処し、武人の心得を養う心技修錬の機となし、自ら進んで危地を冒し生死の巷に出入して心胆と武技とを鍛えた。彼は各地を遍歴し、市街熱閙の人ごみを縫い歩きまたは野に伏し山に寝ね、日月星辰風雲草木を己が師と見立て、また当代に武名高い者を訪ね雌雄を決する際には真剣、木刀何なりとも相手の選むに任かせ、相手の技能心術を見抜いて対応し、常に勝つて一度も敗れることがなかつた。しかし彼は降る者をば悉くゆるし、決して無用の殺生をすることなく、求むる者があればこれを弟子として懇切に教導することを楽みとしていた。

第六節　一刀流を創建

前原弥五郎は伊藤弥五郎景久と改め、諸国を週歴し幾度か強敵に会い、戦つては悉く勝ち、他流を検討し己れの技前を磨き、次第に自信を得るようになつたものの、未だ自分の心の内に真の安定を得ていないので、魂をもつと深く養わなければならないと志し、或る年の寒中に伽藍に入り独り端座し鉄如意を手に握つて心気を鎮め、瞑想をこらしたが、初めの程はどうしても雑念がむらがりきて、どんなにこれを追い払おうと努めても妄想が雲のように襲いきたり、精神を統一することが出来なかつた。それは自分の驕気に負け、外物の支配に動かされていることに心付いて、更に工夫を重ね、食を断つて想を錬り、胆を養い熱願すること数日の後に、いつとはなしに三昧の境に入つていたのに、不思議や掌中の鉄如意が熱して火を摑むように覚えた。ハッと思つて気が動くと今度は冷たいこと氷を握るように感じた。

景久はこの奇怪な霊験に強く心を打たれ、その道理を探つて苦心惨澹した末に鉄如意冷熱の変化は自分の気血の盈虧が手から鉄如意に流往透徹し、また翻つて冷熱を己れに伝え、これを感じさせるということを悟ることが出来た。それから尚お錬磨を重ねること数年の後に彼は自ら意識して掌中の鉄如意に命じて思いのままに気血を流通移行させることが出来るようになつた。彼はこの霊妙な体験を基として心が身に通じ身が刀に通じ心身刀が一如となることを悟り、剣心一如の妙理を一心刀と称し、外物一切を一心の味方となし、応敵必勝の秘法を覚え彼成一体万物一如の玄理を得、己が流名をたてて一刀流と称し、自ら一刀斎と号するに至つたのである。

第七節　天下一剣術之名人

伊藤一刀斎景久は住居を構えず、常に天下を横行濶歩し、諸国の城下町または繁華の地に赴いては旅籠屋に泊り、表には『天下一剣術之名人伊藤一刀斎』と札をかけた。これは彼の高慢心からではなくまた奇を衒うためでもない。寧ろ自ら慢心を戒め謙虚な気持で限りなき進歩を志し、天下に良師をさがし、どこかにおるかも知れない隠れた剛の者に対する大胆不敵な挑戦であつた。一刀斎はこの札をかけ五日、十日または卅日、五十日と逗留したので、その地の心得ある者が来て勝負を試みるが誰れ一人として一刀斎を敗る者がなく、多くは門弟となつて彼の教を受けた。

一刀斎は英名の士あると聞けば千里も遠しとせず訪ね、技を競つて執行を楽しんだ。また一刀斎の武名を聞き伝え、遠くから訪ねて試合を望む者には寛大な気宇を以て何人をも喜び迎え尋常に勝負をしたが、未だ曾つて一刀斎に及ぶものがなかつた。一刀斎の長技が益々精妙に入り、心気愈々円熟して天下一の名に背かず、武功の誉れ高く響き渡つたので教を乞う者も次第に多くなつた。しかし彼は自ら弟子を取立て権勢を張ることを好まず、または碌を食んで王侯に膝を屈することを欲せず、意欲淡々として水の如く、依然飄々乎として浪々を楽しみ、一刀流の奥儀を創造推進することに限りない喜びを喫していた。

第八節　払捨刀の由来

一刀斎が＊京都におつた時に勝負を乞う者があつたので、これに応じ立所に打伏せた。この者入門を願いながら奸計をめぐらし、都に於ける自分達の地位を保つために自分達より勝れた一刀斎を無き者にしようと企て、他の同輩とともに偽わつて弟子となり、その術を学びながら機を窺がつていた。しかし尋常の立合ではたとえ多人数で打向かつてもとても叶わないことがわかつているので、彼等は陰謀をめぐらし卑怯にも不意討をかけようと図り、それには土地の女で以前から彼等となじみのある者がたまたま一刀斎が都にくる時には呼んで情けをかける事を知り、彼等はその女に取入り、金銭などを贈つて歓心を買い、その上に様々に欺きすかして謀り、その女をして或る夜一刀斎に侍らせ、煎豆などを作つて茶をすすめ、酒肴を供してもてはやしたので一刀斎は気をゆるし楽み興じてしたたかに酔つてしまつた。女は部屋に床をのべてもてなし臥させた。一刀斎は日頃心を許していた女であるから酔心地もよく前後も弁えずに熟睡した。

頃は夏の半ばである。件の女は蚊帳を吊つて一刀斎の眠りを深くし、その寝いきを窺つて枕元に置いてある大小を竊かに奪い隠した。夜半過ぎる頃に予てしめし合わしていた一味一党十余人が忍び込んでいた隣家から女の案内で、開けておいた戸口から一刀斎の寝所に突入し、先ず蚊帳の四つ乳を切つて落し、四方から一斉に切懸けた。一刀斎はただならぬ気配に目を醒まし、枕元を探したが両刀がない。咄嗟に敵の白刃下を飛び退き、電光のように四方から降りかかる剣刃の下を蚊帳の中で彼処に潜り此処にぬけ、遂に蚊帳から這出て、宵のまま残してあつた煎豆の器や酒肴の器を手に触れるに任せて取り、追付く者に続け様に投付けその怯む敵の隙に飛掛り刀を奪い取つた。いままで酩酊寝醒めの不意の無手でさえ切られなかつた一刀斎が、刀を手にしたのであるから、虎に翼を生やしたようなもので八方に獅子飜躍の勢で物の見事に突き刺し切払い忽ち深手痛手を蒙つて斃るるもの続出したので、残りの者は怖れ百倍して四方に逃げ散じた。一刀斎はかすり傷さえ受けていない。

一刀斎はこの時用いた払捨刀の太刀技は必勝救命の尊い価値ある一刀流秘奥の技法として、これを後世に伝えた。なお彼がひそかに思うに、歳若かくして血気にはやり、色に溺れ心の紐をゆるめて思わぬ失敗を招く油断のあることは武人の禁物である。これからは払捨刀をもつて自己内心の肉慾と驕気を払捨し、且つ外界から襲つてくる陰険な陰謀邪悪を払捨する処生の秘法として鍛え、その教を後世に遺した。第一は敵の攻撃から身を遠ざけ敵の有様を見る事。第二はわが材料を手当り次第採つて投付け敵を怯ます事。第三は敵に突進し敵の利器を奪つてわが利器とする事。第四は大胆に死の間を踏越え、敵の懐に入身となり敵を逃がさず敵の急所を突刺し切払う必勝の法を用いる事。第五は上から敵を見下ろし大所高所から最後の払捨の断を下だし完く勝を制する事である。至上の極意は払捨の秘法を要するような危機を払い捨て、常に和平安泰を保つ事と教えたのである。

世にも稀れな強豪の身体と旺盛限りない気力を持つ人間一刀斎が血気の衝動にかられ、一夜の享楽に耽つた時に油断が生じ隙が出て、そこに生命の危機が忍びこんできたのである。一刀斎が凡骨であつたら、その時に生涯が終つていたであろう。しかし彼は流石に非凡な敏感と剛胆と妙技を兼ねた偉丈夫であつたから応変自在の働きを演じ、陰謀邪険の強敵群を払つて突いて切つて払い九死に一生を得たのである。この時一刀斎が遣つた太刀技は一刀流極意の払捨刀として高弟神子上典膳に教え後世現代まで伝わつている。一刀斎はこの夜の変に会い、深く反省し自らの不覚を耻じ、その門弟となり教を受けた者がたとえ始めから陰謀があつたにせ、彼等に直接触れて教えながら、彼等を心服させることができず、叛逆の行動に出るに至らせた感化力の不足に心を痛め、更に高い仁徳をその身に積もうと志し、京を去るに及んで享楽の世界から解脱する決意を固め、愈々高い一刀流完成の精進に向つて臍を固め、即日夜の明けるのを待たず早々に東国指して出で立つたのである。後代に払捨刀を学ぶ者は八方の敵を払捨する武技妙術を体得するばかりでなく、これによつて一刀齋が血気迷妄と油断享楽を払捨て大死一番新境地を拓いた大徳を悟得するのでなければならない。

一刀齋はこの宵の油断を深く反省し、精進の一大転機となした。よし天禀の英才があつても血気の衝動に克ち得ず、この関を透得するのでなければ聖剣として乾坤を独歩することが出来るものではない。一刀齋は一度は通るべき人の子の血気盛りの苦い経験を嘗め、これを頂門の一針とし、剋服し得た処に非凡な存在となり得た心構がある。彼は尚も心を千々に砕き、何時どんな場合でもその身に降りかかる安危禍福を正確鋭敏に感得する霊能を養う努力を続けた。

彼は天変地異、気候気象の予見や人事危急の直感の性能を鋭敏に長養し、従つて大胆沈勇を保ち、遂には夢寐の間も覚醒の時と異ならず、一事に精励する時も万事に心を失わず、前を攻めても後ろの守りを欠かず、前後左右上下に備えを完了し、ここに一刀流の睡中痒所を掻く、八方分身、徹上徹下、万物味方心得、笄枕、芝枕、一刀則万刀等の秘法を会得し、治に於て乱を忘れぬ教えを万世に垂れたのである。

＊鎌倉との異説もある。このことを捏造の説と疑うものもある。

第九節　小野善鬼の随身

一刀齋は独り飄然と旅途に上り、一夜伊勢桑名に至り、海を渡ろうとし、＊偶々舟を得て便乗した。天空海水互に照らし、明月が波間に躍り清涼の風物は四辺に悽愴の夜気を呼んでいる。舟には一刀齋の外に多数の乗客がいた。一刀齋は他の乗客と相前後して舟に乗り一隅を占めて端座した。舟は軈て岸を離れ、青白い月光を浴びて沖に出る。船頭の漕ぐ水音は夜の静寂を破つて調律もまた風佳である。同舟の旅客は悉く清爽の夜気を海上に満喫している。一刀齋は這乎の天海に陶然として心鏡の明澄を味わい、自ら海嶽星辰の霊気に融合していた。舟は愈々沖合に出ると佳趣益々募つて高潮に達し、一同寂として声を発する者もない。一刀齋は暫らく一念を胸奥に修め調律の正しい擢の音に己れの呼吸を合わせ無我無心の境に入つていたが、遽かに擢の調子が乱れるのを覚えた。ふと船頭の方を見ると件の船頭の視線と一刀齋の視線とが舟の上で正面衝突した。船頭の面魂は邪険狂暴で骨格は逞ましく、身の丈が六尺計り、巨臂は大猿のようである。両者の視線が合うと船頭は突然に擢を止め一刀齋に向かつて言うには『見受ける処貴客は木刀を携え威容盛んである。定めし高名の武人であろう。私は賤しい船頭の身分であるが、幼少の頃から武を嗜み、心得ある武士に会うと必ず教を乞うのを楽しみにしてきた。どうかここで一つ教を施して下されたい』と。

一刀齋は一見して船頭の賤しい根性と頑丈な体格と粗雑な伎倆とを見ぬいたので、そ知らぬていに空嘯き敢て取合おうとしない。船頭は愈々図に乗つて傍にある太さ径三寸計りの唐竹の節の所を片手にとり、鷲摑みに握り締めるとバリバリつと音を立てて砕ける。猛勇怪力を誇り顔に示していうのには『今日まで立合う武士という武士でわが力倆に叶う者は唯の一人もない。その木刀もこけ脅しのだてか、そんなものではわが大力には敵せまい。それとも自信があるのなら尋常に立合つて見よ』と。大音声あげて詰め寄る。一刀齋は己れに対する不礼は敢て意にも介せないが、このように増長させておくと、今後益々旅客に難題を吹きかけ人を悩ますだろう。それをここで挫きこらしめ、旅客の迷惑を除いて置くのもまた一夜の興と思い、除ろに口を開き『それでは汝の望みに任せて勝負をなすであろう。併し舟の中では旅客に累を及ぼすであろうから岸につけよ』というと、船頭は得たり賢しと勇み立ち擢音荒々しく岸に舟を漕ぎ付け、船頭は先ず岸に躍り上つた。一刀齋はこの船頭の挙動を見済まし続いて岸に上つた。旅客も皆な岡に上り固唾をのんで見守つた。

件の船頭は長さ二間計りの大擢をとり、一刀齋に立向かい、真向上段に振冠つた。一刀齋はピタリと木刀を大清眼につけた。船頭は一刀齋を目掛けて一打にしようと意気込むが一刀齋の構は剣中体、体中剣の位微塵の隙もなくその威力鋭く船頭の五体を貫き心根を圧する。船頭は大擢を振冠つたなりいまはどうすることもできない。一呼吸二呼吸如何にしても打下ろす機が全くない。気息迫り目眩み遂に耐えかね、怪力に任せ大擢はうなりをたてて一刀齋の頭上砕けよとばかりに打下ろされた。一刀齋から見れば隙きだらけの振冠りようで打様も的外れの空打ちである。一刀齋はそのまま進むと見る間に船頭の右小手がしたたかに打たれ、船頭は悲鳴をあげて擢を放すと擢は大地に深く喰い込んで突立つていた。船頭はその場に平伏三拝し『私が多年賤しい船頭稼業をしていたのは往来の旅客の中に良師を求めるためであつた。いま初めて望みが叶つたというもの、どうか弟子として教を垂れて下されたい』と。一刀齋はこれを聞いて第一にその非礼を誡め、第二にその懇請を容れて随身を許した。

船頭はその名を長七と呼んでいたが、以後小野善鬼と改め、一刀齋に就いて諸国を巡り執行に努めたので、性来の力倆に技前大いに進み、門下中の高弟となつた。爾来一刀齋が人から試合を所望されると、大概は先ず善鬼と立合わせて見るが善鬼に勝つ者は殆んどない。

善鬼は多年一刀齋から稽古指導を受けたが生来の邪険貪婪な性質は遂に済度し難く、忘恩反逆の悪心を起こし一刀齋さえ亡いものにするならば己れ独り天下の雄となるという野望を起こし、夜中屢々一刀齋の寝息を窺つて刺そうと企てたが、一刀齋の透徹した感度の高い霊能をもつてよくこれを感知し、害する隙を与えず年を閲した。一刀齋は善鬼の邪念を見ぬき身の危険を知りながら、善鬼の力倆の勝れた処を認め、何時かは改心する時もあろうと望み寛仁大度と犯し難い威厳とをもつて随身を許していた。

＊淀川の夜舟との異説もある。

第十節　地摺の清眼の留様

東国に剣法に秀でた者があり、多年の工夫で地摺の清眼という独特の大刀技をつかい人と雌雄を決するに、この太刀技を敗る者が一人もない。彼は一刀齋の名声を伝え聞き、一刀齋の東下り（あずまくだり）を幸いと迎えて地摺の清眼の留めようあらば伝授に預りたいと所望した。一刀齋は先ず高弟善鬼と試合させたが勝負がつかない。そこで彼は一刀齋には及ばないことを恐れ別室に招き歓待した。一刀齋は数日泊まつてその者を観るに、教えるに足らない者であることに見切りをつけ、そのまま他国に赴こうとして立ち、鶴岡八幡宮に参詣し、拝殿に休んでいた。この時彼が現れ来り、一刀齋が他国に出発しようとするのを見て、これは屹度己れの地摺の清眼を留めることができないから遁げてゆくのだろうと心潜かに驕り、大音声をあげ『日頃所望した地摺の清眼の留様伝授なくして他国へ立ち給うのは遺憾である。この度御伝授下されなければ重ねての機会もあるまい。何卒唯今ここで御伝授下さい』と刀を抜き放ち一刀齋を討とうと彼が得意の地摺の清眼鋭く詰め懸ける。一刀齋は石に腰掛け草鞋の紐を結んでいたが、抜打に払うと見るや、電光影裏その者その場に真二つになつて斃れている。一刀齋はそのまま後をも見ず、何の事もなかつたように静かにそこを立去つた。地摺の清眼の留め様はその者に死の代償で教えられ、その留め様が後世に誰れにも伝えられていないのが残念だという人もあるが、一刀齋の眼中にはこの時既に地摺の清眼の構などもなく、唯その道を遮り妨げる驕傲の邪剣を一刀の一文字を以て払い捨て、その心のままに自由に任くに任せたのに過ぎなかつたのである。一刀齋は決死の大仕合をしても一度決すれば再び後を振向く事をしなかつた。彼には回顧的な執着は微塵もない。一段階を踏越えると常に前向きとなり、限りなき前進向上へと歩武をあげて止まなかつたのである。

第十一節　一刀斎が諸名人との試合

一刀齋が雌雄を決した名人が多数ある。彼が信州に赴いた際に当代随一と称された天真正伝新当流の創始者塚原卜伝と勝負を試みた。卜伝は一世の名人で一刀齋は如何に仕懸けようと隙を窺つても卜伝の構は少しも崩れない。因つて一刀齋は一気に打込んで折敷いた。そこへ卜伝が初めて打込んできたので、一刀齋は得たりとそのまま立上りざま留突を以て卜伝に勝つた。後代に伝わる折身の一手はこれである。

一刀齋は上州に至り、微塵流を称した諸岡一羽と討合つて立所に勝つた。また鹿島神流を汲んで武名高い有馬大和守乾信を紀州に訪ねてこれに討勝つた。それから一刀齋は甲州に出で新陰流の名人上泉伊勢守信綱と戦つてこれに勝ち、その後城州にて富田流の名人岡野日向と戦つて勝つた。一刀齋は打合の時には唯だ一太刀に打勝ち、決して二度と刀を合せなかつた。彼が勝つのには相手と対し、相手を心気で攻め勝つた所を一太刀で打つからである。

右の五人は当時天下に隠れない高名の刀術者で、既に一家をなしていたから、一刀齋に負けても門人にならなかつた。しかしその時代の作法としてその敗れた者の家に秘められた極意を悉く一刀齋に献じた。彼等は一刀齋に立向かつた時に各家の極意を揮つたことはいうまでもない。一刀齋は彼等に勝つた処を以て後に一刀流他流勝の組太刀の法を編んで後世に伝えた。

右の外に一刀齋と試合して破れ門人となつた者は伊藤孫兵衛、小倉一学、間宮新左衛門、高津市左衛門、古藤田拗解由左衛門俊直、小野善鬼、神子上典膳吉明など多数ある。その内で只管に一刀齋に随身し、稽古に励みその極意を授けられたのは神子上典膳吉明、後の小野次郎右衛門忠明である。

一刀齋が技を競うた者の一人に唐人十官という者がある。北条時代から印判を受けて日本に貿易にきていた唐船がある。天正六年七月二日十官と称する唐国兵法の名人が唐船に乗込んで三浦三崎にきてわが国の武人に試合を申込んだが応ずる者がなかつた。そこで十官はそれではひとり兵法をお目にかけようと、白刃の長刀を持出した。十官は身の丈六尺を越え大力あり、眼光烱々として人を射る。虎髯を逆立てた面だましい見るからに豪傑である。彼は長袖の衣装をぬぎ括袴で大庭に躍出た。彼の長刀を構える威勢は猛烈で。まことの敵に立向つて雌雄を決するように、眼をいからし、歯をかみならし、大声をあげ、長刀を万字巴と揮つて前後左右に二間三間と土烟をあげて進退屈伸をかけ、四方八方を切捲くり、多勢の敵を一方に追込み、みな殺しにするありさまの盛んな独り兵法を半時ばかりとり行つた。これに見入つた人々はその妙技に驚嘆した。偶々一刀齋がこれを見ていたが人々は十官を称讃し口々にこれではさすが天下一と称する一刀齋でも一寸手が出せまいというのを一刀齋が小耳に聞きはさみ、このままにしたのでは日本兵法の名折れと思い、やおら立上つて十官との試合を引受けた。喜こんだのは見物の群衆である。

愈々両人が仕度して試合の大庭に躍り出た。十官は木長刀を提げて出た一刀齋は扇子一本を特つて立向つた。十官は充分に用心して気を窺う愼重さの中に秘術を蔵する凄まじい構で向う。これを見た一刀齋は機を見計らつて扇子をパラリと投げ捨て、諸手をひろげて立向つた。十官は不思議の面特ちで愈々愼重に構え、切先を鋭く一刀齋にむけ、じりじりと攻めよる。十官は急に一歩踏出ると一刀齋は一歩しさる。一刀齋が手をひろげツッと進むと十官はツッと退く。

一方が右に出でると一方が左に開く。左から攻めると右にはずす。広庭一ぱい追つては返し、かけてはめぐり、いずれが優りいずれが劣るとも見わけかね、久しく輸贏を争うちに好機を見た一刀齋は電光一閃に飛込んで十官の長刀の柄をがくりと踏落してしまつた。あまりの神速速妙の早技に見物人はもとより当の十官もただ驚愕し呆然と自失するばかりであつた。一刀齋は尚も悠然と立ち構え、十官の平伏するのをば両手を拡げて静かに見届けておつたのである。

註　この一刀斎は別人との異説もある

第十二節　夢想剣の霊験

一刀齋は武人として絶世の天禀に恵まれた上に、多年に亘り渾身の勇を揮い生死を賭けて勝負の剣技に精進し只管に辛苦艱難を甞めて工夫鍛錬をこらし、遂に名実ともに天下一の英名をかち得たが彼は少しも驕らず、なおも進で斯道の秘奥を限りなく追求し、心を千々に砕いた。

しかし彼は未だ妙奥に徹したという神諦の確信を握ることができず、思案の余り神明に祈願を思立ち、相模国鶴ケ岡八幡宮に七日七夜の参籠をなした。日夜一心不乱に祈願をこめ、遂に満願の夜が聽て過ぎようとしても、更に霊験が与えられないので空しく神前を立去ろうとする刹那に背後にもののけの怪しい影が襲うのを感じ、何の思案もなく無言のまま抜打に払い捨て、その影二つになつたのを覚えると、多年自家執着の妄想忽ち雲散霧消して、心魂濶達明朗清浄の蘊奥に入るのを覚えた。後日一刀齋はその門弟子に物語つて、この無心でよく応じ流露自在でよく勝利を得、払い捨ててまた跡のない空曠安泰の境涯に達し得て、始めて夢想剣の極意を大悟し得たものであると教えた。

第十三節　恬淡・脱俗・悟道の晩年

伊藤一刀齋は天下を周遊して真剣勝負をなすこと三十三回凶敵を斃すこと五十七人、木刀にて相手を打伏せること六十二人、善類を救うことあげて数えることができない。一刀齋は武人として宇内の第一人者であったが自ら家を成さず、常に各地を遊行し英雄を求めて英雄の心事をやり、来り請う者があると惜みなく教えた。

一刀齋が尾州に滞留した時に織田信長が一刀齋の名声を聞き篤い礼を以て迎えようとしたが、一刀齋は碌を食んで王候に膝を屈することを肯ぜず、その招きに応じなかった。そこで信長は更に使を遣わし、懇請していうのには「乱世の節であるから是非ともお頼みいたしたい。御弟子の内に心に叶って代理を務め得る者があったら、その卓抜な家術をお授けになり当方に出仕させて貰いたい」と。一刀齋は信長の熱望を聞いてそれを許し、一人の有力な弟子に伊藤姓を与え、極意を授け伊藤典膳と名乗らせて信長に出仕させた。

一刀齋は時に弟子を伴わず、人を避け独り淋しく孤独の旅を続け、大自然と親しむ事を楽しみとした。彼は賤が屋に一夜を過ごすことが多かった。遇々夜間眠ったまぶたにヒラリと射る月光に目を開くと、一刀齋の眼光と月光とが一つになった。事足らずして葺いた賤が屋の破れ屋根から洩る月を眺めた一刀齋は月の心を静かに読んだ。月は屋根一ぱいに照っているが、一寸でも隙があるとそこから直ちに屋内に光がさしこむ。われは敵を一ぱいに見ているが敵に僅かでも隙があるとそこは月光のようにさし込む所である。一刀齋は己が心をとぎすまし静にして動を照らす月光の位を悟った。

彼は屢々駿東に遊んで富嶽と対決した。青天に卓立する八朶の霊峰をめぐり朝夕一刻も止まらない大気の流動を見上げ『見山』の教をたてた。また裾野に鹿を追う猟師の活動を観て『鹿の事』の理を説いた。犬に追われる狐を見ては狐疑心の教を立てた。箱根路を往来し風雨に会つて老松の蔭に憩い、松風を聞いてこれを教の則とした。或いは武蔵野を通り、風に枝を流す垂柳や萩の動きを見、ここに奥義を得た。最早好敵手なく学ぶべき人なきに及んでもひたむきに剣の道をさぐり、一生大自然を師とし、天行健なる日月星辰に親しみ、天地陰陽の理を究わめ、万象一如の哲理に徹し、これを一刀に配し、一刀流を創建大成した。老境に入るに及んで彼は赫々たる名声をも捨て、その奥義を悉く神子上典膳吉明に与え後の代に天下万世に敷く基を成させた。頃は恰も豊臣秀吉が天下を一統し、国内漸く平安に帰した頃であつたが、一刀齋は吉明と下総で別れ飄然と何処かへ立去つた。時は天正十九年辛卯（一五九一）年八月七日である。一刀齋はそれから脱俗出家し、その名を秘して只管に死者の冥福を祈り、悠々として解脱の悟道に余生を完了した。

この武人の典型、慨世の英雄、超俗の哲人、剣聖の権化たる伊藤一刀齋景久は老後晩年に自ら韜晦しその終焉について後代に信憑すべき記録が伝わつていない。そこでその統を受けた神子上典膳吉明、後の小野次郎右衛門忠明はその恩師一刀齋と生別した＊八月七日を以て一刀齋を記念し、その英霊を祀ることとしたのであつた。

＊承応二年六月二十日歿との説もある。

（備考）　一刀齋の姓として伊藤、伊東、井藤、井東などと色々書いているのがあるが、むかしから書き写す人が不用意に当て字をつかつて誤り伝えているから、ここで流祖以来正しく伝わり、津軽家に保存されている極意目録には伊藤一刀齋景久と認めてあることを銘記して置く。

第三章　小野次郎右衛門忠明伝

第一節　一刀斎に随身の典膳

神子上典膳吉明―後に小野次郎右衛門忠明と改む―は大和国の城主十市兵部頭の後裔で父祖代々伊勢に住んでいた。典膳は神子上土佐守の三男として永禄八年に生れた。後に上総の国に移り、万喜少弼に仕えていた。典膳は天性剛直で幼少の頃から兵法を嗜み、弱冠で武技が群を抜き三神流の剣術に長じ自ら恃む処があつた。その頃武名天下に噴々たる伊藤一刀斎景久が遇々上総に来て宿の前に高札を立て「当国に於て剣術に望ある人あらば来て我と勝負せよ」と認めた。典膳は日頃鍛えた自分の伎倆を試す絶好の機会と思い、一刀斎を旅館に訪ね勝負を決することを求めると、一刀斎は快くこれに応じた。

愈々試合となり、典膳は太刀を抜き放ち気負い立つて向うと、一刀斎は遇々側の爐中にあつた燃えさしの一尺五六寸程の薪を手に取り相対した。典膳は自分の差料の波平行安の二尺八寸の太刀を脇構にとつて進み寄つたが、一刀斎は典膳の刀をわけもなく奪い取つて脇の薪棚に乗せて奥に入つて行つた。典膳は茫然として立ちすくんでいたが、暫く思案してもう一度仕合を望んだ。一刀斎は奥から出て来て「若い者は稽古が大事だから幾度でも相手になつてあげよう。そなたの体に疵をつけるようなことはしないから、安心して打ち込んできなさい」と一刀斎は前の薪をとり、典膳は今度は三尺計りの木刀を取り、力のあらんかぎり打ち込んだがその度毎に何辺も何辺も木刀を打落され、一刀齋の衣服にさえ触り得なかつたので閉口頓首して家に帰つた。典膳は一夜思いめぐらしてみるに一刀齋は全く神の如く水の如くでこれは氏神の化身であろうと感服し、この師について教を受けたいとの熱望が起り意を決して翌朝一刀齋の宿を訪ね厚く礼し敬い尊んでその弟子となり教を受けたいと懇願した。一刀齋はこの好乎の青年剣士を見て、その誠意と天生の鬼才とを認め将来を嘱望して入門を許した。典膳は大いに喜び一刀齋に就いて学ぶこととなつた。一刀流の小太刀を一尺五寸五分と定めたのはこの時に一刀齋が用いた薪の長さに則つたものである。

一刀齋は幾何もなく上総を去つて他国に赴いたが、翌年また上総にきて典膳の許を訪ねた。典膳は喜び迎え、一刀齋に師事して日夜熱心に稽古した。一刀齋は典膳の非凡な天分を愛しみ、しかもよく努めるから、将来必ず大成する見込みがあると認めていうのには、『爾もし武術の精妙奥秘に達し、それによつて身を立て功を挙げ名を成そうと望むならば吾れに従つて諸国武者修業をなし、具さに辛酸を嘗め心根を養い武技を錬るがよい』と。典膳は一刀齋の誘導に鼓舞されて心に深く決し、それから一刀齋に随身し、諸国を遍歴し修業の功を積み、高名の人と会つては典膳が先ず立合い、また師一刀齋が立合うのを典膳が見て大いに学ぶところがあり、心身武技が次第に上達した。

第二節　典膳・善鬼と輸贏を争う

一刀齋には予ねてから随身していた小野善鬼という者があり、膂力武技強剛で群をぬいていたが性来粗暴傲慢であるため師の心に叶つていなかつた。一刀齋は神子上典膳の人となりを信頼し、これに一刀流の統を継がせようと心潜かに望む所があつた。一刀齋は或る日典膳を独り側近く召し告げていうには『吾れ爾に一刀流の統を継がせ、爾によつて一刀流を天下後世に敷かせるために爾に秘奥の一書を授けようと思う。しかしわれには爾より先に随身した善鬼がおる。いま爾の伎倆を以てしては未だ善鬼の強剛なのには及ばないからわれ爾に必勝の法を授ける。爾よろしくこれによつて戦え』と、即ち夢想剣の秘法に添えて一刀齋が身腰から離さなかつた瓶割の一刀を授けた。

老年を迎えた一刀齋は或る日に善鬼、典膳の二人を伴つて＊下総の国相馬原付近に到り、両人に告げていうに『吾れ少年の頃から武を嗜み、天下を遊歴して当代に武名を以て鳴る者を悉く訪ねて雌雄を決することいくたびに及んだが遂にわれに叶う者がなかつた。それからわれは天地神明に盟をたて、日月星辰を友とし陰陽太極の道を剣に配して一刀流を創建充足し、以て天下万世に敷く基とした。いまやわが志願が成就してこれ以上の願望がない。而も早や老のわが身に迫るを覚える。故にここに於て爾等の内一人に一刀流の奥秘を悉く伝えわが統を継がせようと思う。しかしこれは唯授一人の法であつて二人に与えることができない。仍つて爾等のうち優つた者に伝えるから、この曠野で潔く勝負を決せよ』と。この時善鬼は自分が高弟であるから先ず自分に授けられたいと懇望したが、一刀齋は許さないので、善鬼は側に置いてあつた一刀流の秘奥の書を矢庭に盗み取つて一目散に逃げ出した。一刀齋は典膳とともにこれを追い迫つたが、善鬼は遂に遁れることができず、遇々其処の松の木の下に伏せてあつた大きな瓶を見付けその下に潜み隠れた。典膳が走り寄りその瓶を除こうとした。この時一刀齋は已に高齢に達して走ることが遅く、遙かに典膳の所作を見て大声でいうに『瓶を除くと脚を払われる。瓶諸共に斬れ』と。典膳は心得たとばかり、瓶諸共一気に斬つて善鬼の頭を割つた。典膳はこの時に初めて気合の妙奥を体得した。善鬼は斬られても尙眼を見張り彼の秘書を堅く口に銜えて離さない。一刀齋はこの姿を見、邪険ではあるが、道を求める熱情を憐れみ、善鬼を慰め『吾れ先ず爾に一刀流の伝を許し、而して後にこれを典膳に与える』というと、善鬼はこれを聞き莞爾と笑つて口から秘伝の書を離して瞑目した。下総国相馬郡小金原にいまなお善鬼塚があり、その側にある松を世人が善鬼松と呼びその名残りを留めている。

典膳は一刀齋に随身して多年精励したけれども、兄弟子の善鬼にはこれまで一籌を輸していたが、このたび師から必勝の法を授かり、恩命によつて善鬼に勝ち、その上に一刀流の奥秘唯授一人の奥義と宝刀瓶割一文字とを賜わり、一刀流の統を継ぐことを命ぜられたので、永遠の袂別を告げて独り淋しく去り行く老いたる恩師一刀齋の後姿を跪坐して拝し万解の感涙に噎んだのであつた。

＊粟津原との異説もある。

第三節　典膳江戸に上る

神子上典膳吉明は多年啓導を受けた恩師伊藤一刀齋景久と袂を別ち、師の教えを深く心に刻み、上総の己が旧郷に帰つた。郷党の子弟は吉明の帰郷を伝え聞き、喜び迎え多数集まり来つて門弟となり、その素晴らしい教導を受けていた。しかし蛟竜は永く池中に潜むものではなく、彼は徒らに草莽僻遠の地に跼蹐することなく、恩師の言々句々が心を励まし、その命に従い愈々独り立ちとなつて世に出で、習い覚えた一刀流を天下に布き、以て武家万代の重宝としようとの志が鬱勃として胸底に湧起り、意を決して家郷を後にし、単身武蔵国江戸に上つた。

当時の江戸は徳川家康が駿府から移り来てまだ間もない頃で、城下とはいいながら、北条没落の殺風景な跡がそのまま戦後の荒涼とした雰囲気を漂わせ、僅かに堀立ての農舎や漁戸があちらこちらに点在した水陸の走集にあたる一小駅の風物を示していた。家康は開府して幾何もない江戸に戦乱の後を修理し、兵を備えて漸く安寧を保ち、吏を発して郡邑を収め、四方に区画を定めて商工を招撫することに努め、東国都府の基礎を築こうと図つていた頃であつた。

典膳は江戸に来て繁昌の衢を訪ねて神田に至り、駿河台の高い所に倚つて眺めると、指呼の間に点綴する商家の向こうには卑湿の潟鹵に蒹葭がそよ風に靡き、彼方には莽蒼平遠な武蔵野の曠原が連なり、遙かに起伏する丘陵を認めるのみであつた。典膳はこの光景を眺め、江府建設の未来図を心に描き、また己が運命開拓の将来に心胸をはずませ、この高台を降り、旅籠町に至つて借家を求め、聊かの家を見出したので、ここに偶居を定めた。

第四節　天下一流一刀根元

典膳は己が偶居の表に「天下一流一刀根元神子上典膳　懇望之衆中者可被尋」と大胆不敵な看板を掲げた。典膳が江戸に現れたその頃は豊臣の余勢かまだ盛んで、大阪におる秀吉の遺子秀頼が幼沖であるが、これに心を寄せる群雄が各地に蟠居していて、江戸に立籠もる徳川にはまだ天下の人心が帰一していなかつた。徳川家康は前田利家と相対峙し、虎視耽々として大望を藏し、その麾下には猛将勇士が煌星のように揃い、中にも大久保彦左衛門、横田矢郎兵衛、長坂血鎗、小幡勘兵衛等は武名を張つていた頃であつた。この時に無名の田舎浪人の神子上典膳が江府の真中に傍若無人の大看板を掲げたのだからその評判が忽ち拡がつて徳川旗本の間にも伝わり、彼等はこれを腹に据え兼ね、序があつたらその術を試みようとの話合が出た。

折柄神田駿河台の小幡勘兵衛の宅に旗本の衆中が寄合い武を談じていた。その稠座の中で勘兵衛が口を開き『近頃旅籠町に神子上典膳という者が天下一流の看板を出しておると承わる。これはそのまま捨て置き難い、幸いに拙宅に程遠くないから明朝彼の者を訪ね様子を試みようと思う』というと衆議がこれに賛同した。勘兵衛は翌朝未明に食事を了え、近くの旅籠町に典膳の許を訪ねた。典膳は起きたばかりと見えて、紙子を着て対面した。勘兵衛は典膳に向かつて『表に出してある看板の趣によつて試合所望に参つた』と、いうと典膳は『至極心易いことである。しかしまだ朝の食事を致していないから、暫くお待ちありたい』と、勘兵衛を待たせて手ずから薬鑵に米を入れ、これを粥に煮ていかにも物静かに食べ了つて、勘兵衛に向つていうに『御貴殿は名にし負う小幡勘兵衛殿であるから真剣、刃引、木刀何んでも御心次第にお任せ申上げたい』と。勘兵衛は『木刀にて致そう』と、いつて中太刀を取つて立上つた。典膳は爐中から燃えさしの薪の一尺五六寸ばかりのを手にして立上り、互に立合つた。勘兵衛は初めから一打にしようと、全力をあげて打込んだが少しも当らず、如何様に打掛かつても勝つことができない。典膳は余裕綽々とあしらつているのがわかる。勘兵衛はこれを見て、自分の技が遙かに及ばないことを知つて木刀を置き厚く礼して『典膳殿の妙技は誠に言語に絶するところ、この上はお弟子となりその術を学び申そう』と、約束して辞去した。勘兵衛はその後の衆中の会合でつぶさに典膳の腕前が如何にも天下一流であることを吹聴し、誰でも皆彼を武芸の師とお頼みするのがよいと伝えたのであつた。

第五節　典膳・宗矩と雌雄を決す

その頃江戸に於て武術者の最高峰として英名を恣にしていたのは柳生但馬守宗矩である。典膳が一度宗矩と雌雄を決したいと望んだのは当然のことである。典膳は或る日宗矩の邸をさがし、近所の旅籠屋の主人に宗矩の居所を尋ねた。その主人は訝つてその用向きをただした。典膳は試合を申込むのだと答えると、主人は驚いて制していうには『柳生邸に折々試合を申込みに行く者があるが、未だ曾て生きて還つた者がない。自ら死地に入るようなことは思い止まつた方がよい』と戒めた。典膳はこれを聞いていうに『柳生殿は武術に勝れているばかりでなく仁徳も高い人と聞いている。何も妄りに人を殺すこともあるまい。それには必ず深い仔細があるに相違ない』と。典膳は旅籠屋の主人の制するのを肯ぜずに、遂に柳生邸を探してゆき、取次の者を通じて宗矩に仕合を申込んだ。

典膳は許されて中に入つたのはよいが、入口で大小を取上げられ、道場に案内されて待たされた。永く待たされた後に漸く宗矩が出てきて、肩衣をはね、太刀を抜いて近寄つていうには『わが道場の掟として宗矩に試合を求める者は悉く手打にするのである。挨拶したいと思うことあらばいま挨拶せられよ』と。典膳は道場に待つ間に、内外四囲の有様を見廻わして置いたが、一方の戸があいた屋外に遇々薪の燃えさしがあつた中に一尺五六寸ばかりの手頃のものがあつたのを認めてあつたので、矢庭に飛びのき、これを取上げ場に戻り、『これにて挨拶致そう』といつて立向かつた。

宗矩は始めの程は侮蔑の面持ちで軽くあしらつたが、相手が案外に手強いのに気がつき、心気を取直し力をこめて打出すが、思う通りに参らない。さてはと宗矩が血相を変え新陰流の秘法を出し必死となつて切付けようと奮戦するが遂に一太刀も浴びせることが出来ない。その内に宗矩は顔といわず、肩といわず、所嫌わず打叩かれ、衣服には散々に燃さしの炭を塗られた。而も宗矩が動悸昂進し火の車のようになり、気息がはずんで咽喉が鳴る程になり、汗びつしよりになつたのに反し、典膳は心気が潭然として深淵のように静かである。これを見て取つた宗矩はひどく感動し、手にした太刀を納め『暫らく待たれよ』と言い捨て、炭の付いたままの服装で直ちに登城し、大久保彦左衛門に会つて、事の次第を委細に物語り、彼典膳を用いると、徳川家のお籠脇は至極安泰であろうと推薦した。

彦左衛門は先日から小幡勘兵衛の賞揚する典膳の人物と長技を聞き及んでいたのでこれを家康に告げた。家康は喜こんで典膳を召抱えることとなつた。宗矩は典膳が想像したように決して無謀な没常識漢ではなく、高い見識と深い思慮とがある人物であり、典膳もまた堅く自ら信ずる所があつて宗矩と試合したのであつた。英雄のみ知る英雄の心事が相投合し、爾来宗矩と典膳とは互に知己となり、相協力して徳川幕府の守りに尽すことになつたのである。

第六節　膝折村の功名

江戸の近郊膝折村に大騒ぎがおこり、典膳が名をあげる一事件が持上がつた。それは鬼眼という刀術に秀でた狼籍者が膝折村に闖入し、人を殺し物を奪い婦女子に乱暴を働き、民家に籠つて四隣に禍を醸したので、村民が恐れて付近を通る者もいなくなつた。誰も手のつけようがないので、村長が江戸に罷りいで公儀に訴え決断を乞うていうのには『神子上典膳でなければ恐らくはこの狂暴な刀術者を制し得ないと思う。願わくば典膳に命を下して誅せられたい』と。この訴願が家康に聞えたので典膳を遣わすことになり、小幡勘兵衛景憲が検使役となり、ともなつて出かけた。ともに膝折村に到り、件の刀術者のひそむ家の戸の前に来て、呼んでいうに『神子上典膳、いま命を受けて鬼眼の頭を取るに江戸からきた。汝戸外に出でて尋常に勝負するか、またはわれ屋内に入つて汝を誅するか』と。

これを聞いた彼の刀術者は答えていうに『われは典膳の名を聞くことが久しい。いま逢う。一生の幸福これにこしたことはない。われ出でて勝負致そう』と。彼の者が戸口から躍り出た。鬼眼は身の丈七尺ばかり、体軀魁偉の壮漢であるのに坂上から飛びかかるので一段と大きく見えた。鬼眼は藤柄巻なる三尺余りの太刀を大上段に振冠り典膳の面を望んで切つてかかる。典膳は心得たりと二尺三寸の刀を抜き右脇構にとり鬼眼が切り下ろそうとする両腕を地生に断つて落した。典膳は検使に向かつてこの者の首を刎ねようかと問うと、検使は諾したのでその首を刎ねた。典膳は勘兵衞とともに江戸に帰り、勘兵衞はこの状況を逐一家康に告げたので、家康は典膳を大いに褒賞して旗本に列し、采邑三百石を賜わつた。典膳は公儀の命を奉じ、暴虐の者を除き民心を安泰にし武人の本領を現わしたので名声遽かにあがり、衆人皆心服感謝した。典膳はこの時の刀法を後で門人に教えていうには『順の太刀は敵の両腕を斬り、逆の太刀は敵の首を斬るべく、これは強くかかつてくる敵を斬るに最も妙である』と。

典膳が鬼眼の両手を斬り落とした時に鬼眼の腕と一緒に落ちてきた鬼眼の刀が典膳の額にした鉢巻に触れて鉢巻が切れた。そこでその事を縁起が悪いとして一刀流の太刀を五分伸ばし、それから二尺三寸五分と定めた。しかし典膳は常に弟子を戒めて、すべて「立合の間積りは心にあつて刀に無い」と「長短一味」と「無刀の心得」を教えた。

第七節　下田の七本鑓・一刀流の突

徳川家康は豊臣秀吉の死後に秀頼が幼弱なのに乗じ、関東八洲を領して江戸におり、覇気鬱勃として好機の到来するのを端倪し、人心を収攬し党を援け類を招き、武人を糾合するに汲々としていたが、典膳もまた重く用いられて秀忠の麾下に配せられていた。

天下の実権はやがて豊臣から離れようとし、徳川家康に帰するか、前田利家に傾くか、あるいは石田三成に落ちるか、形勢混沌として定まらない。この時に歴史の大きな篩が関ヶ原にかけられ、ここに天下の分け目が決せられることになつた。秀忠は家康の命を受け、関ヶ原の外廓戦の一方を承わり、慶長五年八月二十四日に手兵三万八千人を率い宇都宮を発して信濃に進んだ。秀忠は小諸から上田城に向かい、これを守つて西軍に加担する真田昌幸、真田幸村を攻めたが、真田軍が城の守り堅固で容易に落ちない。秀忠の軍が苦戦し荏苒日を過ごして九月七日に及んだ。

この日秀忠先手の軍勢が苅田に出で、村々に控えていたが、上田の城中から見計らい、頃はよしとばかり屈強な軍兵多勢でどつと門を開いて馳懸かり、秀忠の勢を追い立てた。この時に徳川旗本の勇士神子上典膳、戸田半兵、辻太郎助、朝倉藏十郎、中山助六郎、齋藤久右衛門、太田甚四郎等と相ともに比類なく立ち働いて見事な戦功をたてた。これを関東で上田の七本鑓または苅田の七本鑓とも名付けている。この戦で上田の城兵依田兵部、山本清右衛門、齋藤左太夫等は身を捨てて奮戦したが、徳川勢の神子上典膳は依田兵部の面に一太刀を浴びせた。続いて辻太郎助も兵部に切り付けた。

山本清右衛門これを見て、深手を負うた兵部を肩に懸けて退いた。典膳は獅子飜躍の活躍をなし目に触れる前後左右の敵の猛将勇士の腹を突き刺し貫き斃すこと数限りがなかつた。翌日勲功調査について依田兵部を斬つた典膳と太郎助との前後について不明の点があつた。典膳は彼の敵は朱盔の頬楯がなかつたので面を切つたというのに対して、太郎助は朱盔に朱の頬楯を懸けておつたのを自分は切つたと主張する。そこで牧野広成は家来二三人を馬買に扮して上田に遣わし、城兵山本清右衛門に行き逢つて、件の趣をいわせて尋ねた。清右衛門のいうのには『依田兵部は朱盔を被つて頬楯を懸けていなかつた。面に切り付けられ、血に染んだので後で見た者は朱の頬楯と思つたのだろう。頬楯がなかつたと言つた人は初太刀を切り付けたに相違ない』と。そこで典膳の初太刀が明らかとなつた。

典膳は敵の首を取つてこなかつたので、どうしたのかと尋ねられて彼は答えるには『公に奉ずるために戦い、自分の功を貪る考えはないから首級を一つも持ち帰らなかつた。しかし自分は敵の強剛な者を多数腹を突き刺し貫き斃してあるから不審があるならば戦場の屍を検べて見るがよい』と。検視役が戦場に行つてつぶさに調べて見ると全くその通りであり、また典膳が突き殺して置いた屍の立派な兜の死首を斬つて功を盗んだ犬士がいたこともわかつた。これによつて典膳の無欲と一刀流の腑突の恐ろしさが評判となり、衆皆畏服し、秀忠はこれを聞きその高潔な精神と豪強な武技とを嘉して益々重用した。秀忠が小諸から江戸に帰るまで典膳は終始この軍旅に従つたのである。

第八節　山上大蔵との大試合・神子上典膳吉明を小野次郎右衛門忠明と改名

関ケ原の役は徳川方の大捷となり威権は江戸に帰し、海内の諸侯がこれに靡き、江戸に諸侯の邸宅が俄かに建ち並び、互いに壮麗を競い四民相輻輳して殷賑を現じ、武芸者もまた六十余洲から集まつてきた。その頃、山上大蔵という絶世の武芸者が江戸に乗り込み、剣術の豪雄をもつて鳴り、戦つて彼に勝つ者がなく威風都下を圧した。この事が幕府に聞えた。上意によつて、典膳は大蔵と真剣勝負を仰せ付けられた。江戸城大手門前、馬場先に檣を結び、四方に張番を置き、その中で天下晴れの大仕合が行なわれることになり、この評判は江戸中に鳴り響いた。愈々大試合となり、大蔵は傲然と場に臨み、典膳は神妙に控え、合図によつて雙方真剣を抜き放つて相対する。大蔵は暫く睨み付け呼吸をはかつていたが、飛鳥のように躍り間合を越えて典膳の頂上目懸けて切り込み、あわやと見る間に端然たる典膳はチャリンと出刃の切り落し突きに刺し込むと、大蔵は意表を突かれ咽喉危うく一気に引き退く。再び双方から進み間合に入り、典膳が清眼に攻める真鋭の気に耐え切れず、大蔵が捨身に大きく踏み込んで典膳が頂上に深く斬り懸るを典膳はそのまま進んで入刃に切落しざま大蔵の頭を顎首まで梨割りにし物の見事に勝を制した。典膳の気位の高貴と胆力の沈毅と武技の精妙とが愈々天下に謳われた。これによつて典膳は秀忠の覚え殊の外芽出度く、忠の一字を賜わり、吉明を忠明と改め、また神子上を外祖父の姓を承けて小野と称し、爾来神子上典膳吉明を小野次郎右衛門忠明と呼ぶことにしたのである。

第九節　忠明多敵の位

小野次郎右衛門忠明が天下無双の武名轟くに及び、その風を望み教を乞う者雲集群来した。またこれを嫉んで害せんとする徒輩もいた。或時薩摩の刀術者自源流の流祖瀬戸口備前の招きに応じ、忠明がその邸に赴き案内の通りに客間に入ると途中に十坪ばかりの板敷があり、そこには見るからに屈強の武者二十人程控えおり、忠明がそこを通り過ぎようとした途端に彼等は抜刀し一斉に八方から囲み透間なく斬り掛けてきた。忠明は心得たりと八方に身を転じ忽ち八人を切り払い捨て、三人に深手を負わせたのでこれを見た他の者は恐れをなして逃げ散つた。忠明が奥の間に行くと赤い広袖を着た惣髪の者がいたが、大小を鞘とともに投げ出し叩頭平身して「貴公の術は神の如く吾々の遠く及ぶ所ではない」と謝罪したので忠明はこれを許し直ぐ瀬戸口邸を立退き、他方に赴こうとして、鬱蒼とした山叢の下を通ると山蔭から数十人の敵が現れ斬り掛けてきた。忠明は立ち所に六人を斬り斃し、五人に致命傷を負わせたがまた別に一人の敵が現われ、九尺程の鎌鎗を揮つて忠明の右袖に突込んできた忠明は袖に搦んだ鎗を奪い取り、飛び込んでその者の眉間から乳の下まで縦袈裟に斬り割つた。これに僻易して他の者共は蜘蛛の子を散らすように遁げ去つた。忠明はこの剣の遣い方を八方分身として極意本目録の教に遺している。

忠明の名声が愈々隆々たるに及んで、島津薩摩藩主から招きを受けた。「家臣どもが修業のため仕合をしたいとの懇望があるからお出でありたい」というのである。忠明は大藩島津邸にゆき仕合に勝つたら恐らくは多勢襲いかかり生かしては帰さぬであろうと思い。潜かに従弟に告げ万一の後事を家族に知らせるように頼んだ。従弟も他の事と違い仕合所望によつてゆくので付添いもできず、励まして出してやつた。忠明が島津邸にゆくと、藩主観覧の前で藩中最高級の剣士四人を出し、仕合したが悉く忠明に破られた。そこで忠明は「折角の事であるから四人一度にお相手致しましよう、打ち込んで見なさい」と云つたので、怒気荒々しく四人一度に立ち向かい四方から打ちかけたが、バタバタバタバタと忽ち打ち負けてしまつた。これを見た並いる士どもは歯を喰いしばつて脇差の柄に手をかけた。その時島津藩主は立ち上つて居間に入り忠明を招いた。忠明が居間に入ると藩主は家来を遠ざけ、居間の戸口に錠をかけ、自分も仕合したいというので立合つたがわけもなく負けたので師弟の契約を結んだ。それから錠をはずして家来を呼び入れ「自分は小野氏に弟子入りしたから、皆の者も弟子になつて修業するがよいぞ」と言つたので、忠明は難なく帰宅することができた。後日島津藩主は忠明に対し、「四人掛りで負けたのを見てくやしがつた諸士どもが、みな柄に手をかけたが、その上自分が負ける所を見たら諸士が覚えず抜き連れて斬つて掛るだろうと思い錠を下ろし、皆の者が寄り付き得ぬようにしたのである」と告げたのであつた。

忠明は柳生但馬守宗矩の依頼を応諾して、宗矩の許にゆき、宗矩の高弟等と多敵仕合を行なつたことがある。忠明一人に対し宗矩の高弟木村助九郎、村田与三、出淵平八の三人が一斉に打ち掛つてきた。その時に忠明は正面から掛つてきた助九郎の打間に踏み込み助九郎が手にした木刀をいきなり奪い取り、これで左から掛る与三の両手を押えた。その瞬間に平八は忠明の右後から上段に冠つて打ちおろしてきたので忠明はその下を潜り与三の後に身を転じたので、平八は与三の頭をしたたか打ち与三は尻餅をついて気絶した。柳生の門人等は『忠明の術はただ水を切り空を摑むようなものであり、而もその木刀に当ると弾ね返つて持ち耐えられない』と驚嘆した。

忠明は多敵の位を次のように教えた。「敵が数百数千の多数あつてわれに向つてきても近寄つてわれに切りかかるのは八方から八人になる。この八人もわれに遠いのと近いのとあり、進退の早いのと遅いのとがある。その内にわれに近く二尺の所に入つてわれに当る太刀を振う一人の敵を一人づつ制すればよい。それで千人も一人である。多勢はまた混乱騒擾し易くわれ一人の時は冷静沈着になることができる。多敵に対しては猛進すべきではない。敵を近付けて制殺すべきである。敵が十歩動いたらわれ三歩動いて前後左右に転身する。多敵に目驚き精力を徒費しては心身疲れて術が萎縮する。われは冴え冴えした心気を以て一瞬一人一殺を循還端なく行なうべきである」と。

第十節　忠明武芸を售る者を制裁す

その頃江戸に道場を開き、雨戸をあけ往来の人に試合を見物させ、大衆の喝采を博し、糊口の代を得ている者があつた。忠明は或日伴を連れその前を通りかかり、立止まつて群衆の中で見ていたが、余りにも拙く法にはずれた遣方であるばかりでなく、武芸を售物にし武を汚すものであると憤りを覚え、伴の者に向かつて殊更に大きな声でその剣士の打出すたびごとに遣い振りを散々に嘲笑した。内にいた剣士はこれを聞いて大いに怒り、試合を止めて大声に呼ばわつていうには『如何なるお方か知らぬが只今のお言葉を聞き捨てて置いたのでは明日からこの道場は立ち申さぬ。わが芸が拙いというなら、見及ぶお方ここに出て尋常に勝負あれ』と。そこで立ち群がる衆は、さあこれはただごとではないぞと一斉に忠明の方を見た。忠明はそのままつかつかと板敷に上り、大小には手も触れず、腰に差していた馬の鼻捻をとつて件の剣士に立向かつた。件の剣士は物々しく構えた大太刀の切先を、忠明は丁と打開き飛込んで彼の眉間から鼻柱にかけてはつしと打つたので鼻血がさつと奔り目眩みどうと尻餅ついて倒れてしまつた。見物の衆はさあ喧嘩だと、わめき立つて一斉にどつと外へ雪崩れ逃げた。この時道場に別の師匠がいて進み出で『只今の御勝負は兎角申すに及ばない。今日はこの者を介抱し、明日は折角この場を浄めて置くからお出になつて拙者ともう一度勝負をなされたい』と請うた。忠明は『心得た』といつてそのまま帰つた。

翌日忠明はその道場に行つて様子を見るに昨日とさまが変り、見物人を謝絶し、潜り戸一つ開けているだけである。忠明は同伴の者に向かつていうに『彼は戸蔭に隠れて撃とうとするのか、それは武士の作法ではない、卑怯未練な者である。愈々以て制裁を加えなければならない』と。そこで忠明は身を躍らして電光のように潜り戸から飛込んだ。然るに内には板敷に油を流し必ず滑るように仕掛けてあつたので、勢込み走つて行つたからたまつたものではない。忠明は滑つて真逆様に倒れた。内に待ち伏せた剣士はうまくいつたとばかり振上げた太刀で土壇を切るように上から拜み撃ちに切り掛けるのを忠明は倒れながら腰にした鍋釣と称する刀を横様に抜放つて一瞬先にその者を二つに切払い捨てそのまま起きて刀を納め、何事もないように出て来た。これを聞く者皆忠明のこの行動は武を汚す悪を除いて道を立てるために自ら身を挺して険を冒し、しかも変に応じて無碍自在剛胆であつて剣技絶妙なのに三嘆しないものがなかつた。この評判が拡まつてから江戸に武芸を售物にして糊口の代を得る者が影をひそめ、剣道の品位が高められた。

第十一節　忠明の強豪

忠明は資性剛直であり、武技強豪絶倫であつた。ある大名が忠明を招いて「我が藩中に貴所のお手なみを見たいというものがあるが拝見できないか」というと、忠明は真顔になつて「それは仕合を望むのでしよう。御遠慮なくお出し下さい。お相手しましよう」と答えた。やがて仕合になると、忠明は木刀を逆に持つて相手の者に向かつて「さてもいらぬ酔興のことを望まれるものではないか、怪我をするのが気の毒だが」と言つてぴたり構えた。相手がむつとして清眼につけじりじり詰寄つてくるのを、忠明が地生に打上げると見る間に相手の木刀をはね上げ落し、返し太刀でその両腕を打つた。「見えたか」と言い身を引き「定めし腕が折れたであろう」と平然と言い放つた。相手の者は一時気を失つたのを小姓共が介抱して引取つたが、果してその後その者の腕がきかなくなつてしまつた。

忠明は日常門弟子に組太刀の指導を行ない自らも修練を積み、また遇々好敵手があると真剣、刃引、木刀などどんな武器でも採つて勝負を嗜んでいた。後年になり対抗する相手がなくなつてからは当身大の当て木を作り、毎朝早く起き、独りで太い木刀を以てその当て木を数千回強打強突し、飽くまでも打突の腕力体力をつけ、心気力一致の長養を怠たらなかつた。

第十二節　忠明の剛腹と権威

忠明は将軍に対しても武道の師としては頗る厳格で、決して所謂殿様稽古という阿諛の手を施さなかつた。それは道に対する誠意であり主に対する真情からであつた。ある日秀忠が剣の技について語り、一知半解の自説を主張していたのを聞いた忠明は秀忠の未熟な慢心を憂え、面を冒していうには兎角兵法は腰の刀を抜いての上でなくては論議が決しない。口先の兵法は畳の上の水練同様だとたしなめ、一刀流の「万理一刀に決す」の真義を説いたので秀忠は大いに悟る所があつた。

忠明は徳川二代秀忠から三代家光の時代にも尚お一刀流の指南役として重用された。家光は予てから名にしおう小野次郎右衛門忠明と柳生但馬守宗矩との人物武技を試みたいと思い、使いを二人に遣わし急遽召し出だし、その通る所に侍臣に命じて待伏させ木刀で不意を打たせた。宗矩が先ず来て不意打を扇で難なく受止めて中に入つた。忠明はこれを知らずおくれてきたが、物のけを感じ、何等かの計略あるを察しそこを避け別の入口から入つたので打つことができなかつた。これは忠明が一刀齋から習つた霊感の鋭さでありその明察と貫祿とが高く賞揚された。

忠明は家光に対しても剛毅厳格を保ち、敢えてその意を迎えなかつたので、聊かの事で家光の忌諱に触れ譴られて引籠つていたことがあつた。この時家光が板橋に猟に行つたが、そこに強暴な賊がおり、人を殺し民家を荒らし横行するが人々は恐れて近付くことができない。家光はこれを聞いて、忠明に命じ賊を誅させようとした。忠明は生憎病蓐にあつて命を聞いたので弟子達は気遣つて引止めたが肯せず、病蓐から起き、籠で漸く板橋に赴き籠から降りて件の賊のひそむ家に至り、刄向う強賊を一刀のもとに誅した。家光は忠明の病軀を提げていでその使命を果したことを聞き、大いにほめてその蟄居をゆるした。

忠明が蟄居から免されて出仕すると、家光がひそかに思うのには忠明が蟄居で永い間修業を怠つていたろう、それに自分は日夜錬磨に励んだので、ここで一つ自分の腕をためして見ようと企て、場に毛氈を敷かせ、木刀を真中に切先を合わせ、「いざ次郎右衛門立合うべし」との上意であると宣する。忠明が謹しんで毛氈の端に手をついていたが、家光はやにはに木刀を取り、ただ一打にと振上げヤツと声をかける途端に忠明が毛氈の端をつかんでさつと引いたので、家光は足もとが狂い後にどつとひつくりかえつてしまつた。そこで忠明は家光に一刀流の二つの目付の大切なことを体得させたのであつた。

第十三節　忠明一刀流を大成す

小野次郎右衛門忠明は若い頃から伊藤一刀斎に付き従つてよく師の教を守つて懈怠なく錬磨を重ね、常にその身を苦しめ困難に処して心を養い技を工夫した。師に学び朋と鍛え弟子と稽古し、他流高名の士と試合して鍛錬し、特に毎日木刀であて木を数千本打つことを一日も欠かしたことがない。たまたま当番で役所におる時でも人の寝ている間に早く起き必ず数千本打つていた。彼は不世出の天稟の英才の外に百錬千磨し、後に赫々たる武勲名技を称讃されるに至つても精進怠りなく、遂に一刀流を大成した。そして組太刀の指南法、稽古法を編成し、大太刀、小太刀、相小太刀、三重、刃引、払捨刀、五点、他流勝之太刀、詰座抜刀などの大本を定め、その一本一本に剣の理と心の理を配し、必勝不敗の剣心一如のことを教え、更に十二ケ条目録、仮字書目録、本目録、割目録を制定し、宇宙観、人生観、社会観の基となる剣道の原則を確立した。

忠明はこの大業を成すに当つて江戸柴葉の宗泉寺にこもつて博識道徳の聞え高い名僧智識と談義を重ね、武道の真諦をなす皇漢学の淵叢を深くさぐり句々件々、理をつくし事を謀つて修理固成しこれを徳川家康、秀忠の台覧に供し、また諸大名を指南しそのほかに許多の門弟子を迎え、流祖伊藤一刀斎の創建した卓抜超達な「一刀円相無極」の思想と武人必勝の術、達人高邁の徳道を伝え、一刀流を以て天下の師と崇められ、その武徳を後世に布き、業成り名遂げ寛永五年戊辰十一月七日病みて江戸に没した。戒名を清岸院殿明達大居士という。その墓は総洲印旛郡成田町永興寺の裏山にあり、その＊木像は同寺に安置されてある。

＊口絵参照。

第四章　一刀流正統支流分派歴代記

伊藤一刀齋景久　一刀流祖　第一編第二章一刀流祖伊藤一刀齋景久伝　参照

小野次郎右衛門忠明　一刀齋直伝の一刀流の正統を継ぐ　他の分派支流と区別するためこの正統に小野派を冠す

その祖　第一編　第三章小野次郎右衛門忠明伝　参照

小野次郎右衛門二世　忠明の長男　早世

伊藤典膳忠也　忠明の二男　慶長七年生まれ初め神子上典膳忠也　後に伊藤姓に改む　忠弥とも忠成ともいう

忠明に学び父家を立ちのき分派忠也派一刀流をおこす。

伊藤忠雄　初め亀井平右衛門　忠也の養子となり忠也派一刀流を継ぐ。

井藤平助　平右衛門の長男　伊藤を井藤に改め　忠也派一刀流を継ぐ。

根来八九郎重明　平右衛門の三男　父に学び天心独名流をおこし、二本松丹羽長次に出仕す。

小野次郎右衛門忠常　忠明の三男　初め忠勝と称す。父に学びその統を継ぎ次郎右衛門を襲名す。爾後代々正統を継ぐ者は次郎右衛門を襲名す。忠常は徳川家光並びに多数の門人を指南した。一時上総国に配流され後呼び帰さる。忠常は名技父に髣髴し一刀流極意無想剣を悟得した。一刀流組太刀の大太刀五十本に出刃、入刃、寄刃、開刃の四本の技を加えた。寛文五年十二月六日五十八才にて歿す。

梶新右衛門正直　忠常が忠勝と称していた時の門弟　梶派一刀流をおこし、大番衆となる。

松本故隠岐守　　　　　　忠常の門弟
溝口半右衛門　御船手　〃
坂部孫四郎　大御番　〃
岡田淡路　　御小姓　〃
忠常の惣門弟数　四千二百余名

小野次郎右衛門忠於　忠明の四男　忠常の養子となる。一説に門弟の取立ともいう。忠常に学びその統をうけ、一刀流を以て将軍家綱、綱吉、家宣の指南役を勤む。組太刀大太刀合刃三本、張合刃三本計六本を加え一刀流組太刀を完成した。正徳二年十二月二十九日七十三才にて歿す。

津軽信政　津軽四代藩主　忠於から一刀流を学び極意に達し文武両道の令名がある。

水野監物　天野伝四郎　有田十右衛門　酒井右京亮　平野九左衛門　三枝能登守　酒井宇太夫等　忠於の惣門弟数三千四百十四人あつた。（元禄三庚年二月七日調）

小野次郎右衛門忠一　初め岡部助九郎　忠於の養子　忠一と改め　忠於に学びその統をうけた元文三年五月十七日歿す。忠一は徳川将軍の外多数の門人を有し、一刀流の正統をその子に伝えず、津軽土佐守信寿に伝えた。元文三年歿す。

津軽土佐守信寿　津軽五代の藩主　忠於について一刀流の奥義を究め、忠一の加判により一刀流一子相伝をうけた。これにより一刀流の正統直伝は一旦小野家を離れて津軽家に移つた。

小野次郎右衛門忠久　津軽信寿から一刀流の伝をうけたが早世した。

小野次郎右衛門忠方　父忠久早世し、忠方幼年でいまだ一刀流を学ばず、小野家に一刀流断絶の悲運に陥るを惜しみ、忠方が長ずるに及び津軽信寿老後の栄翁が改めて一刀流の伝を忠方に与えその統を継がせた。寛延二年十月十六日歿す。

小野次郎右衛門忠喜　忠方の子　父に学び多数の弟子を擁した。寛政十年十月二十九日歿す。

小野次郎右衛門忠孝　忠喜の子　父に学びその統を継ぐ。

小野次郎右衛門忠貞　忠孝の子　父に学び一刀流の相伝を受けた。

小野業雄　父に学び一刀流の統をうけた。

中西忠太子定　小野次郎右衛門忠一の弟子江戸に一刀流の稽古場を開き多数の門弟を擁した。世人はこれを中西派一刀流という。

中西忠蔵子武　子定の後を継ぎ、宝暦十三年に靱　袍（今日の防具）を考案し、竹刀打を行い、この時から試合剣道がおこつた。

中西忠太子啓　子武の後を継ぐ。

中西忠兵衛子正　子啓の後を継ぎ、多数の弟子を有した。高柳又四郎、柿崎謙助等傑出していた。

千葉周作　子啓、子武に学び北辰一刀流をおこした。

寺田有孚　子啓、子武に学び天真一刀流をおこした。

浅利義信　子啓、子武に学び、その子弟を教えた。

浅利義明　子啓、子武、義信に一刀流を学んで精妙を得た

山岡鉄舟　義明に一刀流を学び、無刀流をおこした。

高野苗正　子正に学び、その子蕃正を教え、その子高野佐三郎豊正は明治大正昭和に名声を轟かした。

山鹿八郎左衛門高美　山鹿素行四代で小野次郎右衛門忠喜から一刀流奥秘書、稽古場免状を受け、津軽信順、荒木関家右衛門、赤松敬蔵、齋藤熊蔵、舘山岩次郎、三橋春之進、須藤半兵衛等多数の門人がある。

須藤半兵衛正万　山鹿高美に学び、その弟子に四天王と称せられた和田顕一郎、松井四郎、岡格馬、対馬角蔵等がある。

須藤半之亟正安　父に学び精妙を得た。

対馬健八　父角蔵に学び極意に達し、弘前北辰堂道場で子弟を教導した。

山鹿次郎作高厚　高美の次男で一刀流を父に学び、小野次郎右衛門忠孝から極意を受け、一刀流をもつて津軽藩の指南役となつた。高厚の子友蔵高久は父の教を受けてその統を継ぎ、高久の子盛衛高之これをうけ、その養子元次郎高智はその伝を受けた。

柿崎謙助　中西子正に一刀流を学び極意に達し、小野家の伝を得津軽藩に仕えた。その門下に傑出した者は笹森貞司、一戸万蔵、本多謙一等である。

柿崎謙助　二代謙助は父の教を受け一刀流をもつて名を成した。

中畑英五郎　初代謙助について一刀流を学び、その極意に達し、英名轟き多数の弟子を擁した。柿崎家と縁戚である。

笹森順造　初め対馬健八より一刀流を学び、後、中畑英五郎につき組太刀技法全部の極意を得、さらに山鹿高智より秘伝書を授けられ、また津軽信寿以来一子相伝の高上極意と、その統を受く。（本書緒言　参照）

第五章　一刀流小野家・津軽家相伝事情

一刀流の正統が小野家と津軽家との間に相伝されたいきさつをここに審かにする。幕府時代に武術を重んずる雄藩と、名誉権勢に近ずくことを欲する武術師範家とがいろいろな形式で親密な関係を結び、流儀の系統が藩主と師範家との間に授受された一つの好適例がこれである。津軽土佐守信寿は一刀流に精根を傾け、その奥秘をきわめ実力を発揮した大名であり、一方小野助九郎は一刀流の宗家であつても、徳川の一旗本で僅かに八百石を領した身分であつたので、一刀流の系統を所望する津軽家に一旦授け、また改めてそれを小野家の子孫に授けたというのは決して怪しむにたらぬことである。その辺の消息を正確に示す資料として左に小野助九郎忠一が、津軽土佐守信寿に対し一刀流の正統を譲つた時にさし出した誓詞の文面をかかげる。

起請文前書

一、一刀流兵法先祖従一刀齋私迄五代伝受仕来候趣　一動一言不相残申上候　尤御聞落私失念之儀　此罸文者各別　御用可罷立儀秘㕝仕相残不申候　一子之雖為相伝少茂相違無御座候　依之返誓詞　任古法如件

右之条々於相背者

梵天帝釈四大天王惣日本国中六十余洲大小神祇殊伊豆筥根両所権現三嶋大明神八幡大菩薩天満大自在天神別而氏神摩利子尊天之御罰可蒙者也　仍起請文如件

享保三戊戌三月十一日

小野助九郎　血判

津軽土佐守殿

右により一刀流の一子相伝の極意全部を小野次郎右衛門忠一が助九郎を名乗つていた頃に、津軽土佐守信寿に譲つた事が証せられる。この時に信寿から助九郎に宛てた誓詞の文面は左のとおりである。

起　請　文　前　書

一　元師従一刀齋景久貴様迄御伝受被成来候一刀流大秘叓　私数年之懇望依而　今度預御相伝忝大慶之至御座候御流儀任掟御同名伊織殿江相伝申候　此上者雖為一子堅相伝致間敷　猶以御流儀相守可申候

右之趣於相背者

(罰文は前段のとおりにつきことに略す)

享保三戊戌歳三月十一日

津軽土佐守

小野助九郎殿

右原本は津軽家から小野家に送り、その控としての写の副本は津軽家に保存された。津軽信寿は一刀流の相伝を一旦小野助九郎忠一から受け、後に忠一の子小野伊織へ相伝すべき約束をかわした。この約束のとおり信寿は伊織すなわち後の小野次郎右衛門忠久に対し一刀流の正統を相伝した。これに対し伊織から信寿に送つた起請文は左のとおりである。

起　請　文　前　書

一　従父助九郎忠一御相伝申上候今度家伝之大事　先達而拙者に相伝不仕候叓

一　尊公様より右之大叓御相伝一刀流兵法私先祖従一刀齋当助九郎忠一五代迄　段々掟堅定之趣少茂相違仕間敷候叓

一　家流之秘叓数人不相伝候付尊公様より私儀預御相伝忝奉存候　弥以掟相守可申叓

右之条々於相背者

（罰文　記略）

享保三戊戌三月十一日

小野伊織　血判

津軽土佐守殿

右によつて明らかに示されるとおり、小野助九郎忠一の子伊織忠久は父忠一から一刀流の正統を相伝しないことをしるし、しかして津軽土佐守信寿から相伝した事を誌している。このようにして一刀流の正統の第六代は津軽信寿に移つたのであるが、武道史の流転は不思議なもので、もしこのとき一刀流の正統が津軽家に伝わつていなかつたら恐らくは一刀流の正統がこの時に断絶して小野家に伝わらなかつたであろう。それはどうしてかというと、伊織がその子の忠方が幼少で一刀流を学ぶに至らなかつた先に歿して、小野家にその正統の技も教も相伝されずに絶える悲運におちいつたからである。

伊藤一刀齋から直伝の正統を嗣いだ七代の小野次郎右衞門忠久の早世によつて、小野家に一刀流の正統が断絶することを津軽信寿が救うことができたのは忠一が信寿に一刀流の正統を一旦伝えていたからである。信寿は晩年に隠居して栄翁と号し、文武の道に悠々自適していたが、忠久の遺子忠方のために図つて改めてもう一度一刀流の正統を伝えたのである。その時の御相伝案文は左のとおりである。

一刀流剣術之極意書　貴祖累代為家秘　父信政深志此術有年矣　幸蒙此伝　以来両家交相継而余甞付于貴父
忠久　忠久早世也貴所修練成功而未伝之矣　殆患此伝廃以請余　於茲雖唯授一人之奥秘　不堪黙止　今復竊呈
其旨趣応乎矣　敬而一人之外不可有相伝云爾

寛保三癸亥十一月

津軽栄翁

小野次郎右衛門殿

右原本は小野次郎右衛門忠方に送られ、その写本の控えたる栄翁自筆のものは津軽家に保存されている。
右に対して忠方から栄翁に送った誓詞案文は次のとおりである。

誓詞起請文前書

一　祖父次郎右衛門忠一御相伝申上候家伝之大事　先達而父助九郎忠久　之預御相伝候処忠久早世に付　於拙
者未相伝仕候事

一　一刀流兵法私先祖従一刀齋祖父次郎右衛門忠一迄段々五代之掟　堅定之趣少茂相違仕間敷事

一　一刀流兵法家伝唯授一人之大事　及断絶候に付　今度達而御無心申上候処　被及御相続　依之家伝之大事
相続仕候段　忝奉存候　唯為一子猥相伝不仕　弥以掟之旨堅相守可申候事

右之条々於相背者

梵天帝釈四大天王惣而日本六十余州大小神祇殊伊豆筥根両所権現三嶋大明神八幡大菩薩天満大自在天神別而
摩利子尊天之可罷蒙御罰者也　仍起請文如件

小野次郎右衛門忠方　花押血判

寛保三癸亥年十一月十三日

津軽栄翁殿

この誓詞のとおり、伊藤一刀齋景久から直伝された一刀流は少しの相違もなく掟のまま津軽栄翁から小野次郎右衛門忠方に伝わつたのである。

工藤主膳他山著の津軽藩史巻の四の九十二頁玄圭公「信寿」の段に「撃剣師二小野次郎右衛門一極二其奥秘一次郎右衛門死師伝将絶公伝三其奥秘于二其家一云々」とある。この一刀流正統の奥秘伝書は津軽家代々、出羽守信著、越中守信寧、土佐守信明、侍従寧親、侍従順承、越中守承昭、伯爵英麿、伯爵義孝と歴代の藩主を経て当代に至り本著者に伝わつた。また小野家においては次郎右衛門忠方から忠喜、忠孝、忠貞、業雄に伝えられ、更に忠喜から皆伝を受けた山鹿八郎左衛門高美から高厚、高久、高之、高智に伝わり高智から本著者に伝わつたのである。

第六章　一刀流津軽藩内に勃興

津軽四代の藩主信政は一刀流を小野次郎右衛門忠於に学び極意に達し、五代藩主信寿は同じく忠於について妙奥をきわめ、忠一から一刀流の正統を継いで以来代々の藩主がこれを学んだので、志ある藩士等は競つて一刀流の錬磨に心根を傾けた。従つて江戸在府ならびに在藩の士の間に一刀流にわかに勃興し、傑出した達人が続出した。

津軽信政は山鹿素行に私淑し、藩の師として迎えようと求めたが、素行はその養子興信を山鹿流の兵学をもつて津軽藩に出仕させた。興信三代の孫高美は一刀流の極意をきわめ小野次郎右衛門忠喜から皆伝を受け、多数の門弟子を養い、その子高厚は特に一刀流に秀で当代に比肩する者なく、爾来山鹿家歴代は山鹿流の軍学と一刀流兵法を以て津軽藩に仕え門弟子多数を擁した。

津軽九代の藩主寧親は弘前藩大学稽古館を創建し、経営費年々一万石を投じて文武を奨励し、特に剣術については一刀流を重んじ師役に山田一学を挙げ、加担に山田有蔵を用い添師に武田弥学、山田吉次郎を加えた。爾来この藩大学に学ぶ藩士の子弟の間に一刀流が勃興して隆盛を極め幕末から明治の始めに及んだ。

須藤半兵衛正万は一刀流を山鹿高美に学び同門中に傑出し、極意に達した。正万を慕つてその門に集り教を受くるものが多く、正万六十才の時その門弟子が師のために肖像画及賛を作り、正万の子正安に贈つたのは左のとおりである。

一刀流指南役須藤半兵衛肖像画賛

小野家一刀流撃剣法盛播于天下矣　我藩従古来嘗鳴其法有焉山鹿高美高厚両先師始唱其法我師須藤氏正万君夙有志焉遊両師及中西之門終究其蘊奥

先公遂使師干教演藩士従学者日盛達者亦不為少也　対馬清雅感戴師恩之余竊使画師之容而与之正安君嗚呼師以我藩法之為始祖不可不使百才之後後進之士吾輩今日如親炙于師也夫至如師之徳与芸則後人或自知之不敢賛一辞云

嘉永五年壬子春二月　　門人等謹識

一刀流指南役須藤師ならびに四天王

嘉永二已酉年存生之年齢　正万先生六十才　達四十三才　清雅四十一才　許之四十才　英直四十二才

対馬角蔵清雅肖像　岡格馬許之肖像

須藤半兵衛正万肖像

松井四郎達肖像　和田顕一郎英直肖像

右正安小先生小嶋貞邦諸像絵　達　清雅　許之　英直　雖非剣業之門人立身芸道始終焉　故正万先生傍倚坐爾云

明治六癸酉年六月一日　　門人令如雲水記　于時六十九才

須藤正万に一刀流の教を受けた四天王とその子孫は悉く一刀流をもつて名をなし、津軽藩内に多くの子弟を教導した。

柿崎謙助は初め中西子正に学び後に小野家の許を得、一刀流の師となり津軽順承に仕え、その門下には傑出した二代謙助の外に笹森貞司、一戸万蔵、本多謙一、中畑英五郎等がある。後年に至り高野佐三郎は屢々弘前に来たり、中畑英五郎と一刀流の研鑽を行った。中畑英五郎は昭和三年七月八日八十二才で歿するまで弘前におり、一刀流をもつて東奥義塾その他の学校ならびに市内道場で熱心に子弟を取りたてて、その統と常に懐にした伝書とを本著者に伝えた。

本多謙一は初め初代柿崎謙助に一刀流を学び、藩命により江戸に出で、中西忠太及び浅利義明の門に精励すること三年、その蘊奥を得帰藩復命した。藩主は謙一に道場の新設を許し、敷地木材建築費一切を下賜した。しかるに謙一の師、初代柿崎謙助歿して二代謙助未だ若年で門弟を取りたてるに至らず、その道場が衰微していたので、謙一は己れの為の道場新設を思いとどまり、恩師に報ずるため一切の資を投じて師の道場の修膳復興に捧げ二代謙助を助けて柿崎道場の再建に尽くしたので世人は謙一の高潔と妙技を慕い、きたり学ぶ者群集し、柿崎道場は隆昌し、薄田、福田、武林、木村、太田、小杉、樋口等錚々たる剣士が輩出した。謙一の甥徳蔵後の本多庸一も十五才の頃からこの道場で一刀流を学んだ。

本多謙一が浅利義明と密接に連繫を保ち一刀流の普及に努めていた事と、山岡鉄太郎がその当時一刀流の門に精進しておつたことを物語るよい資料として義明が謙一にあてた書面を左に掲げる。

一筆啓上仕候　春寒強候得共　先以御両所様弥御安静被成御座珍重奉存候　降て拙者儀無異儀罷居候条乍憚御休意可被下候　扨久々御様子も承知不仕　当時は如何被為在候哉　薄々承知仕候には不相替御壮健の由　殊に其御地にても剣術稽古等も御盛にて　御世話等も御座候は誠に以大悦仕候事に候　東京にて日々右道場出席人も有之　追々と達者の仁も出来　是又悦居申候　付ては追々一刀流盛大に被致度　山岡氏志願に有之　当時次第に入門等も御座候事に御座候　拙者儀追々老年にも及候間折々出席は仕候得共　取立方は御同人へ相任せ　当時罷居

り候事に御座候　御同人被申聞候には　御両所様若し御都合御出来に可相成候はば　御出京御座候様被致度久久にて御打合も被致度　幷に出席人等の稽古の励にも可相成儀に付　何卒御繰合急々にも御出京御座候様に拙者より此段申上候様に被申聞候　尤御途中の入費等は山岡氏より被差出候趣に御座候間　左様御承知被下度奉存候否御報告早々承知仕度此段相伺申候　拙者儀当節は　有栖川宮へ奉職仕居　最早六十三才に及御察可被下候併しかなり丈夫に且又中西忠蔵子武事当六月十三日百年忌にも有之候間　右追善とも思召御出京御座候様仕度此段拙者よりも相願候事に御座候　右之段為可得貴意如此御座候也

二月十五日　　　　　　　　　　　　　又七郎事　浅利義明

須藤半之亟殿

本多　謙一殿

猶以折角余寒御厭専一に御加養可被成候也

明治維新となり廃藩置県の制布かれ、明治九年に廃刀令出で、剣道は衰退に傾いたが、これを嗜む有志は弘前市四部内に各武場、北辰堂、明治館、城陽会、陽明館を建て一刀流を始め各流各派流儀を修錬し、旧藩指南役は競うて子弟を教導した。明治七年六月廿日弘前市において伏見宮に武芸を台覧に供した際には第一に一刀流を演じた。本多謙一は極意刄引の打方、小山内達麿は仕方となつて神技を示した。同じく一刀流の組太刀は田沢久米吉が打方に立ち、須藤歓一郎と安藤太一は仕方となつて妙技を演じた。時代は明治から大正昭和に遷つて、古来の武道を嗜む者次第に減じたものの、弘前市においては旧藩大学稽古館の後身東奥義塾を始めとし、諸学校、諸道場、警察署、武徳会支部、軍隊等において剣道を奨励し、特に護国館道場が創立され、また青森県古来武道振興会が結成されるなどして、一刀流は常に代表的名流として尊重されその道統が伝わつている。

第七章　一刀流伝来記

第一節　誓約血判様式

一刀流を学ぼうとする者はまず良師を訪ね二心なく随身し懈怠なく精進することを、天地神明に誓い、流儀の教を守り、絶対に他に見せず他に言わず、秘密を厳守し、親子兄弟にでも伝授の秘書類などは決して洩らさないという約束の起請文を認めて呈することを掟としている。

入門した上は純真な誠心で師の教に遵い、師の許可がなければ濫りに仕合せず、自流の名おれになるようなことはしない。師の免許がなければ、他国に行つても決して自らその流の師とならない。

この誓約に背く時は神罰を蒙るものとなし、指から生血を切つて出し生命をかけたしるしの血判をおして真心をあらわした。その誓約する神は当時世人が信仰の対照としたあらゆる神仏の名を列挙し全幅の真心を表わした。著者に伝わつた起請文の例文を次に掲げる。

第二節　起請文

例一

起請文前書

一　一刀流兵法御教之通他見他言仕間鋪候事
一　無御免以前仕合仕間鋪候事
一　御流儀之御秘書類無御伝授にたいしては雖為親子兄弟他見他言堅仕間鋪候事
一　就御兵法之儀対師表裏別心無之御差図を守り稽古可仕候事
一　他国へ罷越候とも自師と成申間鋪候事
右之条々於相背者
梵天帝釈四大天王惣而日本国中大小之神祇殊伊豆箱根両所権現三嶋大明神八幡大菩薩天満天神別而氏神摩利支
尊天之御罰可罷蒙者也　仍起請文　如件

年　月　日

姓名　　　　血判
同
同
同

例　二

起請文前書之事

一　一刀流兵法御打太刀被仰付難有仕合奉存候　御相伝之趣堅他見他言仕間敷候事
一　無御免以前他流仕合並同流たりといえ共しない打仕間敷事
一　兵法之儀に付対師表裏別心御恨申間敷事

一 御教太刀御口伝之趣堅相守我意を相交稽古仕間敷事

一 他流へ望御座候はば其意の趣申上起請文を以て　御断申別師を取可申事

一 御弟子を離れ候以後当御流の御太刀御教の様子他見他言は不及申心持たりというとも後流へ相交稽古仕間敷候

附自師となり申間敷候事

右之条々少も於相背は忝も
梵天帝釈四大天王惣而日本国中大小之神祇殊伊豆箱根両所権現三嶋大明神八幡大菩薩天満天神別而氏神摩利支
尊天之御罰可罷蒙者也　仍起請文如件

年　月　日

姓　名　　血判

第三節　津軽家所蔵伝受録

第一項　信政伝受

一刀流兵法

十二ヶ条　貞享三丙寅年四月吉辰

仮字書　貞享三丙寅年六月吉辰

本目録　元禄弐巳己年五月吉辰

割目録　元禄弐巳己年十二月七日

免状　元禄三庚午年四月七日
右頭書之通小野次郎右衛門忠於ヨリ伝来也
津軽信政

第二項　信寿伝受　㈠

一刀流兵法
十二ケ条　元禄二巳己年五月吉辰
仮字書　元禄五壬申年六月吉辰
本目録　元禄八乙亥年三月七日
割目録　元禄十四辛己年四月吉辰
右頭書之通小野次郎右衛門忠於ヨリ伝来也
津軽信寿

信寿伝受　㈡

一筆啓上仕候然は一刀流兵法私先祖三代以来拙者伝受仕来候趣一動一言相残不申相伝申上候尤御聞落下拙失念之儀者此罰文各別御用にも可罷立儀秘事仕相残之不申候一子江の贈物相伝少も相違無御座候　右之段日本之尊神似偽に無御座候
恐惶謹言
五月二十三日
小野次郎右衛門
忠於花押

津軽土佐守様

返書

一筆致啓上候然者今度一刀流兵法御免状被下不残忝存候此後執心の面々へ指南申候共貴人或は贈物礼等相口之輩

又は金に付個様のわけにて贔負之教堅仕間敷候此旨御元祖様御掟之由如斯候右之段日本尊神に相脊申間鋪候

恐惶謹言

津軽土佐守

在判

五月二十三日

小野次郎右衛門様

信寿伝受　㈢

一刀流兵法多年別而御執心無双之間愚父伝之一流並愚案之通何茂不残相伝申候此上執心甚深之仁候而懇望於有之

者其仁之実意御見届起請文御請御相伝可被成候兵法之品々者前顕四巻之書処也愚身之働愚意共分明御座候間免状

進上之仕候　仍如件

初師　曾祖父

伊藤一刀斎

景久

法名

覚雄残印

宝永己丑年五月二十三日

小野次郎右衛門

忠於花押

津軽土佐守殿

信寿伝受　(四)

一刀流正統直伝継承事情　第五章参照

第四節　山鹿家所蔵伝受録

第一項　高美伝受　(一)

一刀流兵法

稽古場免状二通

天保八戊申年三月小野次郎右衛門忠喜より伝来也

行年四十四才　山鹿高美

高美伝受　(二)

一刀流兵法数年之稽古無怠執心甚深而家流三巻之書縦中西子武伝受之通明白也雖然此度極意迄不残令直伝条猶不迷乱雑必勝之実可被相叶候　仍如件

御先御鉄炮頭

小野次郎右衛門

天明八戊申才　三月吉日　　忠喜花押

山鹿八郎左衛門殿

高美伝受　(三)

此度稽古場之儀差免候条大切に懇望之仁者可被取立候且志なひ打之儀容易に難成筋にて候十二ケ条以上伝受之仁者可為格別事

小野次郎右衛門

忠喜花押

天明八戊申才　三月吉日

山鹿八郎左衛門殿

第二項　高厚伝受

一刀流兵法

稽古場免状二通

文化八未年九月小野次郎右衛門忠孝より伝来也

行年三十七才　山鹿高厚

高厚伝受　(二)

以手紙啓上候　逐々冷気相成候へ共弥御安泰成御勤仕珍重奉存候　然者当流免状御渡可申候に付明十一日九時過麻上下御着用御出被成候様被致候右之趣可得貴意旨次郎右衛門被申　付如斯御座候　以上

九月十日

小野次郎右衛門内
野村弥左衛門
野守　直記

山鹿次郎作様

高厚伝受　㈢

一刀流兵法従幼年稽古無怠執心深心也　家流三巻之書従中西氏伝授之通明白也　依之此度稽古場差免候条懇望有之御家中之衆取立世話可被致候　猶流儀大切に相心得必勝之実可被相叶候　仍如件

小野次郎右衛門
忠孝花押

文化八未才　九月

山鹿次郎作殿

高厚伝受　㈣

当流志なひ打之儀起請文之通容易難相成事に候　然る所中西忠蔵より始まり夫より引続専に相成候趣組合者薄くおのつから形を崩候様に見請候　其於御家之者当流の儀格別の御趣意有之候に付筋違に不相成様可被心掛候且志なひ打之儀従前之治定之通十二ケ条以上伝授之衆者格別之事　初心之衆者無用可被成候此段為心得申達置候

以上

小野次郎右衛門

山鹿次郎作殿

備考　山鹿家系図

山鹿素行　高興　甚五左衞門

八郎左衞門興信　大学　仕津軽信政

同　高豊　権之助　仕　信寿

同　高直　静馬　同

同　高美　小三郎　仕　信寧

次郎作　高厚　高美二男仕以一刀流

友蔵　高久　仕　順承

盛衞　高之　同

元次郎　高智　仕　承昭

山鹿家一刀流門人　須藤半兵衞正万外百三十三名　文化十二乙亥年八月十五日調べ

第五節　須藤家所蔵伝受録

第一項　目録及び免状

一　一刀流兵法十二ケ条

右文化九申年八月十七日　於江戸表　中西猪太郎より須藤才八之を受く　右天保十五申辰年二月二十日　須藤半之亟之を継ぐ　右文久三癸亥年正月十二日　須藤才八之を継ぐ

二　一刀流仮字書

右文政三寅年十月十一日　中西猪太郎子正より須藤半兵衛之を受く　右弘化四丁未年七月十二日　須藤半之亟之を継ぐ　右文久四申子年五月十一日須藤才八之を継ぐ

三　一刀流兵法本目録

右文政五壬午年十二月二十七日　於江戸表中西忠兵衛子正より須藤半兵衛正万之を受く　右嘉永五子年十一月十七日　中西忠兵衛子正より須藤半之亟へ伝授奥書を授く　右慶応二丁卯年五月十四日須藤才八之を継ぐ

四　一刀流兵法取立免状

右嘉永五丙子年十一月十七日中西忠兵衛子正より須藤半之亟江戸表にて之を受く　右慶応二丁卯年五月十四日須藤才八之を継ぐ

五　一刀流指南免状

右文政六癸未年二月十七日　於江戸表　奥平大膳太夫御家中中西忠兵衛より須藤半兵衛之を受く（指南免状新に仕立るに不及取立免状江脇書之上進之候也　子正　天保六乙未年三月二十三日）

六　一刀流徹上徹下之書付

右文政六癸未年二月十七日　中西忠兵衛より須藤半兵衛之を受く　右嘉永五丙子年十一月十七日　中西忠兵衛子正行年七十三翁より須藤半之亟之を受く　右慶応二丁卯年五月十四日　須藤才八之を継ぐ

第二項　一刀流兵法初心伝の和歌

一　剣術は坂へ車を押す如く　ゆるせはもとる元の麓へ

一　剣術は油断をすれは新帰元　生死は精と無精とそ**志**れ

一　分量の曲尺もたつねす長しなひ　刀と木との軽重をしれ
一　執行には足をは留めす身を守れ　気は静にて業ははけしく
一　相打の勝負に勝の有るものを　こすく当るは負と知るへし
一　執行には組としなひを練り交せよ　業より出る理理より出る業
一　剣術は下手の心そ上手なれ　鼻の高きは下手となるへし
一　おのか業人に見せんと思ふなよ　見得に引かれて業は出ぬなり
一　高上な理合をいうは後の事　唯一心に業に熟せよ
一　進むをはゆるせゆるすな退くをゆるさぬ意味を第一とせよ
一　まさかには死穴に入ると思ほへよ　唯身を捨てて浮ふ瀬もあれ
一　極意とは何れの道にも有るなれと　無念無想に極意あるへし
　右拾二吟剣術執行の心得なり
　恐驚疑惑は兵法の病なり

須藤半兵衛正万　印

第六節　笹森家所蔵伝受録

第一項　目録及び免状

一刀流兵法
十二ヶ条　　大正十一年五月十八日

仮名字　大正十三年六月廿八日

本目録　大正十五年四月七日

割目録　同

右頭書之通り山鹿元次郎高智より伝来也

行年四十一才　笹森順造

二　取立免状

家流兵法幼年已来多年稽古今以無懈怠事感嘆有余可謂勤矣　第一事理共抜諸人勝利働錬行之間　取立免状　進上候　流儀之品者前所三巻顕書也　懇望之仁於有之者定通血判被受誓詞無憚　取立可有之候　誰敢妨哉縦剣術手熟候共重先哲伝来必勝極意之所容易相伝有之間敷候

慎哉々々

大正十五年四月七日

山鹿元次郎高智

笹森順造殿

三　徹上徹下之免状

剣術之道根見了曰四角八方横竪上下の内中者突也　元師景久　忠明　忠常　忠一　忠方　忠喜　高美　高厚　高久　高之　是流立止上者天也天今陽也陽者降陰也終始也　故一陽来復之得時節上従下動勝則何不残之徹上徹下也

大正十五年四月七日

笹 森 順 造 殿

山鹿元次郎高智

四 指南免状 折紙認添状

一刀流剣術従幼年無懈怠執心依有之此度取立免状進之候 以来取立之人々業前並気分見立此三ケ条貴殿名印伝授可有之候 以猶切磋琢磨 指南有之免状 可被相叶候 仍添状如件

一 刄引

一 払捨刀

一 十二ケ条目録

大正十五年四月七日

山鹿元次郎高智

笹 森 順 造 殿

第二項 書状・図画・其他

一 一刀流極意皆伝披露状

此度拙者之元祖景久相伝之極意等不残相済致大慶候並御弟子中稽古相譲候干付以後者未熟干者候得共可致御相談候 然処御存之通業不鍛練之儀其上若年干而万事不行届干候 各様是迄之通御出精被下稽古繁昌致候様被仰合可被下候奉頼候 尤当時万年三郎次郎高弟之儀同苗儀格別干存兼々相伝致置候間諸事相頼候其外学頭衆世話役衆是又相頼候間万事御問合御修業可被成候 此段得御意置候 以上

寛政十戊午年九月十七日

小野助九郎

惣御門弟中

註　右小野助九郎後の次郎右衛門忠孝直筆の一刀流相譲披露状は忠孝の父忠喜から奥秘を伝えられ、その門弟中の最高位にあつた山鹿八郎左衛門高美に宛送りこされ、惣御門弟に示され、爾来山鹿家に代々伝わつたのであるが、高智の代に一刀流極意を著者に皆伝するに際し、同時に贈られたのである。

二　小野次郎右衛門忠喜自筆にて山鹿八郎左衛門に宛てた書状並びに組太刀覚

三　中西忠太子啓自筆にて山鹿次郎作高厚に与えた秘伝　盤鐘之位　五行之事　外に和歌一首

四　中西忠兵衛子正肖像画に自画自賛の和歌を認め、須藤半兵衛に極意皆伝とともに与えた掛軸一本

五　山鹿次郎作高厚自筆の『多与梨草』一巻同『覚』一通　同一刀流起請文二通

六　天保年間律軽藩内武道稽古帳　各種武道指南役並門弟名簿

一刀流　須藤半兵衛　門弟六十人名簿

一刀流　柿崎謙助　門弟三十六人名簿

七　津軽家伝来一刀流極意秘伝書

第二編　組太刀の技

第一章　一刀流指南の次第

第一節　一刀流・組太刀の序

第一項　指南方法の変遷

真剣　刃引　木刀　素肌　鬼小手　組太刀

(一)　**創建**　伊藤一刀齋景久は鐘巻自齋につき古来から伝わつた剣法の精華を学び、さらに自ら幾たびとなく有名な剣豪との仕合で勝つた体験や、仏門、神殿に参籠し、また大自然に目を挙げ、心を練り悟り得た霊験を土台として、刀剣を用いる攻防必勝の妙術と、人生安心立命の大道を開き、一刀流を創建し、これを随身の弟子に伝え指南の範を垂れた。

(二)　**指南法の工夫**　初め技を教えるのには個人指導方式により、師弟ともに真剣を用い素肌で師が打方となり、弟子は仕方となり師が打込むのを弟子は師の教えの法則に従い、受け払い流し張り外し交わしなどして自らを守り、その技の変化の間に師が示した師の心気と身体に自然に生じた隙に弟子が打込んで勝つところを悟らせるようにしたのである。打つときには肌身に当る寸分の前で打止めて習う。この教授法によつて心術技能の基礎を習い、攻防の太刀筋の公理定理となる大本を充分に呑みこみ、錬成がその身につくと、心身技能ともに養われて、まさかの時にはあの手この手と応用自在の役に立ち得るに至るのである。

稽古に用いる太刀の長さとその操作法とは実戦甲冑や武器の変遷に則してある。重厚な鎧武者をひしぎ打ちにするのには長大な太刀を斜め切りに切下げ切上げ切払うようにし、鉄砲が渡来してからは戦場の活動に軽便な小具足が使われ、長い佩刀が短かい帯刀になつたので、太刀の技法も小具足の突きどころや草摺の下からの弱点を狙うことにし、関節を目がけ、または突上げなどを行なう技を重んじた。

初めは平常の教授にも真剣の長大太刀、大太刀、中太刀、小太刀を用いたが、真剣では打ち合い鎬ぎ払いなどを行なう場合に素肌に当る直前に打止めるといつても危険をともない、また遠慮したのでは本当の微妙な真実の技が習いにくいから真剣の刃を引いた刃引を用いることになつた。

さらに一段と工夫をすすめ木刀を考案し、真剣刃引の代りに使用することになつてから、打合い張合い鎬ぎ払いなどを充分に働かせて習うこともできるし、また万一素肌にさわつてもさしたる怪我もないから思う存分烈しい攻防の稽古ができることになつたのである。

㈢　**組太刀編成**　一刀齋は一刀流を創建し、必勝不敗の秘術を大中小三剣の技に配し組太刀の法式を編み、門弟子神子上典膳吉明のち改名の小野次郎右衞門忠明に伝えた。忠明ならびにその子孫の忠常、忠於によつて一刀流組太刀の法式が大成され後代の名人により修補された。組太刀は大太刀五十本ほかに十本、小太刀九本、合小太刀八本、三重長大太刀一本、刃引十一本、払捨刀十本以上無数。このほかに五点五本、ハキリ合十二本、九個の太刀九本、他流勝之太刀十一本、詰座抜刀十七本、立合抜刀五本、その上に秘奥の清浄霊剣四十本、軍神御拝の式太刀七本など百七十本もある。

これらを一貫して心技演練の道程に琢磨し、一心刀の事理体得に至らせ、遂に夢想剣の極意悟達に及ぶ則を立てたのである。

第二項　指南実施の要領

㈠ **入門**　一刀流に志す者は師の門を叩き礼を修めて容れられ、起請文を認めて入門の手続きをなし、師弟の契約を結び、一生熱心に励み、中途で変心懈怠しない誓いをたて忠実に学ぶ。

初めは流儀に示す組太刀の本数調によつて技の名称を一本一本覚え、各技の初の構、進退、攻防の所作と勝つて切り突く極めどころと終りの残心の構えとを暗記し、師の教えるとおりに誠心をこめて習得し、一通り滞りなくつかえるようになつたら、次にその各の技の名の持つ意味とその含む理合とこれを実行して成る働きの効験とを探り、これを用いて生きた相手に対し虚実、奇正、応変自在の軀と心と技とにかけながら穿鑿し、なるほどと合点し、ここぞと体得し、わがものとなるまで努め励む。常に我意を除き素直に師の教に随順し、幾千万遍となく遍数をかけて習熟錬磨し、手知り足知り体知つてつかうと自然に邇きより遠き道に達することができるものである。これは就学の心得である。

㈡ **打太刀**　打方は師の格に立ち攻め手となつて、仕方たる弟子の格の者に対し攻めかかり、その仕方がこれをよく防ぎ応じ、遂に勝つところの手立てを教え導くものである。打方は人を案内する取次と心得て、ここの門から入り敷石を踏み閾をまたぎ障子をあけ茶の間を通り座敷に座り主人と挨拶させ用談をさせるという風に、常に仕方を導き、攻防に応ずる時におこり勝ちな邪気偏曲を戒め、仕方の弱点を指摘して知らせ、正しい技をのばしよく防いで遂に勝つべき機を育て働かせ習得させるのである。打方の揮う打太刀は受太刀にならぬようにつかうべきである。

打方は初心の仕方に対して打つときには当るようにして当てずに打ち、次には当るようにして当てて打ち、熟達者には当らぬようにして当てて打つ。また時には表裏をかけ非打などを加えて鍛える。技の鍛えは稽古をとおして積む体得以外には役に立たない。口や筆で説明を重ね頭で理屈をこねても、実際にここぞと打ち　突き　攻め　防ぎして体得させないと絵にかいた餅と同じである。極意は書物や巻物で授けられるものではなく、打方は仕方を痛い目や死に苦しみに会わせ、その体験で合点させるように導くべきものである。

㈢　**仕太刀**　仕方は弟子の格の者が打方たる師を相手としてこれに勝つ技を学ぶのである。すべて戦つて敵に勝つことができないのはわが勝つべき機をとらえ得ないからである。また敵に勝つことができるのは敵に敗れる虚があるからである。故に組太刀の稽古ではまず敵に破綻を生ぜさせることからする。隙がないところへ無理に打出すことは一本もない。

敵から仕掛ける出鼻か途中か尽きたところかに生ずる隙か、または怠つて気のぬけた隙を知つて、そこをのがさず切るのである。また敵が守つて手出ししないならば気にて責め太刀にて破り、敵が応じて動き技をいたそうとするときに乗取つて存分に切るのである。故に組太刀では切りの早く強いのを趣旨としない。勝つべき機会を造つて裕々と大きく勝つのを尊ぶ。隙がないところには、どんなに早くこまかく烈しく切りかけても勝てるものではない。しかし折角勝つべき好機が来たらのがしてはならない。この好機は常々目付、見当、技転用、石火の位の教で勘考自得すべきである。　目付、見当のところは見て後に切るのではない。それでは敵も活物で転化する。そこで予見し敵の隙が現れたときにひまどつていたのでは敵は須臾に転化してしまうから、予見して適中する丈夫な技が勝機に投合しなければならない。たとえば敵が打つてくる太刀をかちりとわが切落す予見と実技とが合致するからよく勝つのである。

よく勝つ者は勝つことに惑わない。所詮われの勝を挙げるのはすでに敵が敗れたところに乗じて勝つているからである。敵をおさえてわが勝つている本当の敵の隙を打つと静に打つても敵の心には烈しく響くものである。**勝兵はまず勝つて後に戦を求め、敗兵はまず戦つて後に勝を求めて敗れる。**組太刀の教はどんな敵にでも勝たないことがない方法を授けるのである。

第二節　組太刀・技法・心法

第一項　組太刀技法原則

(一) **架九品**　初に技法の原則として架九品を教える。まず目に見える形を約束のとおり組太刀の一本目から習わせ、次第に太刀数多くなり変化が加わるが、敵からわれに当るところも、われから敵を切るところも原則として天地四方四隅すなわち八方に中を加えた九方である。九方からくる太刀、九方に切りだす太刀をそれぞれの変化によつて一本一本別々に教えるのは一応の順序であるが、それでは太刀数があまり多くなり、敵の急変に即応しようとしても、あれやこれやと心が迷い遅れて失策が多い。よつて流儀の基本として架九品と教える。すなわち一刀流の構の基本として陰、陽、正眼、上段、下段、本覚、霞、脇構、隠剣である。この構は敵の構によつて千態万様に対応する。

敵が九方からくるのを一本の太刀でとめ、またわが一本の太刀で敵の九方を制するのは一刀流の架九品と懸中待、待中懸であり、これを押し進めると窮極は一刀則万刀、万刀則一刀という技法の原則となることを教え習わせるのである。

㈡ **流露無碍**　一刀流組太刀の技の稽古には流露無碍を志す。体と技の凝り固まりをほどき、柔らかく大きく素直になることを学ぶ。氷をとかして水となし、岩を砕いて粉となし、方円の器に従いどんな隙にも流れ入つて滞りがないようにし、敵の架と働きに従い敵が打出す太刀の刃の向から勢を流しそらし、われから進んで柔らかに勝つのである。組太刀をつかうのに一本毎に目をむき肩をいからし勝気を強くし、ただ敵を打とうわれ打たれまいと力みを出すと、わがなすことが免角の色に出で、敵に取付き角張つて閊え行づまり、そこを敵から乗ぜられる。すべて敵に取付かず居つかず、無為無心となつて一刀を滞りなく繰りかえし繰りかえして打流し丸く柔らかくつかいなれると、われと敵とは一体になり、正しく勝つべきところにわれ勝ち、流儀の極則たる流露無碍の妙域に達することができるようになる。

㈢ **一刀即万刀**　一刀流の哲理は万有が一に初まり一に帰する原則にたつ。この理による組太刀はいろは四十八文字に譬えられる。初め習う時には　い、ろ、は、と一字づつ順順に覚え、一旦覚えたらその順序を捨て必要に応じてこれらを自由に組合わせ言葉をいい、文章を綴つて用を弁ずる。組太刀もそのように初めは一本一本正しく習い、覚えたものが後には敵の有様に応じ、いずれの用にも働き得るようにする。たとえば切落の一本の理が組太刀百本に乗り移り、百本の技が切落一本に帰する。百本の技が各々離れ離れにならぬ様に一貫して一本につかう。

これを手の指に譬えると、三重は拇指、大太刀は人差指、刃引は中指、払捨刀は紅指、小太刀は小指、これらを握ると一つの拳の働きができるように習う。一刀に万刀を乗せ、万刀に一刀を配し、これを一心に具足して十方に透徹し、必要に応じて可ならざるなきにいたる。これがすなわち一刀即万刀の本旨である。これを実際に習わせるために一刀流で後に防具を発明し竹刀による試合稽古で鍛えることにしたのである。

第二項　組太刀心法真義

㈠　**心の組**　組太刀を習い四肢五体の進退屈伸ならびに攻防斬突の技と理合につき、自他の働きの強弱、優劣、正邪、善悪がわかるようになつたら、次には心の組をつかうことを学ぶのである。心は体の主であり、心は技を司どるものであるから心の養いは根本になる。ただ敵に勝とうという我慾をおこすことをやめて、常に平らかな心をもつて師を信じ教えに従い、疑わず恐れず驚かず迷わず侮らず驕らず、いわゆる平常心をもつて敵に対し、敵の打突がわれに当らぬ曲尺合を習い覚えると、敵の企てる技のおこりが見え、その盛んなるところや衰えるところや偏るところなどの虚実真偽がわかり、敵の位、太刀の架、長短の間合、調子、拍子、勝つべき理と機とが明らかになり、しかもわが心が敵に測り知られることがなくなる。かくて敵は百計千略をつくしてきてもことごとくわが静な心の鏡に写り、常に敵は遅れてわれは進み、敗れは敵の中におこり、勝はわが内に生まれる。故に敵を攻めるのにはわが構や太刀や懸声などでおびやかすのではなく、わが真心をもつて敵の邪念に対し、旺気をもつて堕気に向い成機をもつて破局を打つ。勝は自らここに生ずる。すなわち心の組は有形から無形に、有色から無色に、我意から無我になり、わが太刀は作為しなくても敵の動くに従つて自在に働き、求めなくても自然に勝つことになる。

㈡　**克己の太刀**　一刀流は克已のために自らを鍛えることを教える。まず敵に対する必勝不敗の実力と体験をつむと不抜の自信ができてくる。世上一般の人はそれを最高の限度としてとどまつてしまう。一刀齋が身をもつて範を垂れたのはこの関を透得してさらに高い次元に登り、自已内心一切の我執邪念に打勝ち、生死の迷妄からさらりと抜けいで、これで自己中心であつた人生観から超脱し、これからは人のため世のため義のためわが身を捧げて仁を施し道を広めることを楽しみとしたのである。無限の高い理想を望み、現世から永却の霊界に安住する法悦を得るために一本一本われからわれを打ち、限りあるわれに打ち克つ事を励んだのである。剣を学んで技と理が向上し、心と魂とが高い徳に達して、一刀齋が指向した至尊の位に至るのは決して容易なことではない。ただその志の深浅、執行の厚薄、錬心の多少、理想の高低に応じ、未熟から段々に上達し、一生不撓の執行に精進し、夢寐の間にも追い求めてやまなければあるいは夢想剣の極意に及ぶ事が望まれるであろう。

組太刀の技は大太刀から初めるのであるが、まず第一に各技の順序に従つて技の名称を暗記させる。第二に本数調で打方と仕方の始めの構と仕方が斬突で勝つところと仕方の残心の法を示す。第三に手順で打方仕方の攻防の変化と勝つところと終りまでのつかい方の梗概を教える。第四に詳解で打方仕方の真意体構、攻防、応変、虚実の去来、斬突すべき機会、勝ち方の決断、残心の取りようなど詳細に解説する。第五の意解では各技のもつ真義哲理を解明する。

第二章　大太刀

第一節　大太刀名称

五十本外に十本計六十本

（刀寸二尺三寸五分）

一本目（一ッ勝）　二本目（向突）　三本目（鍔割）　四本目（下段霞）　五本目（脇構之付）　〆五本

二ッ勝(二)　陰刀(二)　下段之打落　〆五本　累計十本　註(二)は一つの名で勝が二本

乗身(二)　一ッ勝　下段之付　中正眼　〆五本　累計十五本

折身(二)　摺り上げ(二)　脇構之打落　〆五本　累計二十本

本生　上段霞　拳之払(二)　浮木　〆五本　累計二十五本

切返　左右之払(二)　逆之払(二)　〆五本　累計三十本

地生　地生の合下段　陰之払　巻霞(二)　〆五本　累計三十五本

巻返(三)　引身之本覚　引身之合下段　〆五本　累計四十本

発(二)　裏切　長短　早切返　〆五本　累計四十五本

順皮　抜順皮　詰り　余り(二)　〆五本　累計五十本　以上五本づつ一組を十組にて五十本　外に

外に切落―二つの切落出刃　二つの切落入刃　寄刃（寄身）　越刃（越身）　〆四本　忠常の工夫
合刃三本　張合刃三本　忠於の工夫
右にて大太刀合計　六十本

第二節　大太刀本数調

（註）右欄は打方の技　左欄は仕方の技　上は上段　正は正眼　下は下段　本は本覚　隠は隠剣　陰　陽　霞はそれぞれの構　右足は右足前　左足は左足前　右小は右小手　左小は左小手　面　胴　咽はそれぞれの部位　引は引去る　退は退く　付は切先を付ける　浮は浮木　勝は打突で仕方が勝つ部位即ち打方が打突される部位　残は残心の構　表は左　裏は右　の略

大太刀本数調

		構	勝	残	本数
一本目	打	陰			
	仕	正	左小	下	一
二本目		正			
		下	右小	上	一
三本目		陰			
		正	右小	上	一

四本目　下霞　下　右小　下　一

五本目　正　脇　右小　上　一

〆五本

二つ勝　陰　正　左小・右小　上　二

陰刀　陰　正　左小・右小　陰　二

下段之打落　正　下　左小　下　一

〆五本　累計十本

乗り身　陰　正　乗突・右小　陰　二

一ツ勝　陰　正　右小　下　一

下段之付　正　下　右小　上　一

中正眼	中正			
	中正	右小	下	一

（註）下段之付けと中正眼は連続して行う

〆五本　〆計十五本

折　身	正			
	脇	乗突・右小	陰	二
摺　上	陰			
	正	左小・右小	下	二
脇構之打落し	正			
	脇	右小	下	一

〆五本　累計二十本

本　生	下			
	正	左小	下	一
上段霞	高霞			
	下	突位攻	離	一
拳之払	正			
	下	右小・左小	陰	二

浮木　下
　　　正　左小　下　一

〆五本　累計二十五本

切返　陰
　　　正　右小　上　一

左右之払　陰
　　　　　正　突・右小　上　二

逆之払　陽
　　　　正　右小・左小　下　二

〆五本　累計三十本

地生　下　陽
　　　下　右小　陽　一

地生之合下段　下
　　　　　　　下　左小　本　一

陰之払　陰
　　　　正　右小　陰　一

巻霞　中霞
　　　下　左小・右小　下　二

〆五本　累計三十五本

巻返　左上
　　　正　左小・突・左小下　三

引身之　正
本覚　下　右小　本　一

引身之　下
合下段　下　右小　逆本　一

〆五本　累計四十本

発　陰　陽
　　下　左小・胴　陽　二

裏切　正
　　　下　突位攻　離　一

長短　正
　　　下　右小　逆本　一

早切返　陰
　　　　正　右小　上　一

〆五本　累計四十五本

順皮	陰			
	正	左小	下	一
抜け順皮	陰			
	正	右小	本	一
詰り	陰			
	正	突位攻	逆本	一
余り	正			
	下	頭・右小	下	二

〆五本　累計五十本

右十組にて五十本終り

追加

二つの切落出刃	陰			
	正	左小	下	一
二つの切落入刃	陰			
	正	左小	下	一
寄り身	陰			
	正	右小	下	一

越し身┌陰　正　左小　下　一

合　刃┌陰　下　右小・左小　下　三

張合刃┌陰　下　張突　下　三

〆十本

以上一刀齋より忠明へ直伝大太刀切組五十本に追加し、忠常四本、忠於六本、工夫十本合計大太刀切組六十本終り

第三節　大太刀手順

（註）右欄は打方の技　左欄は仕方の技　打方と仕方と並べ、手順の骨組を示す

大太刀手順

一本目 打┌陰　左足　面に　引　左上
一つ勝 仕└正　右足　切落実に　左小手打　下

二本目┌正　右足　胸突に　競い撥ね上ぐ　右上段
向　突└下　付　刃右に敵刀左下に抑腹突　摺撓め外す　右小手打　上

三本目「陰　右足　面に
鍔　割「正　左右足引空打たす　右小手打　上
四本目「下霞　右に抜表拳打に　右上
下段霞「下　付　右下に抑左開　切落突に　右小手打　下
五本目「正　突に　五六歩引退　太刀左下に抑挫く　右上
脇構付「脇　下　付　突に　続飯付押進　脇構に外す　右小手打　左上
二つ勝「陰　左足　面に　左上　正　右足面に　右上
「正　切落突に　左小手打　二歩引　切落突に　右小手打　上
陰　刀「陰　左足　面に　左上段　右足　出正　撥返し右上
「正　切落突に　左小手打　陰五六歩退　進　乗胸突に　右小手打　上
下段之「正　五六歩退　左上
打落し「下　右足上段打落五六歩進　左小手打　下
乗　身「陰　左足面に　右足胸突に五六歩　退　進　右足面に　右小手伸
「正　切落　乗迎突　五六歩　退　進　右足右開陰　太刀右後に誘流し　右小手打　陰
一つ勝「陰　右足面に　右上
「正　切落　右小手打　下
下段之「正　突に　五六歩引退　太刀左下に抑挫く　右上
付　け「下　付　突に　続飯付押進　右握中心に巻外す　右小手打　上

中正眼
┌正　手之内に　右上
└中正　退　切落　右小手打　下

（註）下段之付けと中正眼は連続した続技として二本続けて仕う

折身
┌正　五六歩退　左肩に　陰五六歩退　進　右面に　右上
└脇　上　右足打落　五六歩進折敷　立上り胸乗突　下　五六歩退　進　鍔元受止　右小手打　左開陰

摺上
┌陰　右足面に　右上　下　胸突に　下　五六歩退右上
└正　摺上げ右小手打　上　二歩退　右足引外す　右足打落五六歩進　右小手打　上

脇構之打落し
┌正　五六歩退　右上
└脇　上　右足打落五六歩進　右小手打　下

本生
┌下　左寄　左小手に　左上
└正　右寄　切落　左小手打　下

上段霞
┌高霞　左・右足踏込突に　四五歩退　刀右下に開
└下　付　右・左足引切先付正突位攻四五歩進　刀右下に開

拳之払
┌正　右足表拳に　右上　下　右足引摺上　左足引面に右足引左上段
└下　付　引陰外す　右足右小手打陰　右脇　左足面に　右足摺上　左小手打　陰

浮木
┌下　右足小に　右足引右下に巻抑に　左足引左下に巻抑に　右足引右下に　巻抑に　左上段
└正　切落　左足右抜浮左下抑進　右足左抜浮右下に抑進　左足右抜浮左下に抑　左小手打　下

切返
- 陰 右足面に 右足引陰 三歩引 左肩切返に 退 刀左下に抑挫く 右上
- 正 切落 正 三歩進 受止続飯付 進 脇構に外す 右小手打 上

左右之払
- 陰 右足左拳に 逆脇左足右胴に 右上
- 正 下に外し咽突 右足引脇受流 右小手打 上

逆之払
- 陽 右足右小に 内小に 右上 陰 二歩退 二歩進 右足面に 正 退左 上
- 正 下に外す 切落 右小手打正 二歩退 二歩進 切落 上 打落進 左小手打 上

地生
- 下 右足面に 陽
- 下 右足小搦上 左開陽

地生之合下段
- 下 右足脇突に 競撥上右足引左上
- 下 逆本乗突に 撓外左小手打 本

陰之払
- 陰 右足左肩に 右上
- 正 右足引陰外し 右足右小手打 右足引陰

巻霞
- 中霞 右足胸突に 右足引脇左上 陰 右小に 右巻に右上
- 下付 左足左下に巻抑 陰右足左小手打 右左足引正 右下に抑 巻外し右小手打 下

巻返
- 左上 右足右小に 右足引左上 陰 右足左肩に 右足胸突に 左巻抑 右巻抑
- 正 右足引脇に外す 右足左小手打 右足引脇 左足引陰に外す左足引乗
- 右足引左上
- 迎突 左巻抜 左足右肩に 胸突に 左小手打 下

引身之本覚
- 正　逆本摺込突　右手柄離　右小上
- 下　付　摺上　右下に張落　右小手打　本覚

引身之合下段
- 下　内小に　正　四五歩退　右上
- 下　脇外す　右足面に太刀打落　進　右小手打　逆本

発
- 陰　右開　右足左肩に　正　脇に外す　左上　右・左足面に　左向陽
- 下　左拳付　右開陰に外す　右足刀に乗　左足左上抑　体低く左・右・左・右足潜胴払左抜右向陽

裏切
- 正　右小に　回し手内に　三四歩退　刀右下に開
- 下　付　右低止　左高止　万字突攻三四歩進　刀右下に開

長短
- 正　右・左進胸突四歩進　刀宗摺込抑　右上
- 下　付　左・右退　右向刀　鍔先に抱上　脇外す　右小手打　逆本

早切返
- 陰　右足面に　右足引陰　左肩切返刀左下に抑挫く　右上
- 正　切落　正　受止胸突　脇巻外す　右小手打　上

順皮
- 陰　左足切先触　左足面に　左上
- 正　半歩退　切落　左小手打　下

抜順皮
- 陰　切先触押　陰　右足面に　右向上
- 正　右寄　左前に潜胴払抜　右向右小手撫切　本

詰り
- 陰　左足面に　五六歩退
- 正　切落突逆本位攻五六歩詰寄

余り
- 正　右・左進胸突四歩進　刀宗　摺込抑　潜退
- 下　付　左・右退　右向　刀鍔先に抱上　右手中心脇巻外す　上　柄頭打　退

- 右足面に　右上
- 正　切落　右小手打　下

二つの切落出刃
- 陰　左足面に　二歩退　進　陰　左足面に　左上
- 正　切落　二歩退　進　正　切落突（出刃）左小手打　下

二つの切落入刀
- 陰　左足面に　二歩退　進　陰　右足面に　左寄上
- 正　切落　二歩退　進　正　切落（入刃）左小手打　上

寄身
- 陰　右足面に　右一歩寄　右上段
- 正　切落　左一歩寄　右小手打　下

越身
- 陰　左足面に　右足左肩越に　左足中心左向左上
- 正　切落　右・左足踏込　左足中心左向　左小手撫切　下

合刃
- 陰　退乍ら胸突に　撥上右上　引左上
- 下　拳に付攻進　乗抑進　左足右小手打　右足左小手打　下

真行草三度行う

張合刃
- 陰　退き乍ら左肩に　下より巻き　右小手に
- 下　拳に付攻進む　右足左下張落　左足右下張落　逆本突　下

真行草三度行う

右にて大太刀六十本手順終り

第四節　大太刀詳解

一刀流切組詳解は本著の主眼とするところであつて、流祖以来歴代の名人が正しく伝承した太刀の技法、心術、哲理、武徳について本著者が幼少のころから学び、多年苦心執行して体得したところにつき、師伝のとおり後学の篤士のために詳らかに書き誌すものである。

本著第二編は一刀流切組の全体系を通じ、各技の名称、本数調、手順に示した始めの構と技の運びと、勝つところと、終りの残心の構とにつき総合的にまた各部分につき微に入り細に亘り、打方の意図、仕方の念慮、相互の攻防、虚実の去来、太刀技の起終、勝敗の機の現滅、それから一歩前進して超勝の心徳に至る境地を各々の組の技にあてはめて教えるのである。これを学ぶことによつてつかう刀を体の器となし、体を心の使となし、心を気の源となし、気を理の主となし、理を機の蔵となし、機を技の資となし、この技をふるつて常に勝つことが出来ることになる。さらに進んでは勝つて勝を心にとどめず、無想となつてわれを離れ、無碍自在、澄明達徳の至高至尊な境域に昇ることを指標として稽古を積むのである。特に各技の本意たる大切な要めについては極意の真義が自然に納得されるように懇切に記述するに努めてある。

武の技芸は手に武器を持ち体を働かせて行なう形而下の形体と動作の修得と錬磨によるものであるが、武の道と徳は心に理想を描き霊を揮つて養う形而上の構想と探求の努力とその積上によるものであるから、これらを叙説した文章をただ暗記したり、解釈した理論を考察しただけでは物の役に立たない。一旦剣の道に志し達人の域を望むなら、不撓不屈の精神で日々百錬千磨の功を積み、一生を貫いて稽古に励まなければならない。かくてこそ常に勝を体内に宿す常勝の士となり、一躍して已れに克つ達道の仁となり、無想剣の位に上り、死生を超脱する真人となり、現世に死して永恒に生き、一刀流の太極の道に合することが出来るようになる。しかしこの道は決して容易に達せられるものではない。その奥はいよいよ深く、仰ぐとますます高い誠に歎ずるに堪えたるものである。畢竟するに極位というのは無限遼遠で究めることができないものだということを弁まえ、その真理を追求するところに剣道が挑む無限な創造進化の希望がある。

出場順序

(一) 太刀配り

左手に木刀二本を揃え柄頭を前に出し、腕の中に巻抱え、右手に両小手の拇指を握り腕の中に抱えて道場にいで、上座に向かつて立ち敬礼し、道場の中央に進みて座し、右手にした小手の掌を上にし、拇指を外にしならべておく、次に左手にした刀を腕を左に半廻転しながら柄頭を下に床に立て、右に倒しておき、向の方にある打太刀の鍔元を右手に持ち、切先のところを左手に持ち、切先三寸合わせて右に開きおく、この時に打太刀の柄は両小手の間にあるようにおく、それから上座に敬礼して退く。

太刀取り下げるには右の順序を逆に行なう。

(二) 出場

打方、仕方ともに道場に出で、揃つて上座に敬礼し、左右に別れ、太刀を前にして座し互に敬礼し、打方は左手から先に小手を嵌め、双方太刀の柄頭を左手に握り、刄方を下に切先を下げ、右膝立て左足指爪立てて立上り互に左足から五歩退き、約三間の距離をとる。これは大凡の間積りを示すものであるが実際には歩数距離を固定し制限することをしない。場所と場合によつて臨機応変の間積りを平常から学ばせるのである。

㈢　退　場

切組の稽古が終ると双方向かつて座し、太刀の切先を三寸合わせて前におき、打方は小手を右手、左手と脱し互に礼して立上がり、上座に敬礼して引下がる。

ただし略式を行なう場合にはあらかじめ太刀配りをせずに、打方か小手と己れの太刀を持ち、仕方は己れの太刀を持ち双方ともに出場し、上座礼から座つて、互に切先三寸合わせおき、互の礼を行ない、打方は左、右と小手を嵌め、立上つて稽古を始め、終つてから共に座り、切先三寸合わせ、打方小手を右、左と脱し、互に礼し、打方は己れの太刀と小手を持ち、仕方は己れの太刀を持つて立上り、上座に礼し退場する。

㈣　刃引・真剣の場合

刃引または真剣を用いる際には双方場の一隅に座し、刀を体の左方に縦に柄頭を前に小尻を後に鍔を左膝頭の左脇に刃方を外にして置き、降緒を刀なりに揃えておき、互に一礼して立上がる。

打方、仕方双方刀の鍔下鞘を右手に握り、刀の宗を向うに切先下りに持つて立上がり、相ならんで中央にいで上座に敬礼する。この刀の持方は敬礼を最も篤くする神前至尊に対する方式である。この刀の持方は刀を抜放つのに最も不利な姿であり、対者に向かつて全く他意のないことを証する尊敬忠誠の姿である。（次の方式としては刀を左手に持つて敬礼する場合もある）上座に対する礼が終つたら双方左右に開き刀を左手に持かえ、互に一礼し帯刀し、互に三歩進みいで蹲居しながら抜刀し切先を合わせ立上り互に五歩退き間合をとり、技を始める。退場には逆の順序で行なう。

大　太　刀　技　詳　解

一本目（一つ勝）

一

打方　打方は師の位であつて、仕方たる弟子を教えるのであるから、打方は常に自ら心気を振おこして発動し、打突の技を出して攻め、仕方がこれに応ずる心気を育て、機会を見いださせ、理に叶う程よい塩合で打たせ、勝つところはここぞと仕方に覚えさせるのである。

一本目は打方が陰に構え、仕方を見据え、仕方の気をはかりながら左足から歩み足にて進み、一足一刀の間合すなわち生死の間髪をいれない間合に至ると、仕方もまた進んでこの間合にきて、気力を満たし攻めくる意があるから、打方は仕方の構や形に取付かずにその攻めてくる気をいよいよ育てて盛んならしめ、その気を打つ心得で、陰から太刀を大きく振冠り左足を前にして踏出し右足も添えて運び、仕方の真正面

陰　一　正　眼

面　合　打

切落出刃

左上段一小手打

から全体を真二つにと一気に打ちおろす。

仕方が応じて、打方の打ちおろす太刀を切落すので、打方の太刀先は右下に鎬ぎ落されはずされる。この時に仕方の切先は打方の咽喉に突きかかる。打方は止むなく、体を後方に取り直そうと右足から少し引いて左上段に振上げるところを仕方は打方の左上段の左小手を打つ。

よつて打方は左上段から太刀先を右に開きおろし、柄頭を左手に握り、右手を離し切先を下げ左足から五歩退き、最初のとおり仕方との距離を三間の間合に引き離れる。

（註）　業が終つて双方引離れる動作についての本文結尾次第は第二本目以下皆同じであるから後段では記述を

略す。

仕方　仕方は勝つ技を学ぶ位であるが、常に打方の動作に従い応ずるものである。しかし打方の打出すのを待つて計りいるのではなく、心気で攻め進むところは常に先でなければならない。形に於ては打方に逆らわず、打方のおこす技のうわ太刀を取り、または打方に技を尽くさせ、その尽きたところを抑えなどし、そこで完全に勝つたところで堂々と大きく威をもつて強く正しく切るのである。

構解く―下段残心（迎突）

一本目は正眼に構え、打方の陰の構に立向かう。相手全体を広く見て、その動作と心気を見測らつていると、打方から進んでくるから、仕方はこれに応じて右足から歩み足にて進み、一足一刀の生死の間合に入つて、なおも気力を満たし、そこから攻め入ろうとすると、打方は仕方の意をくじこうとして、仕方の正面を打つてくるから、仕方は早くも打方の心を見ぬき、打方の切先が動いても少しも避けようとせず、仕方も太刀を振あげ、打方の打下ろす太刀にかまわず、進み出る車輪前転の心得で打方の真正面をさらに大きく強く気合を満たして打おろす。そうすると打方の太刀が上から仕方の頭におりてくるよりも、仕方の太刀が正眼から振上げて打おろす太刀の方が一瞬早く働き、打方の太刀を仕方の太刀の鎬で切落し、打方の切先を左下にはずし、仕方の太刀はそのまま働いて打方を出刃に突きさし、または入刃に真二つにして勝つ。（ここでは出刃をつかつて勝つ）打方は咽喉を突かれ堪え兼ねて体を引き左上段になおるところを、仕方は右足から踏込んで打方の左小手をまつすぐに上から充分に大きく打ち、留めの技を行なう。完全に勝つて左足から一歩引き、間合をとり下段残心に構える。

かくて打方は全く敗れて退くから、仕方も柄頭を左手に握り切先を下げ、左足から五歩退き、最初のとおり打方との距離三間に引き離れる。

（註）本文結尾次第は第二本目以下皆同じであるから、後段では記述を略す。

意解　この一本目は一刀流の初手であり、また奥の手である切落しの一手を習わせるところである。一刀流は古来から、切落しに初まり切落しに終ると教えた程の必殺必勝の烈しく強く正しい技である。切落しは切組の多くに応用される技であるから、先ずこの一本目でよくよく習い覚え、充分に呑みこみ、体得し熟達しなければならない。切落しは相手の太刀を一度打落しておいて、改めて第二段の拍子で相手を切るのではない。相手から切りかかる太刀のおこりを見ぬいて、少しもそれにこだわらず、己からも進んで打ちだすので姿においては一拍子の相打の勝となるのである。すなわち己が打込む一つの技により相手の太刀を切落しはずして己れを守り、その一拍子の勢でそのまま相手を真二つに切るのであり、つまり一をもつて二の働きをなすのである。正しく打つ事が同時に敵の太刀をはずすことになり、敵の太刀をはずことが同時に敵を切ることになり、一をもつて二の働きをするから必ず勝つのである。もしもはずしてから改めて打ち、受けてから改めて打つたのでは一をもつて一に二をもつて二に応ずることになり、勝敗の数は双方にわかれる。いわんや二をもつて一に応じたら必ず負ける。一刀流の切落しは一をもつて二の働きをなすところを教えるのである。それでは相打ちでありながら相手の太刀を切落してわが勝となるのにはどうしたらよいか、その心得はまずわが心をみずから切落すのでなければならない。わが心を切落すというのは死にたくないとか打たれたくないとかいうわが心を切落すことである。すなわち相手からわが面に打込んでくるのをみると、その危険を避けようとして退くのは本能であるが、その危険を恐れるわが心をまず切落し、よし来いと必死の覚悟と充分な気合とをもつてゆくので始めてわが心の鋭い切先が太刀の鋭い切先となつて働いて相手の太刀を切落して無効となし、わが切先が生きて働きわが勝となるものである。

正　眼　一　下　段

この時に相手が逃げて退くために間合が少し開きわが切先が相手の正面を真二つに割らないならば、わが切先は相手の太刀を切落しざま進んで相手の咽喉または水落に突きゆくのである。これも一旦切落しておいて改めて突くのではなく、切落しざま一拍子にゆく猛烈な切落し突なのである。切落しによつて完全に勝つているのであるから、そこを会得して稽古すべきである。しかし組太刀稽古では、切落突によつて相手が堪えかね体を引き構を取直そうとして、左上段に振上げるその左小手を、先々の先で右足から一歩踏出して打つ。これは左小手のみを目がけて打つのではない。己が前にあるものを九天の上から九地の下までことごとく一刀のもとに真二つにする気力をもつて小手がらみ真上から全体を真二つに切るのである。この時の気力は高邁雄渾なことは大空に閃めく電光の迅速神妙で、防ぐに方便なく、またその勢の盛んなること積水が千仭の谷に決するように如何なるものもこれを支えることができないようになすの

突一迎乗突

である。しかしこの切りは一本調子ではなく縁の切、無縁の切、障りの切、無障の切、実の切、虚の切、押切、引切、撫切などいろいろのくふうがある。

二本目（迎突・乗突・突返）

二

打方　正眼に構え間合に進み、機をはかり、正眼の位をもつてなおも攻め入ろうとすると、仕方が下段から切先をおこし、打方の右小手を攻めてくるから、応じて切先を少し右寄りに締まり守ると、仕方がその左表の隙に切先を上げ合わせ相正眼となる。仕方からなお攻めこむ意があるから、その意をくじくために打方は右足を前にし、一足踏出しながら仕方の水落を一気に突く。仕方がそのままただちに迎突に突き進み、打太刀の鍔元の上から乗りおさえ、打方の水落に突きつけてくる。この時打太刀の切先は右にはずれて死ぬ。打方は耐えながら、意力を強く振りおこし、太刀を競い上げ、上にはね返そうとする途端に、仕方が急にはずすので、打方は拍子抜けして右上段になる。仕方がその右小手を打つ。

仕方　下段に構え間合に進むと、打方が正眼の位でおしてくるから、仕方は切先を少し左によせ打方の右小手を攻めると、打方が切先を左寄りに締り守り打方の表が少しすくから、そこに仕方は静に切先を上げ、相正眼に切先三寸を合わせる。仕方はさらに気力を増し攻めこもうとすると、打方から仕方の水落を一気に突いてくる。この時仕方は少しも引かず、むしろ迎え進んでそのまま打方の突きくる太刀の鍔元の上からただちに乗りおさえ、逆の本覚の形にて刃を右にし上わ太刀をとつて打方の内小手を充分におさえ、打方の水落を向かい突に乗突く。これは一旦引きはずしてから攻めて突き返すのではなく、打方の踏みこみくるのを迎え、その太刀を殺して打方の出てくる体の勢を仕方の切先でそのままに向かい突くので強さ　烈しさ　恐ろしさがある。ここで勝つたのであるが、切組の稽古では打方が乗突かれて耐えながら、下から競い上げるから、仕方は太刀に全体重をかけ重くかかり、上に乗りながら打方が力んで競い上げるのに任せ、撓わめ、上りぎわにからりとはずし、打方がはずみを食い右上段になる。仕方はそこへ一歩踏出し、打方の右小手がらみ全体を真二つに切り左足から引き、右上段残心にとる。

右上段―小手打（鍔割）

意解　正眼に対し下段でゆくと、正眼の位は上であつて、そのまままつすぐに双方接すると正眼に下段は圧せられるから、下段は勇を鼓して相正眼につけなければならない。しかしそれは容易にはできないから、まず下段から相手の裏小手を狙い攻め、相手が左寄に締り守ると真中がすくから、そこに下段は静に切先をあげて相正眼につける。これはわざとらしく色をみせてやるのではない。いつとはなしに自然に相正眼となるように行なうのである。この働きは切組の中にしばしば出てくるからよく習い覚えなければならない。

一刀流の恐しさは昔から突だと言われているが、この二本目で教える突は突の本意とし有利な技としてしばしばつかわれている。この技は迎突、突返ともいうが乗突はこの場合よく真意を現わす名である。相手が突いてくるときに決して逃げよう避けようと思って退いてはならない。そうしたなら必ず突かれる。そうせずに突けよと計り身を進め、わが構を正しく乗り出すと、われは上わ太刀となり、相手の切先がはずれ死んで、わが切先に相手の体が突きぬかれる。これは技よりもまず眼力胆力を養うことがさきである。必死の覚悟が必勝となるのである。

相手の突いてきた太刀にわが太刀をもって乗り重くかかるのにはわが両手に力を入れてともに下に押しつけてもわが体重は全部太刀にかかるものではない。物打から切先にかけてわが体重全部を乗せるのにどうしたらよいか、その秘法は柄を取る右手をもって充分に相手の太刀を下に押しつけ、左手をもって柄頭を持上げ、わが右足先に力をこめて爪立て右踵を少しあげ、左足を爪立て左踵を浮かし、わが体の重さをわが太刀に乗せ、その太刀をもって相手の太刀に乗ることとである。

重く乗りかかっているばかりでは勝とはならない。相手が嫌って競い力み撥き上げるのに乗って御し、その上がった離れぎわにこちらから、からりと放すところに相手の虚が出る。そのはずみの隙を打って取るのである。その御しかた放しかたを学び取るべきである。わが正しい正眼の構に対し、無法に襲いくる者がみずから突き貫かれるのは一刀流の迎突の尊いところである。

三本目　（鍔割・向寄身手繰打）　三

打方　陰にて間合に進み、仕方の正眼に構えているところへ、猛然と右足大きく踏出し、仕方の面から全体を真二つとばかり打込むと、仕方は体を引くので空を打って打太刀の切先が下段まで下がる。その時に仕太刀の切先

面打鍔割下ろし—正眼突（下段霞）（脇構の付）

が打方の咽喉に突かかる。打方は左足から引いて右上段に構えをとりなおすところを、仕方がその右小手を打つ。

仕方　正眼にて間合に入り気をもつて攻めると、打方がこれに逆らい猛然と深く踏出して、仕方の面に打込んでくるから、仕方は正眼の構を厳しく保ちながら左足から一歩引くと、打太刀の切先が仕太刀の鍔を割らん曲尺あいにて下段まで落ちる。仕方は正眼の正しい構鋭くそのまま打方の咽喉に突に勝進むと、打方が虚を突かれるので驚いて退き右上段にとる、その右小手を仕方は一歩踏出して打ち、左足から引いて右上段残心にとる。

意解　これは一刀流のあざやかな名技の手繰打（たぐりうち）の一手である。向寄身とも鍔割ともいう。真意は手繰打である。相手から猛然と深く必殺必死と打込んでくるのに対し、一本目も二本目も仕方は打方に応じ進み出ているから、打方は三本目も仕方が出るものとして、間積りを予測し烈しく踏込んで一気に切りおろす。そこを仕方がこんどは正眼の構を正しく保ち、切先を打方の咽喉につけたまま後足から一歩引くが、このときは体が引くけれども心は少しも引かず、心眼を明らかにして相手の作為と挙動を察知し、相手の意欲とその打おろす太刀先とに己が心の綱を引つかけて手前に手繰りこむので、相手の切先はわが鍔をかすめる程合まで深く入つてはずれ空を打つて下段となる。その曲合はわが鍔を割らせる覚悟である。かくて仕方は打方を眼下に引きずり腹中に呑込んでしかし仕方の切先は依然正眼であるのに、打方の切先は向を打つて下段におち、隙きた打方の咽喉を仕方の切先が厳しく突き勝つているから、打方が切りそこね、意乱れ、体崩れてしかも突き破られるので驚き急ぎ構を取りなおし右上段に引上げる。そこを仕方はすかさず追進んで打方の右小手を打つ。この手繰りこんでおいて打出すのは寄せては返す浪の心である。引くのは出るためである。この女波男波の心得は練習によつて己が四肢五体の運びに覚えさせなければならない。仕方は手繰込むときの心得として、初心のうちは切先が下がり易しい。それでは勝にならないから切先は厳しく正眼につけ決してさげず打方の咽喉につけたまま手繰り込むことを習うべきである。また太刀の働きについては盛衰生滅の理を会得するに努めなくてはならない。

一本目は相手をただちに制する真の勝、二本目は相手を迎えて制する行の勝、三本目は相手を手繰り込んで追て制する草の勝である。

四

四本目　（下段の霞・開打）

打方　下段霞に構え、左足前に堅固に守り、わが心術を霞の奥に秘する意を蔵して外に現わさず、仕方の動静を見、その情勢に応じて変化するよう注視すると、仕方が下段にて左方を攻めてくるから、打方は左寄りに切先を締め防ぐと、仕方がその切先を打方の切先の上につけて左下に抑え殺しにくるから、これに逆らわずまかせると、負けるは勝の道理で、仕方の表から手の内が隙くのが見えるので、打方は霞の切先を下に小さく急にはずし右に潜らせ、右足から一歩踏みだし、仕方の表から内小手を打つ。仕方がこれを切落し突きくるから左足から引いて右上段に取りなおすところを、仕方が打方の右上段の小手を打つ。

仕方　下段にて進み、打方の下段霞に守つているところに進み、打方の気を探つて右方に攻めると、打方が切先を右に締めて防ぐから、仕方の切先を打方の切先の上につけて右下に押しつけ、左足少し左に開きみるに、打方が切先をはずして仕方の表から内小手を打ちくるから、仕方はそれを上から下にからりと切落すと、打方の真中が隙くからそのまま切先をまつすぐに打方の咽喉を突き勝に出ると、打方が右上段に引取るから、その打方の右上段の小手を打つ。仕方は左足から引いて下段残心にとる。

正眼—脇構

意解　霞の構は突、切、払、進退、左右如何ようにも出られる変化自在の構であり、それに蔵する心術のわかりにくい構である。その心術をさがしだすことをこの四本目で教えるのである。

この四本目は最も慎重でしかも放胆な技である、相手は下段霞に構え、その心術を霞の奥に秘し朦朧として不明である。その相手の心の幕をわが心の切先で右に押開き、ついで左に切開き、隙間の真中を突き破り勝つて正体を見届け、ただちに踏込んで大胆に打取り制するのである。

この技の終りに小手を打つ場合に、打方が大きく右上段に取つたところを、仕方がさらに大きく高いところから堂々と打つて制するのもよし、また切落しから打方が退いてゆく上り際の小手を小さく機敏に打押えるのもよい。小さい機敏な切りは江戸時代に中西道場で流行し小いた。

五本目（脇構之付・即意付）

合突・即意付

左下へ坐く一右脇へ外す

打方　正眼にて間合に進むと、仕方が脇構でくるから、左肩が打てるとみるまに、仕方が脇構から切先を下段に運び、打方の右小手を攻めてくるから、打方は右寄りに締り守ると、仕方が切先を上げて相正眼となる。力が拮抗して仕方からなお攻める意があるので、打方から仕方の咽喉を突きにゆくと、仕方も応じて打方の咽喉を突きにくるから、互に左鎬にて摺込み、双方とも左右上下の力が互に相均衡して、刀身鍔元八寸のところまで摺寄り突進み、切先互に相互の左耳側迄伸びて持合う。かくて刀身漆膠（しっこう）の付（つき）となる。この時に仕方からなお強く圧してくるから、打方は寸毫の油断もなく刀を持合いつつも、右足、左足と交互に初め大跨に退き、次第に歩巾を小さく小足に五六歩退き持合い、右足うしろに踏みとどまり、そこで打方は心気を増強し、付込んでくる仕太刀を左下に烈しく払い挫く。仕方が応じて急にはずすので、打方は拍子抜けして左前にのめり気味に体が崩れるので、構を取りなおし右上段に取るところを、仕方が打方の右上段小手を打つ。

仕方　脇構にとり、打方が進んでくるのに、肩から一体を打て突けと計り打方の心を誘うと、打方から攻める心が出るから、その心を制しながらおもむろに右足を出して下段に替り、左寄に打方の右小手を下から攻めると、

右上段一小手打

打方は左に寄り締り防ぐから、その動く機をのがさず切先をあげ相正眼に切先を合わせる。力拮抗してなお仕方から攻めようとすると、打方から仕方の咽喉を目がけて突きくるから、仕方もまたこれに拮抗し、迎突きに突くと双方鎬にて受つけ持合い切先が互に少し右にはずれて相互に左耳傍まで出る。仕方からなお深く攻めこむと、双方の力均衡して持合うから、仕方がさらに気力を満たし一層重く体にてのしかかり、圧して押攻めゆくと、打方が止むなく退く。このところは漆膠の付すなわち即意付にて打方を離さず、初め大跨に次第に小跨に五六歩攻めこみ追い進み圧迫すると、打方が気を取りなおし踏耐え気力を増強し、仕太刀を烈しく右下に払挫くにより、仕方は右足を右後に引き急に脇構にはずすと、打方が拍子抜けして右前にのめる。ここは仕方の勝っているところである。打方が急ぎ体を取りなおし右上段となるところを、仕方は右足を踏みだし、打方の右上段の小手がらみ全体真二

構解く一左上段残心（二つ勝）（陰刀）（下段の打落）（乗身）

つと切る。左足を左に右足を後に引き左方に開き、打方の右半身を眼下に見おろし、左上段残心にとる。

意解　五本目は脇構の付　即意付　続飯付　漆膠之付などと称し最も堅実な理詰でしかも卓抜な勝利の技である。第一の要めは迎突に突出し、双方鎬にて受つけ、力が相均衡して離れない漆膠でつけたようになることである。この時に仕方の体が上から乗りかかり、心を太陽のように大きくその場に充満し、心の光をもつて打方全体を隈なく照らしみる。形にては打方の太刀になずまず、その心を見きわめて圧迫し、太刀鎬の合うところの強弱変化微妙の機を感得する手の内の味わいを遁さず、固すぎずやわらかすぎず、打太刀に仕太刀の心の糊をぴつたりと続飯をもつてつけたようにつける。右にも左にも、上にも下にも、出ても引いても、強くても弱くても、微塵もずれることなくくつつけて放さない。どこまでも打方の意に即してつき纏うて理詰に攻めるのである。

即意の第二の要めは付いたのを離すところにある。ただ付いただけでは勝にならない。離した途端に生じた打方の虚の勝機に投じて勝つのである。すなわち漆膠に付きまとうと、打方はきらつて必ず無理な業を出して替るところがあるものである。その打方のおこしてくる技に逆らわず、それをむしろ助け、その替りぎわに、こちらからパツと糊をはがすと、打方が拍子抜けして必ず虚を生ずる。そこを見きわめて打ちとり雄渾な勝利を完全に得るのである。

以上一本目から五本目までは一刀流大太刀の総論とでもいうべきものであつて、以後五十五本の根本原理が含まれてあるから、この五本を何遍も遍数もかけて師の教を受け充分に稽古し、正しく学び慣れ土台がしつかり身につくと、後は楽々覚えられるものである。土台を粗末にして積み上げることだけに欲をだすとひじまがつたものになる。そこで昔から初心者に対してはこの五本だけを三年間毎日稽古させたものである。そこで大低の者は飽きて懈怠して落第してしまう。志の篤い熱心な者だけが達道の位に至るのである。

二つ勝　六、七

打方　陰にて間合に入ると一つ勝のように左足前に踏出し仕方の正面を打ちにゆくと、仕方が切落すから、引いて左上段にとると、仕方が打方の左小手を打つて正眼にとり二足退くから、打方は陰にとり続いて今度こそはと渾身の勇をふるい右足を大きく踏みだして仕方の正面を真二つにと大きく打ちにゆくと、仕方がまた切りおとすから、右上段に引取ると、仕方が打方の右小手を打つ。

仕方　正眼にて間合に入ると、打方から仕方の面を打ちにくるから、一つ勝のように進む心で切落し、出刃にて勝ち打方が左上段に引取る左小手を打ち、打方の動静を監視しながら、右・左足と引き間合を離すと、打方から続いて再び深く正面を打ちにくるから、早くもその心を読んですかさず進んで切落し、出刃にて勝ち打方が右上段に引上げるところを、仕方は右足を踏込んで打方の右小手を打ち、左足から引いて右上段残心にとる。これは二本勝つ続き技である。

意解　初の技の打ちと次の技の打ちとの二つの係りあいの進退についてては、その縁の心の糸を相手の心に繋ぎ、これを緩めず断ち切らず、よく引張つて引寄せもし送り出すもして、待中懸、懸中待のところを弁えて行なう稽古を励み体得すべきである。

待中懸、懸中待の技を行なうのには相手を心にて攻め、相手に技をおこさせ、これを制し、引張りまたは追いやり、それを御し、その尽きたところを安々と勝つのである。この働きを続けて幾度も行なうのであるが、二つ勝は二度に勝つのではなく、全く勝つことを二度するのである。三度、四度、五度と幾度でも勝ち、決して一度勝つたからとて油断し、気を許してはならない。この勝と勝との間の縁を切つてはならない。常によく糸を張つてつかえとはひととおりの教である。しかし達しては有縁の切のほかに無縁の切も工夫すべきである。

陰　刀　　八、九

打方　陰にて間合に進み、左足前に仕方の正眼の正面を打ちにゆくと切落されるから、左上段にとると、仕方が打方の左小手を打ち、陰にとつて去る。打方も陰にとり右足出し仕方を攻め追うように、下段に突きだすと、仕方が五六歩去つてとまる。打方は正眼に正しく構えると、仕方がふたたび進み千鳥がけに寄りきたり、右小手をうかがうから、切先を右寄に締め守ると、仕太刀が打太刀の表上から鍔元へ乗抑えてのしかかり水落に突付けくるから、仕太刀を撥返そうと競上げると、仕方が急にはずすので、打方は拍子抜けして右上段となると、仕方が打方の右小手を打つ。

仕方　正眼にて間合に進むと、打方が陰から仕方の面を打ちにくるから切りおとし出刃にて勝ち、打方の左上段に引上げる左小手を打ち、打方の動静を監視しながら右足を引いて陰にとり、打方の全体を小さく眼中に納めつつ、その全貌を見ながら静に五六歩退き留まる。その時打方は正眼に固く守るのを見済まし、仕方は陰のままにて千鳥がけの足運びにて、打方の心を左右に乱し進みいで滞りなく間合に入り、右小手を狙うに打方が切先左寄りに締まり居付くところを、仕方はすかさず、右足を踏出し、陰から諸手を上に大きくあげ切先を伸ばし切先から丸く打方の太刀の表上から、宛も大木が倒れのしかかるように、鍔元に乗抑えのしかかりそのまま水落に突つこみ勝ち行くと、打方が持ち耐え、たまり兼ねて撥上げ返そうと競い上げるところに重くかかりつつ応じ、次第に上る機会はよしと、からりとはずし、打方の拍子抜けして上がつた右小手を打つて勝ち、右足一歩引き陰残心にとる。これは二本勝の続き技である。

意解　陰刀の尊さは刀と足つかいに心術を蔵し相手に知らさずに勝つところにある。仕方は思う存分に働き、打方を動かし迷わせ、いすくませ居付かせ、打方に技をほどこす余地を与えず、仕方からは自由に乗取つて勝つのである。仕方が陰にとり千鳥がけに進むのは仕方の心を打方に知らさず、疑い迷わせ、秘術を蔵して進み、思う存分に勝つ秘術である。この陰にて進み左右に千鳥がけに出る時には左にでて右を見、右にでて左をみることを忘れてはならない。陰の刀の切先をあげ、上から丸く大きく前におろしながら乗入つて打方の水落に突付け完全に勝つところの真の味を会得することはこの陰刀の蔵する勝利の大機であるから、ここのところを充分に味得して稽古を積むべきである。

一〇　下段の打落

打方　正眼に構え固く守つていると、仕方が下段にて進み間合に入り、打方の左・右小手を狙うから応じて切先を左・右に寄せ締め防ぐと、仕方が表から大きく打方の面を打ちにくるので、それを避けて退くと、仕太刀が打太刀の鎬に打当り打太刀は鎬落される。打太刀の切先が下に落ちたところに仕太刀が正眼の切先鋭く、打方の水落を突懸け進んでくるから、打方は下段のまま五六歩退き、最後に間合を開いて踏みとどまり体をおこし気を取りなおし、右足を引いて左上段にとるところを、仕方が打方の左上段の小手を打つ。

仕方　下段にて間合に進み、打方の正眼に対し、下段の切先鋭く、おもむろに下から攻上げ、打方の表から内小手を狙い、さらに右小手を攻めながら左足を少し進めゆくと、打方は切先を左寄りに防ぎ、右方に手の内が自然と隙くから、仕方は太刀を大きく振りかぶり、眼下に打方を真二つと計り、右足大きく踏出し、敢然と一気に真上から打ちおろす。この時は打方の太刀の動くのをみて仕方が打ちだすのではなく打方の心の動くのをみて打ちだすのである。打方が退くから面に当らず打太刀の鎬に烈しく打当る。打太刀の切先が地につく程打落す。その切先を殺しておいてそのまま仕太刀の切先を生かし、打方の水落に突付け五六歩追進み突にて勝つ。打方退いて間合を開き踏みとどまり、体を取りなおし左上段にとるところを、仕方はなおも進み、働きの縁の糸を縮めてそのまま詰め寄り、打方が左上段にとる左小手を打ち、左足から引いて下段残心にとる。

意解　下段の打落しの技の趣は、表から裏に、裏から表に、地から天に、天から地に、地から人に、人から天に天から地にと流往転化して攻め、断突を敢行するところに真の妙味がある。心気の発動は初め静寂の無風から微風、強風、疾風、烈風、颶風、颱風となり、天地を震駭するように、静より動へ、そのきわみが猛然として勇奮し、敢然として驀進し、断然として破砕し、なおも刺突追及し、完全に掃滅し去るに至る。その一過するところはまた寂然として一毫の微動だにない、依然として清平静幽の気大虚に充満し、陽光うららかなようなところの境地に帰するのである。

下段の打落しの技は静動、清濁、軽重、遅速、柔剛、虚実、長短、現滅の変化の中に常住永恒の勝がある道理を、心の働きによつて太刀技に配し、つかい習い修めるところである。本旨は須臾にして転化し、一歩を留めず、一躰分身、真の真剣の籠もる太刀技である。

乗　身　　一一、一二

打方　陰にて間合に入ると、仕方が正眼におるので、その面に左足を前にして打込みにゆくと、仕方が入身に切落すので、仕方の切先は打方の胸につかえ、打方の身がつまり出ることが叶わない。よつて打方は止むなく左足を少し引き下段にとり、入れ違いに右足を踏みだして、仕方の水落を突きにゆくと仕太刀が打太刀の上に鍔元に乗り抑え、打方の水落を迎突くから、打太刀をもつて一瞬持抱え、ただちに太刀を下段から引きぬき左足から去つて、下段のまま四五歩退く。この時に仕方も五六歩退き、互に遠間に引き離れる。それから打方は陰にとり足早に走り進み間合に入つて仕方の正面を真二つにと勢いこんで右足前にして打込むのを、仕方が右方に体をかわし、打太刀を裏から鎬ぎ誘い流すから、打方は余勢で右手伸びるところを、仕方が打方の右小手を打つ。

胴突―乗突

仕方　正眼にて間合に入ると、打方から仕方の面を打ちにくるから、少しも引かず入身となつて切落し下段に攻めると、打方の身悶えて仕方の切先にて打方の腹が突かれるので、打方が少し退いてまた下段から仕方の水落を突きにくる。仕方は少しも引かず、左足を踏みだし、迎突の心得で打太刀の表上から鍔元へ乗突き左下外へおさえ、打方の手の内をしっかりと抑え、真剣にきしみ込み打方の水落を突いて勝ち、打方がちよつと抱え持ち下から抜いて去るから、

面打一右流し（一つ勝）（下段の付・中正眼）

追及せず、乗る心を捨ててぱつとおりる心に変り、打方全体を眼中に納め、下段にて五六歩去り、打方の去就動静をみる。打方からふたたび進みくるのに応じて仕方も進みゆき間合に入ると打方は足早やに勢込み走りかかつて仕方の正面を打ちにくるが、仕方はこれに逆らわず、打方に技をなさせ、当る場にて仕太刀の切先をおこし陰に替り、仕方は右足を右うしろにし右向となり、打方の打込む太刀を仕太刀の右鎬にて喰違いに左前から右うしろに誘い流して、打太刀を右むこうへやる。打方の小手の伸びて惰気に破れたのを打ち、仕方は右足を引いて陰の構残心にとる。

意解　乗り身の技は仕方が初め入身につめ、打方の進み来る身を問えさせ、その上に重く乗懸かり突き、打方が引きはずして意地になつて突掛かるのを、仕方はそうはさせずとさらに喰い違いに上わ太刀をとつて迎乗突にしとめる。乗るのは御して思う存分に乗り抑え引きまわすためである。それからぱつと飛びおりる。終りに打方が勢込んで打ちだしてくるのをさらに引張り引寄せ、技を出させ勢を尽くさせ、喰い違いに体をかわし、鎬ぎ流し技を終らせ破り、追い放しやりぎわに打ちとつて勝つのである。

一つ勝　一三

打方　陰にて間合に入ると、仕方が正眼におるから裏から攻め、表から右足を前に大きく踏みだして、仕方の面を打ちにゆくと、切りおとされるから、左足から引き右上段にとるのを、仕方が打方の右小手を打つ。

仕方　正眼にて間合に入ると、打方が陰にとつて裏から攻めるから、形は裏を守り心は表に注ぐと、果して打方が表から面を打ちにくるから、少しも引かず、裏から表にでる心にて切りおとし、打方の裏から切先を水落に突付け勝ち、打方の耐え兼ねて右上段に引取りなおすところをそのまま<ruby>つけいつて</ruby>その右小手を打ち、左足から引いて下段残心にとる。

意解　一本目の一つ勝は打方が左足を前に踏みだして打ちきたり、十三本目の一つ勝は打方が右足を前に踏みだして打つてくる。打方の打ち懸かる体勢は左でも右でも、仕方はどちらにも応じて同じく勝つのである。仕方は正しく進むと打方がどんなに変化してきても勝つことは同じである。この理をここで習い覚えなければならない。

下段之付（立身）中正眼　　　　一四、一五

二つの技を連続して行なう

打方　正眼に構え固く守りおると、仕方が進んで間合に入り、下段から切先をおこし、打方の右小手を攻め、これに応ずる動きのところに表から相正眼に付け、なおも攻めいる心があるから、この意を挫こうと仕方の咽喉を突きにゆくと仕方からも同時に打方の咽喉を突込みにくるから双方左鎬にて摺込み持合い、仕方はなお付け入り摺込み押進み圧迫してくるので、五本目のように漆膠の付となる。仕方から気力を剛強に体で押しかぶさつてくるから、打方は初め大跨に次第に小跨に五六歩退き右足前にて踏みとどまり耐え、さて左足を右うしろに少し引きながら、仕太刀を左下に力をこめて払挫くと、仕方がからりとはずすので打方は拍子抜けして左前に体が崩れるから、これを取りなおし右上段にとると、仕方が打方の右小手を打ち、上段に構える。

左下へ挫く一手首廻わし巻外す（折身）

仕方は右・左足と二足引きながら太刀をおろし、中正眼にまで替る下り口のところで、打方は上段から正眼になおしながら追懸けて右足前に踏みこんで、表から仕方の手の内を割つて面を打ちにゆくと、仕方が切りおとすから、打方は左足から後に引き右上段にとると仕方が打方の右小手を打つ。

仕方　下段にて打方が正眼に守る間合に進み、気を満たし切先をおもむろにおこしつつ全体を攻めながら右小手をうかがうと、打方が左寄に締め守るので表から切先をおこして正眼にぴつたりと付け、打方の切先を抑え、なお攻めいろうとすると打方から仕方の咽喉を突きにくるが、仕方は少しも引かず、逆に打方の咽喉を突きにゆくと双方左鎬を摺りこみ鎬にて受付けることになる。仕方からなお付込んで押進んでゆくと打方が耐えて持合うから即意付となり、双方の切先が互に左耳側迄伸びる。仕方からなおも攻め圧迫して体にてのしかかり、初め大跨に次第に小跨に五六歩進みゆくと打方が押されて五六歩退き踏みとどまり耐えて、仕太刀を急に右下に払挫く。仕方はこれに応じて急に右小手中心に左手上げ双方を右に切先を下にくるりと手首を廻し打太刀をはずす。打方が拍子抜けして右前にのめる。この打方の体勢を崩したところが仕方の勝ちどころである。打方が体を取りなおし右上段に替るところを、仕方は表から両手首を右から左に返し、打方の右上段の小手を打ち右上段に構える。

仕方は打方を眼下にみおろし、右・左足と引きながら右上段から中正眼（中正眼とは大正眼と正眼との中に位する正眼であつて、守りの中に攻めのある体勢と気力のこもる構であり、右足先を爪立て左足の爪先へ近く引きつけて構える）にまで替るところを、打方が表から仕方の手の内を割り面を打ちにくるから、仕方はそれを軽快に切りおとして勝ち、打方が右上段に引きとるその右小手を打ち左足から引いて下段残心にとる。

陰攻進一折敷正眼

意解　下段之付中正眼の続き技はまず下段から追上げ押込んで攻め、窮地に陥つて反撥する敵の力を意表にはずして軽く打取り、またかかりくる敵を引寄せて打ちとる続き技であるが、この続き技全体は苧環の糸をたゆみなく繰りだしては結び、また繰りいれては結ぶ。この二つの技の往き来を一筋につかわなければならない。また中正眼の位におりたところで切りおとす時は待中懸、懸中待の大事なところであり、寸分も油断があつてはならないところである。中正眼の切りは軽快で速妙であれと教えてあるが、それは一とおりの教であつて、それのみに限つたことではない。重く確に強く厳しく切る心得もある。調子は何時も単調に固まることなく、己が思うままに品をかえ、相手を動かし己れに従わせて自在につかう工夫が大事である。

折身　　一六、一七

打方　正眼にて間合に入ると、仕方が脇構で対するから、打方は仕

表首打一立上り乗突

裏面打一陰に留

方の胸を突こうとうかがうと、仕方がその上を越して裏をうかがい表を狙い真中から打方の面を打ちにくるから、打方は左足から引きながら下段にはずそうとすると、仕太刀が打太刀を鎬落して攻め進みくるから、打方は応ずる心にて鎬落され、仕方から打方の水落を突きにくるから、五六歩退くと仕方が止まつて折敷き正眼にとる。打方は右足を引いて陰に構えて止る。仕方が折敷いて切先を打方の左拳につけておるから、打方は千鳥がけに進み、仕方の左肩が隙くを認め、右足を踏みだして表から仕方の左肩を袈裟に打ちにゆくと、仕方が立上がり打方の表上から鍔元を抑え、内小手を抑えて打方の水落を突く。打方は持合いおき太刀を下から抜き、四五歩退くと、仕方もまた退く。打方は陰に替り再び間合に進み入り、左足前に踏みだし一思に仕方の右上側面を左斜上から打つ。仕方が受止めて、打方の右小手を打つ。

仕方　脇構にて間合に入り、打方の正眼に対すると、打方が仕方の胸を突こうとする心が動くから、仕方はその上を越し気力を満たし、左をうかがい右を狙い全体を攻め、太刀を大きく振りかぶり、右足から踏みだし、目前の打方を真二つに切る気魄にて表から正面を打ちにゆくと、打方が退いてはずそうと下段に引くから、仕方の打ちおろす太刀は打方の引く正眼の太刀の鎬を強く鎬落す。仕方は勢を駆つて打方の水落を狙い突きにいでそのまま免さず四五歩攻め進みながら打方の動静をうかがい踏みとどまり、右足を前に左膝突いて折敷く。打方が遠く間をはずして去りゆくから、仕方は手にした凧の糸を繰りだすように飛ばし離しやるが心の縁の糸は離さない。打方が踏みとどまり、陰に構えるから、仕方は切先を打方の左拳見当につける。仕方が心の糸で打方を引つ張ると打方が改めて進みきたり仕方の左肩に打かけるから、仕方は心得たりと心も体も少しも引かず、立上がりながら仕太刀を突きだし打太刀の上に仕太刀をもつて乗り、鍔元から内小手を深く抑え、打方の水落を突いて勝つ。打方がちよつと持合つて下から抜き退くから、仕方は追込まず、放してやり、下段にて四五歩去る。打方がまた出てくるから、仕方は応じて進み、間合にて打方から勢込んで仕方の右上側面を打ちにくるから、仕方は太刀を右脇に陰の格に上げ、がちりと小万字の曲に

右小手打（摺上）

面打—摺上

受けとめ、そのままの足にて打方の右小手を打つ。左足を左前に、右足をうしろに開き陰に構え残心にとる。

意解　心術と太刀術とは二而一諦である。心と刀とともに働く。地から天に昇ること軽妙、天から地に降り一切のものを砕くこと豪快、中を突いて縦に驀進すること敢然、折敷いて体は下におりながら意気は天に登つて昂然、右を見て左に応じ、左を知つて右を制し八方からの打方に応ずる用意万全、変化を見て手の内を緩やかに取捌き威服すること厳然、立上がつて相手の胸を突き貫くこと神速独妙、遠くに離れ諸象の推移を察知すること明哲、右上側面の切を万字に取抑えること機敏、かくて相手の心術と技術とをわが思いのままに打留める。この折身の技でこれらの種々相からなる諸々の異つた拍子を一調子につかうことを学ぶのである。終りの右上側面の打を止めて打返すところは三重の心技をつかい習うのに徳がある。

摺上（附上段之打）　一八、一九

打方　陰にて間合に入ると、仕方が正眼に構えているから、打方は右足を踏みだして仕方の面を打ちにゆくと、仕方が摺上げる。打方は右上段にとると、仕方が打方の右小手を打ち上段に構え、右・左足を引く。打方は正眼となり左・右足と進め仕方の腹を突きにゆくと、仕方が体を開き、打方の突技をはずす。打方は突く勢が尽きて拍子抜けしたところ、仕方が打方の面を打ちくるので、打方は退くとそのまま打太刀が鎬落され、仕方が続いて

胴突ー右足引外す（脇構の打落）（本生）（上段霞）

打方の水落を突き攻め進みくるから打方は五六歩退いて間を開き、体を取りなおし、左足引き右上段にとると、仕方が打方の右小手を打つ。

仕方　正眼にて間合に入ると、打方が陰から面を打ちにくるが、仕方は少しも引かず左足から出て、平正眼にとり摺上げ、打方の打ちおろす太刀を死物となし、打方が右上段となる右小手を打ち、勝を見て大きく右上段にかぶり、打方を眼下に瞰おろし動静を監視しながら、右・左足と二足引き、右上段に構えると打方がここぞとばかり仕方の腹を突きにくるから、仕方は右足を引き腹の上皮一枚裂かせるように分厘の差で体を右向きにかわし、打方の切先をそらし、打方の突技が尽きて拍子抜けしたところへ右足を踏出し、表から打方の面を打ちにゆくと、打方が引くからそのまま許さず打太刀を鎬落し、小口を緩めずにつけいつて打方の水落に突込み、五六歩追い攻め寄る。打方の逃げるのをみると、体の裏一体が隙く。打方が間合を跳び開き、ようやく体を取りなおし右上段に取るその右小手を仕方は追打ちに打つて、下段残心にとる。

意解　仕方の摺上げは白刃一閃の真下に進んでふみ破り摺上げて生地が開ける。右上段に取つた仕方の腹を打方が突きにきた時に、仕方は右足を引き、分厘の差で空を突かせ、打方が右前にのめつた刹那に仕方が右足を引くと同時に一刀のもとに切伏せるのは真の切である。打方が空を突きあわてて引き返す体を切るのは行の切である。打方が退き去るのを免し、途中で打方の太刀を鎬落し、突に追い込んで立ちなおりぎわを切るのは草の切である。これは心気理機技の五格一致を習うのによい太刀技である。この内に九ヶの太刀の真剣も籠もつているし、五点の金翅鳥王剣の大志を養う境地もみいだされるのである。

二〇　脇構之打落

打方　正眼にて間合に入ると、仕方が脇構えにおるからその胸を突こうと思う間に、仕方が前後左右に虚実をはかり、打方の面を表から切り込んでくるから、打方は下段に引こうとすると、打方の正眼の太刀はそのまま鎬落される。この時に打方は鍔元で応ずる心で退くと、打太刀は鎬落されるから切先を地に曳いて去ると、仕方から打方の水落を突き攻めてくるから、打方は五六歩退き間合を開き、体勢を取りなおし、左足を引いて右上段にとると、仕方はその右小手を打つ。

仕方　脇構にて間合に入ると、打方が正眼から仕方の胸を突く心があるのを仕方は察知しながらそれに取りつかず、右足を踏みだすと同時に上段に振りかぶり、目前の打方を真二つとばかり気魄を盛んにし、表上から面を打ちにゆく。打方が正眼から下段に替わり退くから、打ちおろす仕太刀は打太刀をそのままに鎬落し、手の内を攻め、切先を打方の水落に突き付け五六歩攻め寄る。打方が退き間合を開き体を取りなおし、右上段にとるその右小手を仕方は追打ちに打ち、下段残心にとる。

意解　打ち落しを行なうには初め静に相手の諸相を見了り、そのいずれにも取りつかず、無想となり、空となると、打方の方からは懸けるに相がなく狙うに的がなく、茫然自失する。そこに遽然青天に霹靂おこり、旋風颯と吹き、大地の木の葉を巻き砂塵を散らし石を飛ばすように、見る者は愕然として退散する。その色に乗じ間髪をいれず打砕くのである。その心得は形から責めず、切先の働きを顕わさず、威をもつて破り術をもつて攻め体を拋つて当る。威術体の三進を習うによい技である。これは五点の絶妙剣の後段の勝つ太刀が籠もるところである。

本生（次は本正・奥は本勝）　二一

打方　下段にて間合に入り仕方の正眼に対し、左足から一歩左に運び切先を上げつつ、仕方の右小手を攻めると仕方が左寄りに締り守るから、表の手の内が隙いて見える。よつて打方は右足を右前に踏みだして表から仕方の手の内を打ちにゆくと、仕方が切落すので、打方は左上段にとると、その左小手を仕方が打つ。

仕方　正眼で間合に入ると、打方が下段から切先をあげて右に寄りつつ、仕方の裏小手を攻めてくるから、仕方は右に半歩寄り締り守れば、打方が反対に表から仕方の手の内を打ちにくるので仕方はこれを軽く切落し、水落を突きに勝ちゆくと、打方が体を引いて左上段にとるから、その左小手を仕方が打ち下段残心にとる。

この続技としてその奥をつかう場合には打方から仕方の下段の上に切込むから、仕方は左足から右に開き、打方の切込む太刀がそれたところを、仕方は下段でつめる。これは九ケの太刀の寄切の太刀の心である。

意解　「ほんしよう」の技はいつでも仕方は打方の心と技の生まれる本を明察して、その生まれるたび毎にそこを制するによい打方の心技を生むことである。その次に進んでは本に正しく応じて打方を制する本正となり、その奥に至つては本から本に勝つ本勝を学ぶことになるのである。本生は初手、本正は次、本勝は奥の手である。

上段之霞（高霞）　二二

打方　高霞に構え左足前に爪立て半身にとり切先を仕方の眉間につけると、仕方が下段にて間合に入り、切先を正眼におこして打方の切先の左下につけ気力を満たして打方の心術を探りにくる。打方は霞の上に蔵した秘術を

上段霞—正眼（拳の払）（浮木）（切返）（左右の払）

剛の意に出し、左・右足と踏みこんで仕方の手の内を破り水落を目がけて切先を右に巻きつつ突込み進むと、仕方が切先を接したまま退き相正眼となる。この時に仕方が技を転じ猛然と突いてくるから、打方は引きながら切先を左に抑えると、仕方がそのまま太刀を摺り寄せ突き進みくるから、鎬にて受付け四五歩退く。打方は破れ去つて刀をパラリと右下に開いて退く。

仕方　下段にて間合に進み、打方が構える高霞の切先に右下から切先をつけ、霞の奥にひそむ打方の心術をさわり試みさぐると、打方が突然強く踏みだして、仕方の水落を突きにくるから、仕方は切先を接したまま離さず、柔の心を切先に含め、打方の剛の心の切先を引張る心で右・左足と引き相正眼となり、打方の突と足の伸びが尽きて淀んだところを知り、霞の上に隠れた相手の正体を看破り、これをしつかりと捉え、そこで仕方はとつさに剛の意に転じ、打方の水落を突いて勝つ。打方がそれに拮抗して鎬にて受付け一寸持抱えるが、仕方はかまわず突進み、打方の中心線に切先をきびしくつけて位攻めにつめ寄ると、打方がもはや再起の気力なく敗退する。仕方は気力益々満ちわたり、打方の咽喉を突いてなおも三四歩圧迫し完全に勝つて、太刀を右下にパラリと開き下段残心にとる。

意解　霞に対する技はいつでも、その霞の奥に隠された技を出させ、正体を見きわめて、あとは易々と打取るのである。高霞からは高いところから突出してくるということがわかると、その突の切先が相手の右足と手先の出てきたのがとまりよどんだところで勢の尽きるのが見えるから、その正体をば仕方はぴつたりとつけた切先の味いで知悉し得るから、打太刀の突がよどむや否や、仕方がとつさに反対に突いて勝つところがこの太刀技のかなめどころである。そこが打方のぎくりと参るところである。その後は位攻めである。この技は締めてつかい。パラリと放して終る。太刀生滅、気力虚実転換の理技を味い習うによい太刀技である。後は位攻めの尊いところである。

拳之払　二三、二四

打方　正眼にて間合に入り、仕方の下段に対し、攻め入ろうとすると、仕方が下段から切先をおこして相正眼につけるから、打方は切先に手ごたえする仕方の力と心とを左右にこころみ、形によつて無形の攻防虚実の心をさぐり、機をはかつて右足を踏みだし、仕方の左拳を表から打払いにゆくと、仕方が陰にはずすから、打方は右上段にとると、仕方が打方の右小手を打つ。打方は左足から一歩引き下段に構えると、仕方が陰にとりまた脇構に替るから、打方は下段から仕方の胸を突こうと思うところに仕方から打方の面を打ちにくる。打方は右足を引くと同時に摺上げ左足を引いて仕方の面を打ちにゆくと仕方が摺上げるから左上段にとるその左小手を仕方が打つ。

仕方　下段にて間合に入ると、打方が正眼にて攻めくるその心のおこりを制しながら打方の右拳を狙い、その切先の動くところに仕方は切先を上げ相正眼となり攻めつけると、打方は切先にて左右に仕方の強弱虚実と心術をさぐるから、それに少しも取りつかず、切先をやわらかに保ち、そのなすにまかせると、かえつて打方の心が読まれる。ここでは打方が仕方の心を読もうとするその心を仕方が読むのである。打方が仕方を弱いと思つて仕方の左拳を表から払つてくるが、いち早く見てとり仕方は右足を引いて陰にはずし、打方がはずみを食つて崩れる体を取りなおし、右上段にとるその右小手をば仕方は右足を踏みだして打つ。打方が引いて下段にとるから、仕方は陰にとり、さらに右足を右斜横に踏み開き脇構に替る。打方から仕方の胸を突く心が動くから、仕方はその上を越し、左足を踏みだし、打方の面を大きく上から打ちおろすと、打方は一歩引いて摺上げるから、仕方は頭を望ませ全体どこでも切れと預けると、打方から仕方の面を打ちにくるから、仕方は右足を踏みだして、喰違いながら摺上げ、打太刀が摺上げられて左上段となるところをその左小手を仕方は打つて陰の残心にとる。

意解　切先をつけて相手の心を試み、打ち間を知るのを読心という。この拳の払ではその読心を学び、またその裏をも学ぶのである。打方がその切先を仕方の切先につけて、仕方の心を読もうとするのであるが、それによつて仕方は打方の心を読み得るものである。慧智の優つている方は劣つている方の心をよく読み得る。せつかく読んだと思つて読まれていては飛んでもない目にあう。読心術を学ぶのにはよく心自体を養い、技自体を磨くことが先決である。

己が打を摺上げられても、その摺上打に打たれず、さらにその打を摺上げて打つて勝つところは読心の明察で得られる精妙のところである。すでに相手を明察してあれば、己が薬籠中のものとなり、相手に技を致させ、力を尽くさせても何の恐れるところもなく、取つては返し、返しては取り、調子よく美しく上品に勝つことができるものである。

浮　木　　二五

打方　下段にて間合に入り、仕方の正眼の裏をうかがい表から仕方の手の内を、右足踏みだして打つと、仕方が切落して切先を打方の水落に突きつけてくる。打方は右足を引きながら仕方の突いてくる太刀を裏から右下に巻抑えると、仕方が表から太刀を抜いて打太刀を抑え、上に乗り突きくるから、打方は左足を引きながら表から左下に巻抑える。仕方が裏から太刀を抜いて打太刀を抑え上に乗り突きくるから、打方は去りながら右下に巻くが巻ききれず、体崩れ右足を引いて左上段にとるのをその左小手を仕方が打つ。

仕方　正眼にて進み間合に入り、打方が下段にて仕方の裏をうかがい、表から手の内に打込むから、それを切落して打方の水落を突きにゆくと、打方がそれをきらつて裏から左下に巻抑えるから、さからわず応じ巻かせて左足進め、裏から切先を抜いて打太刀を右上から左下に抑え突に攻める。打方がそれをきらつて表から右下に巻抑えるから、仕方は右足を進め巻かれながら表から抜いて打太刀の上に乗り右下に抑え突に攻める。また打方が裏から抜いて左下に巻こうとするのにつけこみ突に進むと、打方はもはや巻ききれず、体崩れ退いて左上段にとりなおすその左小手を仕方は打つて下段残心にとる。

意解　浮木の技は宛も水上に浮く丸太の右を抑えるとくるりまわつて左に浮き、左を抑えるとくるりとまわつて右に浮き、一方を強く抑えると強く抑える程他方が強く浮上つてのしかかるようなものである。これを続けて行なうのには屛風たたみのように喰違いながら、すらすらとゆく。打方がどんなにいくたび巻き抑えてきても、仕方は少しもこだわることなく、打方が逸やる力を利しその心を御して攻め抑えて進むと、打方が死力を尽くしても、その力と技に応じ乗り移ることいとやすく、打方は仕方を害することができずに自然に滅びるのである。浮木の技には真の真剣の理が籠もり、不争而勝上乗之太刀技である。

切　返

打方　陰にて間合に入り、仕方の正眼に対し右足を踏みだして面を打ちにゆくと仕方が入身となつて切りおとすので打方の体がつまり仕方の切先につかえる。打方は止むなく右足から引いて陰にて去ると、仕方が打方の左拳打方は左足を引きながら少し右うしろに開き、仕方の左肩に袈裟に切り返す。仕方が左鎬にて受けつけて仕方がなお押進み刀身中程まで摺込み圧迫しくるから、打方は太刀の左鎬をもつて持ち耐えながら三四歩退いて右足前に踏みとどまり、力をこめて仕太刀を左下に払挫くと、仕方が急にはずすので、打方は拍子抜けして崩れた体を取りなおし、右上段にとるその右小手を仕方が打つ。

仕方　正眼にて間合に入ると、打方が仕方の面を打ちにくるから、仕方は少しも引かず、右足から踏みだし入身となつて切落すと、打方の体がつまり仕方の切先につかえるので打方が退いて陰にとるから、仕方は少しも緩めず、そのまま切先を打方の左拳につけて三、四歩攻め、胸を突く意をもつて攻め進むと、打方が陰にて去りながら左寄りになり手を伸ばし、仕方の左肩を袈裟に切り返してくるので、仕方は手を伸ばし左鎬にて摺上気味に受けとめ、初めからの攻勢をそのまま続け、突に摺込み即意付に圧迫しなおも三四歩進み攻め寄ると、打方が三、四歩去り、踏みとどまり仕太刀を右下に払い挫くから応じて急に脇構にはずすと、打太刀は拍子抜けして崩れる体を取りなおそうと右上段に構えるその右小手を仕方は打ち、左足を左に開き右足を引き、右向に打方の半身をみおろし左上段残心にとる。

意解　切返しの技は打方が何辺切返してきてもこれに応ずる心得でつかう太刀技である。打方の切りかかる太刀を一度うまく切りおとしても、それで安心油断することなく、なお厳しく締めて攻め進み、打方が重ねて切返し切返してくるものと心得、摺上げ、摺込むなどして引受け持ち合い、そのまま突に出て漆膠の付をもつて打方の技を封じ苦しめ、打方が困り果て我意を発し無理に力みだすところをゆかせ、その替りぎわにでる隙の機に乗じて難なく制する。打方がたくらむ縦横上下の誘いの色に取りつかず、仕方は常に中の無色、すなわち虚心胆懐をもつて実の実をつかうことをこの切返しの太刀技で学ぶべきである。

左右之払

打方　陰にて間合に入り、仕方の正眼に対し右足を踏みだし仕方の左拳を右上から左下に切払いにゆく。仕方が下段に引きはずすので逆の脇構となるところを仕方が打方の咽喉を突き下段に替るから打方はただちに左足を踏みだして仕方の右胴を左から右に切払いにゆくと、仕方は受け流す。打方は体を取りなおし右上段にとるその右小手を仕方が打つ。

左拳払一下段に外す

右胴払一右足引き切先下げ胴防

二七、二八

仕方　正眼にて間合に入ると、打方が陰から仕方の左拳を左上から切払いにくるから、仕太刀を下段にはずすと打太刀の切先は右下に落ちて打方の咽喉がすくからただちに打方の

右上段―小手打（逆の払）

咽喉を突く。仕方は正眼にとるところを打方がでて仕方の右胴を右から左に切払いにくるから、仕方は右足を引き脇構の切先下りに受流し、両手首を右から左に返し太刀を右から左上に巻いて、打方の右上段に替るその右小手を左足前のままにて打つ。左上段残心にとる。

意解　打方が仕方の左から表拳をはげしく切払いかかるのを分厘の差で引きはずし、そのままただちに打方の咽喉を仕方は突く、この時に仕方は足を引いてはならない。その場で下段にはずすと打方の切先は仕方の鍔のあたりをかすめる曲尺（かね）合（あい）である。この間積りをつかう切先の見切りには剛胆と明智とが必要である。分厘を誤まると大怪我になる。それを恐れて足を引き体を退けるのは未熟で胆がすわらない証拠である。特に大きく引いたのではすぐ相手の咽喉を突けるものではない。また左から右にきた太刀は必ず返し太刀になつて右から左にくるものであるから、その道理をわきまえて用意のあるところに案のとおり、右から左に切払つてくるから体を左にかわして鎬ぎ流し、その勢の尽きたところを理に従つて堂々と勝つのである。太刀が左からきたならば心を右につけ、太刀が右からきたならば心を左につけることをこの左右の払の技でよくよく吟味し、また太刀の働きの切先の見切りをくふうし体得すべきである。

逆之払

二九、三〇

打方　逆の陰、陽の構にて間合に入ると、仕方が正眼でくるから、打方は左足を前に踏みだし、仕方の右小手を真上から真下に切払いにゆくと、仕方が下段に引きはずすから、打方はすぐ陰に取りなおし右足を踏みだし、仕方の表から手の内を打ちにゆくと、仕方が切落すので打方は右上段に取りなおすとその右小手を仕方が打つ。打方は二歩引くと仕方も二歩引く。打方は陰にてふたたび進み間合に入り、機を見て右足前にて仕方の面を打ちにゆくと、仕方が切落すので打太刀の切先が落ちて死に太刀となつているところに、仕方が大きく打方の面を打ちにくるから打方は体を引くと、打太刀が鎬落される。仕方がそのまま打方の水落を突きにくるから、打方は切先を下に臾いて上げる暇がなく、三四歩退き間合を開いて、左上段にとるその左小手を仕方が打つ。

陽一正眼（地生）

仕方　正眼にて間合に入ると、打方が逆の陰、陽の構にとり、仕方の右小手を切払いにくるから仕方は下段にはずす。打方が仕方の表から手の内を切りにくるので仕方は軽く切落すと、打方が右上段にとるからその右小手を仕方は打つ。打方が二歩退くので、仕方は下段にて右・左足と二歩退き、打方の動静と変化を見ながら、打方の進みくるのに応じ、仕方もふたたび進んで間合に入ると、打方から仕方の面を打ちにくるので、仕方は切落し、打太刀の切先が落ちて死んだ刀となつているところに遁さずに仕方は大きく太刀を振りかぶり、勢込んで打方の面を打ちにゆくと、打方が退くその太刀を鎬落し、そのまま打方の水落を突きに進み、三、四歩攻めると打方が間を開き体を取りなおし、左上段にとるその左小手を仕方は打ち下段残心にとる。

意解　この技は一にやわらかく引はずし、二に軽く切落し、三に正しく切り、四に強く切落し、五にはげしく鎬落し、六に許すところなく追攻め、七に完全に切り伏せるのである。この間の続き技はあたかも一本の糸の緩まず断ち切れず、よくぴんと引張つて滞りなくつかう心得が大切である。それは消滴が泉となり小谿となり激流となり瀑布となり大河となり海に朝するように一連の成長のかかわりがあるようなものである。この太刀技には絶妙剣の心がこもつているのである。

地　生　　　　　　　　　　　　　　三一

打方　下段にて間合に入ると、仕方も下段にてきたり、全体を切れと与えて間合の中に攻めいろうとするから、打方はその意をくじこうと思い、仕方の正面を真二つにと太刀を下段から上に大きく振上げ、右足から踏みだして切込みにゆくと、仕方は入身に進んで打方の右小手を下から掬い切りに切上げる。よつて打方は右足を引き逆の陰、陽の構にとり仕方に対する。

仕方　下段にて間合に入り、打方の下段に対し全体どこでも切れと与え、しかも下から突上げる気分で間合の中に攻入ると、打方が浮いて面を打ちにくるから、そのおこる頭へ仕方は右足を左前に踏みだし、体を左向きとなし、両脚を広げ上体を垂直にし腰を低く据え、顔を右前の打方に向け、打方の上から下に下りてくる右小手を下から仕太刀の刃方を上に向け、物打をもつて地生に掬い切上げて勝をとる。仕方は刀の刃を返し左足を左に、右足をうしろに引き、逆の陰、陽の構の残心にとり打方に対する。

面打―地生に右小手切上（地生の相下段）（陰の払）（巻霞）

意解　打方の太刀が天から降りるのを仕方の太刀は地から生じ、しかし体が互に喰い違いになり、打方の力に仕方の力が倍加して鋭く勝つ。この時にたとえ打方の太刀がそのままに降つてきても仕方の体はすでに剣刃の下から左前にかわされてあり、打方の太刀は空を切り空に落ちるのみである。仕方の太刀は上にあつては徹下に勝ち、下にあつては徹上に勝ち、さらにまた上にあつては徹上にも勝ち、下にあつては徹下にも勝つのである。逆之陰は陰がきわまつて勢の将に発する陽の位である。形は右足の踵を浮かし、左足に添え左に太刀を立て、懸るによくまた守るによい、冴え冴えした構である。

地生之合下段　　三二

打方　下段にて間合に入ると、仕方も下段におるから、打方は右足を前にして仕方の腹を突きにゆくと、仕方が打太刀の上に鍔元から乗抑え水落を突きにくるから、打方は右足を引いて競撥き上げ左上段となると、仕方が打方の左小手を打つ。

仕方　下段にて間合に入ると打方が下段から仕方の腹を突きにくるから、仕方は少しく右前に開き、打方の手の内の上に喰違いに打太刀の鍔元へ逆の本覚に乗抑へ水落へ突込みにゆく。打方が競撥上げるから応じて撓ない、上にてからりとはずし、打方がはずみを喰つて左上段となるその左小手を仕方は打ち本覚残心にとる。

意解　一刀流の突の鋭どさは突に対する迎突ではつきり出る。それは打方から突いてくる突を仕方が上太刀をとつて迎かえ、打太刀の進んでくる突を殺し、その勢に仕方から突く突きを生かし勢を倍にしてはげしく突くことにある。かくすると打方の意表にでることにもなる。地生の合下段の太刀は下からおきるものを同じく下からおこつて上にとびのり下に抑えて勝つのである。下のものを初めから上にいて勝つばかりとは限らない。地生に攻めてきたものを地生にでて、地生を抑えて勝つのはこの太刀の本旨とするところである。

本覚は本格ともいう。本覚の構は正眼の左右の掌を上に向けかえし、両手は中どまりとなり、太刀の刃方を左に向け少しも曲らず、相手から見て切先と柄頭とは一点に重なる構である。打方が仕太刀を左右上下から切払つても少しも当らない一点である。本覚の腕の屈伸は技について習うべきである。逆の本覚は左右の手首を連技に組合わせ、刃方を右にし、左足を前にして相手に向け、柄の側面を掌に正しく合わせるのである。心は守りの中に攻めがある。本覚の構をとると相手の本心の所在と発意をよく覚え、しかも己が本心をよく秘し得るものである。

三三　陰之払

打方　陰にて間合に入ると、仕方が正眼にてくるから、少し右寄に右足踏みだし、仕方の左肩を表から袈裟がけに切払いにゆくと、仕方が引きはずすので、打方は力抜けして体を取りもどし右上段にとるその右小手を仕方が打つ。

仕方　正眼にて間合に入ると、打方が陰にてくるから、仕方は打方の胸を突く意を起こすと打方が左寄にのがれながら仕方の左肩を打ちにくる。仕方は左足を中心に右足を引き陰にはずす。打方が力抜けした体を取りなおそうとして右上段となるところへ、仕方は右足を踏みだして、打方の右小手を打ち、右足を引いて右向陰の残心にとる。

意解　打方に対し仕方は左肩を与えて、ここを切れと好餌を示すと、打方がそれに誘われてくる。その左肩の皮一枚切らせる曲尺合を心得てその間合をはずすと、打方の思惑がはずれ、体崩れる。そこは仕方の勝所である。打方が体勢を取戻すところに仕方はそのまま付けいつて打取るのである。その動作は常に左足を扇の要めのように、扉の蝶つがいのようにし、開いて閉めて開いてしなよくつかうのである。

中段霞―正眼

胴突―左前下抑

巻霞(中段之霞)　三四、三五

打方　中段霞に左足前に構え、霞の奥に意を秘しおると、仕方が下段にて間合に入り切先をおこし、左下から切先を正眼につけさぐつてくる。打方は機をみて右足を一歩踏みだし

左上段―小手打（巻辺）

猛然と仕方の腹を突きにゆくと、仕方が打太刀の上から右下に巻き鍔元を上から抑える。打太刀を返そうとすると、仕方が押しつけるから、止むを得ず右足を引き脇構にはずし、ただちに左上段にとると、仕方が打方の左小手を打つ。仕方は二足引き正眼に構える。打方は陰にとり、機をみて右足を踏みだし仕方の右小手を打ちにゆくと、仕方が打太刀の宗を左下に抑える。打方は切先を左下から左、左上、上、右上、右、右下、下、左下、左、左上、上と巻込捨てようとすると仕方が巻かれながら、上で太刀を抜くから勢が余つて右上段となるを、仕方がその右小手を打つ。

仕方　下段にて間合に進むと、打方が左足を前にし中段霞に構え意中を秘しているので、仕方は下段から探りを入れ切先をあげ中段霞の切先の右下につけてさわりこころみると、打方から猛然と仕方の腹を突きにくるが、仕方は少しも引かず、突きにくる打太刀を左下に巻抑えながら左足を踏みだし、打太刀の鍔元を上からおしつけ、打方の霞の中に浸入し、その奥の実相を捉えようとすると、打方が抑えられた太刀を撥ね返そうと力む。それをなおも抑えつけると、打方が脇構にはずすから、仕方は右足を少し引き、咄嗟に低い陰にとり、打方が左上段に替わるのに、ついて進み右足を前にして打方の左上段の小手を打ち、右・左足と引き間合をとり正眼に構える。打方が陰から仕方の右小手を打ちにくるから、打太刀の宗を右下に抑えると、打方は右下から右、右上、上、左上、左、左下、下、右下、右、右上、上と甚だ強く巻込んでくるから、さからわず巻かれながら後へ引受け太刀を上にて抜いて軽く放すと、打太刀は巻行きたゆんで、自ら右上段に替る。その打方の右上段の小手をすかさず仕方は切り、下段残心にとる。

意解　霞の奥に隠された打方の意中をさぐりだそうと仕方がさわりこころみると、打方が霞の中から突然とはげしく仕方の腹を突きにくるが、仕方は少しも恐れず引かず、大胆に霞の中に喰違いに進み入つて抑えつけて見ると、打方がたまりかねて引くところに仕方がついていつて尽きたところを打ちとる。また間合を離して霞の奥の様子をうかがうのに、打方が技をだして、仕方の右小手を打ちにくるから、それを見きわめて、さつそくに右下に抑えると、打方が霞を巻きに巻いて術をほどこすから、それにさからわず従つておれば霞がついて消えてその正体が現れるので、そこを打つてとるのである。心と技との関係においては柔をもつて剛を制するところであつて、一刀流の教えたる「松をたわめて柳を折る」の秘伝を味うところである。

左上段—正眼

巻　返　　三六、三七、三八

打方　左上段にて間合に入ると、仕方が正眼におるので、機を見て右足を踏みだし、仕方の右小手を打ちにゆくと、仕方が脇構にはずすから、打方は右足を引き左上段に戻ると、仕方が出てきて打方の

右に抑巻く一右肩打つ（引身の本覚）

左小手を打ち、引いて脇構に戻る。打方は陰にとり右足を踏みだして仕方の左肩を袈裟切りにゆくと、仕方がはずして陰に替るから、打方は正眼にとりその勢をもつて右足を前に仕方の胸を突きにゆくと、仕方が応じて打太刀の表上から乗り抑え、反つて打方の胸を突く。よつて打方は仕太刀を左下廻りに巻払うと、仕太刀が巻かれながら引き、さらに出て打方の右肩を巻き打ちにくる。打方はこれを右上から右、右下、下、左下、左、左上、上に巻き返すと、仕方が巻かれながら、太刀を抜いて打方の胸を突きにくるから打方は右足を引いて左上段にとると、その左小手を仕方が打つ。

仕方　正眼にて間合に進み、打方の左上段に対し攻め入ろうとすると、打方が左上段から右足を踏みだして、仕方の右小手を打ちにくるから仕方は右足を引き脇構にはずし、打方がふたたび左上段に引上げるのに仕方はついて追いかけ右足を進め打方の気分と構の定まるに先立つてすみやかに打方の左上段の小手を切り、また右足を引いて脇構にとる。打方が仕方の左肩を打ちにくるから、仕方は左足を右足まで引きつけ陰にはずすと、打方から仕方の胸を突きにくるから、仕方は左足を引き応じて喰違いに右足出し、打太刀の表上から鍔元を抑え乗迎突に打方の胸を突き勝をとる。打方が耐えかねて右上から右、右下、下、左下、左に巻払いに来るから、その技に従い、意には従わず巻かれながら左足から引いては太刀を抜くと、打方の右肩が隙くから、仕方は左足を踏み入れ左上方から打方の右肩を巻き切りにゆくと打方が左上から左、左下、下、右下、右、右上、上としのぎ巻き返すから仕太刀は巻かれながら太刀を抜き、進んで打方の胸を突きに勝ちゆくと、打方は引いて左上段となるから、その左小手を、仕方は右足を踏みだして打ち、左足から引き下段残心にとる。

意解　仕方は正眼にて打方に小手を望ませ打を出させ、仕方は脇構にかわり打方の太刀を誘い引張つておいて、放して戻して、追いかけて打つ。次に仕方は脇構に引いて肩先を狙わせ打方に打を出させ、仕方は陰にかわりはずし、打方の太刀を誘い、なお打方に仕方の胸を狙わせ打方に突を出させ、喰違いに仕方が上太刀に乗迎突に突いて勝つ。また巻かれ抜いて巻き打にゆき、巻返されつつ抜いて自然に打方にできた隙を打つて勝つのである。

打方が百計を尽くしてかかつてきてもよく明察し、順応していると、仕方は破れることなく、自然に勝つべき機会が生まれてくるものである。怒濤の襲う勢にさからわなければ必ず去る機会の乗ずべきものがある。この機会をとらえて勝つことを心得なければならない。巻返しの技は仕方の引張りの筋が正しく、また打方の巻くのに乗り、巻返してくるのに乗つている間に自然と仕方に勝つ機会が生まれてくるのである。仮字書目録の教えの水月のことのくだりに「敵をただ打つと思うな身をまもれおのづからもる賤が家の月」とある真意をこの技で学ぶべきである。

引身之本覚

打方　正眼にて間合に入ると、仕方が下段から切先をおこし相正眼につけ攻めてくるので、その切先を破ろうと力を入れると仕方がいよいよ強く対抗するから、打方はさらに切先に力を増し、仕方の切先を左に抑え破り、逆の本覚の手心にて刃を右にし、仕方の咽喉を目がけて摺込突くと、仕方が摺上げ放すので、打太刀の切先が力余つて左寄りに突き出る。仕方がそこを上から左下に打太刀を鎬にて張摺落すので、打太刀の柄が打方の右手から

突一摺上

太刀鎬落され右片手上ぐ一右小手打（引身の相下段）

離れ落ち、わずかに左手にて打太刀の柄頭を保つことになる。打方が右小手を上にあげると、仕方は打方の右の放れた小手を打つ。

仕方　下段にて間合に入ると、打方が正眼におるから、切先をおもむろにおこし相正眼につけ次第に力を切先に増し、打方の切先を破ろうとすると、打方が切先に強く反抗してくるので、これを押し破ろうといよいよ力を加えると、打方が一段と切先に力をこめて、仕方の咽喉を目がけて摺込み突にくるから、仕方は少しも引かず、さらに切先に力をこめて本覚に摺上げに出ると、打方の突きだす太刀の切先が右にそれて力尽きたところを、打太刀を上から右下に右鎬にて摺り張り落すと、打方の右手から柄が放れ左手に柄頭を保ち、打方の右手が上にあがるのを仕方は右足を前にしてその打方の放れた右小手を打ち本覚残心にとる。

意解　相互に切先を破ろうと力を入れ、打方が力一ぱいに実の心で突いてくる時に、仕方は少しも引かず、打方の身をこちらに引寄せる心得で進み、実の心で摺上げると打太刀ははずみを喰い切先が右にそれて空を突く、そこを仕太刀で上から鎬をもつて摺り張り落すのである。ここに勝がある手心を味わい習うべきである。

引身には三つの段階がある。初めの引身は打方が攻めてきた時に、仕方は身を間合の外に引き離すのである。次の引身は仕方は身を引くが、心は引かず打方の動静を見て応ずるのである。第三の引身は打方が攻めてきた時に仕方は身も心も少しも後に引かず、打方の身と心とを仕方の身と心の綱にひつかけて仕方の方へ引き摺り寄せ、迎え突や迎え打ちではげしく勝つことである。これは引身の大事な真意がこもるところである。

本覚の太刀構は前々から説くように、形においては正眼から両腕を丸くあけくつろげ、両肱を曲げ両掌を上にむけ、柄側に沿えて手元を少しあげ、切先と柄頭とが打方から見て一点となり、切先と物見と違わぬようにし、打方から仕太刀を上下左右八方から切つても仕太刀に当らないように構え、しかも仕方が打方の拳を下から縫うようにつかう。本覚にとる時には左の足を据え右の足を少しく爪立てる。左に重々しく治まるところに本覚の深い意味があり、心においては常に守りの中に攻めを蔵している。そうすると仕方は打方の心と技の所在と発動の本を覚ることができる。一旦その本を覚るとその末は千変万化してきてもことごとく容易に知つていかようにも応ずることができるものである。

引身之合下段

打方　下段にて間合に入ると、仕方が下段にでてくるので、仕方の内小手を右下から左上に打払いにゆくと、仕方が脇構にはずすので体勢が崩れる。そこへ仕方がただちに返し太刀にて打方の真向を打つてくるから打方は間

表拳払―右脇に引外す（発）

合を開くために退くと打太刀は表から打落されるのでなお四五歩引き、右上段に体を取りなおすとその右小手を仕方が打つ。

仕方　下段にて間合に入ると、打方が下段にてでて仕方の内小手を左上から右下に切払いにくるから、当る場の厘毫の差まで、打ちにこいと誘い入れ、右足を引き脇構にはずすと、打太刀の余勢が伸び空を打つて打方の体が崩れたところに、仕方は返し太刀に右足を踏みだし刀を大きく振りかぶり、真向から打ちにゆくと、打方が驚いて退くから仕太刀にて打太刀をそのまま鎬落し打方の水落に突きつけ勝ち四、五歩攻め進み、打方の右上段に取りなおす。その右小手を仕方は追い打ちし、逆の本覚残心にとる。

意解　打方が打込む技の起つた始まりのところで仕方は脇構に引いてしまつたのでは打方が深入してこない。ちようど仕方の拳に当る厘毫の差のところで仕方は引くから、打方はもう少しと思つてついて深入してくる。ここは仕方は身をもつて打方の身を強く引込むところの心得である。仕方の心の綱に打方を引きくつて引摺り脚下に伏させてそのままただちに打つのは真の勝である。打方の恐れて退こうとするところを打つのは行の勝である。逃げるのを追い体の崩れをなおそうとする隙を打つのは草の勝である。組太刀の稽古では真行草といろいろつかいくらべ、各々の勝のところをくふうして会得すべきである。

技の心得としては寄せた波が引いて尽きた浜辺の砂の水際に珍らしい貝を拾うようなものである。深く引くところにいよいよ珍らしい興味があるものがある。

逆の本覚は左足前に刃方右に両腕連技にとることである。真意は本覚と同然である。

発（ほっ）

陰—左拳攻む

上段から打込—左小手打抑

四一

打方　陰にて間合に入ると、仕方が下段から打方の左拳を突こうと攻入るから、打方は右に半歩体を開いて仕方の切先を避け、仕方の左肩隙くのを見て右足を踏みだし、仕方の左肩を袈裟切にゆくと、仕方が陰にはずし、またただちに進みきたり、打太刀の下段となつた鍔元を抑

左上段—左小手摺切左胴払

え、上から乗つて手の内を打ち取りにくるから、打方はちよつと持ち耐え、右足を引き脇構に替わり、左上段に取る。仕方はそのまま左小手を抑えてくるから上段のまま左小手を仕方に切らせ与えて、右手をもつて柄を握り、仕方を真二つとばかりのしかかつて打込もうと体をもつて圧し、右・左足と左前に踏み入れると、仕方が体を低め打方の胴を払い左から右にくぐり抜ける。打方は左足を中心にして右足を右うしろに引き、右向となり逆の陰・陽の構にとり仕方に対する。

仕方　下段にて間合に入り、打方が陰に構えてくるから、その左拳に切先をつけその拳を突こうと攻め入ると、打方が左方に開きはずれ仕方の切先を避け、仕方の左肩を袈裟切りにくるから、仕方は右足を引いて陰にはずし、打方に空を打たせ、打太刀の勢が尽き下段になつたところへ仕方は右足を踏みだして打太刀の上に鍔元へ乗込抑え、内小手を取りにゆき、左足出して巻抑突きにゆこうとするのに、打方がちよつと持合いおき脇構にはずし、ただちに左上段にとり、仕方の面を打ちにこようとするから、すかさず応じて左足を進めてつけ入り、仕太刀をあげ打方の左上段の小手を高く抑えると、打方が左上段の小手を与え、右手にて柄を握り、仕方の面を打とうと体にてのしかかり圧してくるから、仕方は上体を垂直に丹田に力をこめ腰を低くおろし、手元をやわらかくするりと太刀の刃方にて打方の左小手を摺り切り、切先を上に向けて突に生かし、打方の腋の下を突くように入身にもぐり、右足左足と一歩づつ左前に歩むように大巾にくばりながら打方の胴を払い抜け、左足を中心にし右足を右うしろに廻転し、逆の陰、陽の構にとり打方に対する。

意解　発はすべてのことの発端(ほったん)であり、あらゆる技の起り頭である。起りは芽(き)ぎしとしてでてくる。芽しは生長の本である。打方の心意の発するところを知つて、仕方からそれにさきんじて仕方が技を発して打方を制することである。打方の腋の下をくぐり抜ける時は、腋を突き胸を突きまた打方の刀の中柄をつかんで逆捩じに奪い取る用意を蔵し、時々こころみるがよい。また胸を払い切つてくぐり抜けたあとには打方の首を切り背を切る心構もある。この太刀のつかい方は打方を払い切るとともに自らを守る太刀ともなるのである。

面打—胴払い左へ抜け（裏切）（長短）

裏　切　　四二

打方　正眼にて間合に入ると、仕方が下段から切先を起し相正眼につけ攻めてくるから、その意を打つ心にて仕方の右小手を打ちにゆくと、仕方が左下に受止めるから、右上に内小手と左肩とが隙くのが見える。打方は両手を右上に返し仕太刀の切先を越し、右方表から仕方の肩にかけ内小手へと大袈裟に打込みにゆくと、仕方が右上に太刀を伸ばして受止め万字にとり打方の咽喉を突いて三、四歩摺寄せ攻めてくるから、打方は退きつゝ遂に気負けし太刀を右下にぱつと開き互に引き離れる。

仕方　下段にて間合に入ると、打方は正眼におるから、切先にて攻め上げ相正眼つけると、打方から仕方の右小手を打ちにくるから、仕方は右下に打太刀を低く受止め抑えると、打方が今度は仕太刀の切先を越して表から左肩にかけて内小手へと大袈裟に打ちにくるから、仕方は込み入つて両手をやや高く左上に仕太刀を伸ばし喰違いに引受けながら太刀を逆万字につかつて摺寄せ突勝ち、三、四歩位攻めに勝ち進んでゆくと、打方が負けてぱつと太刀を左下に開くから仕方もぱつと太刀を右下に開き引離れる。

意解　この技は表裏の技である。物には必ず表裏がある。初め裏にきたものは次は必ず表にくるの理を知つて応ずるのである。右下と左上の一直線に仕太刀を働かせ、続いて左上から左、真中へと四分の一の孤線を逆万字に描き突にでて勝つ。打方が右に小手へ、左に肩へと大袈裟に切つてくるのを、極めて簡潔な働きで勝つ。ただし万字にでた突の意味が深い。最後の離すところは心を離すのではない。刀を離したあとに残心がある。そこにはなお懸りと守りを蔵することが勘要である。

長　短　　　　四三、四四

打方　正眼にて間合に入ると、仕方が下段から切先を起こして相正眼につけ攻めてくるから、切先にて左右前後に虚実を計り、右足から一歩踏みだし使者太刀をつかつて仕方の腹を目がけて突きにゆくと、仕方は一歩引くから、この引目に乗じ、打方は左足から交互に四歩踏込み、長駆して仕方の腹を突きにゆくと、仕方が右方に体を開くから、打太刀の勢余つて仕太刀の鍔元の上から深く乗りいつて仕太刀を下に重く宗の上から押しつけると、仕方が抱え上げ、一瞬耐え、急に脇構にはずすから、打方の体が前のめりに崩れるので、取りなおそうとして左足から体を少し引き目に右上段となるところを、仕方が打方の右小手を打つ。

仕方　下段にて間合に入ると、打方が正眼におるから、切先を起こして相正眼に攻めつけると、打方が切先を働かせて、左右前後に虚実をはかりくるから、仕方はまかせておくと今度は打方が使者太刀をつかつて一歩進んで突きにくるから、仕方は切先を接したまま左足から一歩引くと、打方がここぞとばかり四足大きく踏みだし、仕方の腹を突込んでくるから、仕方は切先に力を入れ左に押え、その力を急に右にゆるめ、仕太刀を下段に体と直角に水平にとり、体を右向にかわし、左足の踵を中心にして右足を右うしろに廻転し、左足の踵に右足の内側横脇を四目に引きつけて、打太刀の突を僅かにそらし、勢余つて突きだす打太刀を仕太刀の鍔元の宗にて下から抱え上げ、瞬時耐えおき急に右足を右に開き脇構に仕太刀を右下に抜きはずすと、打方が拍子抜けして体が右前にのめり崩れる。（この時に仕方は柄頭にて打方の眉間を突いて勝をとることを秘し、または手の内を巻返し即座に真の切りにて勝をとることを秘す）打方が体を取りなおそうとして少しく後に引き、右上段となるのを仕方はそのままの体にて両手首を左に巻返し、打方の右小手を打ち逆の本覚残心にとる。

胴突一右向抱上（早切辺）（順皮）（抜順皮）（詰）

意解　打方がつかう使者太刀に応じて仕方の引くのはそれを案内役として深く引き入れるためである。それに導かれ長駆して入つてくる打方を接待して下にもおかず抱え持上げると、打方が重々しく乗りかかる。そこを仕方は素早く短かくはずすところに勝がある。はずれて打方が前のめりに崩れたところを仕方は柄頭で眉間を打つかあるいは手の内を巻返して即座に切るのは真の勝であるが、組太刀の稽古では打方の体の崩れを取りなおさんとする隙のところを正確に打つことを習うのである。

長短の技は使をつかわし、長距離を駆けて突いてくるのを迎え抱えておいて、さて急に短かくかわして、長を短にて即座に勝ちとる技である。

早　切　返　　　四五

打方　陰にて間合に入ると、仕方が正眼におるので、打方は機をみて右足を踏みだし仕方の面を打ちにゆくと、仕方が切落すから、打方はただちに右足を引き陰にとり、仕方の左肩へ早く切返すと、仕方が受けとめるから、打方は切先に力をいれ仕方の胸を突きにゆくと、仕方も進んで打方の胸を突きにくるから、打方は左足を引きながら、打太刀をもつて仕太刀を左に抑え、強く左下に巻抑えると、仕方は一瞬耐え急にはずすので、打方の体は拍子抜けして崩れるから体を取りなおし、右上段にとるその右小手を仕方が打つ。

仕方　正眼にて間合に入ると、打方が陰にいて仕方の面を打ちにくるからこれを切落す。打方がただちに陰に替り仕方の左肩に早く切返してくるから、仕方は両手を伸ばし仕太刀の中程にて受けとめると、打方から仕方の胸を突きにくるから、仕方も進んで打方の胸を突きにゆくと、打方は仕太刀を右下に巻抑える。仕方は一瞬持ち耐え急に右手中心にし脇にくるりと手首を右廻りに巻返し打太刀をはずすと、打方は拍子抜けして体崩れ取りなおそうと右上段にとるのを、仕方は右足を前に打方の右小手を打ち、左足を左に開き、右足を引き体をかわし、打方を眼下にみおろし左上段の残心にとる。

意解　まつすぐに切落し、まつすぐに受けとめ、まつすぐに突き、くるりと巻返しはずし打つて勝つ。この技を一筋に早く続けて勝つ。打方が技を一度二度三度四度と続け早く切返し突返し巻抑えて百計をつくしてきても、仕方はすべてを明察して引受け、少しも許さず正しく理に則つて直きに勝つのである。

四六　順皮（順彼・順飛）

打方　陰にて間合に入ると仕方が正眼におるから、打方は左足を静かに出し右足を添え、仕方の正眼の切先に右上から左下にかちりと浅く切りかけ、手の内を破るとみせ使者太刀をこころみると、仕方が退くからこの機をのがさず、左足を前に踏みだして仕方の面を打ちにゆくと、仕方は切落す、よつて打方は左上段にとると、その左小手を仕方が打つ。

仕方　正眼にて間合に入ると、打方が陰から出て仕方の切先を左上から右下にかちりと浅く切りかけ、手の内を破ろうとするから、仕方は形において彼にしたがうように、切先をやわらかに応じ、左足から少しすさり、打方をおびきだすと、打方が大きく実をもつて仕方の面を打ちにくるから、仕方は今度は進む心にて切落す、ここは仕方の勝つところである。打方が左上段にとるその左小手を仕方は打つて下段残心にとる。

意解　この技は形と調子においては彼にしたがい、心と技においては彼をわれにしたがわせて勝つのである。彼が使者太刀を出して浅く切りかかるとき、応じて引くのは彼をおびきだすためである。こちらを逃げる思つてうかうか彼が飛んで出てくるところを知つて、今度はこちらから進み迎え打つて、相手の形に従いつつ相手の意表に出て勝つのである。おびきだすことができたら勝はそこにある。このところを味わつて錬磨すべきである。

四七　拔順皮（抜身）

打方　陰にて間合に入ると、仕方が正眼におるから、打方は左足を静かに出し右足を添え、打太刀の切先で仕方の正眼の切先を右から左に抑え、手の内を破ろうと使者太刀をこころみると、仕方は左方に寄るから、打方は陰に取りなおし、右足を大きく踏みだし、実をもつて仕方の面を打ちにゆくと、仕方は右手前に進みきたり、打方の胴を左から右に切払いくぐり抜けるから、打方は左足中心に右に振り向き右上段に振りかぶると、その右小手を仕方がなでぎる。

仕方　正眼にて間合に入ると、打方が陰に取り、仕方の切先を打方の切先にて左から右に抑えて、仕方の手の内を破ろうとするから、応じて右方に右足左足と開き寄ると、打方はここぞとばかり仕方の面を望んで打ちにくるから、仕方は前腕を胸に屈してとり、打太刀を体に引きつけ、切先を上にし入身となり打方の腕を突くほどの曲尺にて上体垂直に腰を低く、右足左前、左足左前と一気に踏みだし、打方の左胴を右から左に切払いくぐり抜ける。打方が右方に空を打つて意体ともにくじけるのを取りなおして仕方に面して向きをかえ右上段にかぶる所を、仕方は打方に対し右に向きをかえ、右足を前にし打方の右小手をなで切りにし、本覚の残心にとる。

意解　この仕方の技は形と調子において打方にしたがい、打方が切先にて攻め寄せてくる方に仕方は寄るが、心と技とは打方を右におびき寄せ、打方の二の太刀を深く打ち込ませ、むしろ打方を仕方の心にしたがわせておいて、喰い違いにいで切払にくぐり抜け、打方がしまつたと振り返るところを、仕方は身を返してなで切ることを敏捷につかい慣れるべきである。初め右に寄るのは左に大きく踏みだすためであり、左に出てはまた右に打込むのである。

詰（つまり）　四八

打方　陰にて間合に入ると、仕方が正眼におるので、左足を前にして仕方の面を打ちにゆくと仕方が切落し、ただちに打方の咽喉を突き攻め詰め寄る。打方は四五歩退き終りに左足を引き左向きとなり、仕方の切先をまぬがれようとして敗れ去る。

仕方　正眼にて間合に入ると、打方が陰から仕方の面を打ちにくるので、一厘一毫も引かず進んで切落しざま突の一手で咽喉に勝をとり逆の本覚にて打方の咽喉に切先を突きつけ位攻めに四五歩詰め寄ると、打方が退いて半身になり逃げるので、仕方は全く勝ち下段残心にとる。

意解　切落突で勝を制しても、そこで気を緩めず、なおも許さずそのまま縁を断たずに位攻めに詰め寄つて完全に勝をとる誠に厳しく尊い技の教である。

面打―切落出刄攻進(余)(二つの切落・出刄・入刄・寄刄・越刄)

余（あまり）（押身）　四九、五〇

打方　正眼にて間合に入ると、仕方が下段にいて切先を起こし相正眼に攻めてくるので、打方は切先にて左右に力をためし虚実を計つてから、使者太刀をつかつて右足から一歩出で、仕方を突きにゆくと、仕方が引くから、勢を得て左足から四足大きく踏みだして仕方の腹を突きにゆくと、仕方が右向きとなり、打方の切先をそらし、打太刀を仕太刀の鍔元の宗にて抱え上げるから、打方は身を重くかけて仕太刀を下に押しつけると、仕方がかくりとはずすので打方の力が余つて体が崩れ前のめりになりのを、仕方が上段にとり柄頭で打方の頂上を突くから、打方は体を低く右足から二歩退き、仕方の太刀の正眼に降りるところを見て右足を踏みだし、仕方の面を打ちにゆくと、仕方がこれを切落すから、打方は右上段にとるのをその右小手を仕方が打つ。

仕方　下段にて間合に入ると、打方が正眼におるので、仕方は切先を起こし相正眼につけ攻めると、打方が切先にて左右に力をためし虚実を計つてくるからまかせておくと、打方がさらに使者太刀をつかつて一歩進み仕方を突きにくるから、仕方は互に接した切先を離さず、一歩引き入れると、打方からなおも大きく四歩進んで仕方の腹を突きにくるから、仕方は左足の踵を中心にして体を右向きとなし、腹の皮をすれすれに突かす曲尺にて右足をうしろに引き左足の踵を右足に四目につけ、突いてくる打太刀を仕太刀の鍔元の宗にて抱上げ、仕太刀を下段に体と直角に水平に保つ。打方は突の余勢をかつて身をもつて強く重く乗り押しつけるから、瞬時持ち耐え急に右足一歩右へ開くと同時に、右手中心に左手をあげ、切先を右脇にくるりとまわし、打太刀をかくりとはずすと、打太刀の力余つて右前にのめることは仕方の勝ちどころである。仕方は上段にとり、打方の頂上を柄頭にて突く。（又は頂上を切る）仕方は左足を引き正眼にとるその太刀のおりたところに打方が仕方の面を打ちにくるから、待中懸の心得にて軽く切落し勝ち、打方の右上段となるその右小手を仕方は打ち下段残心にとる。

意解　この技の始まりの下段から正眼に攻めて相正眼につけるところは二本目の初めと同意義、次に切先にさわり虚実を計るのに応ずるところは拳の払いの初めと同意義、次に使者太刀を引入れるところは長短と同意義、次に打太刀の重くかかるのをはずす手心は下段の付の手の内の巻返しはずすのと同意義、その次は左右の払の終りの技の意を含み、次は二つ勝の後の技と同意義最後の切落しは一本目と同意義、かくし一刀流大太刀五十本は切落に始まり切落に終るのである。

この最後の余(あまり)の技は相手の力を、余しその余力を利してわがものとなし、余すところなく勝つところである。勝というのは数の一であつて「かつ」と読む足らなければ足して一となし、余れば減らして一となす。一刀流はいつでもどこでも一に始まり一に帰するのである。われと相手と一に和して平らかにつかうことによつて、永恒のかつとなることを教えるのである。

これにて流祖伊藤一刀齊景久の創意した切組大太刀五十本終る。

切　落

一　二つ之切落（出刃）

打方　陰にて左足から間合に入り、正眼にてくる仕方の面を打方は左足を前にして切りおろすと、仕方が切落し打方の咽喉を突きにくるから、打方は間をはずして二歩退く。仕方も退く。双方ふたたび間合に進み、打方は左足を前にして、仕方の正眼に構えおる面を打ちにゆくと、仕方がまた切落し打方の咽喉に突きかかるから打方は右足から引いて左上段にとる。その左小手を仕方が打つ。

仕方　正眼にて間合に進むと、打方が陰から仕方の面を打ちにくるから仕方は出刃に切落し打方の咽喉を突きにゆく。打方が間をはずして二歩退くにより仕方も二歩退く。双方進んでふたたび間合に入り、打方が陰にて仕方の面を打ちにくるから、仕方は出刃に切落し打方の咽喉を突く。打方が一歩去つて左上段にとるその左小手を仕方は打ち、下段残心にとる。

意解　この二つの切落しの技は仕方は初め出刃に切落して打方を追いやり、ふたたびては切落しざま出刃に突き勝つところの手心の味を体得することである。二度目の切落し突きを喰つた打方が出刃に突かれて逃げ去る余裕がなく、わずかに右足を引き左上段に体を取りなおすところを仕方が追つてその左小手を打つのは技をきめるためである。

二　二つの切落（入刃）

打方　陰にて間合に入り、正眼にてくる仕方の面を打方は左足前にして打つにゆくと、仕方が切落すから、打方は二歩去りふたたび双方進んで間に入り、打方は仕方正眼の面を右足前にして打ちにゆくと、仕方が入刃に深く切落すので、打方はそのままの体にて左上段にとると、その左小手を仕方が打つ。

仕方　正眼にて間合に進むと、打方が陰から仕方の面を打ちにくるから、仕方は切落すと打方が二歩去る。仕方も二歩去り、ふたたび双方進んで間合に入り、打方が陰から仕方正眼の面を打ちにくるから、仕方は深く進んで入刃に切落すと、打方がその場にて左上段にとるその左小手を仕方は打つて下段残心にとる。

意解　二回目の切落しで仕方が思い切り深く踏みこんで入刃に切落しざま打方の頂上から真二つに切るのである。打方が切つてくるその刀を切落すその一打がそのまま打方の頂に降りて打方を切り割るのが趣旨である。組太刀のこの技の稽古では二度目の仕方の切落を打太刀が短かく切落されるかつこうにて、打方がただちに左上段にとりなおすその左小手を仕方が打つてきめる。

出刃と入刃の切落しは始め敵刀を切落すところまでは両者通義であるが、それからさきは間合の差によつて作用が違う。間が一層遠いと出刃の切落しで切落しざま突き進む。その切先は鋭く眉間でも咽喉でも水落でも臍でもよい。切落した勢で進み突き貫くのである。

入刃の切落しは深く踏みこんで切りかかる敵刀を切落したわが太刀は一拍子にそのまま敵の頂上から敵全体を真二つに切るのである。

三　寄り身（寄刃）

打方　陰にて間合に入り、正眼の仕方の面を打ちにゆくと仕方が切落すから、打方は仕方の切先を避け正眼にとり、右に一歩寄り仕方を打とうと右上段にとると、仕方はついて右に寄り、打方の右上段の小手を打つ。

仕方　正眼にて間合に入ると、打方が陰から仕方の面を打ちにくるから切落すと、打方が左に寄り右上段に振り

肩趣切一胴突進

かぶり、仕方を打とうとする。仕方は太刀を厳しく正眼にとり、打方を逃がさずとついて左に寄り、打方が右上段に構えるところをその右小手を仕方は打つて下段残心にとる。

意解　仕方は打太刀を切落した時に仕太刀の切先を打方に突きかけるので、打方はそれを避けようとして左に寄るのを、仕方は打方の寄る気分の上に乗り、打方の寄る方に仕方は乗り寄る。乗る時には仕方は打方を馬として乗り、馬の動く方へ御する、御するには仕太刀を馬の手綱と心得て、仕太刀で思うように御する。仕太刀の切先を左に寄せ左に巻き上げて打方の右上段の小手を打つのである。

越し身（開刃）　四

打方　陰にて間合に入り、仕方が正眼にてくる面を打ちにゆくと仕方が切落すから、打方は左・右足と大きく右斜前に踏みこみ、仕方の左肩を右上から左下に袈裟がけに大きく切りにゆくと、仕方が突き進んできて打方の左斜めうしろにくぐり抜ける。打方は左足を中心に左向になり左上段にとると、仕方が打方の左上段の小手をなで切る。

仕方　正眼にて間合に入ると、打方が陰から仕方の面を打ちにくるから、仕方は切落すと、打方が仕方の左前に大きく踏みこんで仕方の左肩から袈裟切りにくるから、仕方は左・右足と大きく右斜前に体を低くして踏みこんで打方が太刀を振り上げる真下を下段の突に

左上段一小手摺切

突き進み抜け、左足を中心にして左まわりし右足を踏みだして、打方の左上段の小手を仕方はなで切り、下段残心にとる。

意解　打方から仕方の面を望んで打ちかかるところを仕方は切落すと、打方が少し右斜前に寄り大きく踏みこんで仕方の左肩を大袈裟に切りおろさんとする時に、仕方は打太刀の剣刃下に踏み進み入り、下段の突にて驀進する。その時に仕方は打方の臍を突いて腹に風穴を明けてとおり抜けてゆく気魄で突き抜けまかりとおる気慨で遣うのである。組太刀の稽古では仕方は打方の腹の皮をすれすれに突破る曲尺あいに勢いこんで打方の体と喰い違いに突き進むのであるが、仕方は打太刀の剣刃下をとおり抜けたらただちに左足を中心に左向きにまわり右足を踏みだし、打方の左上段の小手をなで切るのは打方全体を真二つにとなで切りにするの意である。

以上四本は忠常の工夫である。

合　刃　　一、二、三

打方　陰にて間合に入ると、仕方が下段にて打方の左拳に切先をつけ突きに攻め進んでくるから、打方は小足に去ると仕方がついて追つてくる。打方は引きながら機をみて手を伸ばし仕方の胸に打太刀の切先を突きつけると、仕方がそれを左から乗抑え突き進んでくるから、打方は左足を引き仕太刀を撥き上げ右上段にとると、仕方が打方の右上段の小手を打つ、打方は右足を引き左上段に替わると、仕方が打方の左上段の小手を打つ。

仕方　下段にて間合に入り、打方が陰にとる左拳に仕太刀の切先をつけ拳を突きに攻め進むと打方が小足に去るから、仕方は少しも許さず突に攻め進むと、打方が去りながら手を伸ばし打太刀で仕方の胸を突きにくるから、仕方は打方の手の内の上に右から左に乗つてなおも突き攻め進むと、打方は耐えかねて仕太刀を撥き上げ右上段となるところを、仕方は左足を前にして打方右上段の右小手を打つ。打方が右足を引き左上段にかわるから、仕方は右足を進め打方の左上段の左小手を打ち、下段残心にとる。

意解　打方が陰にて引きがなら仕方の胸を突くのはいつするかわからないので、仕方は少しも油断なく、いつきてもきたらそこへすぐに下段から両手を左にまわし切先を上にして、打太刀が突いてくる上に乗り抑え攻めて進む。攻めこむ仕太刀を打方が撥き上げて引いたら、仕方はすぐそれに応じつけ入つていつて打方がとる右上段の小手を仕方は左足を出して左上側から打ち、続いて打方の左上段の小手を仕方は右足を出して右上側から打つ。

この技を真・行・草の三様に三回つかう。打太刀が去る歩数の短中長の三通りに現れる発機を学ぶ。

これは忠於のくふうである。

張　合　刃　　　　　一、二、三

打方　陰にて間合に入ると、仕方が下段にて打方の左拳に切先をつけ突き攻め進んでくるから打方は小足に去ると、仕方がついて追つてくる。打方は去りながら機をみて仕方の左肩に袈裟切りを行なうと、仕方は仕太刀をもつて打太刀に応じ右下に張り落す。この時に仕方の右小手が隙いて見えるから、打方は打太刀を下右から左にまわし仕方の右小手を打ちにゆくと、仕方は打太刀を左下に張り落す。

仕方　下段にて間合に入り、打方が陰にとる左拳に仕太刀の切先をつけ拳を突きに攻め進むと打方が小足に去るから、仕方は少しも許さず突きに攻め進むと、打方が去りながら、仕方の左肩を袈裟がけに打ちにくるから、仕方は応じて右足を踏みだし、仕太刀で打太刀を左下に張り落す。この時打方は去りながら打太刀を下左から右に巻いて仕方の右小手を打ちにくるから、仕方は左足を踏みだして、仕太刀をもつて打太刀を右下に張り落し、逆の本覚にとり打方の胸を突き、左足を引き下段残心にとる。

意解　合刃と張合刃は仕方は打方の拳を突き攻め追い進むのであつて、打方に引張られたり間が伸びたりよどんだりしてはならない。いつでも仕方が攻め追いこむことに気力を満たして行なう。すべて技は真情実意をもつて行なうべきで、打方が切る時には本当の間合に入つて正しい切りを出すべきである。

形だと思つて当らない間合で切りを出したのでは、仕方が張ることも払うこともできない間抜けになつてしまう。張り技は必ず心気力を充満し勇猛果敢に行ない、左の張りと右の張りはカチカチと続けて勘高く張り勝つところに味わいがある。

この技を真・行・草の三様に三回つかう。打太刀が去る歩数の短中長の三通りに現れる発機をとらえることを学ぶ。

これは忠於のくふうである。

二つの切落出刃入刃、寄身、越身の四本に合刃三本張合刃三本計十本を加え大太刀は合計六十本。

第三章　小太刀

第一節　小太刀名称

九本

（打方は二尺三寸五分の大太刀　仕方は一尺五寸五分の小太刀を使う）

二つ勝㈡　下段之附㈡　発　左右之払㈡　乗身㈡　計九本

第二節　小太刀本数調

小太刀本数調

		構	勝	残	本数
二つ勝	打	陰			
	仕	正	突　突	下	二
下段之附け	打	正			
	仕	下	突　左小	上	二

発　正
　　下　突　下　一

左右之　陰
払　正　突　右小　上　二

乗身　脇
　　正　突　突　下　二

計　九

第三節　小太刀手順

小太刀手順

二つ勝　打　陰　左足　面に　二歩引　陰　進　右足　面　左足引　右上
　　　　仕　正　切落突　四歩引　正　進切落　入身　柄押上　左足　左手　肱捉　脇突　下

下段之　正　右上　右足引　陰　進　左足　面に
附け　下　右足　宗摺入身　柄押上　左足左手肱捉　脇突　四歩引　正　進　右足　鎬流　左小　上

発　正　右上
　　下　右小攻　右前進　宗摺入身　柄押上　左足　左手肱捉　脇突　下

左右之　陰　右小に　左足　右胴に　四歩退　進　面に
払　正　下に外す　右足引　受止　太刀押返巻　左手にて打の小捻上　突　押放　進　左足　右小　上

乗身
┌脇　右小に　腹突に　四歩退　進
└正　下に外す　左足引右開宗乗誘入　太刀返巻　左手にて打の小捻上　突押放　進
┌左足面に　右上
└切落　入身　柄押上　左足　左手肱捉脇突　下

第四節　小太刀詳解

(一)　小太刀の史実

伊藤一刀齋は神子上典膳と仕合した時に一刀齋は一尺五寸程の木片の燃えさしを使つたという。神子上典膳が柳生但馬守と仕合した時も典膳は一尺五寸程の木片の燃えさしを使つたという。これは一刀流の小太刀にあたる。戦国時代に薙刀や鉄棒や鎗の長いのに利があるとして使われたが、鉄砲が渡来してからは、長い物を持つて戦場をかけめぐるのはかえつて不便となつたので、佩刀も三尺以上のものを二尺五寸以下に短かくし、ほかに二尺以下の脇差とともに、つまり大小を腰に帯することとなり、大のほかに小を使いなれることになつた。従つて各流において必ず小太刀の使い方を研究した。一刀流には流祖以来極めて秀でた小太刀の使い方が伝承されている。

(二)　小太刀必勝の理

小をもつて大に対し勝を制する秘訣は小の不利をば心と体と技とで補い、小の利をもつて大の不利を制することにある。大も小も切先を使うのはともに三寸ばかりである。また切るところは切先から五、六寸のところである。突にしても深くても八寸の突という。従つて小は一尺五寸五分あれば充分必勝の理にかなうものである。

(三)　**小太刀の体捌き**

小太刀を持つ仕方の体さばきはひとえ身（一重身　単身）または半身に体を左に向け、顔を前に向け、上体を垂直にし腰を据え、両脚を開き、足の運びは千鳥足をつかう、入身にでる用意には後足を前足の踵にまで引きつける。小太刀は右片手に持ち左手は腰につける。

(四)　**小太刀の間合**

小太刀をつかうのには間合の勘考が最も大事である。一足一刀の間合は生死の分かれ道の間合であるが、そこを離しておると互に生の間合である。剣刃下は死の間合であるから、長と短との差丈の剣刃下の間合は長に利があり、小に不利がある。そこで小は生の間合からその不利な間合の差だけを大の働きを封じて入身に踏みこむと、あとは小の生の間合となり、大の死の間合となる。そこには長に不利があり、短に利がある。その場で小が打突を出して長に勝つのである。小は一旦入身にて技を施したら、また小の不利の間合をば大の働きを封じて、すみやかに生の間合に離れる。この付き離れと入身は小太刀必勝の伝である。

(五)　**小太刀の太刀さばき**

小をもつて大に対し、大の働きを封じて付き離れや入身を行なうのには小をもつて大を撥き、張り、摺り、鎬ぎ、抑え、押し、巻き、払い、切落し、抱上げ、乗り、つけ入りくぐりなどして大胆機敏に小太刀を取りさばいて勝を制することを稽古して身につけなければならない。

(六)　**無刀の心**

小太刀の稽古の場においては胆を養い智を働らかせ、大を恐れず、小を憂えず、長短一味と覚え、武器に目をくれず、心の動きに応じて処し、徹してはわれ無刀の心得にて、敵の長剣を無用に帰させるところにある。

小太刀技詳解

打方　大太刀　　仕方　小太刀

二つ勝

陰一正眼

面合打

一、二

打方　陰にて間合に進むと、仕方は正眼にてくるから、打方は左足を前に踏みだし、仕方の面を打ちにゆく。仕方は面合打ちから切落して打方の咽喉を突く。打方は二歩去ると仕方も二歩去る。打方はまた陰にて進み右足を前に踏みだし、仕方の面を打ちにゆくと、仕方は進んで切落す。よつて打方は左足から

一　切落突

一　手押上

少し引目に太刀を右上段に振りかぶり、仕方の面を打とうとすると、仕方は入身になり小太刀の鍔拳にて打太刀の中柄を下から押上げ、左手にて打方の右二の腕をとらえ、切先にて打方の水落を突く。

仕方　正眼にとり単身にて千鳥足に運び間合に進むと打方が陰から仕方の面を打ちにくるから、仕方は一挙にとびこんで切落しざま打方の咽喉を突く。打方が二歩退くから仕方も二歩とび退き間合を離し正眼にとる。双方進んで間合に入ると、打方が陰から仕方の面を打ちにくるから、仕方は一挙にとびこんで切落し入身に攻めると、打方が少しすさり右上段に振りかぶり、仕方の面を打とうとするからそこにつけいり、進んで仕太刀の切先を右にし鍔拳にて打太刀の中柄を下から摺り押上げ、左足を一歩進め、打方の右足の

一左肱捉・胸突（下段の付）

うしろに踏み入れ左手にて打方の振りかぶる右肱上二の腕の関節のくぼみをとらえ押上げ、右手に持つ小太刀にて打方の水落を突き勝をとる。仕方は仕太刀をもつて打太刀を右外下におさえながら間合を離し、下段残心にとる。

意解　仕方は小太刀を右手に持ち単身となり打方の左眼に切先をつけて進むのは大太刀をもつて正眼に進むのと同意義である。仕方は小太刀をもつて進むのには打方の大太刀の形や動きに目をくれず、打方の心に仕方が心の切先をつけ、それをひとつかみにしてゆくのであり、小太刀をもつて切落すのも、大太刀をもつて切落すのも同じく、打方の切りだすや否や仕方からとびこんで一刀のもとに打方の全体を真二つとばかり切落すのである。打方の振り上げたところにつけいる秘伝は障子をあけて月光がさしこむがごときところである。

千鳥足とは単身になつた時に踏違い進む足づかいのことである。

下段之附　　三、四

打方　正眼にて間合に進むと、仕方が下段にとり遠間から踏みこんで打太刀の宗を切先の方から摺りこみ手元に攻めいつてくるから、打方は太刀を右斜上に振り上げはずし、仕方の面を望むと、仕方がつけいつて、打太刀の中柄を下から押上げ入身となり、左手にて打方の右二の腕をとらえ、小太刀をもつて打方の水落を突く。打方は

左上段―小手打（発）（左右の払）

右肱に力をこめ右足を引き、右斜うしろに去りはずし、切先を左にまわしおろし、仕方の右胴を払いにゆくと、仕方が受け流して退く。打方はまた進み陰から左足を前に踏みだして仕方の面を打ちにゆくと、仕方が左方に出て受け流し打方の上に伸びた左小手を打つ。

仕方　下段にて間合に進むと、打方が正眼におるから、遠間から攻め、右足を大きく踏みこみ、打方の間合を一挙に踏みこえて、右手を右に切先を左にとり、打方の太刀の宗を切先の上から摺りこみ渡り抑え打方の手元に攻めいると打方は太刀を左斜上に振上げ、仕方の面を打とうと望むから、仕方は一歩入身となり、切先を右に手を左にとり、打太刀の中柄を下から鍔拳にて押上げ、左足を一歩進め、打方の右肱上二の腕を左手にてとらえ、右手に持つ小太刀にて打方の水落を突く。打方が左斜に引き、切先を右にまわし、仕方の右胴を払いにくるから、仕方は小太刀を右に立てて打太刀を右に受け流し右胴を防ぎ、右・左足と退く。打方が進んで仕方の面を陰から打ちにくるから、仕方は右斜前に、打方の体に近く喰違いに、右足を前に大きく踏みこみ、切先を左に手を右にし、手首を左にねじ、切先下りに左鎬にて受け流し、刃を右巻に返して、打方の上に伸びた左小手を打つ。左足を引き上段残心にとる。

意解　この技の要は仕方は下段に付けて打方の正眼の間合に一挙に踏みこえて、打方の大太刀の働きを封じて入身となるところにある。それには生死間髪をいれない間合にあつて、左足を右足の踵まで引寄せ、機をはかつて一挙に大跨に踏みこんで大太刀を押さえてでるところに勘所がある。また後で左小手を切るのには受け流しておいて、さてと改めて切るのではない。打方から打ちにくるのを角違に踏みこみ、小太刀を振りかぶりざま鎬ぎ流すや否や巻返打ちに切るのである。巻返打ちにゆくのには手首の返りがよく左に充分にひねらなければ鎬がうまく使えなくて、刃で受けることになり、下手の刃こぼれとなる。手首の返りをやわらかに靱強に働かせることを学ばなければならない。

発　　　　五

打方　正眼にて間合に進むと、仕方が右方に寄り打方の右小手を狙うから、打方は切先を右寄りに防ぐと、仕方が急に左に開くから、打方は左に切先をむけると、仕方が反対に切先を動かし踏みこみきたり、打太刀の宗を仕太刀にて摺りこみわたり打方の手元に攻めいるから、打方は右足を引き太刀を右斜上に摺上げはずし、振上げて仕方の面を打とうとすると、仕方が下から打太刀の中柄を押上げ入身となり、打方の二の腕をとらえ、水落を突く。

仕方　下段にて進み遠間から打方の右小手を狙い左前に寄り進むと、打方が左寄に切先を締めて防ぎ表が隙いて見えるから、仕方はそれを見て右前に右足を踏みだし、わずかに脇構に替ると、打方の気が動くから、その発端に即座に乗つて、小太刀の切先を左にし手を右にして、打太刀の宗を切先の上から摺り渡り押入り進み打方の手元に攻めると、打方が太刀を左斜上に競上げはずし、仕方の面を打とうと振りかぶるから、仕方は小太刀の切先を右にし手を左にし鍔拳にて打太刀の中柄を下から押上げ、左足を一歩踏みいれ、左手にて打方の右二の腕の肱の凹みをとらえ、小太刀にて打方の水落を突く。仕太刀をもつて打太刀を右外下におさえながら間合を離し、下

拳払—下段に外す

右胴払—右足引防左肱捩上乗突

段残心にとる。

意解　発とは発機の発端である。静が動に移るおこりである。おこり発する際には必ずそのことに没頭しているから、そこを打つのである。敵をおこし発しさせる工夫をする。そしてそのところを打つのである。発には必ず前兆が現れる。鳥が飛び立つ際に体や脚を屈めるようなところである。この発の技においては仕方は左に打方の裏小手を狙い右に表袈裟を狙い、打方の気が動揺する発端に、仕方が先に発し、生死の間を一挙に飛びこみ、打方の大太刀の働く前に入身となつて勝つところを味わうべきである。

左右之払　六、七

打方　陰にて間合に進むと、仕方が正眼におるから、打方は右足を踏みだし右上から左下に仕方の左拳を払いにゆくと、仕方が引きはずす。打方は左足を踏みだして仕方の右胴を払いにゆくと、仕方が小太刀を立てて受け流しとめ、内に巻きこみ抑え、左手にて打方の右小手を下から捻じ上げ突きに押しこんでくる。打方は四、五歩退くと、仕方が打方を放れぎわにて突き、突き放し押したおそうとするから、打方は下段にて四五歩敗退する。打方は気を取りなおしふたたび進み、打太刀を振りかぶり勢いこんで右足を前に踏みだして仕方の面を打ちにゆくと、仕方が受流して打方の上に伸びた右小手を打つ。

面打一左鎬流

仕方　正眼にて間合に進むと、打方が陰から仕方の小手を打ちにくるから下段にはずすと、打方は左足を入れて、仕方の右胴を払いにくる。仕方は右足を引き、小太刀を立て切先を上にして内から右外に刀身にて受流しとめ、ただちに切先を右外に倒し、打太刀の宗に乗り、刃を左に返し鍔元まで摺寄せ、打太刀を仕太刀にて上から下に巻きこみ抑え、仕方は同時に右向きとなり、左足を踏みだし、左手にて打方の右小手を下から捻じあげ、四、五歩はげしく押えこみ水落を突いて勝をとり、打方を倒す程に突き放して下段にとる。打方がふたたび進み勢いこんで右足を踏みだして、仕方の面を打ちにくるから、仕方は左足を前にしてすばやく打方の体に近く左なめ前に進み入身となり、手首を右まわりに切先を下にし小太刀の左鎬にて打太刀を鎬ぎながし、ただちに手首を左まわりに返し打方の右小手を打ち、右足を引いて上段残心にとる。

右小手上り一右小手打（乗身）

意解　左から来たものは必ず右にゆき、また右から左にかえってくるのは定則であるから、その動きを予知すると難なく制し得る。左から打方が払ってくるのを仕方は下段にはずしただちに突に勝つ機がある。打方から仕方の右胴を払いにくるときには仕方は右足を引き小太刀を立てて内から右に受け、少しうしろに流しとめ、ただちに切先を右に倒し、打太刀に乗り抑えるや否や刃を左に返して打太刀の鍔元に摺こみ抑え、打方の右手を仕方の左手にて下から捻上げはげしく押しまくると、打方が捻倒されることになる。そこで仕方は打方の水落を突いて勝ち、続いて激しく突き放すと打方が倒れるばかりに敗退する。最後に打方から勢いこんで打ってくるときに仕方は喰い違いに入身になり、打方の体に近く間をくぐり入り、手首を右巻きにし切先を下げて、打方が切込む打太刀を左鎬にて鎬ぎ流し、ただちに手首を左巻に返しざま打方の右小手を打つ。仕方は右足を引いて右向き上段にとり、右にそれた打方をもう一度打とうとの気分にて残心にとるのである。

乗　身　　　　八、九

打方　脇構にて間合に進み、仕方の正眼に対し、右足を踏みだして仕方の右小手を打ちにゆくと、仕方が下段にはずすので、仕方の腹が隙いて見えるからその腹を突きにゆく。仕方が左に開いて打太刀の突をそらせ、仕太刀

胴突一乗辺

をもつて打太刀の宗へ乗つて誘い流し入れ鍔元へ乗り返す。打太刀を内に巻きこみ抑え、打方の右小手を下から仕方の左手で捻じあげ、押しこみくるから、打方は三四歩退くと、仕方が打方の水落を突き、寄り倒すように突き放すので打方は四、五歩うしろに敗退する。打方は気を取りなおしてふたたび進みいで間合に入り、左足を前にし仕方の面を打ちにゆくと、仕方が切落すから二、三歩退き、機をみて打太刀を右上段に振上げ、仕方の面を打とうとすると、仕方が入身となり、下から鍔拳にて打太刀の中柄を押上げ、左手にて打方の右二の腕をとらえ、打方の水落を突く。

仕方　正眼にて間合に進むと、打方から仕方の右小手を打ちにくるから、仕方は下段にはずすと、打方がただちに仕方の腹を突きにくる。仕方は左・右足と少しく右に開き左向きとなり、腹の上皮一枚突き裂かせる厘毫の差にて空を突かせ、小太刀の切先を上にし刀身にて右から左に打太刀の鍔元から切先の方に突を手繰りこむように引受け誘い流しいれ、仕太刀の切先を左前に倒し、打太刀の上に乗り刃を右に返し、打太刀の鍔元に摺りこみ渡り、左外から右内に巻きこみ抑え、左手にて打方の右小手を外の方の下から左廻りに捻じ上げ、三、四歩押しこみ進み、打方の水落を突いて勝をとり、打方を捻倒すようにして突き放す。打方は四、五歩敗退し、体を取りなおしまた進みいでて仕方の面を打ちにくるから、仕方は切落し、下段にて間合を詰めて攻め進むと、打方が二、三歩去りながら右上段

一刀乗抑・右肱捩上突放

にとり、仕方の面を打とうとするから、打方の太刀の上げぎわに仕方はつけいり、右足から深く入身に進み、仕太刀の切先を右にし拳を左にし、打太刀の中柄を下から押しあげ、左足を一歩踏みいれ左手にて打方の右二の腕をとらえ、右手に持つ小太刀にて打方の水落を突き、打太刀を仕太刀にて右下に抑えながら間合を離し、下段残心にとる。

意解　すべて短にて長を制するために、短の死の間合を一気に踏みこえて入身になると、そこは短の生の間合であり、長の死の間合である。この入身となるのは小太刀詳解の初めに説いた秘訣をよく心得て百錬千磨すべきである。

小太刀の最後の乗身の技の乗りの本義は打方の心に仕方の心が乗ることである。打方がはげしく仕方の腹を突いてくる時にその突き出す打太刀に現れた突きでた心の動きに仕方が乗るのである。乗るのには打方が出てくる方向を利し育てて、その上にひらりと乗り、充分に用を達しておき、用が無くなった**一旦乗ったら支配力を発揮し、思う存分に乗りまわし御し引きまわし、時にひらりと飛びおり突き放してやる心得である。**

第四章　合小太刀

第一節　合小太刀名称

八本

（打方・仕方とも小太刀を使う）

裏切　乗身（下段之突）㈡　摺上　拳留（小手留　地生）　発（本覚之切　鳥飛）㈡　抜打（抜付　抜切）

計八本

第二節　合小太刀本数調

合小太刀本数調

		構	勝	残	本数
裏切	打	正			
	仕	下	小	下	一
乗身		下			
		正	小小	下	二

- 摺上
  - 上
  - 正　小　上　一
- 拳留
  - 上
  - 下　小　上　一
- 発
  - 陽
  - 下　小　小　折敷上　二
- 抜打
  - 差込　陽
  - 下　小　陽　一

計　八

第三節　合小太刀手順

合小太刀手順

- 裏切
  - 打：正　右足小に
  - 仕：下　正　右足引右外に鎬　小　下
- 裏身
  - 下　腹突に　正　右足　小に
  - 正　右開　誘乗入　小　正　右足引右外に鎬　小　**下**
- 摺上
  - 上　右足　面に
  - 正　摺上　小　上

拳留
- 上　右足　面に
- 下　地生拳留　脇　小　上

発
- 陽　右足　左肩に　右巻　右向脇　左足　鳥七退　鳥七進　右足　面に
- 下　正受　左巻　小切上　右向脇　左足　鳥七退　鳥七進　右膝立左膝折　地生拳留

- 外し踏替　脇に外　小　上

抜打
- 差込　走抜打首に　陽
- 下　走小　陽

第四節　合小太刀詳解

合小太刀の技は打方、仕方ともに小太刀を右手に持ち単身、千鳥足で遣う。相小太刀で入身となり、打方を制して勝をとる心得は前段の小太刀の組太刀で仕方が小太刀を持つた時と同じ意義であるが、打方も小太刀の心得でくるから、仕方はなお一層附き離れ、入身、捲きの大事を機敏精巧に遣う事を学びとるべきである。

正眼一下段

相正眼

裏切　一

打方　正眼にて間合に入ると、仕方が下段から切先をあげ相正眼につける。なお仕方は気分で攻めてくるから、打方はこれを挫じこうと気を満たし機をはかつて右足を前に踏み出し、仕方の右小手を打ちにゆく。仕方が打太刀を左に鎬ぎ撓き流して、打方の小手を打つ。

仕方　下段にて間合に入ると、打方が正眼におるから仕方は切先をあげ相正眼に切先を合わせ、なお気分で攻めると、打方が反抗し仕方の右小手を打ちにくるから、仕方は右足を引き体を右向きにし、打太刀を仕太刀にて右外後ろに鎬ぎ撓き流す。打太刀がそれてのびた所は仕太刀の勝所である。打方の伸びた小手を仕方は内側から打ち、切先を打方の胸に突き付け、少し間合を開き下段残心にとる。

意解　打方から仕方の小手を打ちにくるとき、仕方は右足を引くと、それだけで打太刀が外れるのであるが、更に仕太刀を以て打太刀を右外後ろに鎬ぎ撓き流すと、完全に防げるばかりでなく、その返し技がよく利いてやすやすと勝てる。仕太

小手打ー右に摺上

ー右小手打（乗身）（摺上）

刀を以て打太刀を鎬ぎ撥き流し返し打ちを行なうのには一筋に続けて一本調子ですべきである。

乗身（下段之突）　　二、三

打方　下段にて間合に入ると、仕方が正眼におるので、打方は下段にて刃方を右に向け、右足を前に踏み出し仕方の腹を突きにゆくと、仕方が体を左に開き、仕太刀にて打太刀を上から鎬ぎ流し誘い入れ直ちに打方の小手を打ち、二歩引き正眼に構えるから打方が下段から正眼にとり相正眼に切先をつける。打方は機をはかり右足を前に踏み出し、仕方の右小手を打ちにゆくと、仕方が打太刀を左に鎬ぎ撥き流して、打方の右小手を打つ。

仕方　正眼にて間合に入ると、打方が下段にとり仕方の腹を突きにくるから、仕方は左足を右に寄せ体を右に開き左向きにし、仕太刀の切先を左にし打太刀の上に乗り、打方が突き来る手前の方向へ左後ろに鎬ぎ誘い流し入れて空を突かせる。打太刀が空を突きのびた所は仕方の勝所である。仕方は直ちに仕太刀の刃を返し、切先を左にして打方の小手を打ち、打太刀を上から抑えながら右左足と退き正眼に構えると、打方も下段から正眼にとり相正眼となる。打方は仕方の小手を打ちにくるから、仕方は右足を引き体を右向きにし、打太刀を右外後ろに鎬ぎ撥き流し、打方の伸びた小手を内側から打ち、切先を打方の胸に突き付け、少し間を開き下段残心にとる。

意解　仕方は打方が下段から仕方の腹を突きにきた時にその打太刀の上に乗り、仕太刀で誘い入れ打太刀の切先を外らす時の仕方の足遣いは右足を中心にし左足を右に寄せるのであつて両足を後ろに引くのではない。始めの打ちは仕方の手首を左に捻じ仕太刀の切先を左にし、手を右にし、打太刀の鍔の上を越して外から返し打ちを行ない、終りの打ちは仕方の手首を右に捻じ仕太刀の切先を右にし手を左にし、打太刀の鍔の上を越して内から返して打ちを行うのである。後の打ちは一本目と同意義である。

四

摺上

打方　上段にて間合に入ると、仕方が正眼にてくるから、機をはかつて仕方の面を打ちにゆくと、仕方が摺上げる。打太刀が左下に外れるから直ちに上段に取直そうとすると、仕方が打方の上り際の小手を打つ。

仕方　正眼にて間合に入ると、打方が上段から仕方の面を打ちにくるから、仕方は入身となり、仕太刀にて摺り上げると、打太刀は右下にそれる。打方が上段にとり直そうと上げる刹那の小手を仕方が打ち、右足から少し引いて上段残心にとる。

意解　仕方が摺り上げるときは平正眼にとり、少し左寄りに入身となつて行なう。打方の上り小手を仕方が打つ機は打太刀が下つたのが上つて未だ納まらない際である。

面打一摺上

右上段一小手打（拳留）

五　拳留（小手留・地生）

打方　上段にて間合に入ると、仕方が下段にてくるから、仕方の面を打ちにゆくと、仕方が下から地生に出て、打方の拳を掬い留める。打方は仕方の拳を下に押しつぶそうと力むと、仕方が急にはずすから打方は、拍子抜けし手が下り、反動にてまた上る際の小手を仕方が打つ。

仕方　下段にて間合に入ると、打方が上段から仕方の面を打ちにくるから、仕方は入身に深く踏み込み、右肱を右外にし、手首を折り曲げ切先を右にし鍔拳にて打方の打下ろそうとする拳を下から地生に掬い上げ留めると、打方が強く下に押しつぶそうと力むから、仕方は急に脇に外す。打方がはずみを喰らつて手が下り反動にて上る小手の上り納まらない際にその小手を仕方が打ち、後足から少し引き上段残心にとる。

意解　地生に留め天生に打ち拍子にて勝つ。地生に留め圧下する力をかくり外す処に勝がある。

面打一地生拳留（発）

これを行つて快よい勝をとるのには仕方が右手を右斜下脇に機敏にはずすと同時に左足を少しく左に開き、打方の心と太刀が下と上とに波打つて動いた拍子をのがさず打つところにある。

六、七

発（本覚之切・烏飛）

打方　逆の陰、陽の構にて間合に入ると、仕方が下段におるから、打太刀を右上にまわし仕方の左肩を袈裟切にゆくと、仕方が下段から正眼にあげ、鍔元にて受止め、右上から右、右下、下、左下と巻き抑えてくるから、打方は下段から仕方の腹を突きにゆくと、仕方が交わして、打方の小手を切り上げる。打方は打太刀を右廻りに頭の上から大きく振り冠り廻わし、右足を後ろにし脇構に切先下かりに単身に替る。右足後ろに六、七歩烏跳びに退き、更に左足を前に単身脇構にて烏飛に進み間合に入り、右足を踏み出して仕方の面を大きく烈しく打ちにゆくと、仕方が入身となり出てきて折敷き打方の拳を下から地生に留め押し上げる。打方は

陽一下段

一右小手切上

相　脇　構

面打一折敷拳留

上から圧して挫じこうと力むと、仕方が急にはずし、打太刀ははずみを喰らい下がり、その反動にて上ろうとしてまだ納らない打方の小手を仕方が打つ。

仕方　下段にて間合に入ると、打方が陽から仕方の左肩を袈裟切にくるから、仕方は下段から正眼に上げ、鍔元にてかちりと打太刀を引受け留め、左上、左、左下、下、右下と巻き抑えると、打方が持合い応じ、下段から仕方の腹を突きにくるから、仕方は右足を一歩引き、単身となり身を交わし、仕太刀の切先を下にし刃を右に向け打方の小手を掬い切り上げる。仕方は太刀を頭の上から大きく振りかぶり廻わし、右足を後ろに脇構に切先下がりに単身に替り右足から六七歩鳥跳びに退き、更に左足を前に単身脇構にて鳥飛に進み間合に入ると、打方が右足を踏み出して仕方の面を打ちにくるから、仕方は右足を前に踏み出し、入身に体を低く下ろし、左膝折敷き右膝立て、打方が打下ろしてくる拳を下から地生に受留め押上げる。この時に仕方は手首を外に折り切先を右にとる。打方が上から圧し挫じこうと力むから、仕方は左右折敷の膝を踏み替え、右足を後ろに右膝折敷き左膝立て急に脇構にはずし、打方の小手が一旦下がり反動にて上がる動きの納らない際の小手を打つ。仕方は折敷のまま上段残心にとる。

意解　打方が袈裟切りにきたのを仕方は留めるには先ず柔らかに引受け、それに反動をつけて強く反対に巻き、巻き進み巻き下げた際に打方から突きにきた所を、仕方は右足を左に寄せて引きはずし、打方の小手を丸く掬い切上げにし、同じ線に丸く大きく冠つて脇構えにとつて去る。烏飛に踏み込むのには丹田に力をこめ、上体を垂直にし、両脚に弾力を持たせ、両脚同時に飛ぶのである。

打方が打ち込んだ際に仕方が急に低く折敷くので打ち間が予想よりも開くからそれを補おうとして打方が更らに深く打ち伸す処と仕方は下から地生に拳留めを行うと、打方がなおも圧し挫こうと力むのを、仕方が急に脇構にはずす、その時に仕方は折敷の両脚に弾力をつけ、両脚を一挙に左右を踏み替え、それで打方の小手がはずみを食つて下がり反動にて上がるその上つてまだ納まらない際に一拍子に打方の小手を仕方が打つのである。

一踏替小手打（抜打）

抜打（抜付・抜切）

右首抜打—右小手打

駆違相陽残心

打方　帯刀差込みのままにて足早やに間合に入り、仕方が下段にくるのを摺り違いに打方は仕方の首を左から右に抜き打ちにゆくと、仕方は逸早く打方の出小手を打つ。打方は踏み止まり右から後ろに向き直り、仕方に対し逆の陰・陽の構にとる。

仕方　下段にて間合に入ると、打方が帯刀差込みのまま足早やにきて、進みゆく仕方を摺違いに仕方の首を右から左に抜打ちにくるから仕方は素早く見極め、先をとり仕太刀の刃を右にし、打方の出小手を打ち打方と喰違いに駆け込み進み止まり、右から後ろに向き直り打方に対し、逆の陰、陽の構残心にとる。

意解　時間と空間、距離と速度、心と技の未発と既発、生死の間髪を容れない一閃の間合修得の妙技である。

第五章　三　重

第一節　三重名称

打方は長大太刀二尺八寸　柄一尺をつかう
仕方は大太刀二尺三寸五分　柄八寸をつかう
三重は表の太刀ともいう。
儀式の始めに遣う太刀である。
三重は露之位・盤鐘之位・石火之位の三つの位。

第二節　三重手順

三重

打 脇進鳥　霞煽　脇　霞煽　脇陰　陰　正　右小に　陽　六歩退　本潜抜　陰
仕 脇進鳥　退鳥　進鳥　退鳥　進陰　正　正　右鎬外　摺込　右小乗　突　六歩進

　左拳に　陰　正　左拳に　右内小に　陰　左拳に　寛　正　陰外　正　右小に
正　下外　陰　正　低受止　高受止　逆巻　突　正　受止　順巻　寛　正　右小に　正　右鎬

　陽　六歩退　本潜抜　陰　左拳に　陰　正　右小に　一文字　六歩　退
外　摺上　右小乗　突　六歩進　引正　下外　陰　正　右下抑　摺込突　六歩　進

折敷　刀横下　手付　刀取起　正　陰　左足面に　左足面に　右足面に　陰に外
折敷　刀縦上　手付　起　二歩退　下　切落　二歩退　切落二歩退　切落　左足右胴に

　陰　左肩に　左肩に　左足陰右足左拳に　陰　正　右小に　六歩退
脇　退烏外　退烏外　陰外　正　正　右鎬外　摺込　右小手乗　突　六歩進

本潜抜　陰　右小に　仰逃　受止　刀当
　引正　右下抑　右二巻絡　左足　右巻落　脇　右足　笛表払に　左足　首裏払に　刀当

折敷　刀下　左手付
折敷　刀下　左手付

(備考)　三重の太刀技は全体を一本に続けてつかうのであるから、本数調を示さない。しかしてその中の各技の勝つところに三重の本義たる露之位　盤鐘之位　石火之位をあてはめてつかうことを学ぶのである。

第三節　三重詳解

打方　脇構にとり左足を前にし、仕方がおる左方に顔をむけ単身(ひとえみ)となり、烏跳(からすとび)に両脚を同時に一跳(ひとと)び一跳びにとび出で間合に入り、左足前のまま、霞のように仕方の左肩に打太刀を煽り切り懸ける。

相　脇　構

相　正　眼

仕方が跳び去りはずすから、打太刀を脇構に戻す。仕方が跳び出て間合に入るから、打方は左足前のまま、霞のように仕方の左肩に打太刀を再び煽り切り懸ける。仕方が跳び去り陰にとり、右足を出して正眼につけ攻めてくるから、打方は静かに陰に外ずし、油断なく左足を引き、右足を前にし、仕方の正眼に打太刀の切先を相正眼に合せる。打方は切先にて左右前後に仕方の心を試めし虚実をはかり機を見て打太刀を仕太刀の下から切先を潜らせ、仕方の右小手を打ちにゆく。仕方が仕太刀を以て打太刀を左に軽く鎬ぎ外ずし、打太刀の鍔元まで摺り込んできて打方の右小手に仕太刀を以て打ち乗り抑え打方の咽喉を突きにくる。

打方は陽にて六歩退くのに仕方が仕太刀にてなおも打方の右小手を打ち抑え乗り突きに攻め寄せてくるから、打方は退きながら機を見て本覚のように両手を上げ切先を下ろし、切先を左下から右に潜らせ、仕太刀を打方の右小手の上から左寄りに振りはずす。打方は右足を引き陰にとると、仕方が一歩引き正眼にとる。

小手打一鎬込

陽一小手乗抑

打方は陰から右足を踏み出し、仕方の正眼の表拳に切り懸けにゆくと、仕方は下段には

平正眼潜抜一正眼

表拳合打留

ずし、右足を引き陰に替りまた右足を出し正眼に切先を出すから、打方は静かに右足を引き陰にとりまた右足を出して相正眼となる。

打方は右足を前に踏み出して右手を下げ打太刀の刃を左下に向け、仕方の左拳を表から打ちにゆくと、仕方が切先を下げて受け止める。仕方の右内小手が隙くから、打方は手を返し右手を高く刃を下にして仕方の右内小手を打ちにゆくと、仕方が高く受け止める。仕方から太刀を逆に巻いて正眼に突き出すので、打方は右足を引き陰にとる。

打方は陰から仕方の正眼の左拳を表から下に打込みゆくと、仕方が下に受け止めて、仕方から順に太刀を巻く。互にくつろげまた出て相正眼に切先を合わせる。仕方から一歩踏み出して仕方の右小手を打ちにくるから、打方は右足を引いて陰にはずし、又右足を出し切先を静かに相正眼に合わせ、虚実をはかり機を見て切先を潜らせ、仕方の右小手を打ちにゆくと、仕方が左に軽く鎬ぎ打太刀の鍔元まで摺込み右小手に打ち乗り抑え突に出てくる。

打方は陽に引くが、仕方がなお打方の右小手に打ち乗り抑えて突きに攻めてくるから、打方は六歩退き、機を見て本覚のように両手をあげ切先を下ろし、切先を左下から右に潜らせ、仕太刀を打方の右小手の上から左寄りに振りはずし右足を引いて陰にとる。仕方が引いて正眼にとるから、打方は陰から右足を踏み出し仕方の左拳に表から切り懸けにゆくと仕方が下段にはずし、右足を引いて陰にとり、また右足を出し

裏小手合打留

一文字乗抑

一文字折敷—十文字抑付折敷

太刀前潜右に立てる

正眼に合わせる。打方は仕方の右小手を打ちにゆくと、仕方が打太刀を左下に抑え仕太刀の切先を出して、打太刀の鍔元まで摺り込み抑えて攻め寄せてくるから、打方は太刀を横一文字に切先を左にし手を右にし刃方を仕方に向ける。四五歩退き左膝折敷き右膝立て、右手に柄を握り太刀を地に押付けられ、左手を地につく。

打方は折敷のまま抑えられた太刀を手前に引き取りはずし、刃方を仕方に向け切先を上にし柄頭を地に垂直に立てる。起つて正眼にとり、右足引いて陰に構えると、仕方も起つて二歩引き下段にとる。打方は左足を前に踏み出して仕方の面を打ちにゆくと仕方が切落して二歩退く。打方は重ねて左足を前にして仕方の面を打ちにゆく

小手打一正眼に留

巻絡み外し上げ

と仕方がまた切落し二歩退く。打方は三度目に右足から大きく踏み出して仕方の面を打ちにゆくと仕方がまた切落し、今度は仕方が進んで打方の右胴を切り払いにくるから、打方は右足を引き陰にはずすと仕方が脇構になる

打方は陰から右足を前に踏み出し、仕方の左肩を打ちにゆくと、仕方が鳥跳びに引きはずす。打方は再び仕方の左肩を陰から打ちにゆくと、仕方がまた鳥跳びに引きはずす。打方は三度目に陰から右足を大きく踏み出し仕方の左拳を打ちにゆくと、仕方が陰にはずし切先を正眼につけてくる。打方は一旦陰に引きとり、切先を出して相正眼となる。打方は機を見て切先を潜らせ仕方の右小手を打ちにゆくと、仕方が左に軽く鎬ぎ打太刀の鍔元に摺込み右小手に打ち乗り抑え突きに攻めてくるから陽にて四五歩退き、本覚のように手を

一咽喉右から払

左から右に合十字留

あげ切先をさげ、切先を左から右に潜らせ、仕太刀を打方の右小手上から左寄りに振りはずし陰にとる。仕方が一歩引き正眼にとる。

打方は陰から左足を大きく踏み出し、仕方の正眼の右小手を深く打ちにゆくと、仕方が打太刀を左下に抑え止め、左下から下、右下右、右上、上、左上、左、左下へと二巻き絡らみ巻き落す。打方の右手は柄から離れ、左手にて柄頭を保ち、左足を引くと打太刀の太刀先が左脇に巻き落される。

打方の咽喉笛を目懸けて、仕方が左から右に横に切りにくるから打方は仰ぎ避ける。仕方が右から左に打方の首を横に一文字に切りにくるから、打方は左足を踏み出し、右手を柄に添え、左から太刀をとり起こし、右に受け止める。太刀の力が初めは双方五分五分に相拮抗して自然に下に降り、打方は右膝折敷き左膝立てると、仕方も折敷き、仕太刀の力が終に勝つて仕太刀の物打は打太刀の物打の上に十字に重なり地に伏せられ、打方は左手を地について納まる。

仕方　脇構にとり左足を前にし打方のおる左の方に顔を向け単身となり、烏跳びに両脚同時に一跳び一跳びにとび出て間合に入ると打方から仕方の左肩に打太刀にて煽り切り懸かるので、仕方は後ろへ烏跳びに一跳びして引きはずす。打方が脇構に太刀を戻すから、仕方は一跳び進んで間合に入る。打方から仕方の左肩に打太刀にて煽り切り懸かるから、仕方は後ろへ烏跳びに一跳びして引きはずし陰にとり、右足出して正眼につけて攻める。打方が陰にはずしまた出て相正眼につけてくる。打方が切先にて仕方を試めし切先を潜らせ仕方の右小手を打ちにくるから仕方は仕太刀を以て打太刀を右に軽く鎬ぎはずし、打太刀の鍔元まで摺込みゆき打方の咽喉に突き進む。

一文字折敷一十文字乗抑

仕方は打方の右小手に打ち乗り抑え突き進むと、打方は四五歩退き、本覚に替り仕太刀を打方の右小手の上から、右寄りに振りはずし陰にとるので仕方は一歩引き正眼にとる。

仕方の正眼に対し打方が陰から仕方の表拳に切り懸けてくるから、仕方は下段にはずし右足を引き陰に替りまた右足を出し正眼に切先を出すと、打方は陰に引き取りまた出て相正眼につけてくる。打方が仕方の左拳を表から低く打ちにくるから、仕方は右手を低く下げ、仕太刀の切先を右から左下に返し、刃を左上に向けて受け止めると、打方から仕方の右内小手を高く打ちにくるから、仕方は切先を右、右上に廻わし刃を下にして、右から左に高く受け止める。仕方から逆に巻いて正眼に突きむと、打方が引いて陰にとる。

仕方の正眼に対し、打方が陰から仕方の左拳を表から下に打込みにくるから、仕方は下に受け止めて太刀を順に巻く。互にくつろげまた出て切先を互に正眼に合わせる。仕方から機を見て右足を前に一歩踏み出して打方の右小手を打ちにゆくと、打方は陰に外し、また出て相正眼につけ、打方から機をはかつて切先を潜らせ仕方の右小手を打ちにくるから、仕方は仕太刀を以て打太刀を軽く右に鎬ぎ刃を返し、打太刀の鍔元に摺り込み右小手に打ち乗り抑え突に攻め進む。

仕方は打方の陽にとり退くのを許さず、打方の右小手を仕太刀にて打ち乗り抑え突きに進むと、打方は嫌つて四五歩退き、機を見て本覚のようにとり打太刀の切先を下ろし、右下から左に潜らせ、仕太刀を打方の右小手の上から右寄りに振りはずし、引いて陰にとる。仕方は一歩引いて正眼にとると、打方は陰から起こつて仕方の左拳に表から切り懸けにくるから、仕方は下段にはずし、右足を引いて陰にとり、また右足を出し正眼に合わせる。打方から仕方の右小手を打ちにくるから、打太刀を仕太刀にて右下に受け止め、刃を左に返し、打太刀の鍔元まで摺り込み、真直に乗り抑え進むと、打太刀は横一文字になるから仕太刀をその上に十字に乗り抑え突きに心気力を満たして攻め圧し四五歩進むと、打方は去りながら力尽きて折敷くから、仕方は応じて左膝折敷き右膝立て、打太刀を真下に地に抑え付け、左手を柄から離して地につく。

仕方は打方の起つに応じて起ちあがり、二歩退いて下段に構え打方の動静を監視するに打方から出て仕方の面を打ちにくるから、仕方は切落して二歩引き下段にとる。打方から二度仕方の面を打ちにくるから仕方は切落して二歩引き下段にとる。打方から三度仕方の面を深く打ちにくるから切落して、今度は仕方から左足を踏み出して、打方の右胴を切り払いにゆくと、打方は陰に引きはずすので仕方の勢が余つて脇構となる。

仕方は脇構におると打方から仕方の左肩を打ちにくるから、仕方は両脚一緒に一跳び鳥跳びに引きはずす。打方から再び仕方の左肩を打ちにくるから、仕方はまた一跳び鳥跳びに引きはずす。更に打方から仕方の左拳に深く打ちにくるから、左足を引いて陰にはずし、右足を出して正眼につける。打方が一旦陰に引くと、また切先を出して相正眼となり、打方から機を見て切先を潜らせ、仕方の右小手を打ちにくるから、仕方は左に軽く鎬ぎ、刃を返して打太刀の鍔元に摺り込み右小手に打ち乗り抑え突きに攻めてゆくと、打方が陽にて四五歩退き、本覚のようにとつて、切先を右下から左に潜らせ、仕太刀を打方の右小手から右寄りに振りはずし陰にとる。仕方は一歩引いて正眼にとる。仕方の正眼に対し打方が陰から、仕方の右小手を深く打ちにくるから、仕方は右足を少し引きながら、太刀を右下に抑え、今度は出る気分で太刀を右下から下、左下、左、左上、上、右上、右、右下へと二巻き仕太刀を打太刀に縄にて絡めるように巻き、左足を踏み出して右に烈しく巻き落し脇構となる。

仕方は直ちに仕太刀の刃を左に返し、右足を踏み出し、打方の咽喉笛を右から左に一文字に切り払いにゆくと打方は仰に逃げるから、仕方は返し太刀で、右足を引き左足を踏み出し、刃を右にし左から右に打方の右首を一文字に切り払いにゆくと、打太刀は右から受け止める。双方の太刀の力が初めは五分五分に相拮抗して自然に下に降り、打方が折敷くから、仕方も応じて右膝折敷き左膝立てると、仕太刀の力が終に勝つて、仕太刀の物打は打太刀の物打の上に十字に乗り重なり、打太刀を上から圧伏し地に抑えて勝ち、仕方も左手をついて納まる。

意解　第四編第四章第二節の一刀流兵法本目録詳解第二項口伝の説明にある表剣三重（四五一頁）を参照。

第六章　刃　引

第一節　刃引名称

十一本

打方・仕方とも大太刀刃引を用う

表之摺（左之刃摺）　裏之摺（右之刃摺）　摺込　摺上（中之摺）　跡へ三本之浮木（三つ引浮）　裏切

拳之払（拳之切　拳留）　先へ二本之浮木（二つ出浮）　先へ三本之浮木（三つ出浮）　表之払（左之払）

裏之払（右之払）

第二節　刃引本数調

		構	勝	残	本数
表之摺	打	正			
	仕	下	突	下	一
裏之摺	打	正			
	仕	下	突	下	一

摺込	正	下 突	下	一
摺上	正	下 突	下	一
跡へ三本浮木	下	正 突	下	一
裏切	正	下 突	下	一
拳之払	正	下 突	下	一
先へ二本浮木	下	正 突	下	一
先へ三本浮木	下	正 突	下	一
表之払	陰	正 左首	陽	一
裏之払	陽	正 右首	脇	一
計				一二

第三節 刃引手順

表之摺
打 正 正 六歩退 左向
仕 下 正 表円摺下進 突 六歩進 下

裏之摺
正 正 六歩退 右向
下 正 裏円摺下進 突 六歩進 下

摺込
正 正 四歩退 四歩退 陰 進 左足面に 四歩退 下 進 右足面に
下 正 直下摺進 突 四歩進 四歩退 正 進 出刃切落 四歩退 正 進 入刃切落 下

摺上
正 正 突 四歩退 四歩退 陰 進 左足面に 四歩退 下 進 右足面
下 正 突摺上 直下摺進 突 四歩進 四歩退 正 進 出刃切落 四歩退 正 進 入刃
に
切落 下

跡へ三本浮木
下 正 右足表巻抑 左足裏巻抑 右足 表巻抑 四
正 正 右足引 刀抜 右抑 突に 左足引 刀抜 左抑 突に 右足引 刀抜 突 右足面に
歩退 四歩退 退 下 進 左足面に 四歩退 下 進 右足面に
太刀鎬落四歩進 退 正 進 出刃切落 四歩退 正 退 入刃切落 下

裏切
正 正 右小に 四歩退 陰 進 左足面に 四歩退 下 進 右足面に
下 正 右摺巻落 突 四歩退 正 進 出刃切落 四歩退 正 進 入刃切落 下

拳之払　┌正　正　右足左拳に　退　陰　進　左足面に　退　下　進　右足　面に
　　　　└下　正　左摺巻落　突　退　正　進　出刃切落　退　正　進　入刃切落　下

先へ二　┌下　正　表巻抑　右足　引裏巻抑　退　陰　進　左足面に　退

本浮木　┌正　進　突に　左足　刀抜　右抑突　右足　刀抜　左抑　突　退　正　進　出刃切落　退
　　　　│下　進　右足面に
　　　　└正　進　入刃切落　下

先へ三　┌下　正　左足裏巻抑　左足引表巻抑　右足引裏　巻抑

本浮木　┌正　進　右足引　刀抜　左抑　突　左足　刀抜　右抑　突　右足　刀抜　左抑　突
　　　　│退　陰　進　左足面に　退　下　進　右足面に
　　　　└退　正　進　出刃切落　退　正　進　入刃切落　下

表之払　┌陰　表払流
　　　　└正　進突に　脇　右足　表首払　陽

裏之払　┌陽　裏払流
　　　　└正　進突に　陽　右足　裏首払　脇

（備考）初め木刀をつかい、この手順の技運びを一通り習い、心得たところで、刃引をつかって真情実意の真剣味に徹するように励むべきである。

第四節　刃引詳解

正眼一下段

刃引の技は一刀流の極意技の一組である。多年木刀にて切組全体を学び錬磨の功を積んだ者に教えるのである。木刀による組の技に達した者に一段と高い進境を開かせるためにこの刃引を学ばせる。これによつて体の運び心の働らき太刀の捌きを会得させ、真剣の扱いによる理合の場に役立たせるのである。刃引の稽古には真剣の刃を引いた定法の大太刀を使う。

刀剣には刃と宗の外に切先と鎬と反りがある事をわきまえ、これらを活用する事が大切であるが、それをこの刃引の技で習い覚える。摺上げ、摺込み、摺下ろし、切落し、張り、捲き、払い、巻きなどみな鎬ぎと反りを充分に活用しなければならない。反りを延長すると円となり一刀流の一円相となる。刃引の理に達すると一刀流の一円相に近付くことが出来るようになる。

刃引の稽古を初めるには双方提刀して出場、敬礼、帯刀し、互に間合に進み蹲居抜刀し、切先三寸を合わせ、立ち上がり一旦間合を開いてから始める。

表之摺（左之刃摺）　一

打方　正眼にて進み間合に入ると、仕方が下段におるので上から威

一表摺突（裏の摺）

圧すると、仕方が下段から切先を起こし、打方の右小手を狙つてくるから、打方は切先を少し右寄りに締め防ぐと、仕方が切先をあげ打方の表から相正眼につけるや否や鎬にて打太刀の鍔元まで右円形に摺り捲くり下げ踏み込み来り突きにそのまま突き進んでくる。打方は五六歩敗退し左向きとなり仕方の切先をさける。

一旦場の中央に戻り互に相正眼につけ、構を解き初めの距離に引き退く。これを各技の終りに行うこと同然。

仕方　下段にて進み間合に入ると、打方が正眼にて上から威圧してくるが仕方はこれに屈せず気を満たし、切先を左寄りにし打方の右小手を攻め、左足を少し左に寄せると、打方が左寄りに締まり防ぎ正眼の表が隙くのが見えるから、仕方はそこに仕太刀の切先をあげ相正眼になるや否や、気魄を盛んにし表から右足を大きく踏み出し、仕太刀の左鎬にて打太刀を上から左上、左、左下、下、右下、右、右上へと円形を描きつつ打方の鍔元まで摺り捲くり下げ、打太刀を摺り落し、そのまま進んで打方の水落（または咽喉）を突く。仕方はなおも五六歩位攻めに突きゆくと、打方がのがれようとして左向きとなり右全体が隙いて敗退する。仕方は全く勝ち下段残心にとる。

一旦場の中央に戻り互に相正眼につけ、構を解き初めの距離に引き退く。これを各技の終りに行うこと同然。

意解　この技は表からの摺り落し突きの勝である。摺りは大きく行う。先ず切先を破つているから初めは安々と間合に入ることが出来る。摺りは初め柔らかに次第に勢を増し打方の太刀を摺り捲くり落し進み終りに烈しく突くのである。最初からがちりと小さく急に打つように摺り、尻つぼみに弱くなるのは未熟の沙汰である。それでは打方の心にひびく所がなく勝とならない。故に仕方は気宇を宏大にし自ら北極に立ち南に面し、柄頭を北極と心得、切先を南極に向け地球を東に転ろがして南に突き進むような雄大な気宇の働らきで行う。打太刀を摺り捲くり落すのには打太刀を球に配し、球を心に配し、心は球となり、刀は球の中軸を貫いて、一直線上に突進んで遂に止まる所がないことを本旨とするのである。

一裏摺突（摺込）（摺上摺込）

二　裏之摺（右之刄摺）

打方　正眼にて間合に入ると、仕方が下段にて来り、打方の表から左拳を攻めてくるから、打方は左寄りに切先を寄せて締め防ぐと、仕方が打方の裏から切先をつけるや否や鎬にて打太刀の鍔元まで左円形に摺り捲くり下げ踏み込み進み来り突く。仕方がそのままなお進んでくるから、打方は五六歩敗退し右向きとなり仕方の切先をさける。

仕方　下段にて間合に入ると、打方が正眼におるから、仕方は右寄りに打方の左拳を攻め、右足を少し右に寄せると、打方が右寄りに締まり防ぎ正眼の裏が隙くから、仕方は切先をあげ、仕太刀の切先の裏を打太刀の切先の裏につけるや否や、気魄を満たし裏から左足を前に大きく踏み出し、仕太刀の右鎬にて上から上右、右、右下、下、左下、左、左上、上へと円形を描きつつ打太刀の鍔元まで摺り捲くり下げ、打太刀を摺り落し、そのまま進んで打方の水落（または咽喉）を突く。仕方はなお五六歩位攻めに突きゆくと、打方が敗退し右向きにのがれようとし、左全体が隙く。仕方は勝をとり下段残心にとる。

意解　表之摺と同意義　技は裏を行う。刄引の切先と鎬と反りの働らきを充分の気合を以て有効に使うことを学ぶべきである。

三　摺　込

打方　正眼にて間合に入ると仕方が下段から切先を起こし、打方の正眼を下から攻めあげてくるから、打方は引き目に切先を受け付けると、仕方がそのまま直ちに摺り下げ、打太刀の摺元まで真直ぐに摺り込んで打方の水落に突きつけ、仕方はなお突きに攻め進んでくるから、打方は四五歩退き下段となり間合を開くが、縁の切れないうちに打方は陰にとり、間合を見て進み出で、左足を前に踏み出て、仕方の面を打ちにゆくと、仕方が出刄に切落すから打方は四五歩去り間合を開く、打方は下段にて足早やに駆け込み間合にて右足から大きく踏み出して仕方の面を打ちにゆくと、仕方が入刄に切落す。

仕方　下段にて間合に入ると、打方が正眼におるから、仕方は切先を起こし、打方の正眼を下から攻めあげると打方は引き目になるから相正眼となるや否や仕方はそのまま直ちに摺り下げ打太刀の鍔元まで真直ぐに摺り込んで打方の水落を突く。仕方はなお四五歩攻め進むと、打方が四五歩退いて間合を開き陰にとる。打方が進み来つて仕方の面を打ちにくるから、仕方は正眼に出でて出刄に切落す。打方が退くから仕方も四五歩引き間合を開き、再び間合に入ると打方から、駆け込んで来て仕方の面に打ちかけるから、仕方は正眼にて出で右足を踏み込んで入刃に切落し、下段残心にとる。

意解　仕方は下段から攻め上げるのは仕方は体を打方にあずけ、諸刺（もろざ）しの気魄で必死必殺に出ると打方がその気力に圧せられて引くものである。そこへすかさず出てゆく。この技の場合には先ず相正眼となり摺り込むのである。摺り込むときは打方の太刀を真下に摺り込み落し、その切先を殺ろしその上に乗りその上から突き入るのである。摺り落された打太刀は死に去るし、摺り込み出る仕太刀は生きて進み威力が盛んである。これは心の働らきが生きて気の勢が盛んになり、その精気が太刀にこもつて働らくのである。この技は摺り込み突きで勝つているのであるが、稽古の場では二つの切落しの出刃、入刃をつかいならすのである。

突一摺上

摺込

四　摺上（中之摺）

打方　正眼にて進み間合に入ると、仕方が下段から切先を起こし相正眼となり攻めてくるから、打方は右足から踏み込み仕方の咽喉を突きにゆくと、仕方も突きにくるので相突きに摺り上げとなる。仕方がそこから直ちに摺り下げ打太刀の鍔元まで真直ぐに摺り込んで打方の水落を突きにくる。仕方がなお攻め進んでくるから、打方は四五歩退き下段となり間合を開き、縁の切れないうちに打方は陰にとり進み出で仕方の面を打ちに二回ゆくと仕方は切落しを出刃と入刃に行う。

仕方　下段にて間合に入ると、打方が正眼におるから、仕方は切先を起こし下から攻めて相正眼となると、打方から仕方の咽喉を突きにくるが、仕方は少しも引かず、仕方からも切先を合わせたままに鋭く突いてゆくと、相突きの力が均衡して摺り上げとなる。その心と技との働らきの縁の糸を切らず仕方はそこから直ぐ摺り込み下げ打太刀の鍔元まで真直ぐに摺り込んで打方の水落を突く。仕方はなお四五歩攻め進むと打方は四五歩退いて間合を開き陰にとる。打方が仕方の面を打ちにくること二回、よつて仕方は二つの切落しを出刃、入刃に行う。下段残心にとる。

意解　この技は突の摺り上げを習わせるのであるが、打方から突いてきても仕方は少しも恐れず、切先を合わせたまま仕方からも出て鋭く迎え突きに真直ぐに突き出すと、力が均衡し太刀の反りと鎬の働らきで自然と摺り上げとなるものである。初めから摺り上げようと思うてはならない。仕方からも突くことが肝要である。それは鍔糶合のように切先をあげて近くまで双方から接するのではない。摺り上げたらそこから縁の糸を切らずに続いて直ぐに踏込んで摺り込みに出なければならない。摺上げたときに既に摺込んで突に勝つ気魄が充分に生れていなければならない。その気魄を生かして摺り込み突き勝つのである。稽古には続いて二つの切落し、出刃入刃を行う。

跡へ三本之浮木（三つ引浮）　五

打方　下段にて間合に入ると、仕方が正眼におるので打方は切先を起こして相正眼につけると仕方が突きに攻める気があるから、打方は右足を踏み込み打太刀にて仕太刀の表から左下に巻き抑えると、仕方は太刀を左下から右に抜いて、打太刀を上から左下に抑え乗り打方の胸を突きにくるから、打方は左足を踏み出し打太刀にて仕太刀を右下に巻き抑えると、仕方は太刀を右下から抜いて打太刀の上から抑え乗り打方の胸を突きにくる。打方は右足を踏み出して仕太刀を左下に巻き抑えると、仕方は太刀を左下から抜いて、打方の正面を打ちにくるから、打方は体を引くと、仕太刀は打太刀の鎬を鎬落し、打方の胸を突きに攻め進んでくる。打方は四五歩退き間合を開き。互に再び進み打方は仕方の面を二回打ちにゆくに、仕方が出刃、入刃に切落すこと前条同然。

一切落入刃（跡へ三本の浮木）（裏切）（拳の払）
（先へ三本の浮木）（先へ二本の浮木）（表の払）

仕方　正眼にて間合に入ると、打方が下段におり下から攻めあげ切先を起こし仕方の正眼につけてくるから仕方は突きに攻めると、打方は踏み込んできて打太刀にて表から仕太刀を右下に巻き抑えてくるから、仕方は右足を引き仕太刀を右下から左に抜き、手を返して打太刀を上から右下に抑え乗り、打方の胸を突きにとると、打方は仕太刀を左下に巻き抑えるから、仕方は左足を引いて仕太刀を左下から右に抜き、手を返して上から左下に打太刀を抑え乗り打方の胸を突きにとると、打方が仕太刀を右下に巻き抑えるから、仕方は右足を引いて仕太刀を左下から右に抜いて直ちに右足から踏み出して、打方の面を打ちにゆくと、打方が体を引くので仕太刀は打太刀の鎬を打ち鎬落しそのまま仕方は打方の胸を突く。仕方からなお四五歩進んで突いてゆき、打方が一旦退いて間合を開き。再び進みきたり打方から仕方の面を二回打ちにくるから、仕方は二つの切落しを行うこと前条同然。

意解　始めは切組大太刀の浮木を引き浮きにし、続いて下段の打落しの意義を用い、終りに出刃と入刃の切落しを行う。

裏　切　　　　　　　　　　　　　　六

打方　正眼にて間合に入ると、仕方が下段から切先を起こして相正眼につけてくるから、打方は切先にて左右前後に強弱と虚実をはかり、機を見て右足を踏み出し、仕方の右小手を打ちにゆくと、仕方は仕太刀にて打太刀を左下に急に小さく摺り捲くり落し、打方の胸を突きに進んでくるから四五歩退き、再び進み、打方から仕方の面を打ちに二回出る、前条同然。

仕方　下段にて間合に入ると、打方が正眼におるから、仕方は切先を起こして攻め相正眼になると、打方が切先にて強弱を試み、仕方の右小手を打ちにくるから、仕太刀の右鎬を以て打太刀を右下に急に小さく半円形に右上から右、右下、下に摺り捲くり打落し、打方の切先を殺し、踏み込み打方の水落を突く。双方間合を開き再び進み、打方から仕方の面を二回打ちにくるから、仕方は出刃、入刃に切落すこと前条同然。

意解　裏切にきた打太刀を仕太刀にて摺り捲くり打落すときには仕方は左足を左に寄せると、打方の剣刃は右に外れる。その上にて仕方は打太刀を摺り捲くり打落すのである。

拳之払（拳之切・拳留）　七

打方　正眼にて間合に入ると、仕方が下段から切先を起こして相正眼につけてくるから、打方は切先にて左右前後に強弱と虚実とをはかり、機を見て右足を踏み出し、仕方の左拳を払いにゆくと、仕方が仕太刀にて打太刀を右下に急に小さく摺り捲くり打落し、打方の胸を突きに進んでくるから打方は四五歩退き、間合を開き、再び進み、間合にて打方から仕方の面打ちにゆくこと二回前条同然。

仕方　下段にて間合に入ると、打方が正眼におるから、仕方は切先を起こして攻め相正眼となると、打方は切先にて試み、仕方の左拳を払いにくるから、仕太刀の左鎬を以て打太刀を左下に急に小さく半円形に左上から左、左下、下に摺り捲くり打落し、打方の切先を殺し、踏み込み打方の水落を突く。双方間合を開き、再び進み、打方から仕方の面を二回打ちにくるから、仕方は切落すこと前条同然。

意解　拳の払の摺り捲くり打落すときは仕方は左足を右に寄せると、打方の剣刃は左に外れる。その上にて摺り捲くり打落すのである。

先へ二本之浮木（二つ出浮）　八

打方　下段にて間合に入ると、仕方が正眼にて進み来り打方の胸を突きにくるから、打方は切先をあげ相正眼に合わせ右足前のまま打太刀にて仕太刀を表から左下に巻き抑えると、仕方が仕太刀を左下から右に抜いて打太刀の宗を上から左下に抑え乗り、進んで打方の胸を突きにくるから、打方は右足を引き打太刀にて仕太刀を右下に巻き抑えると、仕方が仕太刀を右下から左に抜いて打太刀の宗を上から右下に抑え乗り進んで打方の胸を突く。打方は退き双方間合を開き、再び進み、打方から仕方の面打ちに二回前条同然。

仕方　正眼にて間合に入り、打方の下段におるのを、そのまま進んで打方の胸を突きにゆくと、打方は切先を起こし相正眼につけて、仕太刀を表から右下に巻き抑えるから、仕方は右足を出し仕太刀を右下から左に抜き、手を返して打太刀の宗を上から右下に抑え乗り、進んで打方の胸を突きにゆくと、打方が退きながら仕太刀を打太刀にて左下に巻き抑えるから、仕方は右足を出し仕太刀を左下から右に抜き手を返して打太刀の宗を上から左下に抑え乗り進んで打方の胸を突く。双方間合を開き、再び進み、打方から仕方の面を二回打ちにくるから、仕方は出刃、入刃に切落すこと前条同然。

意解　五本目の浮木は跡に退きながら浮木の技にて勝つのであるが、八本目、九本目の浮木は先へ進みながら浮木の技にて勝つのである。どこまでも進んで仕太刀の浮木技にて表裏からくるりくるりと打太刀に乗り突に攻めて勝つのである。

先へ三本之浮木（三つ出浮）　九

打方　下段にて間合に入ると、仕方が正眼にて間合に入り進んで打方の胸を突きにくるから、打方は切先を起こし左足を踏み出し、打太刀を以て仕太刀を裏から右下に巻き抑えると、仕方が去りながら仕太刀を左に抜いて、打太刀の宗から仕太刀を以て抑え乗り打方の胸を突きにくるから、打方は左足を引き打太刀を以て仕太刀を左下に巻き抑えると、仕方が右に抜いて打太刀の宗を上から左下に抑え乗り打方の胸を突きにくるから打方は右足を引き打太刀にて仕太刀を右下に巻き抑えると、仕方がまた仕太刀を抜いて打方の胸を突きにくるから、打方は左から退き間合を開き、再び進み、間合に入り以下面打二回前条同然。

仕方　正眼にて間合に入ると打方が下段におるから進んで打方の胸を突きにゆくと、打方が左足を進め、打太刀を以て仕太刀を裏から左下に巻き抑えに進んでくるから、仕方は右足を引き、仕太刀を左下から右に抜き、手を返して仕太刀を以て打太刀の宗から左下に抑え乗り打方の胸を突きにゆくと、打方が打太刀にて仕太刀を右下に巻き抑えるから、仕方は仕太刀を左に抜き手を返し、左足を踏み出して仕太刀を以て打太刀を右下に抑え乗り、打方の胸を突きにゆく。打方が打太刀にて仕太刀を左下に巻き抑えるから、仕方は仕太刀を右に抜き、手を返し右足を踏み出し打太刀の宗を抑え乗り打方の胸を突く。双方間合を開き、再び進み出で、打方が面打に二回くるのを仕方切落二回前条同然。

陰一正眼突進

左へ払一左首返打払

意解　跡への浮木と先への浮木との綜合の技をこの技にて行うのである。

表之払（左之払）　一〇

打方　陰に構え守っていると、仕方が正眼にて進み間合を破り咽喉突きに攻め込んでくるから、打方は右足を踏み出し打太刀にて仕太

右へ払一右首返打払

刀を右から左に強く打ち払い流す。仕太刀が払われた太刀を返して打方の表首を切り払う。

仕方　正眼にて間合に入り、陰に構えおる打方に対し、躊躇することなくそのまま歩を進め間合を破つて真直ぐに咽喉に突き込みにゆくと、打方が嫌つて打太刀にて仕太刀を強く左から右に打ち払う。打太刀が打払つた技の末がのびてまだ納まらない所が仕方の勝所であるから、仕方は払われながら右足を右に開き脇構となり、直ちに刃を左に返し右足を左前に踏み出し、打方の表首を右から左に切り払う。直ちに左足を左に運び右足を一歩右後ろに引き右向きとなり、陽の構残心にとる。

意解　仕方から突こうとする意を打方が嫌つてその突く意をば突かせまいとの意を以て打ち払うとき、仕方はそれに逆らわず柳に風と払い流されつつも本心は少しも動かず静かに目は明らかに、打方の意を行く所まで行かせ行き過ごさせ行つた後のまだ納らない隙に、打方の力を仕方は逆に利し波返しの心にて勢よく返し打ちを行い首を切つて勝つのである。

裏　之　払　　　一

打方　陽の構（または陽の脇構）にとり守つていると、仕方が正眼にて進み間合を破り突に攻め込んでくるから、打方は左足を踏み出し打太刀にて仕太刀を左から右に強く打ち払い流す。仕方が払われた太刀を返して打方の裏首を切り払う。

仕方　正眼にて間合に入ると、打方が陽におるから、仕方は躊躇なくそのまま間合を破つて真直ぐに打方の咽喉に突き込みゆくと、打方が嫌つて打太刀にて仕太刀を強く右から左に打ち払う。打太刀が払つた行く末のまだ納まらない所が仕方の勝所である。仕太刀は払われながら左に両足を開き陽にとり、右足を一歩右に踏み込むと同時に刄を右に返し、打方の裏首を左から右に切り払う。右足を右に踏み開き、刄を打方に向け返し、脇構残心にとる。

相脇構残心

意解　表の払と同意義技は裏から行う。

刄引十一本のうち七本は各技の終りに打方の面打二本に対し、仕方が出刄、入刄の切落しを行うのである。それは摺込、摺上、跡へ三本之浮木、裏切、拳之払、先へ二本之浮木、先へ三本之浮木とである。よつて出刄の切先の納まる突所の高下を変えて行う工夫をする。眉間、咽喉、水落、臍など打方の身体の中央垂直線のどこかを突くのである。

刄引の終りには互に正眼に切先を合わせ、蹲踞し納刀し立ち上り、互に間合を開き帯刀をはずし、提刀敬礼して退場する。

第七章　秘中の秘極意払捨刀

第一節　払捨刀名称

十本以上無数

打方　仕方　ともに大太刀を用う

脇構之摺上　竜尾返　地生（真之右足）　逆之地生（真之左足）　一文字　四つ切　八相（八雙　草摺落）

第二節　払捨刀本数調

		構	勝	残	本数
脇構之摺上	打	陰			
	仕	脇	左小	上	一
竜尾返	打	陰			
	仕	脇竜	右小	上	一
地生	打	左上			
	仕	脇	右小	陽	一

逆地生
　右上
　脇　左小　脇　一

一文字
　陰
　脇　左拳　陽　一

四つ切
　左上　右上　左上　右上
　陽　左　右　左　右小　四

八相
　胴　脇左小胴右小胴　表首胴　脇

第三節　払捨刀手順

脇構之（打）・摺上（仕）
　陰　左足面に　左上
　脇　右足表摺上　左小　右上

竜尾返
　陰　右足面に
　脇　竜右足裏摺上　右小　上

地生
　左上　右足面に　左後寄
　脇　右足左向右小地生　右前押外　正　右小　陽

逆地生
　右上　左足面に　右後寄　左上
　脇　左足右向左小地生　左前押外　正　左小　脇　右開　次に連続

一文字
左上　陰
脇　右・左足左開　左拳表払　陽

四つ切
陰　左上　右上　陰　左足面に　左上　陰　右足面に　右上
陽　左足左小　右足　右小　下　切落　左小　切落　右小

八　相
上　左・右足右前　左上右下面に　左向左足左開　左上　右・左足左前　右上左下面に　右向右
陽　右・左足右後　右胴　脇　左向　陰右足　左小　左右足右後　左胴　陽　右向
足右開　右上　幾度も繰返す　脇
左足　右小　幾度も繰返す　表首　右胴　脇

第四節　払捨刀詳解

払捨刀は伊藤一刀斎が京師にて一夜酔つて熟睡していた際に、十数人の謀叛者が不意に一刀斎に切り込んできたのに、一刀斎ははね起きて咄嗟に立ち向かい、無手から白刃取（しらはど）りで敵の刀を奪いとり忽ち多数の敵を切り払い捨て已が身を完うした真鋭無比な妙技を一刀斎が独創の刀法として後日順序を立て組み合わせて、一刀流の秘中の秘極意の技として、神子上典膳に伝授したのである。払捨刀の本旨は不意に立向つてくる悪敵を悉く切り殺し払い殺し捨て去るばかりでなく、己が前を遮ぎり一刀を汚濁する陰謀と悪霊とを払い捨て、更に進で自らの心の塵を払い場を清め世の暗雲を払捨て人の心を清め、国家社会を清浄にし、時代を明朗安寧にすることを目的とするものである。

脇構之摺上　一

面打―脇構から摺上げ左上段の小手打（竜尾辺）

打方　陰にて間合に進むと、打方が脇構にて進んでくるから、打方は機を見て左足を前に踏み出し、仕方の面を打ちにゆくと、仕方が左表から摺り上げてくるから、打方は左上段に変ると、仕方が打方の左小手を打つ。

仕方　脇構にて間合に進み入ると、打方が陰から仕方の面を打ちにくるから、仕方は右足を右前に踏み出し、仕太刀の左鎬にて打太刀を摺り上げ、打方が左上段になるその左小手を仕方は打つて右前に開き左足を引いて打方の左側面を見下ろし、右上段残心にとる。

意解　仕方は脇構にて間合に入るのは左肩を好餌として打方に与え、打方がそれに釣られ出てくる所を予期し、応じて勝つのである。打方が仕方の脇構の面を打ちにきた時に仕方は左前足を中心にして右後足を踏み出すと、それだけで打太刀の剣刃下を脱するのであるが、その上に打太刀を仕太刀の左鎬にて摺り上げるから、仕方は絶対に安全となる。その摺り上げるときに仕方は体を低く下げると、仕太刀の切先はそのままに打方の咽喉を突くことになる。仕太刀にて打太刀を摺りあげることによつて、打太刀が仕方の面からそれて、打方の意と体とが崩れて取り直そうとする体を仕方は打つのである。この打つときには打方の左小手から全体を真二つにする心得にて打つ。その時には打方の体は仕方の体の左に喰い違いに出て、打方の体の左半身が全く隙いて見え仕方の絶対安全な所へ仕方は左足を引いて右上段残心にとるのである。

この技は陰から打ち下ろしてくる打太刀を陽に上る仕太刀にて勝つのであつて、足取りの遅速や歩巾の大小や陰陽強弱の度合など、度々その品を変え、千変万化をかけ真剣勝負の心得にて錬磨すべきである。

面打一竜尾辺右摺上

右上段一小手打（地上）

竜尾返　二

打方　陰にて間合に進むと仕方が脇構から竜尾返しにて間合に進んでくるから、打方は機を見て右足を前に踏み出し、仕方の面を打ちにゆくと、仕方が打方の右裏から摺り上げる。打方は右上段になると、仕方が打方の右小手を打つ。

左上段—右小手へ地生切（逆の地上）

仕方　脇構から仕太刀の切先を竜尾返しに左巻きに旋回して間合に進む。竜尾返は切先を上、左、下、右と左廻りに円く旋り廻わし、初め小さく次第に大きく廻わし、愈々間合に攻め入ると打方から仕方の面を打ちにくるから仕方は右裏から切先を廻わし、左下から右上へと仕太刀の右鎬にて打方が切り下ろす打太刀を摺り上げる。打方が右上段となる、その右小手を仕方は打つ。一歩退き左上段残心にとる。

意解　仕方は脇構にて間合に入り打方から仕方の面を打ちにくる時に、仕方は左足を左前に踏み出しただけで、打太刀の剣刃下から脱するのであるが、その上に竜尾返しで摺りあげるから、絶対に安全である。この技は脇構之摺上と表裏をなすものである。この技の初めの脇構を左脇にとつて右足を前に出し陽の脇構から行つてもよい。そうすると竜尾返しの働らきが自然に出てくるものである。

地　生　三

打方　左上段にて間合に進むと、仕方が脇構にて進んでくるから、打方は右足を進め仕方の面を打とうと望むと、仕方が打方の右小手の下から地生に掬いあげ切り、左小手を掬い押切りに押してくるから、打方は左後ろに寄りはずし、右上段になると、仕方が打方の右小手を打つ。

仕方　脇構にて間合に進み入ると、打方から仕方の面を打とうと望む起り頭に仕方は右足を踏み出し、体を低く左向き単身となり、打方の右小手を下から地生に刃を左廻りに上に返し、掬い切り上げる。刃を返し、打方の左小手を下から、仕太刀の切先にて掬い切りあげ、右前に押し切り抜きはずし、仕太刀を右から上、左に巻き、打方の右小手を打ち、一歩退いて陽の残心にとる。

意解　組太刀の大太刀の地生と同意義。打方の小手を右左に地生に切り、右を天生に切る。下る小手を地生に切上げ、上る小手を天生に切下ろすのである。

右上段ー左小手へ地生切（一文字）

四　逆之地生

打方　右上段にて間合に入ると、仕方が脇構にて進んでくるから、打方は左足を進め仕方の面を打とうと望むと、仕方が打方の左小手を下から地生に掬いあげ切り、右小手を下から掬い切り押してくるから、打方は右後ろに寄りはずし、左上段になると、仕方は打方の左小手を打つ。

仕方　脇構にて間合に進み入ると、打方から仕方の面を打とうと望む起こりぎわに、仕方は左足を踏み出し、体を低く右向き単身となり、打方の左小手を下から地生に刃を右から上に返し掬い切り上げる。刃を返し、打方の右小手を下から仕太刀の切先にて掬い上げ切り、左前に押しゆきはずし、仕太刀を左から、上右に巻き、打方の左小手を打ち右足を右に大きく踏み開き脇構にとる。

（これから次の一文字の技に続けて行う）

意解　逆の地生に掬い切り上げるには予め手の内を左廻りに捩じ、刃を左から上に返して置く、その時には同時に右足を静かに出して、左足を踏み出すのに都合よいようにして置く。この技の初の脇構は陽の脇構でもよい。地生と逆の地生とは右、左と裏、表をなす技である。

最後の脇構は普通では残心にとる所であるが、その時既に打方が陰にとり、打ち懸かる意があるから、仕方は脇構から直ちに続いて次の技を行うのである。

陰一脇構（八雙）

五　一文字

（逆之地生から連続して行う）

打方　左上段から陰に変り、仕方の脇構の左肩を打つ意を以て攻めると、仕方が脇構から起こり、左方から跳び込んできて打方の左拳を左から右に一文字切りに払い抜けるから、打方は右に向いて仕方に対する。

仕方　脇構にて打方の様姿を見ると、打方が左上段から陰に変り、仕方の左肩を打とうとの意を以て攻めてくる。打方の意が起こつて技を出そうとする所に、仕方は右足を一歩左に、左足を一歩左に大きく、打方の意の方向と喰違いに飛ぶように、打方の左拳を右から左に一文字に切り払い左に抜け出で、右足を一歩引き右に向いて、打方に対し陽の構にとる。

意解　この一文字の技は烈しい勢を以て勝つ秘訣を教える一歩不留

の極意である。委しい説明は本著第四編第四章第二節本目録詳解第七項十一の「一歩不留」のところで悟るがよい。

最後の逆の陰、陽の構の残心にとるやいなや、相手の攻勢に出ようとする所を許さず、次の技を直ちに行うのである。

四つ切　六、七、八、九

（一文字から連続して行う）

打方　陰から右上段に変わり、仕方の面を打とうとすると、仕方が先きに打方の左小手を切る。打方は足を踏み替え右上段から仕方の面を打とうとする所を、仕方が先きに打方の右小手を切る。打方は一歩引き下段にとり陰に替わり、左足を前に仕方の面を打ちにゆくと、仕方が切落して打方の左上段の小手を切る、打方は一歩引いて陰にとり、右足を前に仕方の面を打ちにゆくと、仕方が切落して打方の右上段の小手を切る。

右上段—右小手打

仕方　陽の構にて打方を見ると、打方が陰から左上段に変わつて、仕方の面を打とうとの意が動くから、その起り頭に仕方は右足を引き左足を出し、打方の左小手を切る—(一つ)。打方が足を踏み替えてまた仕方の面を打とうとするから、仕方は右足を出し左足を引き、打方の右小手を切る—(二つ)。打方が間を開くから、仕方も一

右面払—右胴払抜

歩引き下段にとると打方が仕方の面を打ちにくるから、仕方は切落して打方の左小手を切る—(三つ)。打方が一歩引いて陰にとり、仕方の面を打ちにくるから、仕方は切落すと打方が右上段となるから、仕方は左に寄り開き、左足を前にして打方の右小手を切る—(四つ)。

意解　四つ切は打方の上段の小手を仕方が四回切るのであるが、切り方が皆異る。第一は入身の間合にて袈裟掛けに切る。第二は近間にて離れぎわに足を踏み替えて切る。第三は一足一刀の間合にて切る。第四は間合を開いて遠間から切る。四つ切りは一切(ひときり)ごとにその味は皆異る。一歩不留須臾転化の切、離勝の切、引込の切、開進の切などあり、また切り方には柔剛、遅速、長短、大小など色々工夫を重ねて遣う事が肝要である。委細は本著第四編第四章第二節本目録詳解第九項の七「四つ切」のところで学ぶがよい。

最後に打方の右小手を切ってから、直ちに八相に連続して行う。

一〇本以上無限

八　相

(四つ切から連続して行う)

打方　右上段から左足を一歩右前、右足を一歩右前に踏み出して、左上から右下に仕方の面を打ち下ろすにゆくと、仕方が左に潜り抜ける。打方は左に向きなおり、左足を左に開き半ば左向き左上段にとり、仕方に対すると、仕方は打方の左小手を切り払う。

打方は左上段から右足を一歩左前、左足を一歩左前に踏み出し、右上から左下に仕方の面を打ち下ろすにゆくと、仕方が右に潜り抜ける。打方は右に向きなおり、右足を右に開き半ば右向き右上段にとり、仕方に対すると、仕方は打方の右小手を切払う。

左上段―左小手打

右面払―左胴払抜

この働らきを右左前方へ幾回も継続して行い、初めは歩幅を小さく行い、次第に大きく、且つ速度を増し、精根の限りを尽くして行い、最後に仕方が左から打方の左首を右に切り払い、また右から打方の右胴を左に切払らう。打方は終りに脇構にとつて納まる。

仕方　打方が進んで右上から仕方の面を打ち

右上段―右小手打

にくるから、仕方は右足を一歩右後ろに引き陽となり、左足を一歩右足の前を越え右に引き、打方の体に近く入身となり、体を低く上体を垂直に腰を下ろし、切先を左斜上に立て、切先にて打太刀の中柄を引込む心得で打方の腋と咽喉を突く意あり、打方の進み来る方向と反対に喰違いに右後ろに潜り抜けると、打太刀の剣刃は仕方の背後に伸び出て空を打つ。この時仕方が打方の右胴を左から右に切り払い、続いて仕方が右足を一歩右に踏み出して左足を中心に半ば左向きとなり、充分に身を伸ばし上から大きく打方の左上段の小手を切り払う。

打方が左上から仕方の面を打ちにくるから、仕方は左足を一歩左後ろに引き陰となり右足を一歩左足の前を越えて左に引き打方の体に近く入身となり、両股をできるだけひろくひろげ体を低く上体を垂直に腰を下ろし、切先を右斜上に立て、切先にて打太刀の中柄を引込む心得にて打方の腋と咽喉を突く意あり、打方の進み来る方向と反対に喰い違いに左後ろに潜り抜けると、打太刀の剣刃が仕方の背後に伸びて空を打つ。この時仕太刀は打方の左胴を右から左に切り払い。続いて仕方は左足を一歩左に踏み出して右足を中心に半ば右向きとなり仕太刀を陽にとり充分に身を伸ばし上から大きく打方の右上段の小手を切り払う。

この働らきを右左後方へ、幾回も継続して行い、初めは歩幅を小さく行い、次第に大きく且つ速度を増し、精根の限りを尽して行い、最後に仕太刀を以て打方の左首を右から左に切り払い続いて打方の右胴を左から右に切り払い抜け脇構残心にとる。

意解　この技の稽古に当つては初めは軽妙巧者に快速に行い、次第に重厚剛強に熾烈放胆に行い、左右前後屈伸自在に大きく大きくと戦場に於ける離れ業の勝負として神出鬼沒し、払う太刀にて防ぎ、防ぐ太刀にて払う。仕方の切先は打方の中柄を引き込む働らきをなし、而も常に切先の芯が立つて生きて突を利かせ、仕方の全身は活人剣に包まれ、打方には悉く殺人刀となる。須臾も止らず円転濶達で、働らきは道場一ぱい太陽の光りが八方に隈なく拡がり照らすように気宇を宏大にしてつかう。打方が幾百回攻め来り、幾千人とあつても悉ぐ一刀の下に払い捨てる。なお委しくは本著第四編第四章第二節本目録詳解第九項の六「払捨刀」の説明について学ぶべきである。

第八章　高上極意五点

第一節　五点名称

打方・仕方ともに大太刀を用う

妙剣　絶妙剣　真剣　金翅鳥王剣　独妙剣

第二節　五点本数調

		構	勝	残	本数
妙剣	打	正			
	仕	隠	左小	下	一
絶妙剣	打	左上			
	仕	隠	右小	右上	一
真剣	打	陰			
	仕	真	面	下	一

金翅鳥─正
王　剣─左上　右小　右上　一
独妙剣─正
　　　└隠　右小　下　一

註　隠は隠剣であつてこれは脇構から太刀の切先を体の後ろに廻わして切先を隠す構である。切先の起こりを秘する構であるからこれをおんけんと呼ぶ。

第三節　五点手順

妙　剣
　打─正　右足面に　左上左足面に　去　左上
　仕─隠　右足左膝折張　正　立　正　切落　詰　左小　下
絶妙剣
　─左上　左足引正　正　右後退　右足左肩に　退　退　右上
　─隠　右足正　正　陽　下　正　巻小に　陽鎬脇構　面に　打落　進　右小　右上
真　剣
　─陰　面に　退　進　面に　退　進　面に
　─真　切落突に　退　進　切落突に　退　進　切落入刄
金翅鳥
　─正　下外す　左肩に　下抜外　正　左肩に　撓撓上
王　剣
　─左上　右足右小に　下　乗抑突に　下　乗抑突に　右小手　上
独妙剣
　─正　右足面に　下　右小に　正
　─隠　右足左膝折張　立　本　右捲撓上外右足左膝折右小　立　正

第四節　五点詳解

高上金剛刀極意五点という程にこの技は位取りが最も高く、奥が甚だ深く、巾が極めて広く、中味が誠に充実した尊いものである。その哲理は木火土金水の五行に象(かた)どり、その意を体しその技を百錬千磨すると、それらの徳と技とを身につけることができるものである。

稽古には木剣または刃引を用いる

妙　剣　一

打方　正眼にて間合に入ると、仕方が隠剣にて進み入り、その左肩が隙いて見えるから、打方は打太刀を大きく振り上げ、仕方の左肩越しに面を打ちにゆくと、仕方は隠剣から正眼に変りながら打太刀を左から右に張り破つて折敷く、仕方が立ち上つて打方の咽喉を突きにくるから、打方は右・左・右足と引きながら左上段にとり、機を見て左足を前に仕方の面を打ちにゆくと、仕方が切落し詰め寄りくるから四五歩退き、左上段にとると、仕方が打方の左小手を打つ。

仕方　隠剣にて間合に入り切先を秘して進み左肩を切れとばかりゆくと、打方が仕方の左肩越しに面を打ちにくるから、少しも引かずそのまま右足を踏み出し、気力を満たし、切り懸かる打太刀を強く

正　眼一隠　剣

面打―張折敷

左上段―左小手打（絶妙剣）

右から左に張り破る。この両刀の当る場は打方が仕方の立つている場の面を切つて当る場である。そこを仕方は左膝を突き右膝を立てて折り敷くから、打太刀を張り破ることになる。仕方は張り折り敷きとともに仕太刀の切先を真直ぐに正眼につける。仕方は立ち上つて切先を打方の咽喉に突きつける。打方が三足引き左上段にとるから、仕方は正眼にて気を満たし攻め進むと、打方は左上段から仕方の面を打ちにくるのを、仕方は進んで切落し突きに出て四五歩位攻めに詰め寄ると、打方は退いて体を開き左上段にとる所を仕方は打方の左小手を打ち、下段残心にとる。

意解　妙剣は「木」に象（かた）どる。初めは切先を秘して隠剣に構えているのは木の種子を深く土中に蔵するような所である。そして進むのにも心と形をあらわに示さず、打太刀が仕方の頭に当る所で張り破るのは丁度種子の固い殻を割つて木の芽が出る妙の働きの所である。それから立ち上がるのは若い木の芯(しん)がいつとはなしに伸びる所である。何物もこの成長を抑え阻むことが出来ない。天をさして伸びゆくのである。打方が引いても叶わずたまりかねて無理に襲いかかる所を、仕方は切落して打方の左上段に引上げる左小手を切る所は雲を抜く大木を切つて用に供する所である。

正眼—陽に引

妙剣の技は極めて勝れた巧みなものであり、形も見えず心も現れず説く言葉もなく、無形になろうとの考もなく、太刀や技の有る思もなく全く無想であつて、万事空なる所で木の芯がのびるようにのびのびした調子で勝を完了する執行である。

絶　妙　剣　二

打方　左上段にて間合に入ると、仕方が隠剣にて進み来り下段に替り正眼となり攻め上げてくるから、打方は左前足を引き打太刀を下ろし相正眼となる。仕方は陽に引きとる。仕方は更に下段に替り相正眼に押し出し、打方の右小手を巻き打ちにくるから、打方は正眼のまま右斜後ろに引き、仕太刀の打ち下ろす切先を打太刀の鍔本の右鎬にて鎬ぎ流しはずす。仕方の隙く左肩を袈裟切に巻き込み切りにゆく。仕方は受け流す。続いて脇構に替り、打方の正面を巻き込み打ちに来る。打方は右後ろに退くと、打太刀は

右斜後へ引―右小手巻打

左面打―左に受

上から鎬ぎ落される。仕方がなお真直ぐに突き進み来る。打方は切先を右にし刃を向うにむけ水平にとり、進んでくる仕太刀をその上に十字に乗せ抱えて四五歩退く。間合を開いて撓め上げはずして右上段となると、仕方が打方の右小手を打つ。

仕方　隠剣にて間合に入ると、打方が上段にて進んで来るから、仕方は右足を出して下段に替わり、下から正眼に攻め上げると、打方が耐えかねて前足を引き正眼に下ろし相正眼となる。仕方は打方の心を引き寄せて仕太刀を陽に引き取り、打方の心が寄つてくる所を仕太刀の切先を左から廻わして下に下段に替え、下から攻め上げて打方の心を浮き立たせ相正眼につけ、少しも緩めず気を満たして攻め、打方が耐えて固く守つている所へ仕方は大きく巻き打ちに打方の右小手を打ちにゆくと、打方は左寄りに後方に引くから、仕太刀は打太刀の鍔元の鎬にて鎬ぎ流される。打方が進んで仕方の左肩を袈裟切りに巻き込み切りにくるから、仕方は左鎬にて陽に受け流し、仕太刀を左から上・右に頭上を越え大きく廻わし脇構となり、「脇構の打落し」のように打方の面を烈しく打ちにゆくと、打方は左後ろに退くから打太刀を鎬ぎ落し、切先を真直ぐに打方の咽喉につけて進むと、打方は打太刀を以て、仕太刀を十文字に乗せながら抱えて退くから、仕方は四五歩位攻めに突き進むと、打方が退きながら間合を開き、太刀を撓め撥き上げ右上段に替るから、仕方は乗り突き進んだ太刀をからりと上にはずし、打方の右小手を打つ。右上段残心にとる。

摺上外す

一文字受引く一面打

意解　絶妙剣は「火」に象る。小さな一点

退く一面打落

踏止る一乗抑突

の火を初め切先にともして隠剣にかくし、前にまわわし下段によせ正眼に燃やし出し、火をつけ起こし、陽に引寄せるのは火をわが方に掻き寄せる所、小手を巻き打にゆくのは火焔がぱつと燃え出す所、袈裟切を陽に受け流すのは火焔が逆風に煽られる所、陽から脇構に替るのは紅蓮の炎が天に冲する所、打ち落し突進するのは大火の延焼速やかにして総舐めとする所、最後の小手切りに一物をも残さず焼き尽す所である。

絶妙剣は妙剣のはたらきをも絶した所である。すべてを焼き尽し、全く無我無心の境地に出入した絶想の場である。而も一点の火が大火と燃え上がり一切を無にする執行である。

真剣　三

摺上右上段―小手打（真剣）

陰―真　剣

打方　陰にて間合に入ると仕方が大正眼から真剣に取つて進んでくるから、打方は機を見て左足を前にし、仕方の面を打ちにゆくと、打方は切落すから、打方は陰に引き取つて四五歩退く。仕方も退き高霞にとる。打方は少しく歩調を早め間合に進み入り左足を前にし、仕方の面を打ちにゆくと、仕方が切落すから、打方は陰にて退く。仕方が下段に替るのを見て打方は小趨りに走り出で右足を踏み出して、仕方の面を深く打ちにゆくと、仕方が入刃に切落す。

仕方　大正眼から大きく両手を伸ばし真剣に取つて体を高く打方を眼下に小さく見下ろして間合に進みなおも気攻めにゆくと、打方が陰から仕方の面を打ちにくるから、その技の真中に進み入り切落し臍を突く。打方が退くから仕方も退く、仕方は左足を前にし

面合打―切落臍突

陰―上　段　霞

高霞に構えると、打方が陰にて進み間合に入つて仕方の面を打ちにくる。仕方はまたその技の真中に進み入り右足踏み出し切落し咽喉を突く。打方が退くから仕方も退く。仕方は下段にとり間合に進むと、打方は走つてきて仕方の面を深く打ちにくるから、仕方は進んで打方の面を入刃に深く切落す。

意解　真剣は「土」に象る。真剣の仕方の構は常に真中を指す。大正眼真剣も高霞も下段も必ず打方の体の中心線を指し、心の真只中を刺す。己が剣は己が体の真中にある。この己が体と剣を以て、打方が仕掛ける死地の真中にまつしぐらに踏み込んで始めて己が生地が開けるものである。土は中であり真中でありすべての物が中つて帰る所である。どこへどう高く物を投げても皆土に落ちてきてはずれない土に帰つてくる。己が剣は必ず打方に当つてはずれることはない。それは打方の中心を刺し技の中心を刺しているからである。

真剣の調子は先ず真に正しく出で、次で行にすらすらと足を早めて進み、終りに走り行き心気体一致して一心不乱に踏み込んで切落して勝つ真鋭至極の剣である。土は火の尽きた灰の鎮まる所である。土は一切のものを生じ育て発し、また一切のものが帰り集まり蔵する所である。これは真剣の趣旨である。又四季について言うと変化の真中を土用という。その前にも後にも様々の変化が起る。その真中は土用である。

切　落　咽　突

切落入刃（金翅鳥王剣）

真剣の仕方の心も体も技も常に打方の真只中を鋭く刺し貫き、土中の死地を踏み破つて土中に生命を拓く、まことに真なれば殺人刀は活人剣となる所を学得悟達するによい稽古である。

金翅鳥王剣　四

打方　正眼にて間合に入ると、打方が上段にて進んでくるから、打方は切先を起こして攻め入ろうとすると、仕方が上段から打方の右小手を打ちにくるので、打方はその場に足を引かず下段にはずし、仕方が下段におる所へ仕方の左肩に打ち込みにゆくと、仕方が仕太刀を以て打太刀の上に乗り込み抑え打方の腹を突き来るから、打方は打太刀を下から抜きながら三四歩退き、正眼にとり再び間合に入ると、仕方は下段にて出てくるから、打方は再び仕方の左肩へ打ちにゆくと、仕方がまた打方の手元に仕太刀を以て乗り込み抑え打方の腹を突きにくるから、打方は仕太刀を捲き上げると、仕方は上にてはずし、打方の右上段の小手を打つ。

仕方　左上段にて間合に入ると、打方が正眼にて進み切先を起こして攻めようとするとき、仕方は上から高く尊く威圧する。打方から起こり懸ろうとするから、仕方は右足を踏み出して打方の右小手を打ちにゆくと、打方が下段にはずし、仕方の下段となつた所へ、打方が仕方の左肩を打ちにくるから、仕方は進んで仕太刀を以て打太刀の表から乗り左下に抑え摺り込み打方の腹を突く。打方は下から遁れ去るから、仕方は下段にとると、打方が正眼からまた仕方の左肩を打ちにくるから、仕方は進んで仕太刀を以て打太刀の表から乗り左下に抑え摺り込み打方の腹を突く打方が耐えかねて捲き上げるから仕方は上に重くかかり、潮合いにて上にからりとはずし、拍子抜けした打方の右上段の小手を仕方は打つて、上段残心にとる。

意解　金翅鳥王剣は「金」に象どる。金は貴い光を以て銀銅鉄鉛などの上に臨む。その重さは他にまさる。技に於ては上段の高い位の輝やかしい尊い気分を以て上から圧するものである。高く重々しくかかり、形は上段にあつても心は下からも相手を浮き上がらせ、又形は下段に降りても心は上から圧迫する。かくすると相手は耐えかねて荒(すさ)び跳梁抜扈する。その動きを捉えて勝つのである。

金翅鳥とは片羽八万里あり、両翼を拡げると垂天の雲のような大鳥である。南溟の上に両翼を張つて飛翔し、波濤の間に猛り狂う怒竜を襲い、浮き立たせ沈みゆかせおびき出し、荒びかからせ、存分の働らきを出させて、その動きをば上に居て昭々と輝やく明察威光を以て悉く見極め、その万策尽きた所に於てこれを啄み喰うのである。この技は至つて尊い位の威光を備える執行である。

この技で初め大上段にとるのは金翅鳥が上天に飛翔して眼下に巨竜を見下す所である。その羽ばたきによつて巨竜驚いて海底に沈み、あわてて浮き上るのを抑え、また恐れて沈み、再び浮き上る所を抑え、反抗する所をはずしてついばみ喰うような所である。この技はその身に、至つて位の高い威光を備える執行である。

正　眼一上　段

独　妙　剣　　　五

打方　正眼にて間合に入ると、仕方が隠剣にて進んでくるから、肩越しに面を打ちにゆくと、仕方が折り敷きながら打太刀を仕太刀で張り破る。仕方が立ち上つて突きにくるから、打方は二歩引き下段にとり、仕方が本覚にとるから打方は進んで切先を合わせ、機をはかつて仕方の右小手を打ちにゆくと、仕方が打太刀を鎬ぎ摺り上げ、折り敷きながら打方の右小手を打つ。仕方が立ち上つて打方の咽喉を突きにくるから打方は引去る。

仕方　隠剣にて間合に入り、左肩打てと与えると、打方が仕方の肩越しに面を打ちにくるから、仕方は少しも引かずその場にて右

小手打ー右摺上

折敷小手打

足を踏み出し、左膝を突き右膝立てて折り敷きながら仕太刀の左鎬を以て打太刀を右から左に張り破る。仕方が立ち上がり打方の咽喉に仕太刀にて突き攻めると打方は二歩去るので、仕方は本覚にとると、打方から進んで切先を合せ仕方の右小手を打ちにくる。仕方は仕太刀を以て打太刀を右に鎬ぎ摺り上げはずす。続いて左膝をつき右膝を立て折り敷きつつ刃を返して直ちに打方の右小手を低く打ち抑えて勝つ。立ち上がつて打方の咽喉に突きつけ完全に制破する。

意解　独妙剣は「水」に象どる。水は最も柔らかで最も強いものである。水は自らどんな形をも持たず、方円の器に従う応適自在なものであり、而も低きにつく主心があり、どんな隙間へでも侵入浸透する。また万物を生か

立　上　り　突

し育てる主心がある。これは独妙剣の本旨である。

水は金の上にいつとはなしに目に見えぬ間に露の玉となつて、どこからともなくひとりで生ずる、それは蒸気が空中に充満しているからである。独妙剣の能動はいつでもどこへでも充満していて要に応じて働らくものである。

構は隠剣にとり、見えない切先は山懐の背後の泉に湧き出で、流れ流れて集まり勢を成し、海に朝しては波頭を断崖に打ち上げるように敵刀を張り上げ下に折り敷き、剣尖は天上を指して立ち上がり敵の真只中を刺し、本覚にとつては万物の本源を悟り、独り己が妙なる剣をつかう独壇場の所、天上天下唯我独尊の位である。

独妙剣は己が霊妙を知るのは独り已れのみであつて、他からは窺い知ることが出来ない。独り自ら已が心を養い気を盛んにし技を強め、而も已が往こうとする前方を妨げるものは悉く、右に張り左に鎬ぎ流し浄め払い、すべての悪霊に勝ち、また已れに克つことを悟ろうとすを執行である。

なお委しくは第四編第四章第二節本目録詳解の第四項「五点之次第」（四七〇頁）並びに、第七章第二節割目録詳解第四項（五一一頁）を参照。

第九章　ハキリ合

第一節　ハキリ合名称

十二点巻返しともいう。手数は十二手あり本数は二十本

打方・仕方とも大太刀を用う

第一　左右転（きうてん）　第二　摺込詰（すりこみつめ）　第三　小手詰　第四　三つ中り（あたり）　第五　撥詰（はじきつめ）　第六　切返　第七　中り払捨（あたりほしゃ）

第八左右切（きうきり）　第九巻切（まききり）　第十　摺上切（すりあげきり）　第十一身之入（みのいり）　第十二　乗詰（のりつめ）

第二節　ハキリ合本数調

		構	勝	残	本数
左右転	打	真	左右胴　左右小		
	仕	真		上	四
摺込詰		陰			
		下	突・右小	下	二

「小手詰」　正
下　右小　下　一

「三つ中」　正
正　左・右・左小　下　三

「撥詰」　陰
陰　右小　下　一

「切返」　正
脇　右小　本　一

「中り払」　正
捨　下　右胴　脇　一

「左右切」　陰
正　左・右小　下　二

「巻返」　正
下　右小　下　一

「摺上切」　正
正　右・左小　上　二

「身之入」　正
右上　左胴　陽　一

乗詰
打　脇
仕　脇　左小　下　一

第三節　ハキリ合手順

左右転
打　真　右足出陰　右足表袈に　右向上　正退　真陽左足裏袈に　左向上
仕　真　右足引脇　右・左足左胴抜右向右小　下　真下　左・右足右胴抜左向左小　上

摺込詰
打　陰　右足面に　退　撓上
仕　下　右足左膝折　真下　立摺上摺下摺込突乗詰　右小　下

小手詰
打　正　正　表張左小に　裏張右小に　退
仕　下　正　表張　裏張　右小　正詰　下

三つ中
打　正　退　正進　退　正進
仕　正　左足脇　右足表張中左小　退　陽進左足裏張中右小　退　陰進　右足表張中左小　正突詰　下

撓詰
打　陰　右足左小に　下引　右小に
仕　陰　左足引右小　本　右撓上　右小　詰　下

切返
打　正　左受　右足引右受　左足引左摺上　右上
仕　脇　右足左面に　左足右面に　右足左面に　右小　本

中り払
打　正　正　突に　上　退
捨
仕　下　正　突乗詰　中　右胴払右抜　脇

左右切
- 陰　右足面に　下陰引　左足引陽
- 正　切落　下詰　右足左小　左足右小　下

巻　切
- 正　正　表巻抑　表巻抑
- 下　正　左足引受　進耐　表下巻右小　下

摺上切
- 正　右上　左足右面に　右上　正引左上　右足左面に　左上
- 正　真　左足右摺上　右小　右真　右足左摺上　左小　上

身之入
- 正　右足引右受　左足引左受　右足引摺上　左小に
- 右上　左足面に　右足左面に　左足右面に　脇右足左胴左抜　陽

乗　詰
- 脇　正　突に　引抜　右小に　右足引左上
- 脇　乗突詰　本　左足右抑　右足左小　下

第四節　ハキリ合詳解

ハキリ合の題名を片仮名で書いてあるのは刄切合という文字にまぎる所もあるからである。このハの字には破の字の真意が潜んでいることを知りながらこれを秘して、太刀の刄を正しくつかうことを学ぶ所に特別な意味がある。この教えの十二手は皆相手の心気理機技の体系を破つて勝つ逆手の遣いかたを示すものである。

一刀流では前に掲げた組太刀の外にこのハキリ合の教えを伝えて心身術理を勝負に合わせて遣い慣らさせるのであるが、これは尋常一様の理合や稽古だけではどんなに力を尽しても越え難い関所を透得して、更らに高い次元へ踏破して進況を拓らかせる執行である。稽古に当つては先ず木刀でハキリ合の形を覚え、一通り身についてからは靱の行・草に進んで自在に励み、なお進んでは刃引・真剣の執行をも積むべきである。

ハキリ合の手数は初めは五手であつたのを後に道喜という人が七手を遣い加えて十二手二十本となつた。そこで後世の人で、ハギリ合の技の内で執行上にもつとよい工夫があつたら、如何様にも技を遣いなおし、また加えてもよろしいとされてある。後代の人に自由な研究進歩の道を開いているのはハキリ合の教の本旨である。太刀技の道の守破離の三階程の破の所をこれによつて学ぶべきである。

総べて真・行の技は形が大方似て技が狂わないが、草の格になると色々と動くものである。ハキリ合を習うに当つても、初学の執行では太刀の働らきと体の力とを求める方便が第一であるが、技が進むに従つてその形の動く事が多い。靱を自在に遣う利がここから生れてくる。譬えば文字にしても、草の格は真の格の本体の形を一向に失い例えば御の字を御御ゆりなどと書き崩すようなものである。行は真の文字の元のままに大方似ている。太刀の真行の技も文字と同じことである。尤も真は手足の格躰を第一に遣い、行は手足の形にこだわらない。草の格は形が動くものであるからと云つても、如何ように狂つてもよいかと問えば、それには大事な心得がある。即ち真から動いた草の格をまた元に戻して行・真を得させるためには師家の教え方の出典に遵う事が必要である。草から形を寛ろげて活法自由であつて、行・真に導き返す順路が正しくわきまえられなければならない。それを見失つたのでは迷路に陥る。よくよく吟味して習うべきである。特にハキリ合の真の目的は当然に勝つ技として伝えられている理合を破つてそれに勝つ技を覚えさせるのであるから、その真・行・草を進むのには余程注意を払つて、超理の理を玩味し、稽古に稽古を重ねここぞと体得するのでなければならない。それを一歩誤ると無理無法無謀となつて自滅を招く危険があるからくれぐれも戒心すべきである。

第一　左　右　転　　一、二、三、四

打方　真剣の構にて間合に入ると、仕方も真剣に構える。打方は左足出し陰にとると、仕方は引いて脇構にとる。打方は右足を踏み出し、右斜上から左斜下に仕方を袈裟切りにゆくと仕方が左から右に打方の左胴を払つて右後ろに抜け出る。よつて打方は右足を引き右に向きなおつて右上段にとると、仕方が打方の右小手を打つ。

打方は正眼にて二歩退き、真剣の構にとり間合に進み陽にとり左足を踏み出し、左斜上から右斜下に仕方を袈裟切りにゆくと、仕方が右から左に打方の右胴を払つて左後ろに抜け出る。よつて打方は左に向きなおつて左上段にとると、仕方が打方の左小手を打つ。

仕方　真剣の構にて間合に入ると、打方も真剣の構にとり、陰に出てくるから、仕方は右足を引き脇構となり、打方が出でて仕方の左肩を打ちにくるから、その心気を破つて進み、右足は左足の前を越え、左斜前に打方の体に近く潜り入りながら、太刀先を右脇下から起こし、打方の左胴を右から左に切り払い、左前に抜け出て、右足を中心に左足を打方の方に右に旋廻し打方の右上段の小手を打つ。

仕方は真剣に格を固め下段の構にとると打方から仕方の右肩を打ちにくるから、仕方は右足左足と踏み出し、下段から入身となり、左から右に打方の右胴を切り払い、前に抜け出で、左足を中心に右足を打方の方に左に旋廻し打方の左上段の小手を打ち、上段残心にとる。

意解　第八章第四節のハキリ合詳解の始めに説明したハの真意が各技に徹するように遣い慣れなければならない。ここに行う左右転の技は払捨刀のわかれの格を以て払い突き打ちを出すのであるが、相手から打ち込んできた心気体の左右前後の方向を反対に破ぶり反転して勝つのである。

第二　摺込詰　五、六

打方　陰にて間合に入ると、仕方が下段から折り敷くから、打方は右足を踏み出して仕方の面を打ちにゆくと、仕方が立ち上がり摺り上げ摺り下ろし摺り込み突いて、乗り突きに詰めてくるから、打方は四五歩退き仕太刀を撥き上げ右上段となる。仕方が打方の右小手を打つ。

仕方　下段にて間合に入り一足進め右足を前に左膝突き折り敷き、真の下段に構える。打方が仕方の面を打ちにくるから、仕方は左足を進めて立ち上がり、平正眼に摺り上げ、摺り下ろし摺り込み、打方の腹を突き、仕太刀にて打太刀に乗り詰め進み四五歩攻めると、打方は撥上げ右上段となる右小手を仕方は打つて下段残心にとる。

意解　打方が高きにおり、仕方は低きにおり、打方が打下ろすのを仕方はその意を破ぶり、下から摺り上げ摺り下ろし摺り込み乗り突く。打方が嫌つて撥き上げる機に仕方が切る。

第三　小手詰　七

打方　正眼にて間合に入ると、仕方が下段から相正眼となる。打方は表から一つ強く仕太刀を張り仕方の左小手を打ちにゆくと、仕方が張返し防ぎ止めるから、打方は裏から一つ強く仕太刀を張り仕方の右小手を打ちにゆくと、仕方が張返し防ぎ止め、返し太刀にて打方の右小手を打ちそのまま詰めてくるから打方は二歩退く。

仕方　下段にて間合に入ると、打方が正眼におるから攻め上げて相正眼となる。打方から仕太刀の表に強く張つて仕方の左小手を打ちにくるから、仕方は左に張り返し防ぎ止めると、打方は仕太刀の裏に強く張つて仕方の右小手を打ちにくるから、仕方は右に張り返し防ぎ止め、返し太刀にて打方の右小手を打ち正眼につけ、突に攻め二歩位詰めを行つて下段残心にとる。

意解　始め打方が正眼から下段の仕方を上から圧し攻めるのを、仕方は打方の意を破つて強く真直ぐに切先をあげ相正眼の互格につける。打方が左にくるのは右にくるためであるのを見破ぶつて仕方は左を打ち防ぎ止め、右を打ち防ぎ止め、直ちに返し太刀にて打方の意を破つて打ち勝ち位詰めを行うのである。

第四　三つ中(あた)り　　八、九、一〇

打方　正眼にて間合に入ると、仕方が脇構にてくるからその左肩を打つ意を起こす所に、仕方から寄り迫まり打太刀の表を仕太刀にて張り体中(たいあた)りにきて打方の左小手を打つから打方は二歩去り、また出て正眼に構えると、仕方がまた出でて打太刀の裏を張り体中りにきて打方の右小手を打つから、打方は二歩去りまた出で正眼に構えると、仕方がまた出でて打太刀の表を張り体中りにきて打方の左小手を打ち突きに詰めてくるから四五歩退く。

仕方　正眼にて進み間合に入るとき左足を出して脇構となり、打方が正眼にて仕方の左肩を打とうとの意が動くとき、その意を破つて、仕方は右足を踏み出し体を放つて仕太刀を以て打太刀の表に強く一つ張り、体の余力を養つて打方の体に一つ中(あた)り、打方の左小手を打つ。仕方が正眼にて四歩去り、陽にて進み、打方が正眼にくるのを裏から張り体に中り右小手を打つ。仕方は正眼にて四歩去り、陰にて進み打方の正眼にくるのを表から強く張り体に中り左小手を打ち正眼にて四五歩突に攻め、下段残心にとる。

意解　一刀流には相手の体に中(あた)つて切る技を組太刀で教えていない。みな入身となり潜り抜けることを教えている。しかしその真意は大太刀の組太刀越身の技に於ては、実戦の場合には仕方は打方の腹を突き破り、風穴をあけ、その中を仕方の体が突き通り抜けるのであると教えている。この真意に合わせてハキリ合の三つ中りでは打方の体に中り、仕方の体と気と技との力を養い慣らさせるのである。即ち打方が尋常に正しく構えて守りを固めている所の太刀と体とを烈しく張り中り、打方のすべてを破り切つて勝ち、仕方は体の勢を増し余力を養うのである。この中に技は甚だ高大の徳があり、執行に於ては一刀流の妙義に至る道程の稽古に用いられる。従つて達

した後に於ては已れから中りを用いることをしないのである。

第五　撥　詰　　　一一

打方　陰にて間合に入ると、仕方も陰に出てくるから、打方は右足を出して仕方の左小手を打ちにゆくと、仕方が引いて打方の左小手を打ち抑える。打方は下段に引きはずすと、仕方が本覚となるから、打方から仕方の右小手を打ちにゆくと、仕方が左に鎬にて撓き上げ、打方の右小手を打ち突きに詰めてくるから四五歩退く。

仕方　陰にて間合に入ると、打方が陰から出て仕方の左小手を打ちにくるから、仕方は左足を引き、打方の心気を引き破り打方の左小手を打抑える。打方が下段から引き外ずすので、仕方は本覚に取ると、打方から仕方の右小手を打ちにくるから、仕方は進む心得で右上に小さく陰の形のように右鎬にて丸く撓き上げ破り、返し太刀にて打方の右小手を打ちそのまま正眼にて突に詰め寄り四五歩進んで下段残心にとる。

意解　陰に構える時には両手が上り過ぎず、また左の手が体から離れて向うへ出ないようにすべきである。そうしなければ次の技にのびが利かなくなるものである。

打方が右前に出る時には仕方は左後ろに引き破つて打抑え、打方が仕方の本覚の右小手を打ちにくる技を仕方は右に破り返し太刀にて突き勝つのである

第六　切　返　　　一二

打方　正眼にて間合に入ると、仕方が脇構に出てくるから、その左肩を打とうとの意を起こすと、仕方が脇構から替わつて打方の左面を打ちにくるから、打方は左に受け止め、また続いて右面合打ちにくるから打方は右足を引き右に受け止め、三度目に左面を打ちにくるから打方は左足を引き左に摺り上げ右上段から仕方の面を打とうとするのに仕方が先き立つて打方の右小手を打つ。

仕方　脇構にて間合に入ると、打方が正眼にて仕方の左肩を打とうとの意が動くから、その意を破つて仕方は右足を踏み出し、打方の左面を打ちにゆき、続いて左足を出して打方の右面を打ちにゆき、三度目に右足を出して打方の左面を打ちにゆくと、打方が二度目まで受け止め、三度目には摺り上げて右上段となり、仕方を打とうとするのに先き立つて素早く打方の右小手を打ち、本覚残心にとる。

意解　摺上げの技は通常は摺上げた方が、摺上げから続いて打突して勝つのであるが、ここでは打方が摺上げて勝ちに出ようとする所を破つて、仕方の方から先きに打太刀が上つた機を捉え打つて勝つ事を学ぶのである。ここにハキリ合の逆に出て勝つ破の味わいがはつきり出ているのである。

第七　中り払捨　　一三

打方　正眼にて間合に入ると、仕方が下段から起つて相正眼となるので、打方は仕方の胸を突きにゆくと、仕方が迎えて乗突きにくるから、打方は下から打太刀を引き取り、正眼から上段に上げるのを、仕方が打方の体に中り来り打方の右胴を払い抜ける。

仕方　下段にて間合に入ると、打方が正眼におるので攻め上げて相正眼となる。打方から仕方の胸を突きにくるから、その打太刀を迎えて仕太刀を以て打太刀に乗り突く、打方が打太刀を下から引き取ろうとするのをそのまま詰めかけ、打方が打太刀にて仕太刀を撥ね上げようと正眼から上段に上げる際に、仕方は右下から左上に打方の体に中り、打方の右胴を左から右に払い抜け脇構の残心にとる。

意解　仕方は打方の突きを迎え突くのは先ず打方の心を破る所であり、打方が引き去り引き上げる所を、仕方はそうはさせずと詰め入り、打方の体に中つて左に浮かして押しやり、仕方は直ちに左から右に打方の右胴を切り払い抜けるのは皆打方の意図を破つて勝つ所である。

中りは大きくも小さくも試み、払いは大きくも小さくも試みる。払いは縁の払いを出しもしくは無縁の払いをも出し、様々に品を替えて稽古すべきである。

第八　左　右　切　一四、一五

打方　陰にて間合に入ると、仕方が正眼でくるから、打方は右足を踏み出して仕方の面を打ちにゆくと、仕方が切落すから、打方は右足を引き陰にとると、仕方が打方の左小手を打つ。打方は左足を引き陽にとると、仕方が打方の右小手を打つ。

仕方　正眼にて間合に入ると、打方から仕方の面を打ちにくるから、仕方は切落しそのまま下段にて詰めかけると、打方が下段から陰に引き上げるのでその動く頭をのがさず進み右足を出し、打方の左小手を打ち、打方が引いて陽となる所をのがさず、左足を出して打方の右小手を打ち、下段残心にとる。

意解　打方が出て打つのを仕方が進んで切落し、打方が間合をあけようと引くのを仕方はあけさせず追いかけて打ち、打方が今度こそはと間合を開こうとするのを仕方はそうはさせずと間合を詰めて打つて勝つ。すべて打方の計略を仕方は破つて勝つのである。

第九　巻　切　一六

打方　正眼にて間合に入ると、仕方が下段から相正眼につける。打方から進んで打太刀を以て仕太刀を表から巻き抑えると、仕方は引いて支える。打方は付け込んで進みまた同じく巻き抑えにゆくと、今度は仕方から出て来て耐え反攻して巻き返そうとするから、打方からなお強く押し巻き返しにゆくと、仕方が急に縁を切つてはずすので、打方の右小手が左に寄る所を、仕方がその打方の右小手を打つ。

仕方　下段にて間合に入ると、打方が正眼におるから、仕方は切先を起こし相正眼にとる。打方から進んで仕太刀を表から巻き抑えにくるから、仕方は後足から引き、打方の力をぬいて切先にて軽く支える。打方がまたつけ込んで進み一層強く巻き抑えにくるから、今度は仕方は右足から一歩進み出で耐え反抗して巻こうとすると、打方がそれに負けじと更に強く押し巻き返しにくるから、仕方は頃はよしと急に押しの縁をふつつりと切り、下から左に巻き抜くと、打方がはずみを喰つて右小手が右に寄る所を、仕方は右足から進んで、打方の右小手を巻き切り、本覚残心にとる。

意解　打方が進んで押し巻きに来る時は強くて、仕方は手先きでは中々押し返されるものではない。そこで体を引いてその力をぬくか、若しくは思い切つて反攻に出で、仕太刀を体につけ体の重さを太刀に乗せ進んで押し出すべきである。勝の所は打方の意図する所と、その勢込む力を抜き取り、縁の綱を切り破ると、後の反動の力とはずみが自然に出て、そこを利し乗り取つて勝つことが容易なものである。巻き方には下から巻くのと上から巻くのと左から巻くのと右から巻くのと色々ある。また巻いて勝つのと巻かれて抜いて勝つのとがある。様々に稽古し会得すべきである。

第十　摺上切　一七、一八

打方　正眼にて間合に入ると、仕方が正眼から真の清眼にとるから、打方は右上段に替わり、機を図つて左足を出し、仕方の右面を打ちにゆくと、仕方が摺上げるから、打方は右上段となる所を仕方が打方の右小手を打つ。打方は正眼にて二歩引き、仕方の右向き真の清眼に対し、左上段にあげ、機を見て右足を出し、仕方の左面を打ちにゆくと、仕方は摺上げるので打方は左上段となると、仕方はその打方の左小手を打つ。

仕方　正眼にて間合に入り、真の清眼にとると、打方が正眼から右上段に替り、仕方の右面を打ちにくるから、仕方は左足を出し、切先を左にして右鎬にて打太刀を右上に摺上げると、打方が右上段となるから、その右小手を直ちに打つ。打方が二歩引くから、仕方は正眼から右刃向き真の清眼にとる。打方が左上段から仕方の左面を打ちにくるから、仕方は右足を踏み出し、切先を右にし左鎬にて左上に摺上げると、打方が左上段となる。その左小手を直ちに打ち、上段残心にとる。

意解　仕方の摺上げは打方の左を右に、右を左に破つて行う。切りは摺上げざま一拍子に行う。仕方は摺上げて打方が上段となり、心を取り直し構を固めるのに先んじてその虚を打つて勝つのである。

第十一　身之入　　一九

打方　正眼にて間合に入り仕方の右上段を突く意を起すと、仕方から打方の右面を打ちにくるから、打方は右足を引き右に受け止める。仕方から打方の左面を打ちにくるから、打方は左足を引いて左に受け止める。仕方からまた打方の右面を打ちにくるから、打方は右足を引いて摺り上げ、今度は右足から大きく踏み出し勢いこんで仕方の上段の左小手を打ちにゆくと、仕方は下段に替わり、身を入れ打方の左胴を切り払い右に抜ける。

仕方　右上段にて間合に入ると、打方が正眼から突く心を起こし攻めようとするから、仕方は打方の気を破り左足を出して打方の右面を打ちにゆくと打方が受け止めるから、仕方は右足を出して打方の左面を打ちにゆくと、打方が受け止める。仕方からまた左足を出して打方の右面を打ちにゆくと、打方が摺り上げ、仕方の左上段となる左小手を打ちに出てくるから、仕方は急に体を低くくして脇構にとり入身となり、左足を左に右足を左足の前を左に大きく踏み出し更に左足を左に出し、打方の左胴を右から左に切り払い抜け右向き、陽の残心にとる。

意解　仕方から打方の面を打ちにゆくときは脊丈けを充分高く伸ばして上から行う。打方がそれを摺り上げるので仕方は左上段に高くなつた所を目がけて打方が高く勢いこんで打とうと進み来るときに仕方はその心気を見破つて急に体を低く入身となつて打方の左胴を右から左に切り払い抜けると打方は余勢にて前にのめり出るものである。この時に仕方は遠く離れ右向き陽となつて残心の構をとるのである。

第十二　乗　詰

打方　脇構にて間合に入ると、仕方も脇構にてくるから、打方は右足を出し正眼に替り、突に攻めようとすると、仕方が脇構から出て打太刀の上に乗り突き抑えにくるから、打方は下から抜き去ると仕方が本覚にとるので、打方は右足を出し、仕方の右小手を打ちにゆくと、仕方が打太刀を仕太刀にて左下に乗り抑え詰める。打方は右足を引き打太刀を下から抜き左上段にとると、仕方は打方の左小手を打つ。

仕方　脇構にて間合に入ると、打方が脇構から正眼に替わり、仕方を突く意が動くから、仕方はそれを破つて切先を起し陰から直ちに変つて右足を踏み出し仕太刀を以て打太刀の上に丸く乗り抑え深く突に詰める。打方が下から打太刀を抜き去るのを仕方は付け入つて本覚にとる。打方から仕方の右小手を打ちにくるから仕方は左足を出し、仕太刀を以て打太刀の上に乗り右下に抑えて詰めると、打方は下から打太刀を抜き去つて左上段にとるから、仕方は右足を進め追い詰め打方の左小手を打ち、下段残心にとる。

意解　乗詰の相脇構は互格であるが、打方から正眼に出た所は先の位である。その突く意の動いた打太刀の上に仕太刀が乗り抑え突き詰めるのは先前の先の位である。勝は既にそこにある。仕太刀は打太刀を乗り抑え突きに詰めるので、打太刀が苦しみからのがれようとして引き抜き上段にとつて打とうと振り上げた所を仕方が追いかけ、打方の心と構の定まらない先に仕方が打つて勝つのである。これらは一本の糸をたゆみなく引き巻き繰り出すように、打方を引き寄せ、抑え、追いやり、付け入りし、すべて打方の心気術数を破つて勝つのである。

ハキリ合はすべて打方の計画する定法を仕方が破つて勝つ術を習うものである。しかし仕方の太刀の刃は常に正しき切りの働らきを出すものであることを銘記すべきである。

第十章　九個之太刀

打方・仕方ともに大太刀を用う

第一節　九個之太刀名称

第一詰入　第二八添切　第三身之曲　第四寄切　第五乱留　第六真剣　第七右点　第八左点　第九真之正眼

第二節　九個之太刀本数調

		構	勝	残	本数
詰入	打	陰			
	仕	正	突	下	一
八添切	打	正			
	仕	陰	右小	本	一
身之曲	打	下			
	仕	下	右小	本	一

寄切 ┌ 隠
　　 └ 正　左小　下　一

乱留 ┌ 陰
　　 └ 正　突・突・突　下　三

真剣 ┌ 左上
　　 └ 真　右小　上　一

右点 ┌ 正
　　 └ 下　右小・同・右胴右上　三

左点 ┌ 隠
　　 └ 隠　左小・左胴　左上　二

真正眼 ┌ 右手柄左手宗正
　　　 └ 下　表袈　左上　一

計　一四

第三節　九個之太刀手順

詰入
打 ┌ 陰　左足面に　引　引
仕 └ 正　切落臍突　進胸突　進眉間突　下

八添切
- 正　正　陽左足右面に　右上段
- 隠　右足刀当　右足引隠　右・左足左前刀斜左上右打流　右小手　本

身之曲
- 下　陰　右足面に　右上
- 下　左足右撓上　右小　本

寄切
- 隠　右足面に　右足引抜脇　右足表袈裟　右足引左上
- 正　切落左小抑　左足左受　右足左小　下

乱留
- 陰　左足面に　左足面に　右足面に　引
- 正　切落臍　切落水落　切落眉間　詰　下

真剣
- 左上　右足面に　右上段
- 真　左足右上鎬　右小　上

右点
- 正　左小に　引正　摺上　面に
- 下　陰左上　左足引右小　下　陰　右足面に　左足右摺上右小　陽右・左足右右胴右抜　左足
- 引　右上

左点
- 隠　右足面に　左上
- 隠　右足摺上　左小　陰　左胴左抜　右足引左上

真正眼
- 右手柄左手宗左足正　右足突　引　宗左正　右足突
- 真　真正　左足連理受体当　真正　右足引右摺上　右足表袈　左上

第四節　九個之太刀詳解

九個の太刀は生死の別れ、勝敗の決が機微の間に生ずるものであることを厳しく教える技である。その差別は時間に於て瞬秒を容れず、距離に於て厘毫を置かない。いわゆる一閃間髪を容れない所である。九個の太刀はハキリ合とともにその働らきに変化があり、心気と体力と技能とを養つて、組太刀への余力となり、真剣勝負や試合剣道実戦変化の用に叶うものであるから、組太刀をよく会得した者がその奥の手として合せ励むのがよい。

第一　詰　入　一

打方　陰にて三足進み間合に入ると、仕方が正眼におるから、打方は左足を踏み出し、仕方の面を打ちにゆくと、仕方が切落し、草から行・真の曲に突き詰めてくるから、打方は左・右足と引く。

仕方　正眼にて三足進み間合に入り格を固めると、打方から仕方の面を打ちにくるから、仕方は遠間から切落し進んで打方の脾を突く。なお続いて仕太刀の切先をあげ打方の水落につけ左足を出して突き詰める。打方が引くから仕太刀の切先を更にあげ打方の眉間につけ右足を大きく出して突き詰める。突き勝つて下段残心にとる。

意解　詰入の大事は間合の見積りであつて、六尺の草の曲から、五尺の行の曲に詰め更に四尺の真の曲に詰入る所にある。初め遠間から切落して脾突にゆく所は草の曲であり、切先を水落につけ進んで突に詰める所は行の曲であり、切先をじきに眉間につけ進んで突きに詰める所は真の曲で、生死の間髪を容れず厳しく勝つ場である。

第二　八　添　切　二

打方　正眼にて三歩進み間合に入ると、仕方が隠剣にて来り進んで仕太刀を以て打太刀の切先に当るから、打方は反撥して進む気を起すと、仕方が仕太刀を隠剣に引く。打方は陽にとり左足を踏み込み、仕方の右面を打ちにゆくと、仕方が左上に受け流すから打方の右手が前に伸びると、仕方が打方の右小手を打つ。

仕方　隠剣にて三歩進み間合に入ると、打方が正眼におるから、仕方は右足を踏み出して打太刀の切先に仕太刀を以て右から左に当る。打方が進む気があるから、仕方は右足を引き隠剣に戻す。打方から仕方の右面を打ちにくるから、仕方は右足を左前に踏み出しながら仕太刀の切先を右下から左上に廻し、右鎬を以て打太刀を右後ろに摺上げ打ち流し、打方の伸びた右小手を打ち、本覚残心にとる。

意解　八添切の技で仕太刀を以て打太刀に当るのを「元の一の打」という、または「慮点」ともいう。仕方は打方の間積りを慮り、已がよき間合を足遣いで予め造つて置き、これを打方に悟らせず、続いて打方の間合を破り得るようにして置くのである。

八添というのは形に於て初めの当りは八の字のノのように仕方は右から左に打方の太刀に添い当り、次に隠剣に引く時は仕方は左から右に打方の進む心に添うて乀のように開く。また続いて打方の太刀を打ち流す時は乀のように仕方は左から右に遣い、打方の右小手を打つときは仕方は右から左にノのようにきめるのである。またこの技の働らきに於ては十のものを八つだけ打方の技に添い、仕方は技を八つ程度遣い二つの余裕を残して置き、心に於ては仕方は十の心を以て完全に打ち勝つ事をも教える。または技を十まで皆遣つて心を八つだけつかい二つの余裕を残して置くことをも教えるのである。

第三　身之曲　三

打方　下段にて間合に入ると、仕方も下段におるから、打方は左足を進め陰にとり直ちに右足を進め仕方の面を打ちにゆくと、仕方が左に撥ね上げ、打方の右上段となるを、仕方が打方の右小手を打つ。

仕方　下段にて間合に入ると、打方が下段から陰に替わり仕方の面を打ちにくるから、仕方は左足を左前に出し、仕太刀を下から左に廻し右鎬にて打太刀を右上に撥き、打方の右上段となるを、仕方は打方の右小手を打ち、本覚残心にとる。

意解　身之曲の技は仕方の体が打方の体に対し、その間合の曲について、仕方は左足を左前に運ぶときに、どんな角度と歩巾で行うかその真行草の遣い分けを心に留めて、撥き上げと切りとを出して稽古すべきである。

第四　寄　切　　　　　　　　　　　　四

打方　隠剣にて間合に入ると、仕方が正眼におるので、打方は右足を踏み出して仕方の面を打ちにゆくと、仕方は切落し打方の左小手を抑え突き込んでくる。打方は右足を引き打太刀を右下に抜き脇構にとる。打方は右足を踏み出し仕方の表袈裟に打ち込んでゆくと、仕方が進んで左に受け止めるから、打方は右足を引き左上段にとると、仕方は打方の左小手を打つ。

仕方　正眼にて間合に入ると、打方が隠剣から仕方の面を打ちにくるから、切落しざま一拍子に打方の左小手を打ち抑え突き込むと、打方は左後ろに抜け、左から仕方の左袈裟を打ちにくるから、仕方は先んじて左足を進め仕太刀を以て打太刀を仕方の左に陽に取り合わせ受け止め寄り詰めると、打方は引いて左上段となる。仕方は追いかけ右足を出し打方の左小手を打ち、下段残心にとる。

意解　寄切りの技は切落し、乗り突き、引つ張り、寄り詰めて切る。本勝を心身刀にかけて錬ることにある。

第五　乱　留　　　　　　　　　　　　五、六、七

打方　陰にて間合に入ると、仕方が正眼におるから、打方は右足を踏み出し仕方の面を打ちにゆくと、仕方が切落す。打方は引いて再び出で、左足を踏み出し仕方の面を打ちにゆくと、仕方が切落す。打方は引いて三度出で右足を踏み出し仕方の面を打ちにゆくと、仕方が切落して突き詰めてくるから、打方は二歩引く。

仕方　正眼にて間合に入ると、打方が陰から仕方の面を打ちにくるから仕方は切落す。双方引き去り再び進み仕方は正眼にとると、打方からまた仕方の面を打ちにくるから仕方は切落す。双方引き去りまた進み仕方は正眼にとると、打方から三度仕方の面を打ちにくるから仕方は切落して直ちに突きに二歩詰める。下段残心にとる。

意解　乱留は古くから一刀流にある技の名であつて心気力を強め技を練り応変自在の働らきを養うのに徳ある稽古である。打方が三つ乱に打つのを仕方は切落し留め突き詰める技である。初学者には乱の太刀を遣わせず、一つ一つ正しく遣い直おし、切落しを正しく臍突、胸突、咽喉突の三つを出させ遣い習わせるのである。達しては三つに限らず幾度乱に打つてきても悉く存分に切落し、切先はいつでも相手の寸田と丹田とを結ぶ一直線のどこかにつけて出刃の突きに出る。またはそのまま入刃にて梨割りにゆくものである。

第六　真　剣　八

打方　左上段にて間合に入ると、仕方が真剣の構におるので、打方は機をはかり右足を踏み出して仕方の面を打ちにゆくと、仕方が左上に受け流し、打方の右小手を打つ。

仕方　真剣の構にて間合に入ると、打方が左上段から仕方の面を打ちにくるから、仕方は左足を出し右肩に仕太刀の右鎬にて鎬ぎ受け流し、仕太刀を巻き返して直ちに打方の右小手を打ち、上段残心にとる。

意解　真剣の技は打方から仕方の正面を打ちにくるのを仕方は左足を出して打太刀の剣刃下を脱し、更に打方の太刀を鎬ぎ受け流しやり、そこを打つて勝つのであるが、仕方の太刀の働らきは右空への右半円旋回して上りそれから左半円旋回して打ち下ろす太刀筋である。

第七　右　点　九、一〇、一一

打方　正眼にて間合に入ると、仕方が下段から陰にとり左上段に替わるから、打方は仕方の左小手を打ちにゆくと、仕方が仕太刀を下ろしはずして打方の右小手を打つ。打方は二歩去つて正眼にとると、仕方は陰から上段にとり打方の面を打ちにくるから仕方は表から摺り上げて、仕方の面を打ちにゆくと、仕方は裏から摺り上げ、打方の右上段となる右小手を打ち続いて打方の右胴を払つて左に潜り抜ける。

仕方　下段にて間合に入ると、打方が正眼におるので、仕方は右足を引き陰にとり左上段に替わると、打方が仕方の左小手を打ちにくるから、仕方は左足を引き右後ろ寄りとなり打方の右小手を打つて下段にとる。打方が引いて正眼におるから、仕方は陰に引きとり、機を見て打方の面を打ちにゆくと、打方が表から摺り上げて仕方の面を打ちにくるから仕方は左足を進め裏から摺り上げ、打方の右上段となる右小手を打ち、陽にとり打方の右胴を切り払い右・左・右足と右に踏み出し右に潜り抜け、左足を引き脇構から右上段残心にとる。

意解　仕方は下段から上段にとるのには、先ず右足を引き間合を離して陰にとり、いつとはなしに自然に左上段に替わり、仕方の思うままの間合を慮つて足どりをなし、上から攻め、腕の働らきとともに足の運びを充分に図り、打方の様子を見、その隙と動きに乗じて打ち込むのである。初めは引き寄せて打ち、次には摺り上げて打ち、続いて入身に払い、払捨刀の右別れの働らきを以てはこぶ誠に見事な勝である。

第八　左　点　　　一二、一三

打方　隠剣にて間合に入ると、仕方も隠剣におるから、打方は右足を踏み出して、仕方の面を打ちにゆくと、仕方は表から摺り上げ、打方の左小手を打ち、続いて打方の左胴を払い右に潜り抜ける。

仕方　隠剣にて間合に入ると、打方は隠剣から替わつて仕方の面を打ちにくるから、仕方は右足を踏み出し、仕太刀を以て打太刀の表から左上に摺り上げ、打方の左小手を打ち、陰に替わり打方の左胴を払い、右・左足を左に踏み出し左に潜り抜け右足を引き、左上段残心にとる。

意解　左点の技は払捨刀の脇構の摺上げを烈しく行い、払捨刀の左別れの働らきを錬る主旨である。

第九　真正眼　一四

打方　右手に太刀の柄を握り、左手にて太刀の物打の所の宗を取り、身に引き付け左足を前にする左前宗取りの正眼にて間合に入ると、仕方が下段から真剣の構にとり、切先を仕方の顔から水落を差してきて切先を合せる。打方は切先を真直ぐになおし、左足を前にして打方の胸に突き込みにゆくと、仕方が出て受けはずし、進んで打方の体に中り来る。打方は二歩引いてまた初のように左前宗取正眼に構えると、仕方がまた下段、真剣から切先を合せてくるから、打方は再び仕方の胸に突き込みにゆくと、仕方は引いて摺り上げまた出て打方を表袈裟切りに左上から右下に切り下げる。

仕方　下段にて間合に入ると、打方が左前宗取正眼におるから、仕方は下段から一足進み寄り真の正眼にとり、打方の顔から水落を差し切先を合わせる。打方が一旦引き受け、左足を前に仕方へ突き込んでくるから、仕方は左足を入れて左の肩へ左・右の手を連理にとり、柄頭を上にし切先を下にし刃を後ろにし、突き込んでくる打太刀を仕太刀の左外に喰い違いに受け流し入れ、右足を踏み込んで打方の体に中(あた)り下段にとる。仕方は二歩引いてまた始めのように構え、下段真剣から切先を合わせる。打方からまた突き込み来るから、仕方は右足を引き打太刀を右上へ摺り払い流し隠剣にとり、続いて右の足を入れ打方の表袈裟を右上から左下に切り捨て、右足を引き左上段残心にとる。

意解　真正眼の初めの技は仕方の両前腕は連理となり、また打太刀と仕太刀とは互に連理となり、後の突き込む打太刀と、摺り上げる仕太刀とは互に片身一眼一翼の二鳥の比翼に象どる。両者の技が、比翼連理一体同心となるを旨とする。この秘理は稽古を重ねてその身に悟得すべきである。

第十一章　他流勝之太刀

打方・仕方とも大太刀を用う。但し有馬が無一剣の仕方は大太刀と小太刀の両刀を用う。一文字の仕太刀は小太刀のみを用う

第一節　他流勝之太刀名称

剣之段　無雙剣　玉簾　卜伝が一之太刀　有馬が無一剣　四切　不慮天　勢十極大（摩利支尊天御剣）　清々刀　虎乱　一文字

第二節　他流勝之太刀本数調

		構	勝	残	本数
剣之段	打	左上			
	仕	下	顔・左脛	下	三
無雙剣		陰			
		陰	突	下	一

玉簾	陰	正	左脛	下	一
卜伝が一太刀	正	下	右小	逆本	一
有馬が無一剣	左上	隠		十字	
四つ切	陰	下	手元四回	下	四
不慮天	陰	隠			一
勢十大極刀	陰	正			
清々刀	正	正			一
虎乱	陰	下		下	四
一文字	陰	下	突		一

第三節　他流勝之太刀手順

剣之段
打　左上　右足面に　右足引左脛上外
仕　折左足左手下　立右手顔突　右足左右手左脛払　右足引　折左足左手下

無雙剣
陰　右足面に　正　陰引　左足引
陰　右足面に　正　左足右正　右足真突　下

玉　簾
隠　右足面に　右足引陰　脛上外
正　切落　右足右正　右足左前　右手　脛払　右膝立折　陽

卜伝が
正　正　右小に

一太刀
下　正　両足左前開　右小　逆本

有馬が
左上　左足引左受　右足引左上　左袈に

無一剣
隠　短左斜上顔　右足右手右脛払　左足短上十字止

四つ切
陰　右足左袈に　引　進　陽　左足右袈に　引　進　陰　右足左袈に　引　進　陽
下　右足手元切込　引　進　下　左足手元切込　引　進　下　陰外右足手元切込　引　進　下
左足左袈に
陽外左足手元切込　下

不慮天
陰　正　陰　左足引　右上面に
隠　正当　隠引　右足左脛払に　正　入刃切落

勢十大 ┌陰　左上　草・行・真之格
極　刀 ┌正　正　草・行・真之格
清々刀 ┌正 ┌正　陰　正当　左・右足面に　突詰
虎　乱 ┌陰　右足表胸払　引　進　陽左足裏胸払
　　　 └下　左飛左足手元打乗　引　進　下右飛右足手元打乗　突　下
一文字 ┌陰　右足右小に
　　　 └下　左寄　正　左足　右下抑　刄返鍔元抑　右肱捉　突

第四節　他流勝之太刀詳解

流祖伊藤一刀齋は一生を通じて実戦仕合をなし、あらゆる剣術の手法に対し必ず勝つ技を工夫し組太刀を編んで教えを遺したのであるが、ここには特に秀でた他流の極意とこれに勝つ法を秘術として伝えるのである。

一刀流では本来他流との仕合を所望しない。また他流を誹らない。しかし他流から仕合を望まれるとことわらない。必ず応じて勝つのである。一刀齋と同時代に傑出したあらゆる名流の第一人者と仕合し勝つた体験をもととして他流勝の太刀を編んでこれを伝え遺したのは即ちこれである。

剣　之　段

打方　左上段にて間合に入ると、仕方が折敷いて宗取左前下段におるから、打方は右足を踏出して仕方の面を打ちにゆくと、仕方が立ち上つて左方から打方の顔を突き刺すから、打方は右足を引き左上段に引くと、仕方から打方の左脛を切り払いにくるので、打方は左足をあげてはずす。三回繰り返して行う。
仕方　下段にて間合に入り、左足を前にし右膝突き折敷き右手に仕太刀の柄頭をとり、左手に仕太刀の物打の所の宗をとり、宗取左前下段に構える。打方から仕方の面を打ちにくるから、仕方は左足を少し右に寄せ立ち上がり、右足を踏み出し左手を離し右片手にて仕太刀を持ち、打方の顔を右斜から突き刺す。（稽古の際には顔の脇に突き出す）。打方が右足から引くから仕方は右足を少し左に寄せ、右片手にて打方の左脛を右から左に切り払いにゆき、右足を引き左足前右膝突折敷き宗取左前下段に構える。三回繰り返し行う。
意解　剣之段は剣の徳を発揮するにある。剣の徳は鋭く刺し通すことにある。利く切り払うことにある。この技は打方の打ち込む機会と間合よりは仕方の刺す機会と間合の方が遙かに有利であり、また打方の引くよりは仕方が出て払うのがもつと有利である。またこの技は仕方の脚腰を丈夫にするのに役立つものであるから環の繰り返すように連続して練習すべきである。仕方は一回ごとに少しずつ左に寄つて折敷く心得がある。

無　雙　剣

打方　陰にて間合に入ると、仕方も陰におるから、打方は右足を踏み出し仕方の面を打ちにゆくと、仕方も打方の面を打ちにくるから相打ち相正眼となる。打方が仕方の気をはかろうとして右足を引き陰にとると、仕方が出て突に進み来るから打方は左足から引く。
仕方　陰にて間合に入ると、打方が陰から仕方の面を打ちにくるから、仕方も打方の面を打ちにゆくと、相打ち相正眼となる。仕方は心気を充たし攻め進むと、打方が仕方の気をはかろうと陰に引くから、その動くはしを許さず仕方はすかさず左足を進め、仕太刀を右刃向け正眼にとり、切先を打方の眉間につけて攻め入り、続いて右足を踏み出し刃を真下になおし打方の眉間に切先をつけ突きに攻め入つて勝ち、下段残心にとる。

意解　無雙剣の技は何物にも恐れず、何物をも侮らず厳然とした心気を養い必勝を期する雙びの無い威光の盛んな太刀技である。技に於ては相打ちは五分と五分の所から出で、二歩進んで突に出る所は技にて二を足し七となす所であり、なお気合の三を加えて攻め進み十となして完全に勝を取るのである。

玉　簾

打方　陰にて間合に入ると、仕方が正眼におるので、打方は右足を踏み出して仕方の面を打ちにゆくと、仕方は切落す。打方は陰に引きとると、仕方が打方の左脛を払うから、打方は脚をあげてはずす。

仕方　正眼にて間合に入ると、打方が陰から仕方の面を打ちにくるから出刃に切落す。打方が引いて陰にとる機会をのがさず仕方は右足を進め、仕太刀を右刃向け正眼にとり、付け込み、仕太刀から左の手を離し右片手にて柄頭を持ち、右足を左前に出し、仕太刀の刃を左に返しながら右から左に打方の脛を切り払いにゆき、左膝突き右膝立て折敷き左肩に陽の残心にとる。

意解　玉簾の技は一旦簾を引き下ろし、次で簾を掲げて景色を見るの意である。仕方の切落は簾を下ろす所であり、切先を返し左に払い打方に脚をあげさせる所は簾を掲げて下から見上げ、その目的を達する所である。実戦の場にては脚を切る。

ト伝が一之太刀

打方　正眼にて間合に入ると、仕方が下段から相正眼につけてくるから、打方は張り合つて仕方の右小手を打ちにゆくと、仕方は意外にも右前に跳び開き来て、打方の右小手を打つ。

仕方　下段にて間合に入ると、打方が正眼におるから、仕太刀の切先をあげ相正眼に攻め付けると、打方が反撥して仕方の右小手を打ちにくるから、仕方は打方の意表に出で左斜前に両足一束一気に跳び開き進み、仕太刀にて打方の右小手を打ち、切先を打方の咽喉につけ、逆本覚残心にとる。

意解　打方が打つてくると、同時に仕方は両足を一束一気に右または左に跳び開き、打方の剣刃をはずして仕方からそのまま切りまたは突くのは卜伝一流の法である。

有馬が無一剣

打方は大太刀を用う。仕方は大太刀を右手に、小太刀を左手に用う。

打方　左上段にて間合に入ると、仕方が大太刀。小太刀を隠劍に構え出で来り、仕方が小太刀にて打方の顔を左下から切り上げにくるから打方は左足を引き、右から左に受け止めると、仕方が大太刀にて左から右に打方の脛を払いにくるから、打方は右足を引いて陰にはずす。打方は右足を踏み出し、仕方の表袈裟切りにゆくと、仕方が十字に受け止める。

仕方　左手に小太刀を持ち上にし、右手に大太刀を持ち小太刀を上に添え、左足を前にし隠剣にとり間合に入ると、打方が左上段におるから、仕方は小太刀にて打方の顔を左から右に切り上げにゆくと、打方が受け止めるから、仕方は右足を踏み出し、大太刀を右から左に打方の脛を切り払いあげにゆくと、打方が一旦陰に引きまた出て、仕方に向かい表袈裟切りにくるから、仕方は左足を出し小太刀を上横一文字に、大太刀を下真直ぐに十字にとり受止める。

意解　十字の止めは単に受け止めるばかりではない。小を以て止め大を以て切り、大を以て止め小を以て切るのが心得である。その技を色々工夫して習うべきである。初め小太刀を遣う時に間合が遠ければ小太刀を手裏剣に打ち投げる心得もある。

四つ切

打方　陰にて間合に入ると、仕方が下段にくるから、打方は右足を出し右上から表袈裟切りにゆくと、仕方は進んで打方の手元を抑え込むから打方は引き抜き四五歩退く。打方は陽にとり進んで左足を出し、仕方の裏袈裟切りにゆくと仕方が打方の手元を抑え込む。打方は引いて間合を開き、また出て陰にとり右足を踏み出して仕方の表袈裟切りにゆくと、仕方は陰に引きはずし、打方の右小手へ切り込む。打方は引き抜き四五歩退き。陽にとり左足を出し裏袈裟切りにゆくと、仕方が陽にはずし打方の左小手へ切り込む。四つ切を続けて二回行う。

仕方　下段にて間合に入ると、打方が陰から仕方の表袈裟切りにくるから、仕方は太刀をあげ右足を踏み出し打方の手元へ抑え込む。打方が引き抜くから、仕方も下段に引く。打方が出て陽から仕方の裏袈裟切りにくるから、仕方は仕太刀をあげ左足を踏み出し打方の手元へ押え込む。打方が退くから仕方も引いて間合を開く。互に進みまた打方が陰から仕方の表袈裟切りに来るから、仕方は右足を引き下段から陰にとりはずし、右足を出し打方の右小手に切り込む。打方が引き抜き去りまた出て陽にとり、仕方の裏袈裟切りにくるから仕方は下段から陽に引き取りはずし、左足を出し打方の左小手に切り込む。四つ切りを二回続けて行う。下段残心にとる。

意解　四つ切りの技は縦横上下中空の格である。四つ切りの太刀技は打方が乱に打つのである。乱に打つと素人には勝つことが出来ても上手には勝たれないものである。この乱に打つ本旨は始めから勝つことをせず、相手を寄せつけず打ち込んで見ようと思う底意を以ている太刀であるから、大体に勝負の正法を失い、ただ気の強さを誇り相手をないがしろにし、心と技もそこに滞るから、真の上手には勝ち得ないものである。これを見破つて静かに正しく勝つのが秘伝である。故にこの四つ切りで打方が徳の低い太刀をも遣い、また徳の高い太刀をも遣つて仕方を教え導き、そのいずれにも勝つことを覚えさせるのである。

不慮天

打方　陰にて間合に入ると、仕方が隠剣におるから、打方は右足を出し正眼に出ると、仕方は隠剣から出て仕太刀を以て打太刀に当りまた隠剣に引くから、打方は左足を出して陰に出ると、仕方が隠剣から出て打方の左足を払いにくる。打方は左足を引き右上段にとると、仕方が正眼におるから、打方は左足を入れて仕方の面を深く打ちにゆくと、仕方が打方を入刃に切り落す。

仕方　隠剣にて間合に入ると、打方が陰から正眼に出るから、仕方は右足を出し仕太刀を以て打太刀に右から左に当たり右足を引いてまた隠剣にとる。打方は出て陰にとるから、仕方は右足を踏み出して、打方の脛を右から左に払いにゆくと、打方が引いて右上段となる。仕方は左足先を右足の踵まで寄せ真の正眼に構えると、打方から仕方の面に深く打ち込みにくるから、仕方はひしぎ打つて入刃に切落す。

意解　仕方が隠から右足を出し仕太刀で打太刀に当たる所は慮天である。仕方が左の足先を右の足の踵まで引き寄せ、よい打間を秘し真の正眼に指す所は不慮天である。この慮り得ない間合を取る所に勝が蔵されてある。

勢十大極刀—摩利支尊天御剣

打方　陰から左上段にとり、草・行・真の間合の格をとる。この三つの間積もりを三回行う。

仕方　正眼にて打方の左上段に対し、草・行・真の間合に応じ三つの曲合(かねあい)をとり半ば単身となり左足を右足の際へ三段に引き寄せ格を固める。この三つの六、五、四尺間積もりを三回行う。

意解　摩利支は赫々と熱し煌々と四天に光る陽炎威光の象徴である。その守護を心に念ずると何者にも眩惑されず撃破されず、怨敵はわれを見失い、わが真鋭速妙の剣にて刺し貫く高大尊貴極大なものである。

清々刀

打方　正眼にて間合に入ると、仕方も正眼におるから、打方から攻め入ろうとする所へ、仕方が一旦陰に引き、直ちに出でて打太刀に一つ当り、打方の面を打ちにくるから、打方は引くと仕太刀が打太刀を打ち落し突き詰めてくるから、打方は五六歩退く。

仕方　正眼にて間合に入ると、打方も正眼におり攻め入る意があるから、仕方は一旦陰に引き取り、直ちに右足を踏み出して、仕太刀を以て打太刀に一つ当たり、そのまま体を入れ大きく踏み込んで打方の面を打ちにゆくと、打方が引くから、仕太刀は打太刀を打ち落し、そのまま仕方は打方を突に五六歩詰め寄る。

意解　清々刀の技は仕方が先ず打方の攻むる意を尽きさせ、その堕気となる所へ仕方から打方に当たり、そのひるむ所へ勢よく踏み込み打ち込み、一歩を止めざる石火の位で勝つ誠に心気爽快な清々たる太刀技である。

虎　乱

打方　陰にて進み間合に入ると、仕方が下段にてくるから、打方は右足を踏み出して仕方の水落を右から左に切り払うと、仕方が右へ跳び開き、進んで打方の手元を切り乗り突いてくるから打方は下から引き抜き、四五歩退くと仕方も四五歩退く。打方は陽にとり間合に進んで左足を踏み出し、仕方の水落を左から右に切り払うと、仕方は左へ跳び開き、進んで打方の手元を切り乗り突いてくる。この技を右左交互に四回行う。

仕方　下段にて進み間合に入ると、打方が陰にとり左から右に仕方の水落を切り払いにくるから、仕方は左に跳び開き、左足を前に打方の伸びた右小手から手元を打ち抑え乗り突く。打方が下から打太刀を抜いて四五歩退くから仕方も四五歩引く。又互に出て打方が陽にとり右から左に仕方の水落を切り払いにくるから、仕方は右に跳び開き、右足を前にし打方の伸びた左小手から手元を打ち抑え乗り突く。右左交互に四回行う。下段残心にとる

意解　虎穴に入らなければ虎児を獲ないとの諺の通り、虎の爪牙の厘毫の傍まで進み入つてゆき、その害を受け

ずに虎児を捕えるのには法がある。第一は危険を恐れないことである。術としてはすべて危険の起り頭たる切り払いの起る源の方に跳び開くと安全であり、その流れる末の方に出ては必ず禍がある。いつでも相手の技の行く方向と喰違いにその起る初の方に踏開き打太刀を行き過ぎさせて難を免れ、難なく捕えるのである。

虎乱の技は数回繰り返し、足捌きと体とにはずみをつけ、正しく大きく高く半円形に跳び開き、外ずし乗り抑え突きの技を確実に錬るべきである。

一　文　字

打方は大太刀を用い、仕方は小太刀を用う。

打方　陰にて間合に入り上段に替ると、仕方が下段にて来り正眼にあげ、打方の右方を狙うと仕方の右小手が隙いて見えるから、打方は右足を踏み出して、仕方の右小手を打ちにゆく。仕方が打太刀を左に受け下に抑え進み来り、打方の右肱を捉え、打方の水落を突く。

仕方　下段にて間合に入ると、打方が陰から上段に替るから、仕方は左方の前に攻め寄り正眼に進むと、打方が仕方の右小手を打ちにくるから、仕方は左足を出し右向きとなり打太刀を右外に受け下に巻き込み抑え刃を返して打太刀の鍔元まで摺り込み、左手にて打方の右肱を捉え、左足を深く打方の後ろに入れ打方を抱きかかえ、小太刀にて打方の水落を突く。

意解　一文字の技は短を以て長に勝つ心得であり、仕方が仕太刀を持つ右片手を左に寄せ打方を誘い、打方の打込む時に仕方が左足を出して右向きとなるのは打方の剣刃下を脱することであり、更に右外に打太刀を受けることによつて絶対に安全にその身を守り得る。小太刀を打太刀に摺り込んで抑え入身に打方を抱きかかえると、大太刀の死の間合となり、小太刀の生の間合となるのである。

第十二章　詰座抜刀

第一節　抜刀秘事三十条

一　刀を常に心の鞘に納め礼の帯に手挾む。

二　如何なる場合でも自ら事を起こし争を求めない。ただ危急の変に逢つたとき、よく身を守り平らかに勝つのが掟である。よつて抜刀を学ぶ仕方の技は悉く即応して勝つ法に適うものである。

三　抜刀の本旨は前後左右上下いずれから敵に切りかけられても即応することであるから、常に稽古には必ず打方を設対者に仕立てて置き、打方の起こす殺気、刀の起こり頭、早技の機微に投じ、危急即応の心技を養うべきである。設対者を置かない独り稽古は如何に奇麗に抜き派手に納めても、または据物を上手に切つても剣舞や刀操作法に終り、決して居合の神髄に徹し得ないものである。

四　抜く前には予め目釘、鍔、切羽、鯉口の締り、鞘亘りなどをあらためる。

五　帯刀の際に脇差は帯三巻の二重下に差し、太刀は一重下に差す。

六　帯刀したら脇差の下緒は腹の前帯に搦む。太刀の下緒は脇差の鞘に搦み、扇子の要ぎわへ通して置く法もある。

七　抜刀は左手、左腰、左足を充分に働らかせ、右手の移りを秘するのは定法である。右手を遅そく動かすと、そこを忽ち敵から切られる。抜く法は左手にて鞘口を前に出し、右手を柄にかけるや否や、左足、左手を左後ろに引き、または右足を前に出し、左腰を充分に後ろに捻り、右手の働らきを快速に行つて抜き、抜いたら左手にした鞘口を前に出す。

九　切り上げるには先ず左手にて鞘にある刀の刃方を左廻わりに下に廻して置く。

一〇　横一文字に抜くには先ず左手にて刃方を左に廻して抜く。

一一　仰に抜くには先ず左手にて鞘を腰に立て刃方を後ろに廻して上に抜く。

一二　抜く時には鞘なりに右手を直線に出し、左手をも直線に引いて抜く。始めは寧ろ宗を摺る心得にて鞘割れしないように抜く。

一三　抜く時には抜いて物打六寸の先から烈しく抜きつける。切先が鯉口を脱した刹那から右手を弧線に働らかせる。

一四　抜いたら物打の切りを充分に働らかせ、切先を必ず厳しく打留める。実体を切つてから切先が微かに反動が出る程になる。

一五　抜いたら必ず左手の人差指にて鯉口を塞ぐ。

一六　急の場合には柄頭、柄鍔、鞘、鐺、拳、指、肱、足などにて取り敢えず非打ちを行う心得がある。

一七　座して抜くには間合が近ければ左足を引いて抜く。間合が遠ければ右足を出して抜く。

一八　座し左手に物ある時には左膝を立てて抜く。

一九　座して太刀なりなりに抜くには左の膝を立て下に抜く。

二〇　狭い乗物の中などにて抜くには刀の鞘を左手にて外にはねる。

二一　立つて左手を使えない時は左足をあげ後ろに鞘を掴み抑え右片手にて抜く。

二二　歩行の際に左側摺違いに切りかけられたら右足を踏み出し逆袈裟に切り上げる。

二三　歩行の際に後ろから切りかけられたら右廻りに旋廻し払捨に切り抜ける。

二四　寝る時には右側に太刀の柄頭を脇腹の所に鍔を腰の辺りに切先を脚の方に縦に置く。左側に脇差の柄頭を腿の所に、鍔を腰の辺りに、切先を頭の方に縦に置く。

二五　寝ている所から起き上がるには必ず先ず身を縮め両膝と腰を屈め、弾力をつけ跳ね起きる。

二六　暗闇に起き上がり敵が見えぬ時には刀を三分の二程抜き切先に鞘をつけ、中腰になり敵を探り、手応え次第に鞘を捨てて切り払い抜けて中腰になる。

二七　切つたら必ず血振り、又は血拭いして納刀し、後で改めて研ぐ。

二八　刀を鞘に納める時には切先が鯉口に臨むや左手を充分に引き、鐺を左にはね刀を鞘の中に滑らし左手にて鞘を前に出し、静かに両手を下げ正常に刀を帯し、右手を柄頭の方にすごくように外ずして放し、左手を鞘から放す。

二九　座して長い太刀を鞘に納めるには右足を右後ろに引き、胯を充分に開き、右手を右後ろ下に引き、刀身を水平に刃方を右にとり、左手にて鞘を充分後ろに引き鐺を左前にはね、切先が鯉口に臨むや否や右足右手を左に半廻わり出して納める。

三〇　納刀は快速なるよりは静かに残心を保ち抜刀の心を蔵するを本旨とする。

第二節　出場次第

打方　脇差を右手に提げ、仕方を左にし並んで出場し、上座に礼し、左に向き仕方に対し三歩左足から退き脇差を左手に移し、右足を出し左膝を突き右膝を立て腰を下ろし右足を引き仕方と六尺の間合を離して正座し、脇差を体の左側に柄頭を前に切先を後ろに縦にし鍔を左膝頭脇に刃方を外にして置く。右手を右股上、左手を左股上に指を揃えて置く。仕方の礼を受け礼を行う。礼を行うには先ず右手を床に下ろし左手伴つて下ろし四本指を合わせ拇指を開き、左右の人差指と拇指とを合わせ、左右の拇指を一直線上に置き、左右の人差指先を接し、正三角形のようにし、腰を折り両前膊が床につくように平伏し、一呼吸して起き、左手を左腿にあげ、右手伴つて右腿にあげる。それより脇差を帯するには左手を脇差の鞘の外側から左指四本を下に入れ拇指を上にして抱え、右手を右から左に出し人差指を柄鍔本の向う下に入れ、中指を鞘の下から鞘口鍔下に入れ、人差指と中指とにて鍔を下から狭み、残り三本の指にて鍔口を下から取り、拇指を上にし鍔を抑え、脇差を取りあげ柄頭を右斜前に出し、帯三巻きの二重下に差し、下緒の端を鞘と左腰脇の帯に搦む。右手と左手と股にあげ正座して仕方に対す。

仕方　太刀を右手に提げ打方を右にし並んで出場し、上座に礼し、右に向き打方に対し三歩左足から退き太刀を左手に移し、右足を出し左膝を突き右膝を立て腰を下ろし右足を引き打方と六尺の間合を離して正座し、太刀を左側に置く。置き方は打方と同じ、正座して打方に対し礼を行う。礼のし方は打方と同じ但し平伏は打方よりは丁重にする。太刀の取り上げ方は打方に倣う。太刀を帯するには右膝を立て左足を爪立て柄頭を右斜前に右手を稍高く出し、帯三巻の一重下に差し、下緒の端を腹前の帯に搦む。上体を垂直に左踵の上に乗せ、右足踵を左足踝の下につけ趺踞し、左手で太刀の柄鍔元の棟を右膝下窪につけ、鍔を膝内折れの内側につけ、刃方を左に向け左手拇指を上にして鍔を抑え、四本の指を揃え下から鞘口を取り趺踞の格を堅め、右手を右膝の上に置き打方に対する。

両刀を用うる時は小を帯三巻きの二巻下に差し、大を一巻下に差す。

第三節　詰座抜刀名称

甲　**打**　小太刀　仕　大太刀

向身―押掛　柴折　拜打　箍　朽木倒

右身―右十字（右身脇突）

左身―左十字（左身脇突）

臥身―拒虎　進狼　飛翔　筈刺　覿面

第四節　詰座抜刀本数調

甲　打　小太刀　仕　大太刀

第一項　向身　五本

押掛
- 打　気　抜　勝
- 仕　非　胸　左首

柴折　気　目潰　目　右首　左首

拝打　両手取　顔突　真向　左首

箙　右手取　前押　二腕　右首　腹突

朽木倒　両手柄取　左右連　胴　腹突

第二項　右身　一本

右十字　気　左脇突　左肩　後首

第三項　左身　一本

左十字　気　右脇突　左腕　右腕

第四項　臥身　五本

拒虎　前寄肩胴抑　横臥　前潜　右首

進狼
- 後寄肩胴抑
- 横臥　突起　左首

飛翔
- 左手肱抑
- 俯伏　冲返頭蹶　右首

筈刺
- 天生
- 筈引　刀奪　左首

覿面
- 馬乗　咽当
- 仰臥　手甲返　右首　左首

第五節　詰座抜刀手順

甲打　小太刀　仕　大太刀

押掛（打・仕）
- 打：座　気　反　抜刀左拳突　刀立　納刀　座
- 仕：趺　寄前　趺　柄頭非　左足引抜刀胸切　天横天縦　左首切　血振　納刀　退　趺

柴折
- 座　気　右手取　抜刀左拳突
- 趺　寄前　二指目潰　柄右手抑　右足出抜刀目切　左手取右足引柴折　右首撫切天横天縦　右足出左首切
- 刀立　納刀　座
- 血振　納刀　退　趺

拝打
座　両手取　反　抜刀左拳突　立　納刀　座
趺　寄前　両手拝突　左足引抜刀拝打　天横天縦　左首切　血振　納刀　退　趺

箭
座　右手取　張合　抜刀右上払　刀立
趺　寄前　趺　前押　右足引右手引放　抜刀　右足出右二腕押切　右足引右首撫切　腹突　血振
納刀　座
納刀　退　趺

朽木倒
座　両手柄取　仰左転倒　起　座
趺　寄前　左手左・右手右・連抜取右朽木倒　左足引抜刀胴切　腹突　血拭　納刀　退　趺

右十字
座　気　抜刀左肩突　刀立　納刀
趺　寄前　右趺　右押　右足右斜後引抜刀左脇突　鳥居　陰　両足揃爪立後首切　血振　納刀　退
座
趺

左十字
座　気　抜刀左腕切　納刀　座
趺　寄前　左趺　左押　左足左後引抜刀右脇突　刀立　右腕押切　血拭　納刀　退　趺

拒虎
座　寄前前寄　肩胴抑　退　座
座　横臥　下手前手前取　手下潜　起　抜刀右首切　血振　納刀　座

進狼
座　寄前後寄　肩胴抑　退　座
座　横臥　抜刀後突　寝返起　左首切　血振　納刀　座

飛翔 ┬ 座　寄前　左手肱抑　退座
　　 └ 座　俯伏　左押冲返頭蹶　起　抜刀右首切　血振　納刀　座

筈刺 ┬ 座　寄前　天生　納刀　退座
　　 └ 座　仰臥　右手取　押引　起　刀奪　右首切　血振　返刀　座

覿面 ┬ 座　寄前　馬乗　咽当　納刀　退座
　　 └ 座　仰臥　右手甲逆取返　右手宗右首　起　刀奪　左首切　血振　返刀　座

第六節　詰座抜刀詳解

甲打　小太刀　仕　大太刀

第一項　向身五本

一　押掛

打方　正座して小太刀を帯し両手を股の上に置く、仕方が六尺の間合から寄前膝間一尺離れ趺踞する。打方は気を満たし機をはかつて右手を柄にかけると、仕方が押しかかりきて柄頭にて打方の眉間を非打ちする。打方は仰向けに反る所へ仕方が抜刀し打方の胸を切る。仕方が天横構から天縦構にとるから、打方は抜刀し仕方の左拳を突きゆくと、仕方が身を交わし、打方の左首を切る。打方は小太刀を膝上に立て納刀する。

仕方　趺踞し大太刀を帯し六尺の間合から静かに立ちあがり、三歩寄前し打方と膝間一尺離れて趺踞し、打方の気を測るに、打方が殺気を生じ右手を柄にかけるから、仕方は直ちに押しかけ左手にて太刀の鍔と鞘口とを握つたまま突き出し、柄頭にて打方の眉間を非打ちに突く、打方が仰向けに反つた所へ仕方は左足を引き抜刀して打方の胸を横一文字に切る。仕方は打方の動静を監視しながら静かに太刀を天横構から天縦構にとると、打方が仕方の左拳を突きにくるから、仕方は上体を半ば右斜めに交わし打方の突きをはずし、打方の左首を切る。これにて全く勝つ。仕方はなおも切先を打方から離さず、右手に弾みをつけ、左手を放すとともに太刀の刃方を右に返して血振りする。それから仕方は左手を鞘口に移し、右足右膝を右後ろに引き胯を開き、柄を持つ右手を充分右後ろ下に引き寄せ、左手に握る鞘口を左から前右に廻わし鐺を左斜前にはね、切先が鯉口に臨むや否や右足右手を右後ろから左前に廻わし進めて納刀し、打方に対して気を緩めず、静かに右手を柄頭の方にすごくように移して離し右手を膝の上に置き、左手にて鍔鞘口を右膝下内側にあて趺踞の格を堅め残心を示す。仕方は立ちあがり右足を引き左足に添え、左足から三歩退き、元の場に復し打方と六尺の間合に趺踞する。

二　柴　折

打方　正座し小太刀を帯し両手を股の上に置く。仕方が寄前し膝間一尺離れ趺踞する。打方は気を満たし機をはかって右手を柄にかけると、仕方が右手指にて打方の両眼を目潰しに突くと同時に仕方が太刀の柄を出し打方の右手を抑える。打方は仰向けに反る所へ仕方が抜刀して打方の目の合を切る。打方は左手にて仕方の右手首を取ると、仕方が打方の左手首を下から取り、急に下に柴折りに引き付けるから、打方の手が離れそのはずみにて打方は前のめりになり、打方の右首が仕太刀にて撫で切られる。仕方が天横構から天縦構にとるから、打方が抜刀し仕方の左拳を突きにゆくと、仕方が身を交わし、打方の左首を切る。打方は刀を膝上に立て納刀する。

仕方　趺踞六尺の間合から寄前し打方と膝間一尺離れて趺踞し、打方の気をはかるに、打方は殺気を生じ右手を柄にかけるから、仕方は右手の人差指と中指とを広げ打方の両眼に目潰しに突き込むと同時に仕方が左手にて太刀の柄を突き出し打方の右手を抑える。打方が仰向けに反るから仕方は右足を出し抜刀して打方の目の合いを横一文字に切る。打方が左手にて仕方の右手首をとるから仕方は左手を下から出し、打方の左手首をとり、下に直きに柴折りに折るように右足を引くとともに烈しく引きつけると、そのはずみにて打方の左手が離れ、打方が前のめりになり、打方の右首が仕太刀にて撫で切られる。仕方は太刀を天横構から天縦構にとると打方が仕方の左拳を突きにくるから、仕方は上体を右斜に交わし右足を出し打方の左首を切つて勝つ。以下末尾動作前条同断。

三　拜打

打方　正座して小太刀を帯し両手を股の上に置く。仕方が寄前し膝間一尺離れ趺踞する。打方は機を見て両手にて仕方の両手をひしと摑む。仕方が急に両手を合わせ突込んでくるから打方は仰向けに反るところを急に引くから打方の摑んだ手が放れる。仕方が抜刀して拜打に打方に切り付ける。仕方が天横構から天縦構にとるから、打方は抜刀し仕方の左拳を突きにゆくと仕方が身を交わし、打方の左首を切る。打方は刀を膝上に立て納刀する。

仕方　趺踞六尺の間合から寄前し打方と膝間一尺離れて趺踞する。打方が仕方の両手をひしと摑む。仕方は両手を中にすぼめる心にて拜むように合わせ、一寸短かく引き逆に烈しく打方の顔に突きかける。突かける時にはのろのろとゆくと打方が蹴ることがあるから、猛烈果敢に突く。打方が仰向けに反るとき仕方は急に大きく左足と手とを引くと、打方の摑んだ手が放れ、仕方は抜刀し打方の真向に拜打に切り付ける。仕方はまた太刀を天横構から天縦構にとると、打方が仕方の左拳を突きにくるから、仕方は上体を右斜に交わし、打方の左首を切つて勝つ。以下動作は前条と同断。

四　柵(しがらみ)

打方　正座し小太刀を帯し両手を股の上に置く。仕方が寄前して膝間一尺離れ趺踞する。打方は気を満たし柄に手をかけようとするとき、仕方が仕太刀の柄に右手をかけるから、打方は左手にて仕方の右手首を抑える。仕方が押してくるから打方は張り合つて押し返すと、仕方が右足を引いて手を引き放し、抜刀し打方の右二の腕を押し切りにし、返し刀にて打方の右首を撫で切りに引き切るから、打方は抜刀して右上に払うと、仕方が打方の腹を突く。打方は納刀する。

仕方　趺踞六尺の間合から寄前して打方と膝間一尺離れて趺踞する。打方が殺気を生じ柄に手をかけようとするから、仕方は右手を仕太刀の柄にかけると、打方が仕方の右手首を抑える。仕方はその右手を強く前に押し上げると打方が張り合つて押し返すから、仕方は右足を引くと同時に右手を下に引き放し、腰を捻ねり刀を抜き、左手を刀の宗に当て、右足を踏み出し打方の右二の腕を押し切り、返し刀にて右足を引きながら打方の右首を撫で切りに引き切ると、打方が抜刀して左上に防ぎ払うから、仕方は体を沈め直ちに打方の腹を突いて勝つ。仕方は左手にて血拭いを行い納刀し元に復する。

五　朽木倒

打方　正座し脇差を帯し両手を股の上に置く。仕方が寄前し膝間一尺離れ趺踞する。打方は機をはかつて仕方の太刀の柄を両手にてひしと摑む。仕方が左手を打方の両手の間から通して入れ打方の左手首を捉え、また仕方が右手にて打方の右手を抑え、右から烈しく起き上がりのしかかりくるにより、打方は両手捻れ左横に転倒す。そこへ仕方が抜刀して打方の胴に切り付けまた打方の腹を突く。打方は起きあがり納刀する。

仕方　趺踞六尺の間合から寄前し打方と膝間一尺離れて趺踞する。打方が仕方の太刀の柄を両手にてひしと摑むから仕方は左手を以て打方の両手の間を下から通し、打方の左手首を摑み、右手を以て打方の右手を摑み、腕を**連技**にとり、仕方は仕方の両手の間を潜るように左に顔を向けて右に捻じると打方の両手が捻じれて朽木倒しに転倒する。仕方は右足を引き抜刀し真上から打方の胴に切り付け、右足を引き左足を出し太刀の刃を右に返し、左手を太刀の宗に当て打方の腹を突いて勝つ。血拭いし納刀し、元に復する。

第二項　右身一本

右十字（右身脇突）

打方　正座し小太刀を帯し両手を股の上に置く。仕方が寄前し打方の左に並んで趺踞する。打方は気を満たし抜刀せんと柄に手をかける時、仕方が打方の身に押しかかり急に抜刀して打方の左脇腹を突く。仕方が鳥居から陰に構えるから打方は抜刀して仕方の左肩を突きにゆくと、仕方が身を交わし打方の後ろ首を切る。打方は刀を膝上に立て納刀する。

仕方　趺踞六尺の間から寄前し打方の左に並び打方を右にして右身に趺踞する。打方が殺気を生じ抜刀せんと柄に手をかけるから、仕方は右に強く打方に押しかかり、急に右足を右斜後ろに引き抜刀し、左手を太刀の宗に当て打方の左脇腹を突く。仕方は鳥居にとり陰に変ると、打方が抜刀して仕方の左肩を突きにくるから、仕方は右膝を右後ろに進め体を交わし、両膝をつき両足を爪立て、打方の後ろ首を右十字に切つて勝ち。血振り納刀して元に復す。

第三項　左身一本

左十字（左身脇突）

打方　正座し小太刀を帯し両手を股の上に置く。仕方が寄前し打方の右に並んで趺踞する。打方は気を満たし抜刀せんと柄に手をかける時、仕方が打方の身に押しかかり急に抜刀して打方の右脇腹を突く。仕方が太刀を立てる時、打方は抜刀して右に並ぶ仕方の左腕を切りにゆくと仕方が打方の右腕を上から押し切る。打方は納刀する。

仕方　趺踞六尺の間から寄前して打方の右に並び、打方を左にし左身に趺踞する。打方が殺気を生じ抜刀せんと柄に手をかけるから、仕方は左に打方に強く押しかかり、急に左足を左斜後ろに引き開き抜刀し、左手を太刀の宗に当て刃を右にし打方の右脇腹を突く。仕方は刀を引き抜いて右の床に立てる。打方が抜刀して仕方の左二の腕に切りかけてくるから、仕方は刃と切先を左に返し、打方の右前腕を上から左十字に押し切つて勝ち、血振り納刀し元に復す。

第四項　臥身五本

一　拒虎（前潜）

打方　正座から立ちあがり、仕方の横臥（右左とも）し寝向いた前方から近寄り、仕方の肩と胴とを両手で抑える。仕方が寝下の手で仕方の肩を抑えた打方の手首をとり、打方の手の下を潜るように身を転じぬけて起ちあがり、抜刀して打方に切り付ける。打方は五歩退き元に復する。

仕方　六尺の間合をとり打方に対し正座した位置に横臥（右左とも）すると、寝向いた前の方から打方が近寄り、仕方の肩と胴とを両手にて抑える。仕方は寝敷いた下の手にて、仕方の肩を押えた打方の手首を取り、身を持ちあげ、打方の手の下を向うへ潜るように抜け出る。起きあがり抜刀し打方の右首を払い切り前門の虎を拒ぐ心得にて勝つ。血振り納刀して正座する。

二　進狼（後ろ突）

打方　正座から立ちあがり、仕方の横臥（右左とも）し寝向いた後方から近寄り、仕方の肩と胴とを両手にて抑える。仕方が太刀をとり抜いて打方を突きながら起きあがり、また左首を切る。打方は五歩退き元に復し正座する。

仕方　正座から横臥（右左とも）し寝向いた後方から打方が近寄り、仕方の肩と胴とを両手にて抑える。仕方は手が利くから太刀を取り抜いて仰に寝返つて打方を突きながら起きあがり打方の左首を払い切り後門の進狼を屠る心得にて勝ち、血振、納刀、正座する。

三　飛翔（冲返）

打方　正座から立ちあがり、仕方が俯伏して寝た前に近寄り、打方は両手にて仕方の左の手首と肱とを抑える。仕方が体を縮め打方に押しかかり冲返する拍子に打方の頭を蹶つて起きあがり、抜刀して打方の右首を切り払う。打方が五歩退き元に復し正座する。

仕方　正座から俯伏して寝ると、打方が前から近寄り両手にて仕方の左の手首と肱とを抑えるから、仕方が身を縮め腰膝を屈め右手を杖につき、打方へ押しかかり、向うへ冲返りに飛翔するとその拍子に打方の頭を蹶つて起きあがる。仕方が抜刀して打方の右首を切り払つて勝つ。血振り、納刀し、正座する。

四　筈　刺

打方　正座から立ちあがり、仕方が寝た上から抜刀し天生に切りかけると、仕方が下から打方の手首をとり、一旦押して筈に急に引くので切先がそれる。仕方が跳ね起きて打方の刀を奪い打方の左首を切り払う。打方は刀を受け取り納刀し五歩退き元に復し正座する。

仕方　正座より寝ると打方が近寄り、上から天生に仕方に切りかけるから、仕方は打方の右手首をとり、一旦向うへ押し急に筈に手前に強く引き、切先を斜めにそらして起きあがり、脇差を奪いとり、打方の左首を切り払つて勝つ。血振りして刀を打方に返し元に復し正座する。

筈に引く時に刀の切先が已れに当たり怪我もあるからその切先をそらし、屋外ならば土か壁へ刺し込み、内ならば畳か壁か張付けへ筈に刺し込む心得を以て行い起きあがる。起きあがりながらもぎ取つた刀で打方を切る。

五　覿面（刃返）

打方　正座から立ちあがり、仕方が仰向けに寝た上から馬乗りに乗り、刀を右手にして仕方の咽喉笛に押し当てると、仕方が打方の右手の甲を拇指にて抑え、逆手に折り曲げて起きあがると、打方の刀にて打方の右首が押し切られる。仕方が起きあがり打方の脇差をもぎ取り、打方の左首を切り払う。打方が刀を受け取り納刀し退き元に復して正座する。

仕方　正座から仰向けに寝ると、打方が近寄り仕方の上に馬乗りに乗り、刀を右手に持ち仕方の咽喉笛に押し当てるから、仕方は左手にて打方の右手と柄とを摑み、打方の右手の甲に仕方の左手拇指を当てて左向うへひしと逆手に折り曲げる拍子に仕方が起きあがりながら右の手をその刀の宗に当て打方へ強く押しかかつてゆくと、その刀の刃が返り打方の右首が覿面に切られる。仕方はその刀を打方からもぎとり、打方の左首を切り払つて勝つ。血振して刀を打方に返し、元に復し正座する。

第七節　詰座抜刀・合小太刀名称

乙　打　小太刀　　仕　小太刀

向身―狭霧
右身―東雲
左身―玉鉾
後身―浄土　多聞

第八節　詰座抜刀・合小太刀本数調

勝

狭霧
- 打　右首　頭上
- 仕　右撥　左撥上　右首　胸突

東雲
- 打　顔突　胸突
- 仕　右撥　後首切　打落　脇突

玉鉾
- 打　頭上　胸切
- 仕　撥上　目切　払上　胸切　脇突

浄土
- 打　頭上
- 仕　左旋受流　右小手　右首　胸突

多聞
- 打　抱付
- 仕　逆抜　右旋　受　左首　右首

第九節　詰座抜刀・合小太刀手順

狭霧
- 打　座　抜刀右首　頭上　刀立　納刀　座
- 仕　座　寄座　抜刀右撥　左斜撥　右首胸突　胸横一残　血拭　納刀　退座

東雲

座　抜刀頭上　刀立　胸突
座　寄右身座　右膝右後開逆袈抜刀右斜撥上　刀廻後首　刀打落　刃右左手宗後左脇突　抜取
刀立　納刀　座
鳥居残　胸一　血拭　納刀　退座

玉鉾

座　抜刀頭上　胸切
座　寄左身座　左膝左後開逆袈抜刀前撥　両眼　右斜払上　胸切　刃右左手宗後右脇突　抜取
刀立　納刀　座
刀添手右膝立　残　胸横一　血拭　納刀　退座

浄土

座　抜刀頭上
座　寄背向座　右足左膝前左旋抜刀天横一受流　右斜上―左斜下右小手左より右に右首　胸突
刀立　納刀　座
抜取　天横一残　胸一　血拭　納刀　退座

多聞

座　抱付　左首
座　寄背向座　体沈肱張刃向逆手抜左手切　左足右前右旋　右斜前刀垂直受流　刃手前左首　左斜
刀立　納刀　座
前受流　右首突切　掌柄右廻　天横逆一残　刀中心線垂直切先下　血拭　納刀　退座

第十節　詰座抜刀・合小太刀詳解

打方・仕方ともに小太刀を帯し正座

一　向身　狭霧

打方　正座しおるに仕方が六尺の間合から寄前して二尺の膝間に向身に座す。打方は機をはかり気を満たし、右手にて抜刀し、左から右に仕方の右首を一文字に切りかける。仕方が抜刀して撓き防ぐ。打方は拳を左上から廻わし仕方の真向頭上に切りかける。仕方が撓上げ打方の右首を切り、打方の胸を突く。打方は刀を右膝上に立て、静かに納刀し正座す。

仕方　六尺の間合から寄前し、打方と二尺の膝間に向身に座す。打方が抜刀し、仕方の右首を右から左に切りかけるから、仕方はこれに応じ左足を引き爪立て右膝を立て腰を真直ぐに立てあげながら抜刀し、刀を立て左から右に右肩前にて撓上げ防ぐ。打方が仕方の真向頭上に切り掛けるから、仕方は手首を右廻わりにひねり、手首をくの字にまげ仕太刀の左鎬にて打太刀を斜左上に撓上げ、手首を左廻わりにひねり、返し刀にて打方の隙いた右首を切り、肱を後ろに引き刃を真下にし打方の胸を突いて勝ち、直ちに刀を抜き取り刀を右膝の上に立て切先を静かに左に倒し、胸の高き横一文字残心に構える。左手にて血拭し納刀し右手を右膝の上に置き打方の様子を見右足を引き一旦正座し、立ちあがり、六尺の間合に退き正座に復す。

血拭は左手を用い、始め四本指を揃えて人差指を右にし小指を左にし、拇指を下にし、刀身を指にてはさみ、物打から切先の方へ静かに拭いとり、次で左手を返し四本指を下に拇指を上にし、物打から切先の方に完く拭いとる。さきりの口伝がある。

二　右身　東雲

打方　正座しおるに仕方が寄前し、打方の左脇二尺の間合に並び座す。打方は機をはかり気を満たし、右手にて抜刀し、仕方の顔に突きかける。仕方が応じて打太刀を前に撥き打方の頭上を越し刀をまわし打方の後首を切る。打方は刀を膝の上に立てる。打方は仕方の胸に突きかける。仕方が打方の刀を打ち落し、打方の左後脇を突く。打方は刀を膝の上に立てる。納刀し正座す。

仕方　六尺の間合から寄前し、打方を二尺の間合に右身に並び座す。打方が仕方の顔に突きかけるから仕方は右足を右斜後ろに踏み開き右膝を立て、左膝をつき、腰を真直に立てあげながら左斜下から右斜上に逆袈裟に抜刀して打方の刀を右斜に撥上げ、手首を右廻りにひねり刀を打方の頭上を越し廻わし、打方の後首を切る。打方が仕方の胸に突きかけるから、仕方は右手首を左にひねり打太刀を下に打ち落し腰をおろし右肱を引き刃を右にし宗に左手を添え、打方の左後脇を突いて勝ち、刀を抜き取り腰をあげ、鳥居残心に構え、左手添えたまま静かに胸横一文字におろし、血拭納刀し右手を右膝の上に置き、打方の様子を見、右足を引き一旦正座し、立ち上り六尺の間合に去り正座す。[illegible]の口伝がある。

三　左身　玉鉾

打方　正座しおるに仕方が寄前して打方の右脇二尺の間合に並び座す、打方は抜刀して仕方の頭上に切りかける。仕方が打方の刀を撥上げ打方の両眼を切る。打方は仕方の胸に切りかける。仕方が打太刀を払い、打方の胸を切り打方の右後脇を突く。打方は刀を右膝の上に立て納刀正座す。

仕方　六尺の間合から寄前し、打方と二尺の間合に左身に並び座す。打方が仕方の頭上に切りかけるから仕方は左足を左斜後に踏み開き、左膝を立て右膝をつき指を爪立て腰をあげながら左斜下から右斜上に逆袈裟に抜き、打太刀を前に撓上げ、手首を右廻りにひねり打方の両眼を切る。打方が仕方の胸に切りかけるから、仕方は手首を左廻りにひねり切先下りにし、左下斜後から右斜上に打太刀を払いのけ、手首を右廻りにひねり、返し刀にて打方の胸を切り、腰をおろしながら右肱を引き手首を左廻りにひねり、刃を右にし左手を刀の宗に添え、打方の右後脇を突いて勝ち、刀を抜き取り、刀の宗に左手を添えたまま右膝の上に立て静かに腰を真直にあげ残心に構える。切先を左に倒し胸横一文字にかわり、血拭納刀し腰をおろし左足を引き正座す。立ちあがり六尺の間合に退き正座す。

ゑの口伝がある。

四　後身　浄上

打方　正座しおるに、仕方が寄前して打方の一尺前に背を向け後身に座す。打方はヤーと掛声しながら抜刀し、真上から頭上に切りかける。仕方が左旋りに向き直り受け流し、打方の右小手を切り、続いて打方の右首を切り胸を突く。打方は刀を右膝の上に立て納刀正座す。

仕方　六尺の間合から寄前し、打方の二尺前に背を向け後身に座す。打方がヤーと掛声しながら仕方の真上後から仕方の頭上に切りかけるから、仕方は上体を前に俯しながら、右足を左斜前の左膝前に踏み出し、左廻りに旋回し後ろに向き、右膝立て左膝突き足指爪立て抜刀し、天横一文字にとり左から右に受け流し、上体を真直に高く立て、返し刀にて手首を右廻りにひねり、打方の右小手を右斜上から左斜下に切り、手首を左にひねり打方の右首を左から右に切り、肱を引き打方の胸を刃を真下にして突いて勝ち、刀を抜きとり天横一文字残心に構え、静かに刀をさげ胸横一文字にとり血拭納刀し、右手を右膝の上に置き、右足を引き一旦正座し、立ちあがり六尺の間合に退き正座に復す。ぬの口伝がある。

五　後身　多聞（毘沙聞）

打方　正座しおるに、仕方が寄前して打方の二尺前に背を向け後身に座す。打方は後から仕方の両腕がらみに大蛇のようにからみ抱きつく。仕方が身を沈め刀を逆手に抜き、打方の抱き付いた手を切るから打方は放し退き、抜刀して左から右に一文字に仕方の右首に切りかける。仕方が振り返り受け流して打方の左首を突き切る。打方は右から左に一文字に仕方の左首に切りかける。仕方が受け流し打方の右首を突き切る。打方は刀を右膝の上に立て納刀正座す。

仕方　六尺の間合から寄前し、打方の二尺前に背を向け後身に座す。打方が後から両腕がらみ大蛇のように搦み抱き付く。仕方は上体を沈め両肱を張り刀の刃を向うにむけ柄を右手に逆手に拇指を柄頭の右にし四本指を柄中（つかなか）の左に当てて持つて抜きあげ、抱いた打方の手を切る。これにて大剛の強敵でも容易にぬける。打方が放れる。仕方は左足を右斜前の右膝前に踏み出し右廻りに旋廻し左膝立て右膝突き上体高く打方に対する。打方から仕方の右首に切り掛けるから、仕方は刀を逆手に切先下りに持つたまま右斜前にあげ左から右に受け流し、切先を左に向け、打方の左首を右から左に突き掻き切る。打方が仕方の左首に切りかけるから、仕方は刀を切先下りにし左斜前にあげ右から左に受け流し、手首を右廻りに手を返し、切先を右にし、打方の右首を左から右に突き掻き切り切先を返して胸を突き全く勝ち、拇指を使い掌中にて柄を右廻りにまわし刃を向うにむけ、天横逆一文字残心に構える。静かに刀をさげ切先を右上から真上におろし、刀を垂直に体の中心線にさげる。左手首を右にまわし小指を上にし人差指を下にして刀の右にあて、拇指を刀の左にあて、物打の上から切先の方に血拭し、左手首を左に返し、人差指を上にし小指を下にし刀の左にあて、拇指を刀の右にあて、重ねて血拭いを行い納刀し、左足を引き一旦正座し、立ちあがり六尺の間合に退き正座に復す。（陰六月鞍馬寺修毘沙門呪称大蛇切之法）

第十三章　立会抜刀

打方・仕方ともに大太刀を用う。

第一節　立会抜刀名称

夕陽　電光　流星　波返　竜巻

第二節　立会抜刀本数調

			勝
夕陽	打	裏腋切上	
	仕	裏腋切上	表首
電光	打	裏袈切下	
	仕	裏袈切下	面
流星	打	面	
	仕	切落	面

波返
面
天横一　面

竜巻
裏胴
縦一　左小

第三節　立会抜刀手順

夕陽
打　右足裏腑切上　正　逆本　進突　正　血振　納刀
仕　左足引裏腑受　正　右足引上　左足引表首　正　血振　納刀

電光
裏袈　正　右足表面　左足裏面　右足表面　引　陰　進左足面　引　下　進
裏袈　正　合打　右足引受　左足引受　右足摺落進　引　正　進　切落　引　正　進

面　正　振　納
切落面　正　振　納

流星
面　下　巻進三　脇　引面　右足引摺上　左足引面　腹突　引　右上　正
切落　正　跡浮三　正　右足摺上　左足面　右足摺上右上　右向外　右足面　詰　右小　正

振　納
振　納

波返
面　正　引陰表払　下　受表摺　陰　表小　右足裏胴　右上　受　引　陰　左足面
天一　正　進　突　脇　右足表首　引　正　下外　右足引受　左小　正　切落

竜巻

┌引下面　正振納
└引正　切落面　正振納

┌裏胴一　正　中霞　右足突　右足引左上　陰　右足右小　右巻上　引外　左上　右足
└縦一　正　正　左足左下巻抑　右足左小　引正　右下抑　左巻上外右小　正　引

┌右小　右足引左上　外　陰　右足表肩　右足突　左巻抑　右足引右巻摺下　左上
└脇外　左小　引脇　引陰外　右足乗突　左巻抜　左足裏肩　左巻抜　右足左小

┌正振納
└正振納

第四節　立会抜刀詳解

五本

打方・仕方ともに大太刀を用う。

立会抜刀を行うのには打方を設対者とし、仕方はこれに応じて制するのである。よつて仕方は必ず打方の抜刀に順つて発剣し、しかも必ず勝つのである。仕方が決して自ら先に発剣するということはない。仕方が応じて発剣するのは単に抜いて受け止めるだけが目的ではない。応じてしかも抜き討ちに仕止めるのが本旨である。互に抜刀し太刀が十字に合うのは双方の力量が相拮抗するからである。抜刀は間合、気合、機会、技前に於て優つていても必ずしも勝てるものではない。義を遂げる熱情に燃え死を見ること帰るが如き覚悟に於て始めて抜刀の目的を果たし得る。よつて発剣、二躬の術に励み且つ気魄と道義の養いに不断の精進を重ねなければならない。

夕陽

打方　帯刀のまま場に進み、仕方に対し一足一刀の間合に近寄ると、仕方も帯刀のまま進んでくるから、打方は左手にて鞘口を上から握り、拇指にて鍔上から抑え、左手を左に捻り、刃を左横から斜左下に廻わし、拇指にて鍔を下から押し鯉口を寛ろげ、機を見て速やかに右手を柄に移し、右足を踏み出し、切先を左斜下にし逆裏袈裟切り上げに抜討ちにゆくと、仕方が同じく逆裏袈裟切り上げに抜刀して受け止める。双方の太刀互に十字に合う。互に左手を柄に添え正眼に直おし相正眼となる。打方は右足を引き逆の本覚にとる。仕方が左上段に引く。打方は右・左・右足と踏み込み仕方の腹を一気に突くと、仕方がはずして打方の表袈裟を

腹へ合抜上げ

相　正　眼

逆本覚―左上段

胴　突―左首打

切る。打方は二歩去り陰にとり相正眼となり、右片手にて血振りし刀を鞘に納め元の位置に戻る。

仕方　帯刀のまま場に進み、打方に対し一足一刀の間合に近寄ると、打方が帯刀のまま進んできて、生死の間合に入ると打方から殺気が起るから、仕方はそれに応じ左手にて鞘口を上から握り、拇指にて鍔を上から抑え、左手を左に捻り、刃を左横から斜左下に廻し、拇指にて鍔を下から押し鯉口を寛ろげ、打方の右手が柄にかかると見るや仕方は直ちに柄に右手をかけ、左足を引き、切先を左斜下にし、逆裏袈裟切上げに抜き出して打太刀を受け止める。太刀互に十字に合う。互に正眼に引き取り相正眼となる。打方が逆の本覚に引きとるから仕方は右足を引いて左上段にとる。打方が進んで仕方の腹を突きにくるから、仕方は腹の皮一枚突き裂かせる厘毫の差の曲にて左足を引き左向きとなると同時に打方の表袈裟を切り払う。夕陽の西海に没する象である。仕方は二歩引き陰にとり、相正眼となり、右片手にて血振りし刀を鞘に納め元の位置に復す。

電　光

打方　帯刀にて進み仕方を左に見て行き違う時に左に向き間合に進み、右足を踏み出して仕方の右肩に抜きつけると、仕方も打方に向き直って同じく抜き受け止める。打方は少しすさつて切先が入れかわり相正眼となる。打方は気を満たし仕方の表面を右上側から切り込むと仕方も打込むから合打となる。打方は左足を出し仕方の裏面を左上側から切り返すと、仕方が引いて受ける。打方は右足を出し仕方の表面を右上側か

右肩へ合抜付

面　合　打

ら三度切り返すと、仕方が受け止め、仕方から万字に摺り込み落し、突きに攻め進んでくるから、打方は二歩引き陰にとり、左足を出して仕方の面を切りにゆくと、仕方が出刃に切落すから、三四歩退きまた出て仕方の面を切りにゆくと、仕方が入刃に切落す。以下陰、相正眼、血振り、納刀等は前条同断。

仕方　帯刀にて進むと打方が左方に進み来て行き違う時に打方が仕方に向き間合に入り、仕方の右肩に抜き付けてくるから、仕方は左に向き直り左足を引いて打方の右肩を目がけて左上側から抜き、打太刀を受け止め、切先を抑え込むと切先が入れかわり相正眼となる。打方が仕方の表面を打ちにくるから仕方は応じて表面を打ち合打となる。打方が進んで仕方の裏面を切り返してくるから、仕方は右足を引いて受け止める。打方がまた表から仕方の表面を三度目も切り返してくるから、仕方は左足を引き受止め、続いて万字に順に仕太刀を以て打太刀を電光落雷のように摺り込み巻き落し突き進むと打方が退く。打方が出て仕方の面を切りにくるから出刃に切落す。打方が引くから仕方も引く。互に進み出で打方が仕方の面を深く切りにくるから、仕方は打方の面を入刃に切落す。以下陰、相正眼、血振り、納刀等は前条同断。

流　星

打方　帯刀にて間合に進み仕方が左側から行き過ぎるのを、打方は左廻わりに後方に振り返り向き替わり右足を踏み出し、刀を上に抜き左手を柄に添え、仕方の頭上から切り下ろすと、仕方も後方に振り返り向き替わり、抜刀して切落し、打方に向つて正眼にて突いてくる。打方は裏から始め三本巻き進むと、仕方が跡へ三本之浮木にて去る。打方は右寄脇構となり、左足を前にて仕方の面に切りかかると仕方が進んで摺り上げ打方の面を切りにくるから打方は左足を引いて摺り上げ、右足を引いて仕方の面に切りかけると仕方が出て摺り上げ右上段となる。打方は右足を踏み出して仕方の腹を突きにゆくと、仕方は引き外ずし、打方の面を切りにくるから打方は引

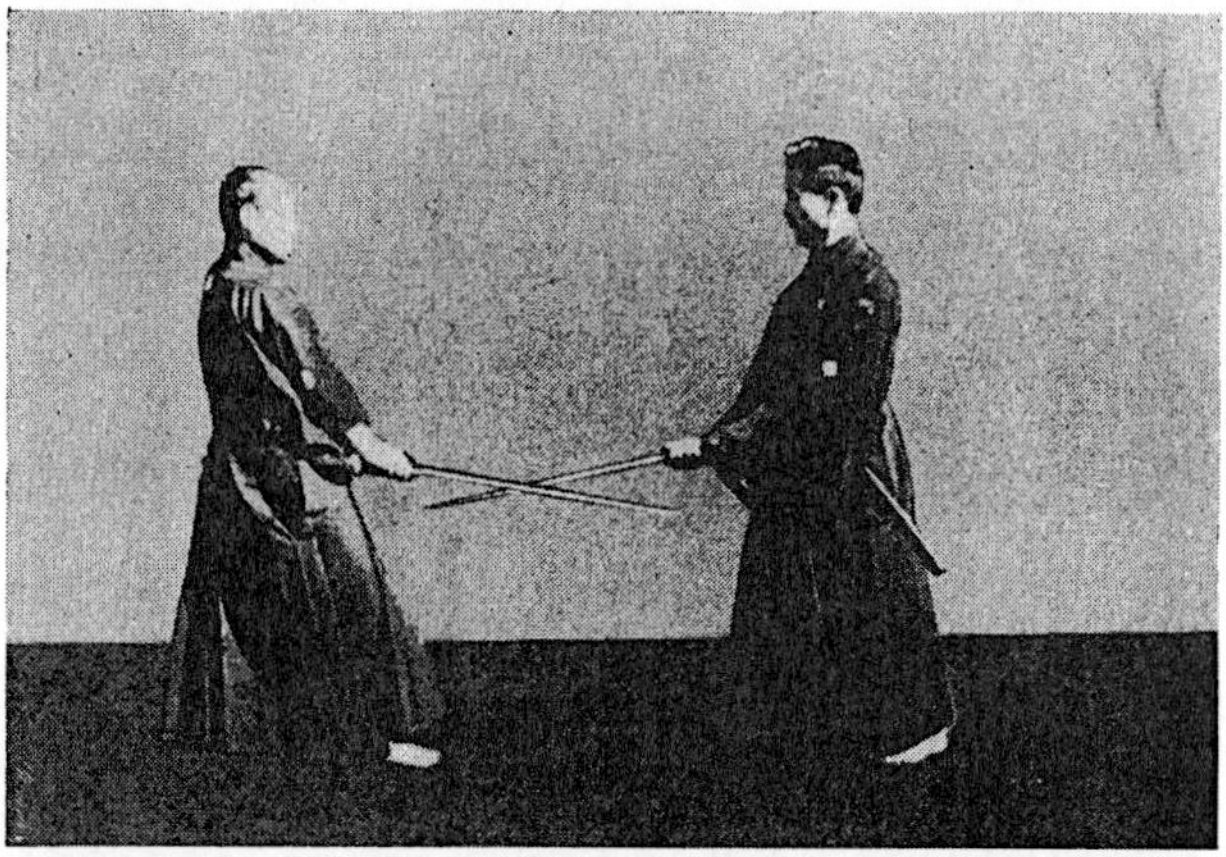

浮木順巻

浮木逆巻

くと仕太刀が打太刀に当り、打方は五六歩退き右上段に替るのを仕方が打方の右小手を切る。以下前条同断。

仕方　帯刀にて進み打方が左側から行き違いに過ぎるのに、打方が後方に振り返り向き替わり、仕方の頭上に切り下ろしてくるから仕方は素早く左廻りに後方に振り返り向き替わり足右を出して切落し正眼にて突きに出る。打方が裏から三本巻き進んでくるから、仕方は跡へ三本の浮木にて引き下段におると、打方が仕方の面を望んで切りかかるから、仕方は右足を進めて摺り上げ、左足を進めて打方の面を切りにゆくと打方が引いて摺り上げ、また打方が引きながら仕方の面に切りかかるから、仕方は右足を進めて摺り上げ右上段となる。打方が仕方の腹を突きにくるから、仕方は右足を引いて右向きとなり、打方の突きをそらし、右足を踏み出して、打方の面を切りにゆくと打方が引くから、仕太刀を以て打太刀を打ち落し、流星の象を以て打方を突に攻め追い進み、打方の右上段となる時その右小手を打つ。以下前条同断。

波　返

打方　帯刀にて進み仕方を右に見て行き違う時に、打方は右に向きを変え間合に入り、右足を踏み出して仕方の頭上に抜き付ける。仕方が打方に向き直つて頭上一文字に抜いて受け止める。仕方は刀を巻き込み抑えて突きに出てくるから、打方は右足を引いて陰にとると、仕方はそのまま進んで打方の咽喉を突きにくるから、打方は左足を引いて仕太刀を右から左に払い下段にとる。仕方はまた出て打方の咽喉笛を左から右に払いにくるから、打方は太刀を下から起し、右から左に受け止め、右足を出して順に摺り込み巻き突く、仕方は二歩退き正眼におるから、打方は陰にとり、右足を踏み出して仕方の左拳を表から払いにゆく。仕方は下段にはずすから、打方は左足を出し仕方の裏から胴を払いにゆく。仕方は脇構に受け流し刃を返して打方の面を切りにくるから、打方は太刀を右上にあげて受け流し二歩退く。続いて面打ちにゆくこと二回。以下前条同断。

面へ抜付ー天横一文字留

仕方　帯刀にて進み打方を右に見て行き違う時に打方から仕方の頭上に抜き付けてくるから、仕方は右に向き直り右足を引き頭上一文字に抜き受け、左手を柄に添え打太刀を巻き込み抑えて突きに出ると、打方は陰に引き取るからそのまま許さず進んで打方の咽喉を突きにゆくと、打方が仕太刀を左から右に払うから、仕方は右足を右に開き脇構となり、また右足を左に踏み込み打方の咽喉笛を切り払う。打方は左から右に受け止め、仕方の手元に摺り込み突きにくるから、仕方は二歩退き正眼にとる。打方が仕方の左拳を表から払いにくるから、仕方は下段にはずすと、打方が進んで仕方の裏胴を払いにくるから、仕方は右足を引いて脇構にて受け止め、仕太刀を返して打方の面を切りにゆくと、打方が受け流し二歩去る。打方から仕方の面を打ちにくること二回、仕方はこれを出刄、入刄に切落す。以下前条同断。

一文字胴へ抜付一縦受留

竜　巻

打方　帯刀にて間合に進み右足を出して仕方の裏胴に一文字に抜き付けると仕方が縦に十字に抜き止める。打方は右足を引き中段霞にとると仕方が切先を下からつけてくるから、打方は右足を出して仕方の腹を突くと、仕方が打太刀を右下に抑える。打方は右足を引き打太刀を引抜き左上段にとると、仕方が出て打方の左小手を切りにくるから、打方は左手を左後方に寄せ引きはずす。仕方が二歩引いて正眼にとるから、打方は陰にとり、右足を踏み出して仕方の右小手を切りにゆくと、仕方が左下に抑える。打方は逆に巻き上げると、仕方が上にて仕太刀を引き抜き打方の右小手を打ちにくるから、打方は右足を引き切先を左にとり頭上一文字に受け止め、右足を出し仕太刀を右下に摺り巻き落す。仕方が退いて正眼にとるから、打方は左上段にとり右足を踏み出して仕方の右小手を打つと、仕方が脇構にはずす。打方は左上段にとり直すと仕方が進んで、打方の左小手を打ちにくるから、打方は左後方に引きはずす。仕方がまた脇構に引く。打方は陰に変り仕方の左肩を切りにゆくと、仕方が陰に引きはずす。打方は仕方の腹を突くと、仕方は却つて乗り突きにくる。打方は順に巻くと仕方が巻かれながら右に仕太刀を抜き、打方の裏袈裟を切りにくるから、打方は右足を引きながら、逆に巻き払うと、仕方は巻かれながら上にて仕太刀を引き抜き、打方の左上段となる左小手を切る。以下前条同断。

仕方　帯刀にて間合に進むと、打方が仕方の裏胴を一文字に抜き打ちにくるから、仕方は左足を引き切先を上に縦一文字に抜き受け止めて太刀は十字に合う。打方が引いて中段霞にとるから、仕方は切先を下からつけると、打方から進んで仕方の腹を突きにくるから、仕方は左足を出し、仕太刀にて打太刀を左下に巻き抑える。打方が左上段に引くから仕方は付け入り右足を進めて打方の左小手を切りにゆくと打方は引き外ずす、仕方は二歩引き正眼にとる。打方は陰から仕方の右小手を切りにくるから、仕方は仕太刀にて打太刀を下に抑える。打方から左に巻いてくるから仕方は応じ巻かれ上にて仕太刀を引き抜き打方の右小手を打ちにゆくと、打方は受け止め、左下に巻き落す。仕方は二歩引いて正眼にとると、打方が左上段から仕方の右小手を打ちにくるから仕方は脇構に外ずす。打方が左上段に引き上げるのに仕方は付け入り右足を出して打方の左小手を切りにゆき、また脇構に引き取る。打方が仕方の左肩を切りにくるから、仕方は左足を引き陰に外ずす。打方から仕方の腹を突きにくるから、仕方は左足を引き右足を出し却つて迎え乗り突く。打方が右に巻くから応じて巻かれながら左に抜き、仕方は左足を進め、打方の右肩を裏から切りにゆくと、打方は引きながら左下に巻くから、仕方は巻かれながら突きに出で上にて仕太刀を引き抜き右足を踏み出して、打方の引く左上段の小手を切る。以下前条同断。

第十四章　一刀流浄之太刀

一、一刀流の浄めの太刀を執り行うのには七日または五日、若し急を要して間がなければ三日にても精進潔齋し、火を改め、女人を遠ざける。

一、在銘清浄不穢の大小を用う。三宝に大を手前に、小をその向うに乗せ、柄を左に切先を右にし、切先を鬼門に向けて置く。

一、執り行う人は三宝に三歩離れて座り拜し、両足を爪立て両手を腰にとり、右足から膝を三つ三宝に向つてすり寄せ、左手の掌を上にし太刀の柄を下から支え、右手の掌を下にして鞘を持ち頂戴し、左足から膝を三つすり去り、太刀を真直に立て右・左の手を上・下にすりかえ、太刀を腰に帯し、左足を引いて立ち上がる。左足から三歩退き場の中央に立つて定めの通り執り行う。

一、心を修め気を鎮め、胸中に唱事を唱えながら、太刀を徐ろに一文字に抜き清眼にとり、切先にて一刀流の紋所を描き、天地人を腹中に納める。

一、先ず北に三つ切る。中は竪一文字に天地に切り、斜は右上から左下に、左上から右下に袈裟に切り、左へ西に向く。

一、次で西に七つの時は上から竪に高く天を一つ切り、中に人を一つ切り、低く地を一つ切り、正眼に直し、刃を左に向け左に横に払い、刃を右に向け返しに右に払い、正眼に取り直し、刃を常の如く下にし、天・人・

地と三つ突き、左へ南に向く。

一、次で南に五つの時は高く右上から低く左下に表袈裟に、また高く左上から低く右下に裏袈裟に払い下げ、続いて低く右下から高く左上に表逆袈裟に、また低く左下から右上に裏逆袈裟切上げ、刃を左に返して真中を突き、左へ東に向く。

一、次で東に一つの時は上に向けた刃をくり下ろす。終りに左へ北に向き清眼にとり、徐ろに太刀を納める。

一、太刀を三宝に納めるのには取る時の逆の還り道の順で行う。

一、小太刀を三宝からの取りよう、納めようは大太刀の時と同じである。

一、小太刀の執り行いようは大太刀の逆の順路に北から速かに東・南・西・北と一気に解いて遣う。

一、唱事は竪に切る時は殺人刀、横に払う時は活人剣、突は一刀と唱える。

浄めの太刀は築城、新殿造営の浄め、または悪霊怨敵退散のために執り行う一刀流の秘中の秘事である。

一刀流の高上理念は清浄である。心を清め体を浄め行いを潔め場を清め時を浄める。古来日本民族は罪と穢と病と死とを同義と考え、罪咎あらんをば禊払で修してきた。神殿に拝するに先立つて火を改め齋戒沐浴し、口を嗽ぎ手水をつかい心を清める。ギリシヤの神殿の立札にも「心潔く手清き者のみ入るを許さる」とある。聖母マリヤはイエス誕生四十日目の二月二日にエルサレムの神殿に上り浄めの祝日と定めた。イエスは山上の垂訓で「心の清い人はさいわいである。彼等は神を見るであろう」と教えた。ローマ人への手紙の六章に「あなたは罪から解放されて神に仕え、きよきに至る実を結んでいる。その終極は永遠のいのちである。」「罪の支払う報酬は死である」とある。一刀流の清浄霊剣は禊、払、灌頂、洗礼と同じ神聖な行事である。清眼に発して清眼に納まる。清眼は正眼、星眼ともいう。清く正しく無限の理想を星と仰いで永恒の勝利と生命に前進する執行である。

第十五章　軍神御拝之式太刀

七足反閉並びに三種之口伝

一、吉方へ御向ひ無御他念
　御心を修せられ　右の御足より御踏出し被遊　七足之反閉を御踏被遊候事　反閉には
貪　巨　祿　文　廉　武　破
　足を七足の反閉と云　則七星の尊名にして可尊事なるに　足下にかくる事口伝也
大将自から破軍星となるの心也
右之節御観念有べし　其文に
　我　則　軍　神
　鎧　則　瑞　籬
　　と御観念有て東方へ御向ひ御着座　東方は軍神の初なるの故也
一、北斗七星の名は貪狼星、巨門星、祿存星、文曲星、廉貞星、武曲星、破軍星なり
一、七足反閉の事　敵は八方から我を取囲みての上に敵に日月二星を取られ、我は二星に向つた不利な時であつても、我は破軍星の利剣の勢を以て、逆を順に翻し、八方の敵を切払つて必勝を得るのには七足反閉の変法の足を用いて八方分身に切払うのである。その法を図に示すと次の通りである。

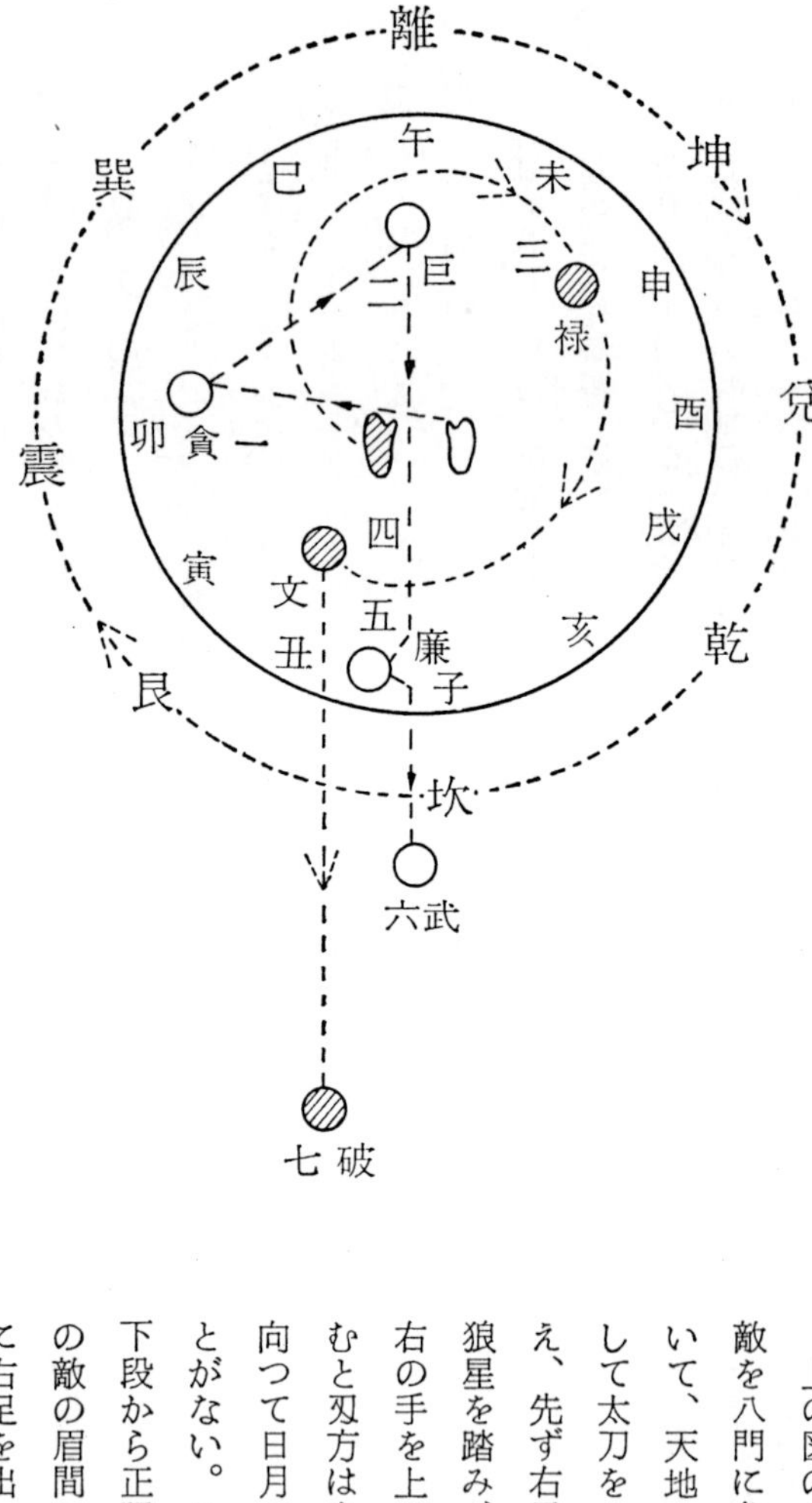

上の図のように四方四隅の敵を八門に象り、我は中央にいて、天地一体の全気を充満して太刀をとり、下段に構え、先ず右足を踏み出して貪狼星を踏み、左の手を下にし右の手を上にし手を連技に組むと刄方は自ら我が右の方に向つて日月の運行に逆らうことがない。この手の内を以て下段から正眼に取つて震の方の敵の眉間に突き込み、直ちに右足を出して巨門星を踏み、敵を震から右廻りに巽・離の方に目の合を切り払い、我が左足を出し右足の前を越えて右に旋廻し、祿存星を踏み坤までの敵を切払い、続いて左足を右廻りに速かに配り文曲星を踏んで一拍子に坤から兌・乾・坎・艮までの敵を残らず切払う。続いて身を転じ右足を以て廉貞星を踏み、敵の後方に引き出で、右足を以て武曲星を踏み、左足を配つて破軍星を踏まえ、右膝を立て、左膝を突き折敷き、正眼にとつて勝の格を堅めるのである。この七足反閉は一刀流の大秘事である。

一、軍神御拜之式に供へる三種之肴之事口伝古実にして食し給ふべき様は打鮑より勝栗也　帰陣には打鮑長きを用ひ　熨斗勝と祝ふ也　三種の肴をうち勝喜　のし勝喜と食し給ふ也　此肴を三種の肴と云也　可調様は打鮑九つ置也　下に四上に五　四竪五横也

図の如し

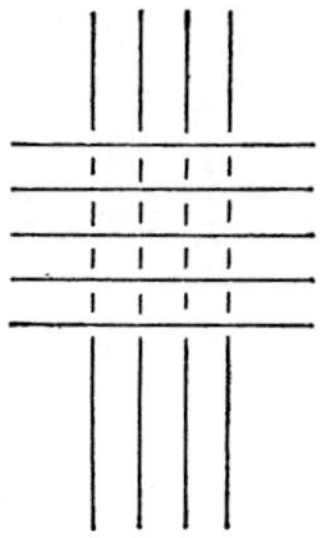

勝栗は三つ片々つつ也　味方勝と云心也　昆布は大きく切て一きれ也　此肴を調る事あまねく人に不可見と云々

右先師景憲以来之口授也

謹奉左右之為拝

山鹿八郎左衛門

高補

文政五壬午年十一月

奉　寧親公

閣下

(右は原文のまま録す)

第三編　剣道強化

第一章　剣道の発達

第一節　稽古法の新局面

第一項　自由乱打方式

㈠　**自由乱打の方式としない打**　組太刀の技に熟達しこれを応用するとそれで万理に叶う道理ではあるが、実際には組太刀で習つた公理定理の間を縫うて出てくる微妙な変化の攻防技術の問題がある。その方向路線と虚実現滅の機会に即応し得る活用の技に慣れさせ強くするために一刀流で自由乱打の方式を設け、どんな変化にも咄嗟に間に合うような実力を養わせる方式としてしない打ちを考案実施した。

稽古に当つて真剣、刃引、木刀で一本毎に実体に打ち当て、生命を断つたり怪我や痛疼を与えることのないようにし、しかも自由濶達な稽古ができるように考案したのはこの韜、撓、袋しない打の方式である。

㈡　**袋しない製作使用**　袋しないを作るには長さ三尺程で直径一寸程の手頃な丸竹を取り、手元の方を柄にし先の方を細かく三十二割りにし布袋をかぶせ、柄と刀身との境に鍔を嵌める。袋しないを使う素肌打ちの教授法は初めに袋しないを持たせて組太刀を一通り習わせ、約束通りの手順で攻防をかけ、それが一通り慣れた所で互に奇正表裏をかけて行い、更に進んではその教の手順や手数の順序や約束を離れ、各自の好みにまかせて自由に変化し攻防をかけ、いわゆる乱打を許して練習させる。一刀流では袋しないを使用し十二点巻返しや九個の太刀などを素肌で盛に稽古させ、また引続き自由をかける乱打をも許したので大方の興味をひき、これを嗜み励む者が激増した。袋しない一本あれば互に実体に打当てて自由奔放に攻防を学び心身技能を養いしかも怪我がないから稽古には至便である。これは幼少年や初心者や女子にも適し、また上達の人でも素肌で行うから偽りの太刀がなく、真実性が出で精妙の域にも達せられる。

第二項　袋しない使用団体調練

一刀流では袋しないを用い素肌で対個人ばかりでなく、団体対団体の訓練をも行わせていた。陣取り大将討取りなどの方式で焙烙調練と称し、紅白両隊に分れて陣を張り、各自袋しないを持ち、額に焙烙か煎餅を鉢巻で結び付け対陣から合図で進撃し、打合つて焙烙を打破られた者を負けとして列外に除き、敵本陣の乗取り、大将の討取り、または一定時間後の勝残り者数の多い方を勝とする。これには隊伍の組み方や、攻防のかけかたなど色々の方式と作戦とがある。この団体競技の協同作戦と駆引とは技能と気力の優劣はその勝負を決する所に大きな興味がわく。これは秀でた日本独自の太刀技に発祥した団体競技である。これまで往々剣道野仕合と称して防具を纒い竹刀を持つて野外で多勢が二隊に分かれて試合する形式も行われたこともあるが、それは単なる個人対個人が行き当りばつたり打合うのが雑然と数多く居るばかりで、全体としての組織も指揮系統もなく、隊伍としての機動性もなく、野仕合としては全く無策の索漠たるものである。それに比して袋しないの団体焙烙調練は団体競技として興味深いすぐれたものであり、研究奨励に価するものである。

第二節　防具竹刀の工夫

第一項　一刀流の発明

㈠　**剣道の新面目**　一刀流で防具、竹刀を発明してから、剣道稽古に一大変革を来たし、これを転機として剣道の大躍進を見た。従来は一刀流の教授方式として使用する用具は真剣、刃引、木刀、袋しないであり、素肌打ちから鬼小手打ちと変わつて来たのであるが、新防具と竹刀によつて剣道稽古がその面目を一新するに至つた。

㈡　**防具の工夫**　一刀流五代小野次郎右衛門忠一の門人中西忠蔵が従来の組太刀の方式を更に推進して、応用変化自由乱打ができるように工夫して江戸時代の中期宝暦、明和の頃、紀元一七六〇年代に兜頬蓋に擬し、鉄線の面金に分厚の布団をつけ、頭と顔と咽喉と肩とを防ぐように冠る「面」を作り、又胴体の前方を護るため厚い竹片を合せて外側に厚い牛皮を張り「胴」を作り草摺り様の厚布団五片の「垂れ」をつけた。更に厚い手袋のような「小手」をも作つた。これらを防具として纒いその防具の覆うてある部位の面、胴、小手を打ち、面垂れの咽喉を突くように約束し、自由乱打の稽古をすることにした。防具が覆うていない部位は打突せず、たとえ防具はずれには当つても勝の得点と数えない事にきめたのである。

㈢　**竹刀の工夫**　防具を纒つても木刀での打突では固過ぎて痛疼や怪我もまぬがれない。また袋しないではしない過ぎて真剣の味が出ない。そこでその中間的なものとして竹刀が工夫された。即ち幾分弾力性があつて靭強な竹片四枚を合せて円籌状に作り、柄は握りよいように鹿革で包み、四握り程の長さとし、切先も鹿革を冠せて包み、柄革と切先革とは琴糸などの強い糸で宗の方に張り結び、それに物打のあたりに細い中結の鹿革で四巻き程むすび束ねる。柄と刀身との境に厚い牛皮の鍔を嵌める。これを竹刀として打突に使用することにした。この竹刀を使い、防具をつけて、互に思う存分に打突攻防を競う自由乱打の稽古や仕合を行うことになつたのである。この四つ割りの竹刀をしないと呼んでいるが、竹刀の文字からはしないという発音が出て来ないが、撓の意味から竹刀をしないと呼ぶことになつたのである。

㈣　**竹刀の寸法**　初め一刀流で竹刀を刀剣の寸法と同じく全長を三尺程、または三尺二寸即ち刀身二尺三寸五分、柄八寸五分とした。後代になり竹刀が長いのに利があるとして次第に寸を延ばし、三尺六寸、三尺八寸、また四尺、五尺という長竹刀を使う者が出てきた。その極端な者は筑前柳川藩の神陰流の大石進という身の丈六尺余りの強力の人で全長六尺、刀寸四尺、柄二尺という長大な竹刀を担いで江戸に現れ、各所の道場を荒し廻わつた。直心陰流の男谷下総守は僅かに大石と引分けとなり、北辰一刀流の千葉周作は大石の長竹刀に対し、四斗樽の蓋を竹刀の鍔にして立向かい無勝負に終つた。大石の長竹刀を破つたのは一刀流の白井亨だけであつた。白井は下段と上段から打つて二本勝つた。一刀流の長短一味の妙技を以て大石の長竹刀を制したのである。その後に竹刀の長さが漸次制限され、大体三尺八寸となつた。後代に日清、日露の役や世界大戦の折に竹刀の長さを軍刀の長さのように全長三尺二寸につめて試みた人もあつたが、その後また三尺八寸程度が普通となつている。

㈤　**竹刀打欠点の是正**　真剣には刄と宗とがあり、偏平で鎬がありしかも反りがある。柄は小口が楕円形のものである。しかるに竹刀は刀身も柄も円籌状であり、反りがないから、竹刀を握つて稽古しているうちに手の内が定まらず、柄が掌中で廻わつて刄方ときめた方でない所で打つたりする欠点がある。また反りや鎬がない竹刀で習つているから、今日の専門家と言われる者でも反りと鎬とをつかつて働らかせる切落し摺込み摺上げなどの精妙な技を利かせるのがあまり見られなくなつた。更に防具使用稽古では防具はずれの部位打突を勝点と認めないから、防具着用という便利な方法の採用が、剣道技法をして必殺の武技から転退して限定部位打突のスポーツに化してしまつた。即ち古流で行つた真剣を使い鎧兜の明き所や身体四肢の関節や草摺の下からの突などを禁じてしまつた。そこで防具竹刀剣道は防具に仮託し、打突されても生命身体に別条がないから真剣素肌ではできない無理を行い、相互に竹刀を相手の肩や腕や脇などにかけたり、または面を打たれそうになると首を曲げ、滑つて頸動脈に当つても、面でない首だから参らぬ。今の打は小手でない拳だ肱だ二の腕だから一本でない。突も咽喉からはずれ下つて心臓だから負けではないという。現行の防具着用竹刀打突術の試合規定は戦技真剣武道の実体から程遠く歪曲されたものになつている。従つてもしもスポーツよりは次元の高い格調の尊い正統の日本剣道を学びたいという人ならば正しい基礎から築き上げるために真剣、刃引、木刀による古流の組太刀の真技を学ぶ必要がある。この適切な配意を施した剣道指南法を明示した指針として一刀流十代小野次郎右衛門忠孝が山鹿次郎作高厚に宛てた書翰が本著者の手許に保存してあるが、これは今日よい指導原理を伝えるものであるから左に掲げる。

「当流しない打之儀　起請文之通容易難相成事に候　然る所中西忠蔵より始まり夫より引続専に相成候趣　組合者薄くおのつから形を崩候様に見請候に付筋違に不相成様可被心掛候　但しない打の儀従前之治定通十二ケ条以上伝授之衆者格別之事　初心之衆者無用可被成候　此段為心得申進置候　以上」

文化未歳　九月　小野次郎右衛門　忠孝

山鹿次郎作殿

（備考　山鹿次郎作高厚は山鹿素行五代の後裔で一刀流を以て津軽藩の指南役を勤めた人物。その曾孫山鹿高智から右記書翰原文が本著者に贈られてある。）

第二項　組太刀の基盤と竹刀剣道の活力

㈠　**組太刀で原理を学ぶ**　剣道を習う正しい方法としては、古来から流祖以来代々の名人が苦心して積み重ねてきた組太刀の原理を学ばなければならない。先ず学刀の立志を確立し、一生の精進を盟い、礼儀作法を厳正に守り、身体の姿勢を正しく保つ事に慣れ、次に執刀の手心と、構の取り方と、斬突と攻防の操作が法に叶い、続いて身体を進退屈伸する足心が自在になり、そこから数多い組太刀の攻防変化、応敵必勝の各技を学び取りその身につける。その上に真剣の抜刀や素振り、または当て木打ちや据物斬りなどで、強靱な心気力一致の技を習うのがよい。この本格的な原理を身につけ其上で竹刀剣道の稽古に励むべきである。

㈡　**竹刀打突剣道で活力をつける**　組太刀は剣の道の公理定理を示し、原則を教えるものであるから、約束事である。よつてどんなに多くの技の手数を覚えても、それを応用することができなければ死物になる。よつて昔から「組に組つかれた太刀を華法という」。それはどんなに約束に従つて奇麗に組太刀を仕つても、約束にだけなじんで形式に堕し、実力がなければ弱々しくまさかの時の役に立たないと戒めたものである。そこで一刀流が発明した防具、竹刀で攻防路線の約束以外の自由乱打をかける方式で練習し、体力気力技力を養い活力をつける事にするのである。

第三項　組太刀と竹刀剣道の兼修

㈠　**理論の修得と実力の養成**　剣の道に志し、一生これに励み、心身の強豪と技能の精妙に達し、剣徳の本徹を捉え、その奥儀に入り、古人を凌ごうという大望を懐く篤心の士ならば古来から伝授された正統の組太刀に本格的に精進し、流祖以来練り鍛えられた理法を追求し、確乎たる原理を修得し、ここに不動の基盤を確立すべきである。それには長年月をかけ忍耐強く、遅々たる進歩を追つて努力しなければならない。この深い原理原論の修得ができていると年齢七十、八十に達しても壮者を相手に道を楽しむことができる。この原理の自得がないと体力の衰える七十以後になると最早人前に立てないことになる。

さればとて組太刀の華法が奇麗に仕得ても、叩き合いの腕前の強剛な者に打ちのめされるようであつては物の役に立たない。だから一刀流では「万理一刀に決す」と教え、竹刀乱打防具剣道をも発明し実力養成を奨励しているのである。この理論と実際を兼備させるのは兼修の徳である。

㈡　**武徳会の形と竹刀剣道**　大日本武徳会が明治の末に創立された当初に於て、剣道の教授には形が根本である事が当然とされ、「天地人」三本の形が制定されたが、諸流派の師範を迎えるに及んで、教授法の刷新統一を図る必要を感じ、各流の理に共通する形を案出し、大正六年紀元一九一七年九月に「大太刀七本、小太刀三本」の形を制定した。当時は各流各派の教えで錬えた流儀の形に堪能な人が多かつたから、武徳会で制定した形は簡単な初手の十本の形だけでも、その外にすぐれた各自の形の裏付けを剣道人が持つていたから、竹刀打の稽古仕合にも充分に応用されていた。その後に武徳会を始めとし、一般の人が専ら竹刀打突の稽古仕合に興味を引かれて精力を傾けたが、古来伝統の正しい各流各派の真剣、刃引、木刀による形、組太刀や、袋しないによる素面素小手の自由乱打の稽古をなす事を忘れたので、防具を纏う竹刀打突に巧みで強い剣道有段者が多数養われたが、形ともなれば武徳会制定のものもあまり鍛練せず、その理合の会得も疎く形無し剣術となり偏倚な叩き合いに陥り、または当てつこ主義に堕するものが滔々として比比みなしかりという弊に傾き、剣道根本の理に乏しく、根が浅く枝だけ張つているから、老境に入る頃から行詰まりを感ずることになるのが当然である。よつて古来の組太刀と竹刀剣道との兼修を励むと一生行き詰まりがなく、老来益々進況が拓かれ限りない高遠な望みがその人に託されることになるのである。

第二章　稽　古　法

第一節　礼　儀

第一項　剣道の礼儀

㈠　**剣と礼**　「剣道は礼に始まり礼を以て行い礼に終る」といわれ、剣と礼とは一如であると教えられる。剣道を学ぶ目的は心身を鍛練し、剣技を修得し、以て高邁な人格と必勝の活力とを養成することにある。剣道に強くなつて兇暴とならず、人に敬慕されるのにはその人の魂から自然に湧いてくる格調の高い徳性の権威がなくてはならない。その精神的基調たる礼儀は剣道執行に不可欠の課題である。

㈡　**礼の理念**　礼は敬虔な心で天地人を尊び、また自らに内在する至高な人権の価値を信ずることである。従つて人を犯さず、人に犯されず各々の立場を護持するのである。尊厳な品性と威力とは剣道を稽古する間に積まれる。剣道稽古に必須な礼儀という正しい形式によつて真心が養われ、真心によつて正しい礼の形式が修められる。剣道の稽古に当つては必ず自ら慎み人を敬う真心を端正な姿と動作で表現するのである。真心のない形式は虚礼であり、形式の正しくない表現は失礼である。

第二項　礼の対照

㈠　流祖・師・先輩・同僚・後輩・自己・剣道を学ぶ者は道を求め心身技能の練磨を望むものであるから、この教えを施す人に礼を捧げる。第一に流祖、第二に師、第三に先輩、第四に同僚、第五に後輩、第六に自己、すべての相手とわれ自らに対して礼を守る。稽古や仕合で相手に勝つて誇らず蔑まず、非礼を行わない。われ負けて卑屈にならず、反感を起さず、鍛われて感謝し、互に礼を尽して磨きあう。剣道の正しい礼儀で心と形が養われた人物は威あつて猛からず、人を敬い人からも尊ばれる風格が自然に備わる。礼の対照は人と吾れとである。

㈡　**道場の礼**　道場は流祖、先師、先輩、同志が道のため会同する神聖な場であるから、道場に入る際には心を清く身を正し、敬虔な思いで上座に敬礼する。道場には必ず上座下座がある。神殿、玉座、床間、来賓席のある方は上座である。その設けがないと入口が下座で奥が上座である。また東を上座とし西を下座とする。人が居つたらその人に礼をする。師または客を上座に薦め、後進者または主人は下座にまわる。先進者や上位の人が道場に入つてきたら後進者の方から礼をするのが秩序である。但し組太刀や形を行う場合には巧拙にかかわらず打方は上座に、仕方は下座につく。立つていても椅子に腰かけていても座わつていても居仕舞を崩さない。烈しい稽古の後の心臓の動悸と呼吸の切迫を癒やすのにも静かに正座し瞑想し体の凝りをほどくべきであつて、行きなりふしだらに身を投げ出してはならない。稽古の初めと終りには相手に対し師に対し最後には上座に礼をする。くつろぐのは後に別の休息所でする。道場を退出する時には上座に礼をする。すべてこの精神で世に処するのである。かくて剣道人の風格が高まるのである。

㈢　**大会場の礼**　大会場で国旗が掲揚されてる方は上座である。また玉座や貴賓席、大会長席などを上座とすることもある。大会の始めと終りには全員が上座に礼をする。仕合者同志が仕合の始めと終りに上座と相互の礼を交わす。また観覧者が仕合者に対し礼儀を守り、入場、声援、退場等秩序正しく行動し、礼儀を重んずる。かくて剣道により団体と社会の教養高い秩序が保たれるのである。

第三項 礼の種類

㈠ **立礼** 立礼は姿勢を正し、口を閉ざし、相手の顔に目を注ぎ、上体を前に曲げる。昔の人はあまり腰や首を曲げず、膝を屈め腰を下げて礼をした。それは腰に帯刀しているのと視野を失わない用心のためである。今は直立のまま腰から上体を前に十五度、三十度、四十五度など曲げる。最敬礼を神前や玉座に捧げるには刀の鞘鍔下鯉口の所を右手に持ち、柄頭を斜後ろにし、刃方を下にし、切先を前下りに持つて上体を四十五度曲げる。普通の上座に対しては刀の鞘鍔下鯉口の所を右手に持ち、柄頭を斜前にし、刃方を下にし切先を後ろ下りにし上体を三十度に曲げ礼をする。稽古仕合の相手に対しては刀の鞘鍔下鯉口の所を左手に持ち、柄頭を斜前にし刃方を上にし切先を後ろ下りにし、上体を十五度曲げて礼をする。礼が終つてから刀を左手に持ち替え帯刀する。

㈡ **座礼** 立から座るには先ず左足を引き、左膝を突き足を爪立て、右膝の立つたのを引いて突き、両膝の間を拳二つ入る程あけ、爪立てた足指を後ろに水平に延ばし、足の拇指を重ねて座る。上体を真直にし顎を引き、両肩を緩やかに下げ、胸を張り丹田に力をこめ、両手は指を合わせて自然に股の上に置く。座から立つにはその運びを逆にし、先ず爪立て右足を出して立つ。

座して礼をするには右手、左手と股から前に下ろし、膝頭から拳二つ程離した所に手を床につけ、人差指を二辺とし、右左の拇指を一直線上に継ぎ合わせ底辺とした二等辺三角形を造り、そこから拳二つ重ねた程の高さの所まで鼻先が行くように上体を腰から平らに曲げ、両前腕が床に接する程にして頭、背中、臀の高さが同じく水平になるように礼をする。一呼吸の後に元に復する。手は左手・右手と股の上に戻す。これは真の礼である。頭だけ下げたり臀を上げたりしない。行の礼は両手の間を少し広くあけ、上体の曲げ方は真の礼より稍高くする。草の礼は両手の間を更に広くあけ上体の曲げ方も一段と少なくする。

㈢　**蹲踞の礼**　起立から両膝を開いて屈し、腰を下ろし爪立て踵の上に尻を据えて蹲踞し、右手と頭を下げ注目して礼をする。

㈣　**稽古仕合の礼**　先ず座つて防具をつけ、左手に竹刀を持つて立上がり、相対して立礼を行い、前進し間合をはかり蹲踞の礼を交わし、竹刀を抜いて切先を合わせる。或は立礼から蹲踞しつつ竹刀を抜き合わせる。若しくは立礼だけで蹲踞の礼を略することもある。稽古仕合中は自ら厳然たる威容を保つとともに相手の人格を尊重する。わが打突の当りを正当に相手に認めさせ、また相手の打突の当りを卒直に認めるのが礼である。本当に打突され「参りました」「頂戴しました」「有りがとうございます」という言葉が腹の底から出るのは真面目に剣を学ぶ者の敬虔な礼の真心からである。相手が「参りました」と言つたら「不充分でした」と答えるのが礼である。已れの打突が当らないのに当つたように呼号し引上げたり、したたか打たれても「まだまだ」など剛情を張るのは剣道の礼に反する。技の練磨により礼を習うことは剣道稽古仕合の徳性涵養のためである。

第二節　稽古に入る

第一項　初心者の心得

㈠　**師につく**　初めて剣道を学ぶのにはよい師につき、師を信頼尊敬し、師の苦心して得た教を素直に受けて稽古に励むとよい。初心者同志で打合うのは一寸面白くても悪い癖がついてぬけがたくなる。ある程度出来てからもお互には師の指導によつてやるべきである。

㈡　**楽しんで習う**　剣道の稽古を自ら進み楽しんでやると上達もはかどる。上手になるに従つて興味が湧き益々好きになりまた上達が約束される。驚くべき天才は楽しみ励んで飽くことを知らない鍛錬の成果としてのみ出現するものと知らなければならない。

㈢ **防具に慣れる** 防具を初めて纒うと重く窮屈で活動が思うようにならない。面を冠ると頭が重く頭が自由に動かず、面ひごの間から見通しがむつかしく、胴や垂れは動作を妨げ、小手を嵌めては竹刀を持ちにくい。これは誰れでも一度は通り越すべき六かしさであるが、慣れると素面素小手と同じことになる。

第二項 技の習い方

㈠ **大技を** 初めて剣道を習うと、打とう突こう、打たれまい突かれまいと、りきむから体が凝り固まり技が小さく行詰まる。小刻みの小技は偏剣難剣に陥り大成し得ない。初心の間は打突が当る当らぬに気をかけず、常に上体を真直に足捌を濶達にし、竹刀を執つては肩の関節を柔らかに充分に大きく振上げ、打下ろす時には両肱を充分に伸ばし、手の内を締め、正しく鋭く打ち込むことを慣れるべきである。

㈡ **一つ一つ技を練る** 初めは先ず簡単な技を練ることに熱中すべきである。例えば飛込面の打方一つにしてもこれを充分に練り鍛えてゆくと大家になつてもそのまま役に立つ。正面を一つ打つにも万機に必勝を期することは容易でない。相手によつて虚実、現滅の替り方が十人十色であるし、同一の機会に同一の手段を施すのにも、自らの手練が積まれていなければ思う通りにまいらない。そこで一つの技をよく練つて、攻め方打方について独自の妙術を工夫し、これを得意技として誰れにでも何時でも勝てるように練り鍛えるように努力すべきである。

㈢ **手数を多く習う** 一つの技をよく習い覚え得意技になつたら、次に別の技を習う。面技、小手技、胴技、突技にも色々の種類があるから、一つずつ順序を立てて習熟すべきである。手数を多く身につけると、変つた相手に勝つのに役に立つことになる。

㈣ **烈しく短かく行う** 初心者が指導者について稽古する時には精根を傾け尽し打ちかかるべきであつて、打突の当りや歩合を気にし狙い打ちをかけたり、打たれまいと引腰に逃げ廻わつたりしてはならない。疲れ切つたら休息正座し、心臓と肺臓が鎮静し、腕脚の疲れが休まつたらまた稽古する。そうすると前に自分が持つていなかつた新らしい技が出て力が加わり、格段の進況が開かれる。

㈤ **稽古の遍数を重ねる**　実力とは練磨の集積である。不断の稽古で体の鍛えがなければまさかの時に、たとえ目に見え心が働らいても、体が伴わず、技が遅れて役に立たない。結局稽古の遍数をどれだけ重ねたかという稽古量がその人の所在をきめる。生れながら天禀の才があつても、生れながらの名人はない。努力こそ天才を凌ぎ名人を造る大道である。

㈥ **常に反省する**　自分のことは自分ではわかりにくいから、よく師の批評を謹聴し、友人や第三者の噂に耳を傾け、已れの欠点弱点を指摘する人の善言嘉語を謙虚に受け容れて反省の鑑とする。鏡に向い自分の姿勢、構、足捌、手捌、身体の動作などを矯正するのもよい。慢心は進歩の行き止りであり、反省し求めて止まないのは無限進歩に繋がる約束である。

第三節　稽古の六方式

第一項　掛り稽古

㈠ **稽古を始める段階**　剣道の稽古に入るには先ず剣道の理念を弁え、施設設備に親しみ、服装防具用器に慣れ、身体手足の基本動作を学び、次で素振、据物打突、飛込打突、切返しを練習し、進んで構の各種、更らに規定部位打突の技の各種を習う。初心者は指導者について先ず掛稽古を行う。それから進んで歩合稽古、地稽古、勝負稽古、仕合稽古、仕合と色々の方式で練磨し、上達し自ら指導者となつては引立稽古をするのである。

㈡　**掛稽古の本旨**　掛稽古は自らの身体、気力、技倆の素地を築くことを本旨とする。身体の前後左右の運びを自在にし、手足の捌きを潤達にし、打突の技を適確強靱にし、気息心臓を健強にし、運動力、耐久力を加え、剣道に達する根本素地を堅確強大にするためである。掛稽古は地金を鍛えるのが本旨であつて、まだ仕上げて実際に使用する段階でないからその本旨に添うて励むべきである。

㈢　**掛稽古の方法**　掛稽古は素直な気持で思邪無く、体捌きと打突の技はできるだけ大きく柔らかに正しく行うことに専念する。自ら進んで全心全力を尽し、充分に打込み、一本技、二本技、三本技等と一心不乱に励み、それが相手から受けられはずされても一向頓着せず、また已れの隙が打たれ突かれても少しも厭わず、自らは正規の大技を精根の限りを尽して行い、進み打つては退いて間合をとり自ら心身を苦しめ筋骨を労し気息を休めず、猛烈果敢に続けて打をかけ力行する。疲労の極度に達しては、きまりよく礼して休み、鎮まつてまた掛稽古を行い、遍数を重ねるのである。

㈣　**掛稽古の効果**　掛稽古は初心者ばかりでなく、熟達者にもよい方式である。誰にでも進歩が止る沈滯期があり、いくら心を砕いても同僚に置捨てられ後輩に追越され厭気がさすことがある。そんな時は歩合などに腐心せず、童心に帰り、万心を捨て素直な掛稽古に専念すると、いつの間にかこだわりがとれ、気宇が豪快になり、忽焉と伎倆が上り、濶達とした新天地が開かれるものである。熟達の人でも更に上の人に掛稽古を行い、自らを苦しめることをどれだけやるかでその人の将来の上達の尺度がきまるものである。

第二項　歩合稽古

㈠　**歩合稽古の本旨**　歩合稽古は習い覚えた技を出して相手と攻防を競い、できるだけ多く勝をあげるのが本旨である。相手を攻めてよく打突の効を奏するわが技を幾度も試み研究してよく慣れ、その技を鍛え自信をつけ得意技とする。また相手の打突を防ぎ、もし防ぎそこねたらそこを反省し已れの欠点短所を補う工夫をこらす。歩合稽古は単に当りの本数を争うのではなく、常に法に適う快心の技を幾度も出し、人もわれも共に喜ぶ稽古をするのが本旨である。

㈡　**歩合稽古の方法**　普通佼俩の同じ程度の者同志が歩合稽古を行うが、なるべく相手を変えて稽古するがよい。初めて会う相手はどんな技を出すかわからないので興味が深い。稽古に臨んでは遠間から見合い。わが得意技をもつて一本でも多く当て、相手の打突を全く封ずる正しい稽古をすべきである。

㈢　**歩合稽古の効果**　歩合稽古は得意技を一層磨き、また新たな得意技を作り上げるによろしい。幾人か変つた相手に得意技を試み奏効すると愈々自信が深まり、仕合に臨んで勝をあげ得るに至る。歩合稽古で鍛えた得意技が、正しい姿勢態度で磨きがかけられ、正気溌剌と敏速果敢で適確精妙な働らきを、心身技能一如の功として遂げると、言い知れぬ感興に鼓舞され益々上達の域に進むものである。

第三項　地　稽　古

㈠　**地稽古の本旨**　地稽古は一般に最も多く行われる稽古のやり方で、その内容は巾が広く自由である。上位の人に対しては存分に掛稽古ができるし、同程度の人には互に歩合稽古や勝負稽古もやれるし、下手の人なら引立稽古をしたり、已れの不得意とする技を試みる機会ともし得る。地稽古は強弱どんな相手とも自由に稽古し研究し自力を各様に養うことを本旨とするものである。

㈡　**地稽古の方法**　地稽古では指導者は上座につき習う人は下座につき任意の方式で行う。普通には初め切返しを行い、掛稽古か歩合稽古を行い、後に一本勝負稽古をなし、最後にまた切返しを行うのが例である。地稽古は自由に攻防をかけ当りの本数に制約されず、手をかえ品をかえ力の限り稽古する。地稽古は初めて合う人でもやつてる間に相互に実力がわかり、下位の者はいつとはなしに掛稽古になる。その時下位の者が逃げ廻わり徒らに時間を空費するのは無益であるから、上位の者は厳しく攻めつけ畳かけて早く気息をあがらせ疲れさせ止めさせるように仕いこなし、上位の人は元立となつて多数の人を指導すべきである。

㈢　**地稽古の効果**　地稽古は剣道の実力を強化する上に大きな効果がある。伎倆の上下同格の別ちなく、多くの相手を望みに任せてあらゆる方式で色々稽古し得るから、綜合的な経験を積み地力ができる。相手が小供でも下手でも精一ぱい身を捨てて打掛つてくると、それを完全に防ぐのには油断が出来ないし、合法的に正確に打とうと思う間に、本能的に危険を防ぐから、簡単には打たれない。小供をも下手をもわが師となし得るものである。同等の人と地稽古で互に練り、上手の人に地稽古で指導を受けるのは剣道の実力を強化する上に最も効果的であるからすべての人が常に地稽古に励んで効果を上ぐべきである。

第四項　勝　負　稽　古

㈠　**勝負稽古の本旨**　勝負稽古は勝負を一本に纒め、全能を結集して決定をはかる稽古を行うのが本旨である。初めから一本の勝負に全精根を打込むのであるから、得意技を揮い成果を挙げる事を主旨とし、少しも油断なく防衛を堅固にして奮戦する。これで得た経験で将来の仕合に臨む強い力と確たる自信を養うのである。

㈡　**勝負稽古の方法**　勝負稽古は地稽古や歩合稽古の後に申合わせて行うか、または初めから望んで行つてもよい。勝負は一本ときめて行うが、もう一本と改めて一本を望み、経験を裕かにすることもある。勝負稽古は相互に自己審判で極めるのが普通であるが、臨機に第三者の審判を設けてもよい。勝負稽古は相手を嫌わず、寧ろ苦が手など多くの変つた相手を取つて平素から励むのがよい。

㈢　**勝負稽古の効果**　剣道稽古の仕上げ稽古として必ず勝をあげる勝負稽古をして効果をあげるようにする。地稽古には強く堂々としていて、いざ勝負となると成績があがらない人がある。それは勝負に臨み全精力を一瞬に結集し好機に投入し放胆に敢行する焦点が欠けているからである。よつて普段の稽古の終りには必ず一本の勝負稽古を行い、勝負のこつを体得し、持ち前の自力をまさかの時に発揮し効果を挙げるように努めるがよい。

第五項　試合稽古

㈠ **試合稽古の本旨**　試合稽古は大会試合などの出場の事前の予行として、予定された試合方式に則つて稽古するのである。団体試合の場合には出場者の組合わせを研究し、先鋒、中堅、主将の特技が発揮できるような人選、順序などの作戦を練り、来るべき大会の試合に擬した雰囲気を造り、内同志の者で試合練習を行い、場慣れと自信をつけ、大会試合に臨む時の役に立たせるのが本旨である。

㈡ **試合稽古の方法**　予定大会試合方法に準じ、予想される対抗団体と略ぼ同程度の者を内から数組選び、先鋒、中堅、主将と順位を定め、一本または三本の試合を規定のルールで審判をつけて行う。その稽古で最も見込がある者を選み編成して実際の大会試合に出す。試合方式は色々ある。紅白試合の勝抜法や対者勝点数法や総当り法、或は単純勝残り法などある。

㈢ **試合稽古の効果**　大会団体対抗試合には最も条件に叶う優秀者を選んで予め試合稽古をさせ、出場者の力量を充分に発揮し効果を上げさせるようにする。試合稽古を数回行い、出場者の試合振りを見て、長所を一層堅実に伸ばし、必勝を期し瑕瑾をなくし、むざむざ弱点に乗ぜられぬようにし、充分試合度胸をつける。先鋒と主将は必ず勝つような作戦を組み、団体の結末を固め、意気を振作して置いて、晴れの大会試合に立派な成果をあげることを期するのである。

第六項　引　立　稽　古

(一)　**引立稽古の本旨**　引立稽古は指導者が初心者を教導し、また有力な剣士を養成する剣道強化の最も重要な基本方式である。初心者に対し剣道の正しい基礎を堅め、悪癖を矯正し、よい天禀を引出し発達させることを本旨とする。また相当出来上つた者に対しては求めながらまだ達していない点を悟らせ、または自覚していない長所短所を発見させ、そこに一段と上の技を出させ、それを実際に習熟会得させ進歩強化させるのが本旨である。

(二)　**引立稽古の方法**　指導者が初学者に示した正しい法に適つた打突はその部位の面、小手、胴、咽喉をあけて打突させ、その手応えの喜びを味あわせる。初学者の姿勢態度、心身技術攻防方法の邪曲偏倚をば指導は悉く抑えはずし打据えなどして少しも許さず、正しいもののみ効を奏することを体験させ伸長させる。

初心者に対し指導者があまり切先を厳重に利かして攻め強烈に打突すると、初心者は手も足も出なくなるから、寛厳を適度に攻め許し、寧ろ誘い出し引出し、よい間合機会を与えて正しい技に慣れさすべきである。

また相当腕前のある者を引立てる方法としては、上位の指導者は攻め付け抑え付け追込み打据える合い間、合い間に相手に機会と間合とを与え、そこに技を出させ、よい技なら当てさせて引立ててやる。指導者は心で圧迫しても、相手の技を生かし育ててやる。引立稽古の方法は指導者がどんなに上の人でも相手と互角よりは一段上位の程度まで調子を降ろした技量を出して導くのが心得である。

(三)　**引立稽古の効果**　引立稽古は剣道強化方策として効果が最も大きいものである。よい引立者につけないため、多年稽古を積んでも骨を折るばかりで、あげくのはて難剣偏剣になつてのまう者が少くない。よつて引立稽古にすぐれた師を選んで教導を仰ぐと効果があがる。自分だけ強くても、すぐれた弟子を養成し得ない者は立派な指導者とはいわれない。指導者たるべき者は自ら剣豪であるばかりでなく優秀な良師たることを志し、その後輩の門弟から出藍の誉れ高い人を出すように心掛くべきである。

第三章　技の解説

第一節　面　技

第一項　中段からの面打技

(一) **無触面打**　遠間に構え相手の切先に触れず、大きく飛び込んで相手の面を打つ技

(1) 飛込・面―乗込・面―伸込・面

イ　相手の心に虚があり、または切先が下つた所にわれ大きく飛込み両手を伸ばし正面を打つ。

ロ　相手の裏を攻め、相手が防ぎ寄る所に飛込み表から正面を打つ。

ハ　相手の表を攻め、相手が防ぎ寄る所に飛込んで裏から正面を打つ。

(2) 追込・面

相手をわが突などにて攻め、相手が恐れて逃げ腰になつた所に大きく追込み進んで相手の正面を打つ。

(3) 刺し・面

相手が遠間に居る時にわが右手を柄頭にずらして握り左手を放し、右足から踏出し、右片手にて相手の面を刺すように竹刀を延ばして打つ。この時は竹刀を面に乗せるだけでなく強い打力を利かせることを慣れる。

(4) 出頭・面―出鼻・面―起り・面

相手がわれを打突しようと技を出してくる起り端に隙が生じた相手の面を打つ。

(5)　迎え・面

相手がわれに打込んでくる途中に迎えて一瞬さきに真直に厳しく相手の面を打つ。この時わが技が生きて働らき、相手の技が遅れ又はわが竹刀に悶えて死に無効になる。

(6)　淀み・面

相手がかけた技が失敗し打間に淀んでいる相手の隙いた面を遠慮なく打つ。

(7)　抜き・面

イ　相手かわが面を打ちにきたら、われは中段のまま後足から少し引き相手の竹刀の打間を抜きはずしながら踏込んで相手の面を打つ。

ロ　相手がわが面を打ちにきたら、われは左足から左寄りに、または右足から右寄りに抜きはずしながら踏込んで相手の正面を打つ。

ハ　相手がわが小手を打ちにきたら、わが中段を下段に抜きはずし、相手の竹刀のさがつている所を相手の正面を打つ。

(8)　開き・面

相手が打突してきたら、わが体を右か左に開き、相手の左か右かの上側面を打つ。

(9)　余し・面

相手がわが面を打ちにきた時に距離が遠く余つてわれに届かず、相手の切先が下に落ちた所へ、われから飛込んで相手の面を打つ。

⑽　廻わし・面

イ　相手が打突してきたら、わが左足を左前に出しながらわが竹刀を左廻わりにまわし、相手の右上側面を打つ。

ロ　相手が打突してきたら、わが右足を右前に出しながら、わが竹刀を右廻わりにまわし、相手の左上側面を打つ。

⑾　担ぎ・面

中段から竹刀を陽に担ぎ、相手の小手を狙い、相手が防ごうと下段に下げた刹那にわが右足から踏出し相手の面を打つ。

⑿　片手・横面

相手が打突してきたら、わが左足を左前に出して体を交わし、右手を放し、わが左片手にて相手の右上側面を打つ。

㈡　**制破面**　打切先を合せた攻合から、相手の竹刀をわが竹刀で一旦制破して相手の面を打つ技

⑴　抑え・面

イ　抑え正面　相手が構えた竹刀または打突してくる竹刀をわが竹刀にて左または右に抑え破り、相手の隙いた正面に打込む。抑えに相手が反撥してきたら、その反動を利し、相手の竹刀の力の反対側から手応え次第に相手の正面を打つ。

ロ　抑え上側面　相手が構えた竹刀、または打突してくる竹刀を左に抑え封じて、相手の右上側面または左上側面に打込む。或は右に封じて相手の左上側面または右上側面に打込む。

(2)　張り・面

相手が構えた竹刀、または打突してくる竹刀をわが竹刀にて、右または左に強く張り破ると同時に烈しく踏込んで相手の面を打つ。

(3)　撥き・面

相手が構えた竹刀、または打突してくる竹刀をわが竹刀にて右または左に撥き破り、直ちに踏込んで相手の面を打つ。

(4)　払い・面

相手が構えた竹刀、または打突してくる竹刀をわが竹刀にて右または左に払い破り、直ちに踏込んで相手の面を打つ。

(5)　流し・面

相手が構えた竹刀、または打突してくる竹刀をわが竹刀にて右または左に払い流し破り、直ちに手を返し踏込んで相手の面を打つ。

(6)　打落し・面

相手が構えた竹刀、または打突してくる竹刀をわが竹刀にて上から、或いは左か右かの斜上から打落し破り、直ちに踏込んで相手の面を打つ。

(7)　巻き・面

相手が構えた竹刀または打突してくる竹刀をわが竹刀にて右か左かに巻き落し、巻き上げ巻き外ずし、巻き抑えなどして破り、直ちに踏込んで相手の面を打つ。

(8)　摺上げ・面

相手が打突してくる竹刀をわが竹刀にて下から上に、或いは右下から左上に、若しくは左下から右上に摺上げ進み破り、直ちに手を返し踏込んで相手の面を打つ。

(9)　摺込・面

相手が構えた竹刀または打突してくる竹刀をわが竹刀にて表からか裏からか摺込み進み破り、そのまま踏込んで相手の面を打つ。

(10)　受止め・面

相手が打突してくる竹刀をわが竹刀にて左斜上か右斜上に受止め、直ちに手を返し踏込んで相手の面を打つ。

(11)　切落し・面

相手がわが面を打ちにくる竹刀にこだわらず、わが竹刀を更に大きく高く速やかに振上げ気力を満たし正しく相手の面に相打ちに入刃に一拍子に切落す。

(12)　応じ返し・面

イ　応じ返し・左巻・面　相手からわが面を打ちにくる竹刀をわが竹刀の左鎬にて応じ受流しながら切先を後ろから左に巻き、左足を踏出して相手の右上側面を打つ。

ロ　応じ・返し・右巻・面　相手からわが面を打ちにくる竹刀をわが竹刀の右鎬にて応じ受流しながら切先を後ろから右に巻き、右足から踏出して相手の左上側面を打つ。

(13)　変化の面

われから相手の小手、咽喉などに打突して攻め、相手が防ぎ動揺して隙いた面を打つ。

⒁　打返し・面

われから相手の小手、咽喉などに幾度も打突をかけ五分とり、相手をひるませ力を尽きさせて大きく踏込み打返して充分に相手の面を打つ。

⒂　退き・面

鍔糶合など互に体が接した所から相手を押し、離れ際に退きながら相手の面を大きく打つ。

⒃　片手・横面

イ　左片手・張・横面　相手が構えた竹刀をわが竹刀にて右に張ると同時にわが左足を左前に出し右手を放し、左片手を延ばして相手の右上側面を打つ。

ロ　左片手・鎬・横面　相手が進んで打突してくる竹刀をわが竹刀の右鎬にて鎬ぎ、右足を引くとともに右斜向きとなり、右手を放し左片手にて相手の右上側面を打つ。

ハ　右片手・鎬・横面　相手が打突してくる竹刀をわが竹刀の右鎬にて鎬ぎ、左手を放し右足を右前に踏出し左斜向きとなり、右片手にて相手の左上側面を打つ。

第二項　中段からの面打を防ぐ技

㈠　無触面防　体の運用にて面を防ぐ技　相手がわが面を打ちにくる竹刀にわが竹刀を触れず、わが体の運用によつて面を防ぐ技

⑴　引き外し・抜き外し・防技

相手がわが面を打ちにきたら、われは中段の切先を厳しく保ちながら、左足から退き間合を離し、相手の面

打をはずして防ぐ、はずす間合は短かく厘毫の差に至るのを上乗とする。それはそこから直ちにわが打突に転ずる機動のためである。

(2)　左開き・防技

相手がわが面を打ちにきたら、われは中段のまま左足を左に寄せ右足を引き、体を左に開き体は右向きとなり、相手の面打をはずして防ぐ。但し顔は相手に向ける。

(3)　右開き・防技

相手がわが面を打ちにきたら、われは中段のまま右足左足を右に寄せ体を右に開き体は左向きとなり相手の面打をはずして防ぐ。但し顔は相手にむける。

(4)　左交わし・防技

相手がわが面を打ちにきたら、わが左足を左斜前に踏出し、右足を左に寄せ、わが体を左に交わし相手の面打をはずして防ぐ。

(5)　右交わし・防技

相手がわが面を打ちにきたら、わが右足を右斜前に踏出し、左足を右に寄せ、わが体を右に交わし相手の面打をはずして防ぐ。

(6)　左前潜り抜け・防技

相手がわが面を打ちにきたら、わが上体を低く垂直に下げ、左足から右足と左斜前に踏出し潜りぬけ、相手の面打をはずして防ぐ。

(7)　右前潜り抜け・防技

相手がわが面を打ちにきたら、わが上体を低く垂直に下げ、右足から左足と右斜前に踏出し潜り抜け、相手の面打をはずして防ぐ。

㈡　制破面防竹刀を用い面を防ぐ技　相手がわが面を打ちにくる竹刀をわが竹刀にて制破して防ぐ技

(1)　受止め・防技

イ　左受止め　相手がわが正面または左上側面を打ちにきたら、わが両手を左斜上に延ばし上げ、左手を稍左に寄せ柄頭を左斜下にし、切先を右斜上に高くとり、わが竹刀の左鎬にて受止める。

ロ　右受止め　相手がわが正面または右上側面を打ちにきたら、わが両手を右斜上に延ばし上げ、左手を稍右に寄せ柄頭を右斜下にし、切先を左斜上に高くとり、わが竹刀の右鎬にて受止める。

ハ　上一文字受止め　相手がわが面を打ちにきたらわれは両手を頭上に上げ、竹刀を一文字に上げて防ぐ。左手を左にし切先を右にして受止めるか、左手を右にし左右の手首を連枝にし、切先を左にするかして受止める、または右手か左手か片手にて頭上一文字に受止める事もある。その際にも切先を右にする場合と、左にする場合とがある。

(2)　抑え・防技

相手がわが面を打ちにきたら、わが竹刀を上げ、物打の所の鎬にて相手の竹刀を右または左に抑え防ぐ。

(3)　張り・防技

相手がわが面を打ちにきたら、わが竹刀の物打の所の鎬にて相手の竹刀を右か左かに張つて防ぐ。

(4)　撥き・防技

相手がわが面を打ちにきたら、わが竹刀の物打の所の鎬にて相手の竹刀を右斜上か左斜上に撥いて防ぐ。

(5)　払い・防技

相手がわが面を打ちにきたら、わが竹刀をあげ物打の所の鎬にて相手の竹刀を右か左かに払つて防ぐ。

(6)　流し・防技

相手がわが面を打ちにきたらわが竹刀をあげ、物打の所の鎬にて相手の竹刀を右横か左横に払い流して防ぐ。この時わが体は右向きか左向きになる。

(7)　摺上げ・防技

相手がわが面を打ちにきたらわが竹刀を上げ、左鎬か右鎬にて相手の竹刀を摺上げて防ぐ。間合により進む摺上と退く摺上とがある。

(8)　打落し・防技

相手がわが面を打ちにきたら、わが竹刀を上げて相手の竹刀を右下か左下かに打落して防ぐ。この時は体を右斜向きか左斜向きかに変化する。

(9)　切落し・防技

相手がわが面を打ちにきたら、わが竹刀を大きく上にあげ速やかに強く相手の竹刀を相打ちに切落して防ぐ。間合が近ければ一挙に相手の正面を入刃に切り、間合が遠ければ一拍子に踏込んで出刃に突く。

(10)　巻き・防技

相手がわが面を打ちにきたら、わが竹刀をあげ、相手の竹刀を右巻きか左巻きに巻き上げ、巻き落し、巻き外して防ぐ。

第二節　小手技

第一項　中段からの小手打技

㈠　**無触小手打技**　遠間に構え、相手の切先に触れず、大きく飛び込んで相手の小手を打つ技

⑴　飛込・小手

イ　相手の心と構に虚があり、小手が自然に隙くか、または相手がわが面を打とうと切先を上げ、小手が隙いた機にわれから踏込んで相手の右小手を打つ。

ロ　相手の表を攻め相手が防ぎ表に寄る機に飛込んで相手の右小手を打つ。

⑵　追込・小手

相手をわが突などにて攻め相手が恐れて逃げ腰になつた機に大きく追込んで左前から相手の右小手を打つ。

⑶　刺し・小手

相手が遠間に居る時に、わが右手を柄頭にずらして握り、左手を離し、右足から左寄りに踏出し、右片手にて相手の隙いた右小手を刺す様に竹刀を延ばして強く打つ。

⑷　出頭・小手・出鼻・小手・起り・小手

相手がわれを打突しようと技を出してくる起り端に隙が生じた相手の右小手を打つ。（起りを抑えるのを抑え小手ともいう）

⑸　迎え・小手

相手がわれを打突してくる途中に迎えて一瞬さきに相手の右小手を打つ。

(6)　淀み・小手

相手がかけた技が失敗し、相手が打間に淀んで隙いている右小手を打つ。

(7)　抜き・小手

イ　相手がわが小手を打ちにきた時に、われは中段のまま後足から引き、相手の竹刀の打間をはずし、直ちに踏込んで相手の右小手を打つ。

ロ　相手がわが小手を打ちにきたら、われは両手を下げ、左足から左寄りに抜きはずし、直ちに踏込んで相手の右小手を打つ。

(8)　開き・小手

相手が打突してきたら、わが体を左に開き、相手の打をはずし、直ちに相手の右小手を打つ。

(9)　余し・小手

相手がわが小手を打ちにきた時に間合が遠く余ってわれに届かず、相手の切先が下に落ちた所へ、われから踏込んで相手の右小手を打つ。

(10)　廻わし・小手

相手が打突してきたら、わが左足を左前に廻わして相手の右小手を打つ。

(11)　担ぎ・小手

中段から陽に担ぎ、相手の面を狙い、相手が防ごうと切先を上げた機に踏込んで、相手の右小手を打つ。

(12)　内・小手

相手が中段から下段に変つたら、われは右に寄り、相手の右内小手の隙を見て、わが切先を右斜上にし、左手をあげ、切先を右斜下に働らかせ、相手の竹刀の上から相手の右内小手を打つ。

㈡　**制破小手打**　切先を合せた攻合から、相手の構や技をわが竹刀で制破して相手の小手を打つ技

(1)　抑え・小手

イ　右抑え・小手

相手が構えた竹刀、または打突してくる竹刀をわが竹刀にて右に抑え封じ直ちに相手の右小手を打つ。

ロ　左抑え・小手

相手が構えた竹刀、または打突してくる竹刀を左に抑え、その抵抗する反動を利して相手の右小手を打つ。（小手を打つ時に相手の発動を抑えるように打つのを抑え小手ということもあるが、ここでは抑え制破して打つのを抑え小手という）

(2)　張り・小手

イ　右張り・小手

相手が構えた竹刀、または打突してくる竹刀を、わが竹刀にて右に張り破り、直ちに相手の右小手を打つ。

ロ　左張り・小手

相手が構えた竹刀、または打突してくる竹刀をわが竹刀にて左に張り破り、その反動を利して相手の右小手を打つ。

(3)　撥き・小手

イ　右撥き・小手

相手が構えた竹刀または打突してくる竹刀を、わが竹刀にて右に撥き破り、直ちに相手の右小手を打つ。

ロ　左撥き・小手

相手が構えた竹刀または打突してくる竹刀をわが竹刀にて左に撥き、その抵抗する力を利して相手の右小手を打つ。

(4)　払い・小手

イ　右払い・小手

相手の構えた竹刀または打突してくる竹刀をわが竹刀にて右に払い破り、直ちに相手の右小手を打つ。

ロ　左払い・小手

相手の構えた竹刀または打突してくる竹刀を、わが竹刀にて左に払い、その反動を利して相手の右小手を打つ。

(5)　流し・小手　相手から打突してくる竹刀を、わが竹刀にて右後ろに払い流し、直ちにわが手を返して相手の右小手を打つ。この時はわが右足を引き右向きとなつて行う。

(6)　打落し・小手

相手の構えた竹刀または打突してくる竹刀を、わが竹刀にて左斜上から右斜下に打落し破り、直ちに相手の右小手を打つ。

(7)　巻き・小手

イ　右巻き・小手

相手の構えた竹刀または打突してくる竹刀を、わが竹刀にて右巻きに右または右下に巻きはずし、直ちにわが竹刀の巻く余勢にて相手の右小手を打つ。

ロ 左巻き・小手

相手の構えた竹刀または打突してくる竹刀を、わが竹刀にて左巻きに右方または右下方に巻きはずし、直ちに手を返して相手の右小手を打つ。

ハ 巻き抜き・小手

相手が竹刀にてわが竹刀を巻いてきたら、われは巻かれながら、わが竹刀を引き抜いて直ちに右小手を打つ。

(8) 摺上げ・小手

相手が打突してくる竹刀を、わが竹刀にて右に摺上げ破り、直ちに手を返して相手の右小手を打つ。

(9) 摺込み・小手

相手の構えた竹刀、または打突してくる竹刀を、わが竹刀にて右下に摺込み破り、直ちに相手の右小手を打つ。

(10) 受止め・小手

相手が打突してくる竹刀をば、わが竹刀を右斜上にあげ切先を左斜上にして受止め、直ちに手首を右に廻わし相手の右小手を打つ。またはわが切先を右斜横にして受止め、直ちに手首を左に廻わし、わが竹刀が相手の竹刀の上を越し、相手の右小手を打つ。

(11) 切落し・小手

相手から打込んでくる竹刀を、わが竹刀にて切落し破り、一拍子に相手の右小手を打つ。

(12) 応じ返し・小手

相手がわが小手を打ちにくる竹刀を、わが手を稍上げ、わが竹刀の右鎬にて右斜に摺払うように応じ受流し、直ちに手を返し、相手の右小手を打つ。

⒀　変化の小手

われから相手の咽喉、面などを攻め、相手を動揺させ、隙いた右小手を打つ。

⒁　打返し・小手

相手を突、面打などで五分取つてひるませ、隙いた右小手を充分に打返す。

⒂　退き・小手

鍔糶合など互に体が接した所から相手を押し、離れ際に左足から左斜後ろに引くと同時に、わが竹刀にて相手の右小手を打つ。

第二項　中段からの小手打を防ぐ技

(一)　無触小手防　体の運用にて小手を防ぐ技　相手がわが小手を打ちにくる竹刀にわが竹刀を触れず、わが体の運用によつて小手を防ぐ技

(1)　引き外し・抜き外し防技

相手がわが小手を打ちにきたら、われは中段のまま左足から引き、間合を離し相手の打ちを外して防ぐ。

(2)　左開き防技

相手がわが小手を打ちにきたら、わが左足から左に寄り、右足も伴つて左に開く。この時は竹刀を稍下段に下げ、速やかに左に開き、相手の打をはずして防ぐ。

(3)　左交わし防技

相手がわが小手を打ちにきたら、わが左右の足を一束に左斜前に飛び、左足前に出だし、右向きに体を交わし、相手の打をはずして防ぐ。この時は相手の体はわが体の右斜前に交わされる。

(4)　抜き防技

相手がわが中段の構の小手を打ちにきたら、われはその場にてわが竹刀を体に近く下段に下げて抜きはずして防ぐ。

㈡　**制破小手防**　竹刀を用い小手を防ぐ技　相手がわが小手を打ちにくる竹刀をわが竹刀にて制破して防ぐ技

(1)　受止め防技

イ　右鎬・受止　相手がわが小手を打ちにきたら、わが両手を左廻りに捩じながら右斜上にあげ、左手を右に寄せ切先を左斜上にあげ、相手の小手打をわが竹刀の右鎬にて受止めて防ぐ。

ロ　左鎬・受止　相手からわが小手を打ちにきたら、わが両手首を右廻りに捩じ、左拳を稍右斜上にあげ、わが竹刀を右斜前に倒し、相手の小手打をわが竹刀の左鎬にて受止めて防ぐ。

ハ　堅・受止　相手からわが小手を打ちにきたら、わが両手を内に絞り、左手を右前に突き出し、わが竹刀を立て、相手の小手打を防ぐ。

(2)　抑え防技

相手がわが小手を打ちに来たら、わが両手を右廻りに捩じ、わが切先を右斜下に廻わし、わが竹刀にて相手の竹刀を右斜下に抑えて防ぐ。

(3)　張り防技

相手がわが小手を打ちにきたら、わが竹刀にて相手の竹刀を右に張つて防ぐ。

(4)　撥き防技
相手がわが小手を打ちにきたら、わが竹刀にて相手の竹刀を右斜上か右斜下に撥いて防ぐ。

(5)　払い防技
相手がわが小手を打ちにきたら、わが竹刀にて相手の竹刀を右に払つて防ぐ。

(6)　流し防技
相手がわが小手を打ちにきたら、わが竹刀にて相手の竹刀を右に払い流して防ぐ。

(7)　摺上げ防技
相手がわが小手を打ちにきたら、わが竹刀の右鎬にて相手の竹刀を右上に摺上げて防ぐ。

(8)　摺込み防技
相手がわが小手を打ちにきたら、わが竹刀の右鎬にて右下に摺込んで防ぐ。

(9)　打落し防技
相手がわが小手を打ちにきたら、わが竹刀にて相手の竹刀を右下に打落して防ぐ。

(10)　切落し防技
相手がわが小手を打ちにきたら、わが竹刀にて相手の竹刀を切落して防ぐ。

(11)　巻き防技
相手がわが小手を打ちにきたら、わが竹刀にて相手の竹刀を右巻きに巻き上げ、巻き落し、巻きはずしなどして防ぐ。

第三節　胴　技

第一項　中段からの胴打技

(一) 無触胴打

遠間に構え、相手の切先に触れず、大きく飛び込んで相手の胴を打つ技

(1) 飛込胴

遠間から相手の面打ちまたは突に攻め、相手が防ごうと両手を上げた機に一挙に飛込んで相手の胴を打つ。

(2) 追込胴

相手を面又は突などにて攻め、相手が切先を上げ退いた所を追込み胴を打つ。

(3) 出頭胴・出鼻胴・起り胴

相手が打突しようと技を起す機に生じた相手の胴の隙きを打つ。

(4) 迎え胴

相手が打込んでくる途中に迎え一瞬さきに相手の胴を打つ。

(5) 淀み胴

相手がかけた技が失敗し打間に淀んでいる相手の隙いた胴を打つ。

(6) 抜き胴

イ　右抜き胴　相手がわが面打ちにきたら、わが体を低め竹刀を陽にとり、右足を右斜前に踏出し左足も伴い右斜前に潜り抜けながら相手の右胴を打つ。

ロ　左抜き胴　相手がわが面打ちにきたら、わが体を低め竹刀を陰にとり、右足を左斜前に踏出し左足も伴

い左斜前に潜り抜けながら相手の左胴を打つ。

(7)　開き胴

イ　左開右胴　相手の右を攻め咄嗟に左に開いて相手の右胴を打つ。

ロ　右開左胴　相手の左を攻め咄嗟に右に開いて相手の左胴を打つ。

(8)　廻わし胴

イ　左廻わり右胴　相手の竹刀のまわりにわが竹刀を左廻わりに廻わし、相手の右胴を打つ。

ロ　右廻わり左胴　相手の竹刀のまわりにわが竹刀を右廻わりに廻わし、相手の左胴を打つ。

(9)　担ぎ・胴

中段から竹刀を陽に担ぎ、相手の面を狙い、相手が切先を上げた右胴を打つ。

(10)　折敷・胴

イ　折敷・右胴　相手の動きを見、わが左足を出し右膝折敷き相手の右胴を打つ。

ロ　折敷・左胴　相手の動きを見、わが右足を出し左膝折敷き相手の左胴を打つ。

(二)　**制破胴打**　切先を合せた攻合から、相手の構や技をわが竹刀で制破して相手の胴を打つ技

(1)　張り・胴

イ　左張・右胴　相手が構えた竹刀、または打突してくる竹刀をわが竹刀にて左に張り破り、直ちに相手の右胴を打つ。

ロ　右張・左胴　相手が構えた竹刀、または打突してくる竹刀をわが竹刀にて右に張り破り、直ちに相手の左胴を打つ。

(2)　撥き・胴

イ　左撥・右胴　相手が構えた竹刀、または打突してくる竹刀を、わが竹刀にて左に撥き破り、直ちに相手の右胴を打つ。

ロ　右撥・左胴　相手が構えた竹刀、または打突してくる竹刀を、わが竹刀にて右に撥き破り、直ちに相手の左胴を打つ。

(3)　払い・胴

イ　左払・右胴　相手が構えた竹刀、または打突してくる竹刀を、わが竹刀にて左に払い破り、直ちに相手の右胴を打つ。

ロ　右払・左胴　相手が構えた竹刀、または打突してくる竹刀を、わが竹刀にて右に払い破り、直ちに相手の左胴を打つ。

(4)　流し・胴

イ　左流・右胴　相手が構えた竹刀、または打突してくる竹刀を、わが竹刀にて左に払い流し破り、直ちに相手の右胴を打つ。

ロ　右流・左胴　相手が構えた竹刀、または打突してくる竹刀を、わが竹刀にて右に払い流し破り、直ちに相手の左胴を打つ。

(5)　打落し・胴

イ　左打落・右胴　相手が構えた竹刀、または打突してくる竹刀を、わが竹刀にて左に打落し、相手が反動にて竹刀を上げた機に相手の右胴を打つ。

ロ　右打落・左胴　相手が構えた竹刀、または打突してくる竹刀を、わが竹刀にて右に打落し、相手が反動にて竹刀を上げた機に相手の左胴を打つ。

(6)　巻き・胴

イ　左巻・右胴　相手が構えた竹刀、または打突してくる竹刀を、わが竹刀にて左巻きに巻き破つて、相手の右胴を打つ。

ロ　右巻・左胴　相手が構えた竹刀、または打突してくる竹刀を、わが竹刀にて右巻きに巻き破つて、相手の左胴を打つ。

(7)　摺り上げ・胴

イ　左摺上・右胴　相手が構えた竹刀、または打突してくる竹刀を、わが竹刀の左鎬にて摺上げ、両手首を左に捩じ、両手を左にまわし、相手の右胴を打つ。

ロ　右摺上・左胴　相手が構えた竹刀、または打突してくる竹刀を、わが竹刀の右鎬にて摺上げ、両手首を右に捩じ、両手を右にまわし、相手の左胴を打つ。

(8)　受止め・胴

イ　左受止め・右胴　相手が打突してくるとき、わが竹刀を左斜にとり、切先を右斜上にし、左鎬にて受止め、手を返し、竹刀を陽にとり、直ちに相手の右胴を打つ。

ロ　右受止め・左胴　相手が打突してくるとき、わが竹刀を右斜にとり、切先を左斜上にし、右鎬にて受止め、手を返し、竹刀を陰にとり、直ちに相手の左胴を打つ。

(9)　応じ返し・胴

イ　応返・左巻・右胴　相手がわが面を打ちにくる竹刀を、わが竹刀の左鎬にて応じ受流しながら、切先を右から左に巻いて相手の右胴を打つ。

ロ　応返・右巻・左胴　相手がわが面を打ちにくる竹刀を、わが竹刀の右鎬にて応じ受流しながら、切先を左から右に巻いて相手の左胴を打つ。

⑽　変化の胴

われから相手の小手、面などに打ちかけ攻めたて相手が防ぎ動揺して隙いた右または左の胴を打つ。

⑾　打返し胴

われから幾度も相手を打返し打返しひるませ五分とり、力尽きさせなお打返して完全に胴を打つ。

⑿　退き・胴

鍔糶合など互に体の接した所から相手を押し、離れ脇にわが右足を引き右向きとなり、相手の右胴を打つ。または左足を引き左向きとなり相手の左胴を打つ。

第二項　中段からの胴打を防ぐ技

㈠　**無触の胴防**　体の運用にて、互に竹刀に触らずに、胴を防ぐ技

(1)　引き外し防技

両足を大きく引いてはずして防ぐ。

(2)　右開き防技

相手がわが右胴を打ちにきたら、相手の竹刀の起り頭の方わが右斜後ろに左向きに跳び開いてはずして防ぐ。

(3)　左開き防技

相手がわが左胴を打ちにきたら、左斜後ろに右向きに跳び開いてはずして防ぐ。

㈡　**制破胴防**　竹刀を用い胴を防ぐ技　相手がわが胴を打ちにくる竹刀をわが竹刀にて制破して防ぐ技。

(1)　受止め防技

イ　右胴・切先上受止　相手がわが右胴を打ちにきたら、わが竹刀の切先を上に立て両手を下げ、右斜前に出し受止める。

ロ　右胴・切先下受止　わが竹刀の切先を下段に低くさげ、右足を引き受止める。

ハ　左胴・切先上受止　わが竹刀の切先を上に立て、両手をさげ左斜前に出して受止め防ぐ。

ニ　左胴・切先上受止　わが竹刀の切先を下段に低くさげ、左足を引き左向きとなり受止め防ぐ。

(2)　抑え防技

イ　右胴・右抑技　相手がわが右胴を打ちにくる竹刀を、わが竹刀にて右下に抑え防ぐ。

ロ　左胴・左抑技　相手がわが左胴を打ちにくる竹刀を、わが竹刀にて左下に抑え防ぐ。

(3)　張り防技

イ　右胴・右張　相手がわが右胴を打ちにくる竹刀を、わが竹刀にて右下に張り防ぐ。

ロ　左胴・左張　相手がわが左胴を打ちにくる竹刀を、わが竹刀にて左下に張り防ぐ。

(4)　撥き防技

イ　右胴・右撥　相手がわか右胴を打ちにくる竹刀を、わが竹刀にて右に撥き防ぐ。

ロ　左胴・左撥　相手がわが左胴を打ちにくる竹刀を、わが竹刀にて左に撥き防ぐ。

(5) 払い防技

イ 右胴・右払　相手がわが右胴を打ちにくる竹刀を、わが竹刀にて右に払い防ぐ。

ロ 左胴・左払　相手がわが左胴を打ちにくる竹刀を、わが竹刀にて左に払い防ぐ。

(6) 流し防技

イ 右胴・右流　相手がわが右胴を打ちにくる竹刀を、わが竹刀にて右に流し防ぐ。

ロ 左胴・左流　相手がわが左胴を打ちにくる竹刀を、わが竹刀にて左に流し防ぐ。

(7) 摺込み防技

イ 右胴・右鎬摺込　相手がわが右胴を打ちにくる竹刀を、わが竹刀の右鎬にて摺込み防ぐ。

ロ 左胴・左鎬摺込　相手がわが左胴を打ちにくる竹刀を、わが竹刀の左鎬にて摺込み防ぐ。

(8) 打落し防技

イ 右胴・右下打落　相手がわが右胴を打ちにくる竹刀を、わが竹刀にて右下に打落して防ぐ。

ロ 左胴・左下打落　相手がわが左胴を打ちにくる竹刀を、わが竹刀にて左下に打落して防ぐ。

第四節　突　技

第一項　中段からの咽喉突技

㈠ **無触突**　遠間に構え、わが体運びにて突く技

(1) 前・突

中段にて刃方を真下に、左手を右手より低く、両手を内に絞り、両足を大きく踏込み体を進め、前から真直

に突く。

(2)　表・突

中段にて両手を左廻りに捩じ、刃を右にし両足を踏込み表から突く、

(3)　裏・突

中段にて両手を右廻りに捩じ、刃を左にし両足を踏込み裏から突く。

(4)　落し・突

手元を上げ切先を上から下に落とすように突く。

(5)　送り・突

切先を投げ込むように前手を後手までずらし竹刀を送り出して突く。

（以上は突く方式の説明であり、以下は突く機会の説明である）

(6)　素・突

相手の構えと注意の隙に、われから踏込み、諸手または片手にて突く。

(7)　攻込突

わが切先を相手の切先の下に入れ、気合烈しく下から左右に攻め避易させ、表または裏から突く。

(8)　追込突

相手を攻め、逃げるのを大きく追込み送り突きに突く。

(9)　余し突

相手の打突が間が遠く余り失敗した所にわれから踏込み前突きに突く。

⑽　廻わし突
相手の竹刀の周りにわが竹刀を廻わして攻め迷わせ、表または裏から突く。

⑾　出頭突
相手が打突の技を出す起り端を突く。

⑿　迎え突
相手が打突してくる途中に迎え一瞬先きに突く。

⒀　淀　突
相手の技が失敗し間合に淀んでいる所を突く。

⒁　引き突
相手が打込んでくる時に、わが体を引き相手の竹刀をはずし、われから踏込んで突く。

⒂　抜き・突
相手がわが小手を打ちにくる時に、その場で下段に抜きはずし、直ちに踏込んで突く。

⒃　開き・突
相手が打突してきた時、われは左に跳び開き裏から突く。または右に跳び開き表から突く。

⒄　担ぎ・突
わが竹刀を陽にとり、相手の小手を狙い、相手が防ごうと手を下げた所を突く。

⒅　左片手、突
相手が上段、下段等にて咽喉に隙がある機に、わが左足を進め右手を柄から離し、左片手を伸ばして突く、

または相手がわが面を打ちにきたら、右手を柄から放し左手にて突く。

⒆　右片手・突

相手がわが面を打ちにきた時、または咽喉に隙がある時、わが右手を柄頭にずらし、左手を離し、左斜向きとなつて突く。

㈡　**制破突**　相手の構えや技をわが竹刀で制破して相手の咽喉を突く技

(1)　抑え・突

相手が構えた竹刀、または打突してくる竹刀を左に抑え、表から突く。または抵抗の反動を利して裏から突く。或は右に抑え裏から突く。若しくは抵抗の反動を利して表から突く。

(2)　張り・突

相手の構えた竹刀が、打突してくる竹刀を、わが竹刀にて左に張り表から突くか、抵抗の反動を利して裏から突く、或は右に張り裏から突くか、抵抗の反動を利して表から突く。

(3)　撥き・突

相手の構えた竹刀か、打突してくる竹刀を左に撥き表から突くか、抵抗の反動を利して裏から突く。或は右に撥き裏から突くか、抵抗の反動を利して表から突く。

(4)　払い・突

相手が構えた竹刀か、打突してくる竹刀を左に払い表から突くか、抵抗の反動を利して裏から突く。或は右に払い裏から突くか、抵抗の反動を利して表から突く。

(5)　打落し・突

相手が構えた竹刀か打込んでくる竹刀をわが竹刀にて右斜上から左斜下に打落し表から突く。または左斜上から右斜下に打落し裏から突く。

⑹ 切落し・突

相手が打込んでくる竹刀をわが竹刀の左鎬にて切落し、表から突く。又は右鎬にて切落し裏から突く。

⑺ 巻き・突

相手が構えた竹刀、または打突してくる竹刀をわが竹刀にて、右巻きに巻きはずし、または左巻きに巻きはずし進んで突く。

⑻ 摺込み・突

相手の構えた竹刀または打突してくる竹刀をわが竹刀の左鎬にて表から摺込んで突く。または右鎬にて裏から摺込んで突く。

⑼ 迎え・突

相手が突きにきたら、われから体を進め、両手を内に絞り、臂を延ばし、竹刀を縦一文字にし、相手の切先のわれに届く先に相手を迎えて突く。

⑽ 萎し入れ・突

イ 左萎入・突　相手がわが左から突いてきたら、わが左足から少し引きながら、わが両手を左廻りに捩じ、わが竹刀の左鎬にて相手の竹刀を左斜下に萎し入れ、相手の突く勢の尽きた時に、われから踏込んで相手を突く。

ロ 右萎入・突　相手がわが右から突いてきたら、わが右足を少し引きながらわが両手を右廻りに捩じ、わが竹刀の右鎬にて相手の竹刀を右斜下に萎し入れ、相手の突く勢の尽きた時にわれから踏込んで相手を突く。

(11)　乗り・突

イ　前乗・突　わが両手を延ばし、刃方を下にし、相手の竹刀の鍔の上から乗り進んで突く。

ロ　表乗・突　わが両手を左廻りに捩じ刃を右に向け乗り突く。

ハ　裏・乗突　わが両手を右廻りに捩じ刃を左に向け乗り突く。

(12)　浮木・突

相手がわが竹刀を表裏から巻き抑えてくる竹刀をわが竹刀にて浮木の技にて乗り換え抑え進んで相手を突く。

(13)　応じ返し・突

イ　左応返・表突　相手がわれを打突してくる竹刀を、わが竹刀の左鎬にて応じ返し表から相手を突く。

ロ　右応返・裏突　相手がわれを打突してくる竹刀を、わが竹刀の右鎬にて応じ返し裏から相手を突く。

(14)　変化の・突

われから相手の小手、面、胴などに打掛け、相手を動揺させて置いて突く。

(15)　打返し・突

われから相手に幾度も打掛け、五分とりひるませ、さて充分に相手を突く。

(16)　制破の左片手・突

わが竹刀にて相手の竹刀を抑え、張り、払い打落しなど制破し、わが左足を出し、右手を放し、左片手を延ばして相手を突く。

⒄　制破の右片手・突　制破の技を出し、わが右足から出で、右手を柄頭にずらし左手を放し、右片手を延ばし相手を突く。

第二項　中段からの突を防ぐ技

㈠　**無触突防**　体の運用にて突を防ぐ技　相手がわれを突きにくる竹刀にわが竹刀を触れず、わが体の運用にて突を防ぐ技

(1)　引き外し・防ぎ技

相手の突を、わが左足から大きく退き、左向きとなりはずす。または右足から大きく退き右向きとなりはずす。

(2)　開き防ぎ・技

相手の突を、わが左足、右足を左に開き右向きとなり突をはずす。または右足、左足を右に開きとなり突をはずす。

(3)　交わし・防技

相手の突を、わが右足から右斜前に進み出で体を交わし、突をかわす。または左足から左斜前に進み出で体を交わし、突をはずす。

㈡　**制破突防**　竹刀を用い突を防ぐ技　相手がわれを突きにくる竹刀を、わが竹刀にて制破して防ぐ技

(1)　抑え・防技

相手の突が表からくる竹刀を、わが竹刀にて左に抑え防ぐ。裏からくるのを右に抑えて防ぐ。

(2)　張り・防技
相手の突が表からくる竹刀を、わが竹刀にて左に張る。裏からの突は右に張る。

(3)　撥き・防技
相手の突が表からくる竹刀を、わが竹刀にて左に撥く。裏からの突は右に撥く。

(4)　払い・防技
相手の突が表からくる竹刀をわが竹刀にて左に払う。裏からくるのを右に払う。流すのも同様にする。

(5)　摺り・防技
相手の突が表からくる竹刀を、わが竹刀の左鎬にて左に摺上げ、または摺込んで防ぐ。裏からのは右鎬にて右に摺上げ、または摺込んで防ぐ。

(6)　打落し・防技
相手の突が表からくる竹刀を、わが竹刀にて右斜上から左斜下に打落す。裏からのは左斜上から右斜下に打落す。

(7)　巻き・防技
相手の突が表からくる竹刀をわが竹刀にて左巻きに巻上げ巻下げ、右横か左横かに巻きはずす。裏からきたのは右巻きに巻いて巻きはずす。

(8)　乗り・防技
相手の突が表からきたら、わが両手を左廻りに捩じ、竹刀の刃方を右にて、両手を延ばし、相手の竹刀の上に乗り抑える。裏からのはわが両手を右廻りに捩じ、竹刀の刃方を左にし、両手を延ばし、相手の竹刀の上に乗り抑える。

⑽　萎し入れ・防技

相手の突が表からくる竹刀を、わが竹刀の左鎬にて左斜下に誘い、左足から稍体を引き萎し入れ相手の切先をそらす。裏からの突きに対してはわが右鎬にて右斜下に誘い右足から稍体を引き萎入れ、相手の切先をそらす。

⑾　突張り・防技

相手が突きにきたら、わが右手を柄頭の方にずらし、竹刀を延ばし諸手にて相手の咽喉に突張つて防ぐ。

第五節　連続技

㈠　**連続技の本旨**　元来勝敗は一撃で生死を決する所できまるのであるが、わが一本の技を相手が防ぐので効を奏せないか、または不充分なことがある。その時には相手の隙を見付け連続して技をかけ、打突して完勝を期するのである。

㈡　**連続技の方法**　連続技を出すのには同じ技で同じ部位を続けて打突するのと、同じ技で異る部位を打突するのと、異る技で同じ部位を打突するのと色々の方法がある。連続技には二本連続技、三本連続技、四本連続技、五本連続技等々ある。

㈢　**二本連続技一覧表**

小手―小手　小手―面　小手―胴　小手―突

面―面　面―小手　面―胴　面―突

胴—胴　胴—小手　胴—面　胴—突
突—突　突—小手　突—面　突—胴

㈣　三本連続技一覧表

小手—面—胴	小手—面—突	小手—面—小手	小手—面—面	小手—小手—面
小手—胴—面	小手—胴—突	小手—胴—小手	小手—胴—胴	小手—小手—胴
小手—突—面	小手—突—胴	小手—突—小手	小手—突—突	小手—小手—突
面—小手—胴	面—小手—突	面—小手—面	面—小手—小手	面—面—小手
面—胴—小手	面—胴—突	面—胴—面	面—胴—胴	面—面—胴
面—突—小手	面—突—胴	面—突—面	面—突—突	面—面—突
胴—小手—面	胴—小手—突	胴—小手—胴	胴—小手—小手	胴—胴—小手
胴—面—小手	胴—面—突	胴—面—胴	胴—面—面	胴—胴—面
胴—突—小手	胴—突—面	胴—突—胴	胴—突—突	胴—胴—突
突—小手—面	突—小手—胴	突—小手—突	突—小手—小手	突—突—小手
突—面—小手	突—面—胴	突—面—突	突—面—面	突—突—面
突—胴—小手	突—胴—面	突—胴—突	突—胴—胴	突—突—胴

第六節　鍔糶合

㈠　鍔糶合の本旨　鍔糶合というのは両者が立合い双方から打合うか、または一方の打込みを他方が受止めるかして、互に竹刀が当り、なおも互に進む気になり、双方の竹刀の切先が自然に上り、鍔と鍔と糶り合い体と体と相接触する状態になることをいうのである。鍔糶合は初めから好んで行うものではない。止むに止まれぬ勢の然らしめる所であつて、譲つて去ると打たれる懸念があるから互に進む気になり、双方打突を働らかせる距離の余裕がないので相手を押し除けようとし、止むなく相拮抗し競い合うことになるのである。

㈡ **鍔糶合の糶合**　互に鍔糶合になつたら寸分の油断なく腰を据え丹田に力をこめ、手元を下げ切先を右斜上にあげ、前方にかかり両足に力をいれ、鍔を以て互に上下に糶り合うのであるが、互に肩首腕など体に相手の竹刀をかけさせてはならない。糶り合う時には互に押合い膠着し、または一進一退する間に生ずる微妙な機を伺つて競い合うのである。

㈢ **鍔糶合の縁切**　鍔糶合がいつまでも膠着していたのでは勝負がつかないから、どこかでその縁を切るのには呼吸をはかり機会を見て、急に強く押すや否や一挙に跳退く間合を利して色々の技をかける。または相手が縁を切る機を捉えわれから相手を打つのである。

㈣ **鍔糶合からの放れ技**

イ　相手を前に強く押しやり、わが左足から急に後ろに跳び退くとともにわが竹刀を振上げ相手の正面を打つ。

ロ　相手を左斜前に押しやり、相手が押返す機にわが左足を左前に出し、相手の右上側面を打つ。

ハ　相手を右斜前に押し、相手の押返す機にわが右足を右に出し、相手の左上側面を打つ。

ニ　相手を右斜前に押しやり、わが左足から左後ろに跳び退くとともに、切先を右斜にして相手の右小手を打つ。

ホ　相手を左斜前に押し、相手の押返す機にわが左足を左に出し、わが諸手を左廻りに捩じ、切先を右斜にし相手の右小手を打つ。

ヘ　相手を右斜前に押しやり、わが左足から後ろに跳び退くとともに相手の右胴を打つ。

ト　相手を左斜前に押しやり、相手の押返す機にわが左足を左に出し、相手の右胴を打つ。

チ　相手を右斜前に押し、わが右足を後ろに引くとともに、相手の右胴を打つ。

リ　相手を右斜前に押し、相手の押返す機にわが右足を右に大きく出し、相手の右胴を打つ。この右胴を打つのにはわが両手首を交叉して筈に打つ。または初め竹刀を両手に持つて胴を打つてから、左手を放し右手で打抜くこともある。

第七節　上段の技

第一項　上段に構える方法

(一)　左手前・左足前・諸手上段

中段から上段に替わる時は替りぎわに隙が出ぬよう注意を要する。

イ　油断なく静かに右足を引き、間合を離し一旦陰にとり徐ろに諸手をあげ上段に替る。

ロ　右足を引くと同時に速やかに上段に替る。

ハ　相手の中段の竹刀を上から強く打落し破り、相手を動揺させ速やかに上段にとる。

ニ　相手の上段に対し、わが中段から上段に替わる時には間合を一歩引いてとる。

(二)　左手前・右足前、諸手上段

イ　相中段の時に後足から一歩引き間合を離し、右足前のまま上段に替わる。
ロ　相手の竹刀を上から強く打落し破り、速やかに上段にとる。
ハ　左手前左足前諸手上段から、左足を引くか、右足を出す。

㈢　左片手・左足前・上段
イ　相中段から右足を引くと同時に右手を柄から放して腰にとり、左片手をあげ左足前の上段にとる。
ロ　先ず左手前左足前諸手上段にとり、右手を柄から放して腰にとり、左片手左足前上段にとる。

㈣　左片手・右足前・上段
イ　相中段にて左足から引くと同時に右手を柄から放して腰にとり、右足前の上段にとる。
ロ　先ず左手前右足諸手上段にとり右手を柄から放して腰にとり、左片手右足前の上段にとる。

㈤　右手前・右足前・諸手上段
イ　相中段にて左足から引き間合を離し、竹刀を立て、左右の手を入れ替え、右手にて柄頭を握りながら竹刀をあげ、右手前右足前諸手上段にとる。
ロ　先ず左手前右足前諸手上段にとり、頭上にて左右の手を入れ替え、右手にて柄頭を握り、右手前右足前諸手上段にとる。

㈥　右手前・左足前・諸手上段
イ　相中段から右足を引き陰にとり、左右の手を入れ替え、右手で柄頭を握り、竹刀をあげ、右手前左足前諸手上段にとる。
ロ　先ず左手前左足前諸手上段にとり、頭上にて左右の手を入れ替え、右手前左手前諸手上段にとる。

(七)　右片手・左足前・上段

イ　相手中段の時、右足を引きながら右手を柄頭にずらして握り、左手を柄から放して腰にとり、竹刀を頭上にあげ、右片手左足前上段にとる。

ロ　先ず右手前左足前諸手上段にとり、左手を柄から放して腰にとり右片手左足前上段にとる。

第二項　上段からの面技

上段から一度打下ろしたら、直ちに間合を離し、相手が打込む機会を与えず、速やかにまたは慎重に、再び上段にとるべきである。

(一)　左手前・左足前・諸手上段―(対中段)の面技

イ　相手が中段にて切先を高く、わが左上段の左拳につけてきたら、われは上段にて相手の面を左右から狙い攻め、相手が面を守る竹刀の切先から真二つに割り裂く心得にて一歩踏出し、左片手を充分に延ばし、右手を放し、わが竹刀にて高い所から大きく明快に相手の面を打つ。

ロ　相手が平正眼にて切先をわが左方に傾けて低く構えてきたら、相手の左面を右から攻め、相手が右寄りに防ぐ所を、相手の右上側面を左斜上から、わが左片手を延ばし一歩踏出して一気に打つ。

ハ　相手が中段にて切先を高くわが上段の左拳の右方に寄せ霞の構につけてきたら、われは上段から、相手の右面を左から攻め、相手が左寄りに防ぐ所を、相手の左側面を右斜上から、わが左片手を延ばし、一歩踏出して一気に打つ。

ニ　相手がわが左上段の咽喉を突きにきたら、わが右足を左方に寄せ、右向きとなり突きをはずし、左片手を延ばし左斜上から相手の右上側面を打つ。

ホ　相手がわが左上段の右小手を打ちにきたら、わが右足を左方に寄せ右向きとなり右手を引きはずし、わが左片手を延ばし左斜上から相手の右上側面を打つ。

ヘ　相手がわが左上段の左小手を打ちにきたら、わが左足を引き左斜向きとなり、左手を柄から引きはずし、右手を柄頭にずらし右片手を延ばし、右斜上から相手の左上側面を打つ。

ト　相手がわが左上段に対し打突してきたら、わが後足から引き、間合を離して引抜くか、右か左に開き交わすか、または相手の竹刀を打落すかして、直ちに踏込み、諸手にて相手の面を打つ。

チ　相手が中段にて堅く構えたら、われは左上段から右足を踏み込み敢然と相手の正面を打つ。

リ　相手が技を仕かける起り頭の右上側面をわが左手を延ばして打つ。

(二)　左手前・右足前・諸手上段―(対中段)の面技

左手前・左足前・諸手上段からの面技と同様の技を出す場合には、そのままの前後の足にて進退し、または左足を引くか或は右足を出すかし間合をはかって面技を行う。

(三)　左片手・左足前・上段（対中段）の面技

左手前左足前諸手上段の面技を初めから左片手で行う。

(四)　左片手・右足前・上段（対中段）の面技

左手前右足前諸手上段の技を初めから左片手に行う。

(五)　右手前・右足前・諸手上段―(対中段）の面技

イ　相手が中段にて切先を高くわが上段の右拳につけてきたら、われは上段にて相手の面を左右から狙い攻め、相手が面を守ろうとする竹刀の切先から真二つに割り裂く心得にて一歩踏込み、右片手を充分に延ばし、高い所から大きく相手の面を打つ。

ロ　相手が平正眼にて切先をわが左方に傾けて低くつけてきたら、相手の左面を右から攻め、相手が左寄りに防ぐ所を相手の右上側面を左斜上からわが右片手を延ばして一歩踏出して打つ。

ハ　相手が中段にて切先を高く、わが上段の右拳の右方寄りに霞につけてきたら、われは上段から相手の右面を左から攻め、相手が左寄りに防ぐ所を、相手の左側面を右斜上から、わが右片手を延ばし一歩踏出して打つ。

ニ　相手がわが右上段の咽喉を突きにきたら、わが左足を右方に寄せ、左向きとなり、相手の突をはずし、右片手を延ばし右斜上から相手の左上側面を打つ。

ホ　相手がわが右上段の左小手を打ちにきたら、わが左足を右方に寄せ左向きとなり、左手を柄から放しはずし、わが右片手を延ばし右斜上から相手の左上側面を打つ。

ヘ　相手がわが右上段の右小手を打ちにきたら、わが右足を引き右斜向きとなり右手を柄から放し打ちをはずし、左手を柄頭にずらし、左片手を延ばし、左斜上から相手の右上側面を打つ。

ト　相手がわが右上段に対し打突してきたら、後足から退き間合を離して引き抜くか、右か左に開き交わすか、または相手の竹刀を打落すかして、直ちに踏込み相手の面を打つ。

チ　相手が中段に堅く構えたら、われは右上段から諸手にて相手の竹刀を強く打落すとともに敢然と踏込んで相手の面を打つ。

㈥　右手前・左足前・諸手上段―(対中段)の面技

右手前右足前諸手上段からの面技と同様の技を出す場合にそのままの前後の足にて進退し、または右足を引くか或は左足を出すかし、間合を測つて面技を行う。

(七)　右片手・右足前・上段―（対中段）の面技

右手前右足前諸手上段の面技を初めから右片手で行う。

(八)　右片手・左足前・上段―（対中段）の面技

右手前左足前諸手上段の技を初めから右片手にて行う。

(九)　堅上段または横上段―（対中段）の面技

前掲の上段からの各種の面技を応用する。

第三項　上段からの小手技

(一)　左手前・左足前・諸手上段―（対中段）の小手技

イ　相手が中段の切先を高く、わが左上段の左拳につけてきたら、われは相手の面を左右から、狙い攻め、相手が右寄りに防ぎ右小手隙く機に左片手を延ばし、高い所から切先を右にし相手の右小手を打つ。

ロ　相手が平正眼に低くきたら、相手の左面を右から攻め、相手が右寄りに防ぐ機にわが体を左寄りにし左片手を延ばし、相手の右小手を打つ。

ハ　相手がわが左上段の右小手を打ちにきたら、わが右足と右手を後方に引き右向きとなり、相手の打をはずすとともに諸手を伸ばし、相手の右小手を打つ。

ニ　相手がわが左上段を打突してきたら、わが後足から引き間合を離して引き抜くか、左か右に開き交わすか、または相手の竹刀を打落すかして、直ちに踏込み諸手にて相手の右小手を打つ。

ホ　相手が中段に堅く構えたら、われは諸手にて相手の竹刀を強く打落すとともに敢然と踏込み相手の右小手を打つ。

ヘ　相手が技を出そうと手の動く出鼻の右小手をわが左片手を伸ばして打つ。

㈡　左手前・右足前・諸手上段―(対中段) の小手技

前掲の左手前・左足前諸手上段からの小手技と同様の技を出す場合には、そのままの前後の足にて進退し、または左足を引くか或は右足を出すかし、間合をはかって小手を打つ。

㈢　左片手・左足前・上段―(対中段) の小手技

左手前左足前諸手上段の技を初めから左片手にて行う。

㈣　左片手・右足前・上段―(対中段) の小手技

左手前右足前諸手上段の技を初めから左片手にて行う。

㈤　右手前・右足前・諸手上段―(対中段) の小手技

イ　相手が中段の切先高くわが右拳につけてきたら、われは相手の面を左右から狙い攻め、相手の動いた機に、わが右足一歩踏出し、切先右にし右片手にて相手の右小手を打つ。

ロ　相手が平正眼に切先を低くつけてきたら、相手の右面を左から攻め、相手が左後ろ寄りに下り防ぐ所を、われは右寄りになり、右手首を右に捩じ、切先を稍右斜に下ろし、踏込んで右片手を延ばし相手の右内小手を打つ。

ハ　相手がわが右小手を打ちにきたら、わが右足を引き右斜向きとなり相手の打をはずすとともに、右片手にて左斜上から相手の右小手を打つ。

ニ　相手が打突してきたら、われは後足から退き引き抜くか、右か左かに開き交わすか、または相手の竹刀を打落すかして、直ちに踏込み相手の小手を打つ。

ホ 相手が中段に堅く構えたら、われは諸手にて相手の竹刀を強く打落すとともに一気に踏込んで相手の小手を打つ。

ヘ 相手が技を出そうと手の動く起り鼻の小手を、わが右片手を延ばして打つ。

(六) 右手前・左足前・諸手上段—(対中段)の小手技

右手前右足前諸手上段からの小手技と同様の技を出す場合にはそのままの前後の足にて進退し、または右足を引くか或は左足を出すかし、間合をはかつて小手技を行う。

(七) 右片手・右足前・上段—(対中段)の小手技

右手前右足前諸手上段の技を初めから右片手にて行う。

(八) 右片手・左足前・上段—(対中段)の小手技

右手前左足前諸手上段の技を初めから右片手にて行う。

(九) 堅上段または横上段—(対中段)の小手技

前掲の上段からの各種小手技を活用する。

第四項　上段からの胴技

(一) 左手前・左足前・諸手上段—(対中段)の胴技

イ 相手の面を右から攻め、相手が右寄りに防ぐ所を、われは大きく左前に踏込んで相手の右胴を打つ。

ロ 相手の面を左から攻め、相手が左寄りに防ぐ機に、われは大きく右前に踏込んで相手の左胴を打つ。

ハ 相手がわれを突きにきたら、われは右足を左方に寄せ、右向きとなり、突をはずし、わが左足を出し相手の右胴を打つ。

ニ　相手がわが右小手を打ちにきたら、わが右足を右に寄せ左向きとなり、わが右鎬にて相手の竹刀を右に
摺上げ、手を返して相手の左胴を打つ。

ホ　相手がわが左小手を打ちにきたら、わが左足を左に寄せ、わが左鎬にて相手の竹刀を左に摺上げ左足を
進め相手の右胴を打つ。

㈡　左手前・右足前・諸手上段―(対中段）の胴技

左手前左足前諸手上段からの胴技と同様の技を出す場合には、そのままの前後の足にて進退し、または左足
を引くか右足を出すかし、間合をはかつて胴技を行う。

㈢　左片手・左足前・上段―(対中段）の胴技

左手前左足前諸手上段の技を初めから左片手にて行う。

㈣　左片手・右足前・上段―(対中段）の胴技

左手前右足前諸手上段の技を初めから左片手にて行う。

㈤　右手前・右足前・諸手上段―(対中段）の胴技

イ　相手を右から攻め、相手が右寄りに防ぐ所を、われは大きく右前に踏込み、右手を左下に廻わし、右手
首を左廻りに捩じ、右片手を延ばし相手の右胴を打つ。

ロ　相手を左から攻め、相手が左寄りに防ぐ機にわれは大きく右前に踏込み、右手を右下に廻わし右手首を
右廻わりに捩じ、右片手を延ばし相手の左胴を打つ。

ハ　相手が突きにきたら、わが右足を右に寄せ左向きとなり突をはずし、わが右足を出し、右手を右下に廻

わし、右手首を右廻りに捩じ、右片手を延ばし相手の左胴を打つ。

ニ　相手がわが右小手を打ちにきたら、わが右鎬にて右に摺上げ右足を出し、左手を放し、右片手にて相手の左胴を打つ。

ホ　相手がわが左小手を打ちにきたら、わが左鎬にて摺上げ左足を出し、右片手にて相手の右胴を打つ。

ヘ　相手を攻め、相手が防ごうと竹刀をあげた機に踏込み、わが右手を左下に廻わし右手首を左廻わりに捩じ、右片手を延ばし相手の右胴を打つ。

(六)　右手前・左足前・諸手上段―(対中技)の胴技

右手前右足前諸手上段からの胴技と同様の技を出す場合にはそのままの前後の足にて進退し、または右足を引くか或は左足を出すかし間合をはかって胴技を行う。

(七)　右片手・右足前・上段―(対中段)の胴技

右片手前右足前諸手上段の技を初めから右片手にて行う。

(八)　右片手・左足前・上段―(対中段)の胴技

右片手左足前諸手上段の技を初めから右片手にて行う。

(九)　竪上段または横上段―(対中段)の胴技

前掲の上段からの各種の胴技を活用する。

第五項　上段からの突技

(一)　左または右の上段にて中段の相手に対しわれから攻め、逃げるのを追込み、諸手或は柄頭を握る片手にて相手を突く。

(二) 左または右の上段にて中段の相手に対し、わが竹刀にて相手の竹刀を打落し、踏込み諸手或は柄頭を握る片手にて相手を突く。
(三) 左または右の上段にとるわれを打突してくる相手の竹刀をわが竹刀にて制破し、進んで諸手或は柄頭を握る片手にて相手を突く。
(四) 左または右上段にとるわれを打突してくる相手を迎え、一瞬早く先に諸手にて、或は柄頭を握る片手にて相手を迎え突く。

第八節　対上段の中段技

第一項　対上段の中段技原則

(一) 上段に対し中段に構える三法式

イ　相手の上段の前拳の柄頭にわが切先を向けて高くつけ、その拳の動きを封じ、相手が上段から打込もうとする拳をわが切先で必ず突き破る心と技とを以て構える。

ロ　相手の上段に対し、わが右足前に稍左斜向きとなり、切先を低く平清眼に間合を遠く離して構える。

ハ　相手の上段に対し、わが左足前に稍右斜向きとなり、切先を相手の上段の前拳の柄頭に高く霞につけて構える。

(二) 上段の間合を中段にて破る六法

イ　相手が上段の構からは柄八寸の延べの余裕の働らきを利して間合を自由に増し、狙いを定めて打込みうるから、相手の上段に対しわれ中段に構える場合には相手が八寸の延べを利する間合の狙いをはずし乱し、わが体を前後左右に活潑に移動して居付かず、上段から打とうとする焦点を狂わせる。またはこの間合をはずして更に遠く中段にとるか、或はこの間合を破つて深く入るかすべきである。

ロ　相手の上段に対し、その権威と働らきを無視し、わが中段にて何の雑作もなくつかつかと上段が利せんとする間を踏越え入つてゆくと、相手の上段の思惑がはずれて中段に変るか、または相手が無理に打込むか逃げるかする。その乱れを打払い追打をかけ強く打突する。

ハ　相手の上段の柄八寸の延べの間合をわが中段にて利するのには法がある。それは左片手にて突くか打つか、または右手を左手までずらし、上段の左右の小手や面を延べ敷きにて打込むか、或は右片手にて刺し面、刺し小手などを行う。かくてわれも柄八寸の延べの間合を利用する。これは頗る有効である。

ニ　相手が上段から片手技を出してくる竹刀をはずすか、打払うかすると、相手が片手の弱さが出るから、そこにつけ入り許さず続けて強く打つて勝つ。

ホ　相手が左手前左足前諸手上段または片手上段の構に対し、わが中段の構の時には、わが右方に廻り出で、相手を攻めるのが定法である。これは相手の狙いを狂わす法である。

ヘ　相手が右手前右足前諸手上段、または右片手上段の構に対し、われ中段の構の時はわが左方に廻り相手を攻めるのが定法である。これは相手の狙いを狂わす法である。

第二項　対上段の中段面技

(一)　相手が上段にあげる途中、またはあげ納まらないうちに、われは大きく踏込み面を打つ。

(二)　相手が技を出そうとする起り頭に、われから踏込み真直に相手の面を打つ。

(三)　相手が左手前左足前諸手上段、または左片手上段にて切先をわれから見て左斜上に構えている時には、われは中段から右方を攻め、相手が右方に寄り防ぐ時には、相手の構えた上段の竹刀の左側から、わが竹刀を相手の竹刀に沿うて、左斜上から相手の右上側面を一気に打つ。

㈣ 相手が右手前右足前諸手上段、または右片手上段にて切先をわれから見て右斜上に構えている時には、われは中段から左方を攻め、相手が左方に寄り防ぐ時には、相手の構えた上段の竹刀の右側から、わが竹刀を相手の竹刀に沿うて右斜上から相手の左上側面を一気に打つ。

㈤ 相手が上段からわが面か小手かを打ちにきたら、わが体を退くかまたは右か左かに開き、相手の技を抜きはずし、そのまま大きく踏込んで相手の面を打つ。

㈥ 相手が上段からわが面か小手かを打ちにくる竹刀を、わが竹刀にて打払い摺上げなどし、踏込んで相手の面を打つ。

㈦ 相手がわが面を打ちにきたら、われは途中に迎え、われに当る一瞬先に進んで充分に相手の面を打つ。

㈧ 相手が上段からわが右小手を打ちにきたら、わが右小手を柄から放し、左足を出し右斜向きとなり、左片手にて相手の右上側面を打つ。

第三項　対上段の中段小手技

㈠ 相手が上段にあげる途中か、あげてまだ納まらないうちか、狙つて分別している機かに、わが中段から八寸の延べを利し、または大きく踏込んで相手の右または左の小手を打つ。

㈡ 相手が上段から打込もうとする起り頭にわれから進み踏込んで高く相手の小手を打つ。

㈢ 相手が左手前左足前諸手上段にて切先をわれから見て左斜上に構える時には、われは中段から右方を攻め相手が右寄りに防ぐ時にわれは踏込んで一気に相手の小手を打つ。

㈣　相手が右手前右足前諸手上段にて切先をわれから見て右斜上に構える時には、われは中段から左方を攻め、相手が左寄りに防ぐ時にわれは踏込んで一気に相手の左小手を打つ。

㈤　相手が上段からわが面か小手かを打ちにきたら、わが体を退くかまたは右か左かに開き、相手の技を抜きはずし、そのまま踏込んで相手の小手を打つ。

六　相手が上段からわが面か小手を打ちにくる竹刀をわが竹刀にて打落し、摺上げなどして相手の小手を打つ。

第四項　対上段の中段胴技

㈠　相手が上段にあげる途中、またはあげて未だ納まらないうちに、大きく飛込んで相手の左または右の胴を打つ。

㈡　相手が上段から出す技の起り頭の狙の反対側に飛込み相手の胴を打つ。

㈢　われから相手を攻め進み、相手が逃げ腰になる時飛込んで相手の胴を打つ。

㈣　相手がわが面か小手かを打ちにくる竹刀をわが竹刀にて左に打払い摺上げなどして相手の右胴を打つ。または右に打払い摺上げなどして左胴を打つ。

㈤　相手が上段からの技が失敗し引上げる機にわれから追込んで相手の胴を打つ。

第五項　対上段の中段突技

㈠　相手が上段にあげる途中、またはあげて未だ納まらないうちに、わが左足を出し左片手にて相手を突く。

㈡　相手が上段から打込もうとする起り頭に、わが左足を出し左片手にて突く。

㈢　相手が上段からわが面を打ちにきたら、われは諸手を延ばし大きく踏込んで烈しく前突を行う。

㈣　相手がわが右小手を打ちにきたら、わが右手を柄から放し、左足を出し相手の打をはずし、わが左片手にて突く。

㈤　相手の技をわが竹刀にて制破し進んで諸手にて相手を突く。

第九節　相上段の技

第一項　相上段の原則

㈠　相上段の本旨

イ　相上段の心得　相手が上段に構えた時に、われ中段では不利と見たら、われもまた上段に構えると相手の思惑がはずれ、相互に同条件となり同等にやれる。しかし日頃上段にとる練習を積んでいなければ却て失敗する。もしわが上段が相手の上段よりも優つているとさらに見事に働らき得るから、誰れでも平素から上段技を稽古し心得て置くべきである。

ロ　相上段の構え　第三編第三章第七節第一項の上段に構える方法による。

第二項　相上段の面技

㈠　左上段の面技

左手前左足前諸手上段または左片手上段（対左・右上段）の面技

イ　相手の小手を攻め、相手が手を下げて防ごうとする時、わが左片手を延ばしまたは諸手を延ばし、踏込んで相手の面を打つ。

ロ　相手の小手をわが右方から攻め、相手が左寄りに防ぐ時、わが左片手を左斜上から延ばし相手の右上側面を打つ。

ハ　相手の小手をわが左方から攻め、相手が左寄りに防ぐ時、わが左片手を右斜上から延ばし、相手の左上側面を打つ。

ハ　相手が技を出そうとする起り頭にその上からのしかかり、わが左片手を延ばし相手の面を打つ。

ニ　相手が打ちにくる竹刀を、わが諸手の竹刀にて打落し摺上げなどし、直ちに踏込み諸手にて相手の面を打つ。

ホ　相手がわが面を打ちにくる竹刀を、わが諸手の竹刀にて入刄に切落し相手の面を打つ。

ヘ　相手が打ちにきたらわれは退き、または左か右かに開き、相手の技を抜きはずし直ちに踏込み左片手にて相手の面を打つ。

(二)　右上段の面技

右手前右足前諸手上段または右片手上段（対左・右上段）の面技

イ　相手の小手を攻め、相手が手を下げて防ごうとする時、わが右片手を延ばし踏込んで相手の面を打つ。

ロ　相手の小手をわが右方から攻め、相手が右寄りに防ぐ時、わが右片手を左斜上から延ばし、相手の右上側面を打つ。

ハ　相手の小手をわが左方から攻め、相手が左寄りに防ぐ時、わが右片手を右斜上から延ばし、相手の左上側面を打つ。

ニ　相手が技を出そうとする起り頭にその上からのしかかり、わが右片手を延ばし相手の面を打つ。

ホ　相手から打ちにくる竹刀を、わが諸手にて持つ竹刀にて打落し、直ちに踏込み右片手にて相手の面を打つ。

ヘ　相手が打突してきたら、われは退きまたは右か左かに開き、相手の技を抜きはずし、直ちに踏込み右片手にて相手の面を打つ。

第三項　相上段の小手技

(一)　左上段の小手技

左手前左足前諸手上段または左片手上段（対左・右上段）の小手技

イ　相手の左小手をわが右方から攻め、相手が左小手を引いて防ぐ時、わが左片手を左斜上から延ばし、相手の右小手を打つ。

ロ　相手の右小手をわが左方から攻め、相手が右小手を引いて防ぐ時、わが左片手を右斜上から延ばし、相手の左小手を打つ。

ハ　相手が技を出そうとする起り頭にわが左片手を延ばし、相手の左または右の小手を打つ。

ニ　相手が技を出してきた竹刀を、わが諸手にて持つ竹刀にて打落し、摺上げなどで制破し、踏込んで諸手にて相手の右または左の小手を打つ。

ホ　相手が技を出してきた時、われは退きまたは右か左に開き、相手の技を抜きはずし、直ちに踏込んで相手の右か左かの小手を打つ。

(二)　右上段の小手技

右手前右足前諸手上段または右片手上段（対左・右上段）の小手技

イ　相手の左小手をわが右方から攻め、相手が左小手を引いて防ぐ時、わが右片手を左斜上から延ばし、相手の右小手を打つ。

ロ　相手の右小手をわが左方から攻め、相手が右小手を引いて防ぐ時、わが右片手を右斜上から延ばし、相手の左小手を打つ。

ハ　相手が技を出そうとする起り頭に、わが右片手を延ばし、相手の右または左の小手を打つ。

ニ　相手が技を出してくる竹刀を、わが竹刀にて打落し摺上げなど制破し、わが右片手にて相手の小手を打つ。

ホ　相手が技を出してくる時、われは退きまたは右か左に開き、相手の技を抜きはずし、直ちに踏込み相手の小手を打つ。

第四項　相上段の胴技

(一) 左上段の胴技

左手前左足前諸手上段または左片手上段（対左・右上段）の胴技

イ　相手をわが右方から攻め、相手が右に竹刀をあげて防ぐ時、わが竹刀を左斜下に廻わし、諸手にて一気に飛込んで相手の右胴を打つ。

ロ　相手をわが左方から攻め、相手が左に竹刀をあげて防ぐ時、わが竹刀を右斜下に廻わし、諸手にて一気に飛込んで相手の左胴を打つ。

ハ　相手がわが面か小手を打ちにくる竹刀を、わが竹刀にて左に打払い摺上げなどし、進んで相手の右胴を打つ。

ニ　相手がわが面か小手を打ちにくる竹刀を、わが竹刀にて右に打払い摺上げなどし、進んで相手の左胴を打つ。

第五項　相上段の突技

左上段の突技　右上段の突技

イ　相手が打突してくる竹刀を、わが竹刀にて打落し、直ちに踏込み諸手にて突く。

ロ　われから相手を打ちにゆき、相手が上段のまま退く時にわれは大きく踏込み諸手を延ばし、追込んで烈しく突く。

ハ　相手から技を出そうとする起り頭にわれから進んで、諸手または片手にて落し突を行う。

ニ　相手の技を抜きはずし、相手が引上げようとする所にわれから大きく踏込み諸手または片手にて突く。

第十節　両刀の技

第一項　両刀の本質

㈠　**両刀の着眼**　昔武士は大小を帯しておつたので、右手に大を、左手に小を持つて同時に両刀を自由に使う利益に着眼して稽古したのである。それでは倍の利があるかというと、一つの心を同時に二つにつかうことは中々むつかしいものであるから、両刀を器用につかう人もあるが、昔から両刀使いに名人がないといわれている。両刀使いと称せられる宮本武蔵も大事の試合には一刀をつかつている。しかし剣道仕合には両刀使いに出会うこともあるから、誰れでも両刀の攻防法を一通り心得て置くべきである。

㈡　**両刀の利点**　両刀の技は二刀を持つて同時に左右の手を働らかせることができるから、一刀に比して攻防ともに二倍の機会を捉えることが可能である。一を以て破り一を以て打ち、一を以て防ぎ一を以て打ち、また二を以て左右からも上下からも打突し得るし、同時に防ぐ事もできる。よつて打突攻防の機会が多く、細かく繁く働らき得る利があるものである。

㈢　**両刀の弱点**　両刀の技は左右の手を同時に働らかせることになるので、どうしても一方が留守がちになる。また片手で竹刀を持つから、一本の竹刀を諸手で持つ相手に対しては攻防ともに弱い。特に片手の竹刀では諸手の竹刀を抑え巻落し摺込むなどの働らきが弱い。但し両刀十字の受止めは強いものである。

第二項　両刀と一刀との寸法の比較

㈠　**一刀の諸手寸法は不利**　現今の規定による一刀の竹刀の寸法を三尺八寸とし、両刀の大を三尺六寸、小を二尺とした場合に、一刀の三尺八寸の柄を一尺とすると、一刀を諸手で握る右拳の前から切先までの刀身の長さは二尺八寸で、両刀の大の三尺三寸の働らきよりは五寸短かい。

㈡　**両刀の大の片手寸法は有利**　両刀の大の三尺六寸の柄頭を握る片手を延ばすと、握りを三寸として、拳の前から切先までの長さは三尺三寸となり、一刀の諸手寸法より五寸の長さの利がある。両刀の大を以て、一刀を諸手で持つ者に対し、遠間からこの五寸の延びを利し得る。二尺の小刀の握り三寸として一尺七寸となし、左片手に持ち左足前に右向き半身に正眼にとり、これを使者太刀につかうのである。

㈢　**一刀の片手寸法は最も有利**　一刀の三尺八寸の柄頭を片手にて握り、片手を延ばして打込むと、握り三寸として拳の前から切先までの長さは三尺五寸となり、両刀の大の三尺三寸より二寸の延びの利がある。よって一刀を以て片手打を行うか、片手突を出すと最も有利である。また一刀片手上段に構えると、両刀の小の使者太刀を無効にすることもできる。

第三項　両刀の執刀法

㈠　**普通の方式**　両刀を持つ場合に普通は右手に大を持ち、左手に小を持つ。

(二)　**例外の方式**　左手利きの人は左手に大を持ち、右手に小を持つ例外もある。

(三)　**両刀の構方**

イ　左手・小・中段—右手・大・上段—左足前

ロ　右手・小・中段—左手・大・上段—右足前

ハ　左手・小—右手・大—刀交叉—左足前　上段　中段　下段とも

ニ　右手・小—左手・大—刀交叉—右足前　上段　中段　下段とも

第四項　両刀の攻防法

(一)　**両刀操作の攻防原則**

イ　小にて相手中段の切先につけ、使者太刀の案内役とし、大にて相手の隙を打突する。

ロ　大にて打突し、小にて防ぐ。

ハ　大にて防ぎ、小にて打突する。

ニ　大と小とにて同時に打突する、

ホ　大と小とにて同時に防ぐ。

(二)　**両刀の攻防路線**

イ　大にて高く相手の面を打ち、小にて低く相手の胴を打ち、または突き或は相手の打突を防ぐ。

ロ　大にて低く相手の胴を打ち、小にて高く相手の面を打ち、または突き或は相手の打突を防ぐ。

ハ　大にて右方から相手の左上側面か左胴を打ち、小にて相手の 右上側面か 右小手か 右胴を打ちまたは突く。或はわが左上側面か左胴などへの打ちを防ぐ。

ニ　大にて左方から相手の右上側面か右小手か右胴を打ち、または突き、或は相手の打突を防ぐ。

ホ　小にて高く相手の面を打ち、大にて低く相手の胴を打ち、或はわが胴を防ぐ。

ヘ　小にて低く相手の胴を打ち、大にて高く相手の面を打ち、或はわが面を防ぐ。

ト　小にて左方から相手の右上側面か右小手か右胴を打ち、大にて相手の面か胴を打つ。或はわが右方を防ぐ。

チ　小にて右方から相手の左上側面を打ち、大にて相手の右上側面か右胴を打つ。或はわが左を防ぐ。

第五項　両刀の面技―対一刀中段

左手・小・左足前・中段―右手・大・右足後・上段

(一)　小にて相手の一刀諸手中段の右小手を左方から攻め、相手が左方に防ぐ時に、われは右足を踏出し大にて相手の面を右上から打つ。

(二)　小にて右方から攻め、大にて左上から面を打つ。

(三)　相手が飛込んでわが面か左胴を打ちにきたら、わが左足を引き左斜向きとなり、小にてわが面または左胴を防ぎ、大にて相手の左上側面を打つ。

(四)　相手が飛込んでわが右胴を打ちにきたら、わが右足を引き、大にて防ぎ、小にて相手の右上側面を打つ。

五　相手がわが左小手を打ちにきたら、わが左小手を引きはずし、大にて相手の面を打つ。

(六)　相手が突いてきたら、わが小にて打払い、大にて相手の面を打つ。

(七)　相手がわが面を打ちにきたら、わが大小を十字に前に高く組んで受止め、直ちに小にて左から相手の右上側面を打つ。または大にて右から相手の左上側面を打つ。

㈧　互に相接触し、離れ際に小にて相手の竹刀を左下に抑え、大にて右から相手の左上側面を打つ。または大にて相手の竹刀を右下に抑え、小にて左から相手の右上側面を打つ。或は小にて相手の竹刀を右下に抑え、大にて左から相手の右上側面を打つ。または大にて相手の竹刀を左下に抑え、小にて右から相手の左上側面を打つ。

第六項　両刀の小手技―対一刀中段

左手・小・左足前・中段―右手・大・右足後・上段

㈠　小にて相手の竹刀を右に抑え、払い、打落しなど制破し、右足踏込み大を以て相手の右小手を打つ。

㈡　大にて相手の面を右方から攻め、相手が右寄りに防ぐ機に踏込み、大にて相手の右小手を打つ。

㈢　相手がわが面か右胴を打ちにきたら、大にて右を防ぎ、小にて相手の右小手を打つ。

㈣　相手がわれを打突してくる竹刀を小にて右下に制破し、大にて相手の右小手を打つ。

㈤　相手がわれを打突してきたら、われは左に開き、大にて防ぎ、小にて相手の小手を打つ。

㈥　相手がわが面を打ちにくる竹刀をわれは大小を十字に組み前に高く受止め、直ちに小にて相手の右小手を打つ。

㈦　互に相接触したら、大にて相手の竹刀を右下に抑え、離れ際に小にて相手の右小手を打つ。

第七項　両刀の胴技―対一刀中段

左手・小・左足前・中段―右手・大・右足後・上段

㈠　小にて相手の竹刀を右に撥き上げ、わが右足を左前に踏出し、相手の右胴を打つ。

㈡　小にて相手の竹刀を左に抑え、わが右足を右前に踏出し、相手の左胴を打つ。

㈢　大にて相手の面を右方から攻め、相手が右寄りに防ぐ時、わが右足を左前に踏出し、小を振上げて相手の面を脅かし、大にて相手の右胴を打つ。

㈣　大にて相手の面を左方から攻め、相手が左寄りに防ぐ時、わが右足を右前に踏出し、小にて相手の右上側面を襲い、大にて相手の左胴を打つ。

㈤　相手が飛込んでわが面を打ちにきたら、われは左に開き、大にて右斜上に防ぎ小にて左から相手の右胴を打つ。または右に開き小にて左斜上に防ぎ、大にて右から相手の左胴を打つ。

㈥　相手がわが左小手を打ちにくる竹刀を小にて左上に撥き、わが大にて相手の左胴を打つ。

㈦　相手がわが面を打ちにきたら、わが大小を十字に前に高く受止め、小にて相手の右胴を打つ。または大にて相手の左胴を打つ。

㈧　相接触し、離れ際に相手の竹刀をわが大にて右に抑え、わが右足を引き小にて相手の右胴を打つ。または小にて左に抑え、わが右足を引き大にて相手の左胴を打つ。

第八項　両刀の突技―対一刀中段

左手・小・左足前・中段―右手・大・右足後・上段

㈠　小にて相手の小手を攻め、大にて面を攻め、相手が引くのを追込んで大にて落し突を行う。

㈡　相手が打突してくる竹刀をわが小にて左に払い、わが大にて突く。

㈢　相手が打突してくる竹刀をわが小にて右下に打落し大にて相手を突く。

㈣　相手が打突してくる竹刀をわが大にて打落し踏込んで小にて突く。

㈤　相手がわが面を打ちにきたら、わが大小を十字に前に高く受止め、大にて相手の竹刀を右に抑え、小にて突く。

㈥ 互に相接触し、離れ際にわが大を以て相手の竹刀を抑え、小にて突く。

註　両刀技対一刀中段は前掲の上段技各種を活用する。

第十一節　対両刀の一刀技

第一項　対両刀の一刀技原則

㈠ 一刀を諸手に握る強さを以て両刀を片手づつに持つ把握力の弱さを抑制撃破する。

㈡ 一刀の片手打は両刀の大より二寸長く使える。

㈢ 一刀にて両刀に対しては、小に心捉われず、大を相手と心得る。

㈣ 一刀にて両刀の体の中心垂直線に厳然と切先をつけて構えると、両刀の左右上下からの働らきに悉く応じ得られる。

㈤ 一刀にて両刀に対しては繁く細かい両刀の技にこだわらず、弱点を見て放胆に強烈に打込む。

㈥ 両刀にて相手がわが一刀を上から十字に抑えたら、わが一刀にて相手の内小手を左右に烈しく打据える。または先ず小を抑えて働らかせず、続いて大を払つて離れ際に技を施して間合を開く。

㈦ 両刀の弱点は大概表面か左胴にあるから、そこを攻めて打つ。

㈧ 両刀に対しては遠間に構え、飛込み入身から間合を離す間積りの利を図つて打つ。

㈨ 一刀にて両刀に対しては上段、霞構が有利である。

第二項　対両刀の一刀面技

㈠ 一刀にて小を右に撥き破り踏込んで右斜上から相手の左上側面を打つ。

(二)相手を突に攻め、大を下ろし防ぐ時に、踏込んで、相手の面を打つ。
(三)相手の大の起り頭に真直に相手の面を打つ。
(四)相手が打つてくる大を右に撥き破り、相手の左上側面を打つ。
(五)相手がわが面を打ちにくる大を左上に摺上げ、相手の右上側面を打つ。
(六)相手がわが面を打ちにくる大をわが右鎬にて応じ、手を巻返し、相手の右上側面を打つ。
(七)相手がわが面を打ちにくる大をわが左鎬にて応じ、手を巻返し、相手の左上側面を打つ。
(八)相手がわが右小手を打ちにきたら、わが右小手を柄から放して引きはずし、左足を出し左片手にて相手の右上側面を打つ。

第三項　対両刀の一刀小手技

(一)わが一刀にて相手の小を左に張り踏込んで相手の大の右片手上段の小手を延敷打つ。
(二)わが一刀にて突に攻め、相手が引く右片手上段の小手をわが右片手にて刺小手に打つ。
(三)相手が大にてわが面を打ちにきたら、われは左に開きはずし、相手の右小手を打つ。
(四)相手はわが右小手か右胴かを打ちにくる大を、わが一刀にて右に打落し、直ちに相手の右小手を打つ。

第四項　対両刀の一刀胴技

(一)わが一刀にて相手の小を右から左上に撥き、左足を左前に踏出し、相手の右胴を打つ。
(二)わが一刀にて相手の小を左から右上に撥き、右足を右前に踏出し、相手の左胴を打つ。
(三)相手の左上側面を攻め、踏込んで相手の左胴を打つ。
(四)相手を諸手突にて攻め、逃ぐるを追込み変つて相手の右胴か左胴かを打つ。

㈤ 相手が大にてわが面を打とうとする起り頭にわれから飛込んで相手の右胴を打つ。

㈥ 相手がわが面を打ちにくる大をわが一刀にて右に摺上げ、相手の左胴を打つ。または左に摺上げ右胴を打つ。

㈦ 相手がわが面を打ちにくる大をわが右鎬にて右上に撥き、わが左足を出し相手の右胴を打つ。

第五項　対両刀の一刀突技

㈠ 相手の小をわが一刀で右から左に張り撥き打落しなど制破し、諸手を延ばし突く。

㈡ 相手の小を右に抑え、左足を出し左片手にて突く。

㈢ 相手が大にてわれを打とうとする起り頭にわが左足を出し左片手にて突く。

㈣ 相手が大にてわが面を打ちにきたら、われは進んで諸手を延ばし烈しく突く。

㈤ 相手が大にてわが面を打ちにきたら、左または右に打落して突く。

㈥ 相手が大にてわが面を打ちにきたら、われは右または左に開きはずし、諸手にて突く。

㈦ 相手がわが右小手を打ちにくる大をわが一刀にて右巻きに巻き裏から突く。または左巻きに巻き表から突く。

註　両刀対の一刀技は前掲の上段対の中段技の各技を活用する。

第十二節　対薙刀の一刀技

第一項　対薙刀の一刀技の概念

㈠ 薙刀は竹刀より長い利と不利とがある。薙刀は七尺を普通とし、竹刀の三尺八寸より三尺二寸程長いからそれだけの遠間から打突し防禦し得るものであることを心得て、一刀にて対する場合にはこの打間から更に遠く離れて構え、咄嗟にこの打間を大きく踏越え、一刀の打間を利すべきである。

(二) 薙刀は刃方にて打突する外に石突にて突く事ができるから、一刀を持つものはこれに留意すべきである。

(三) 薙刀は面、小手、胴、咽喉の打突の外に脛打もするから、一刀を持つものはこれに留意し、脛を防ぐ下段か跳上りの用意が必要である。

(四) 薙刀の構体は左手前右斜向きと、右手前左斜向きとあり、それを自由に変化して構えまた攻防するから、一刀を持つ者はこの左右上下の変に対処すべきである。

(五) 薙刀は水車、風車、花車等に旋らし、また柄をしごいて長短を利し得る事にも留意すべきである。

第二項　対薙刀の一刀技攻防心得

(一) 薙刀に対し一刀を以て構えるのには間合を遠く離し、薙刀の左右からの脛打を用心し、下段に切先が床に接する程前に出して構える。上段、中段に構える時も常に脛打を用心する。

(二) 薙刀対の一刀の構として平正眼に利がある。稍左刃向けの平正眼にとると薙刀の構えや打突を左上、右下に撥き破る働らきを敏速果敢にすることができる。

(三) 薙刀対一刀の構は間合を遠く離し、左右前後に活発に移動し、長物の見当を乱し、打込む時には薙刀の脛打を用心しつつ咄嗟に薙刀の間合を破つて入身となり、一足一刀の間合にて打突し、速かに前方に抜け出るかまたは遠く退く、退く時には特に脛打を用心する。

(四) 薙刀が左手前の構体の時には一刀は右方に廻わつて攻める。薙刀が右手前の構体の時には一刀は左方に廻わつて攻める。

㈤ 薙刀が脛を打ちにきたら一刀を低く下段に前に出す時には床を叩くと思う位がよく止まる。または膝から下脛を曲げて前足を後ろに上げる。或は両足を揃えて飛上つて曲げる。その時には自分の臀をわが踵にて蹶上げるようにする。

㈥ 一刀を上段に構え、柄頭を握る片手を延ばして打つのに利がある。左片手横面など有効である。

㈦ 剣道は平常脛打をしないので、薙刀は一刀に対し案外に脛の用心が欠けているから、一刀で薙刀使いの脛を打つと効を奏する。

第三項　対薙刀の一刀面技

㈠ 一刀を平正眼に構え、薙刀を左上に撥き、大きく踏込んで相手の右上側面を打つ。

㈡ 一刀を下段に構え、薙刀を右下に打落し、左足を出し、左片手を延ばし、相手の右上側を上から打つ。

㈢ 一刀にて薙刀を打落し、直ちに前足をあげ、大きく飛込み、諸手にて相手の面を打つ。

㈣ わが面を打ちにくる薙刀を一刀にて払い流し、直ちに踏込んで相手の面を打つ。

㈤ 薙刀にてわが右小手を打ちにきたら、わが右手を柄から放し外し、左足を出し、左片手を延ばし、相手の右上側面を上から打つ。

㈥ 打突してくる薙刀を張り打落しなど制破し、直ちに踏込んで相手の面を打つ。

㈦ 薙刀にてわが脛を右から打ちにきたらわが右足をあげ、飛込んで相手の左上側面を打つ。

㈧ 薙刀にてわが脛を左から打ちにきたら、わが右足をあげ飛込んで相手の右上側面を打つ。

㈨ 薙刀にてわが脛を打ちにきたら、一刀を低く前に下段に下ろして防ぎ、直ちに飛込んで相手の面を打つ。

第四項　対薙刀の一刀小手技

(一) 薙刀の技の起り頭の前小手を、わが足をあげ踏込み一刀にて打つ。

(二) 右手前に構える薙刀を、わが一刀にて右下に打落し、直ちに踏込み、相手の左小手を打つ。

(三) 左手前に構える薙刀をわが一刀にて左下に打落し、直ちに踏込んで相手の左小手を打つ。

(四) 右手前に構える薙刀にて打突してくる時、わが一刀にて右に張り打落しなど制破し直ちに踏込み、相手の右小手を打つ。

(五) 左手前に構える薙刀にて打突してくる時、わが一刀にて左に制破し左小手を打つ。

(六) 右手前に構える薙刀にてわが脛を左から打ちにきたら、わが足をあげ外し、わが一刀にて相手の右小手を打つ。

(七) 右手前に構えわが脛を右から打ちにくる薙刀を一刀にて下段に受止め、直ちに左前に踏込み相手の右小手を打つ。

(八) 左手前の薙刀にてわが脛を左から打ちにきたら、足をあげ外し、一刀にて相手の左小手を打つ。

(九) 左手前の薙刀にてわが脛を右から打ちにきたら、一刀を下段にして受止め、直ちに右に踏込んで相手の左小手を打つ。

(一〇) 一刀を上段にとり、薙刀を持つ相手を左右から攻め、隙間次第にわが柄頭を持つ片手を延ばして相手の前小手を打つ。

第五項　対薙刀の一刀胴技

(一) 薙刀の面技、突技などの起り頭にわれから飛込み、わが一刀にて相手の右胴または左胴を打つ。

㈡　わが一刀にて薙刀の構または打突を左上に撥上げ飛込んで相手の右胴を打つ。または右上に撥上げ左胴を打つ。

第六項　対薙刀の一刀突技

㈠　薙刀をわが一刀にて右から左に払いまたは巻き、直ちに踏込んで相手を表から突く。
㈡　薙刀をわが一刀にて左から右に払いまたは巻き、直ちに踏込んで、相手を裏から突く。
㈢　われを打突してくる薙刀を、一刀にて摺上げ、直ちに踏込んで落し突を行う。
㈣　わが右小手を打ちにくる薙刀を、わが一刀にて右に払い踏込んで相手を突く。
㈤　わが右胴を打ちにくる薙刀を、わが一刀にて右上に撥き、踏込んで相手を突く。
㈥　われを突いてくる薙刀を左に張り、踏込んで相手を突く。
㈦　薙刀にて打突してきたら、われは左に開きはずし、左足を出し左片手にて相手を突く。または右に開き諸手にて突く。
㈧　薙刀にてわが脛を打ちにきたら、飛上がり外し、直ちに踏込み諸手にて突く。

第七項　対薙刀の一刀脛技

㈠　薙刀をわが一刀にて右から左に張り摺込み進み、相手の脛を左から右に打つ。
㈡　薙刀をわが一刀にて左から右に張り摺込み進み、相手の脛を右から左に打つ。
㈢　薙刀にてわが面を打ちにきたら、わが一刀にて薙刀を摺上げ踏込んで相手の脛を打つ。
㈣　わが小手を打ちにくる薙刀を、わが一刀にて左から右に払い、踏込んで相手の脛を右から左に打つ。
㈤　わが右胴を打ちにくる薙刀を右上に撥上げ、踏込んで相手の脛を右から左に打つ。

(六) われを突きにくる薙刀を、わが一刀にて左に張り、踏込んで相手の脛を左から右に打つ。
(七) われを突きにくる薙刀を、わが一刀にて右に張り、踏込んで相手の脛を右から左に打つ。
(八) 薙刀をわが一刀にて摺込み突に攻め、薙刀が防いで切先の上がる時に踏込んで相手の脛を打つ。
(九) 一刀の片手にて薙刀の脛を打つのには、左右ともに片手面、片手小手、片手胴の打技の要領にて切先を脛まで下げ踏込んで行う。
(一〇) 諸手にて脛を打つのには居敷くこともある。

第十三節　剣道必勝六十六手

一刀流が選んだ必勝六十六手の技を示すと、面技二十手、小手技十二手、胴技七手、突技十八手、連続技九手である。

第一項　面　技

(一) 切落面　相手がわが面に打込んでくる時、われは更に大きく刀を振上げ踏込み、相手の面に入刃に切落し相打ちに勝つ。
(二) 起頭面　相正眼にて相手が進もうとする起り頭の面を打つ。
(三) 迎直面　相正眼にて相手がわが面を打つてくるのを迎え、じきに相手の面を打つ。
(四) 追込面　相手を攻め逃ぐるを追込み、踏込んで面を打つ。
(五) 成面　相正眼にて相手がわが右小手打ちにくるのを、われは刀を胸に屈しとり振り上げ面を打つ。
(六) 抜き面　相正眼にて相手がわが右小手打ちにくる時、われは下段にぬきはずし、踏込んで面を打つ。

㈦　張面　相手の刀をわが刀にて強く張り（払い、流しなど制破し）踏込んで面を打つ。

㈧　巻落面　相手の刀をわが刀にて巻き落して面を打つ。

㈨　応返面　相手が打つてくる刀をわが刀にて右か左に応じ、手を返し刀を廻わして面を打つ。

㈩　摺上面　相手がわが面を打つてくるのをわが鎬にて摺上げて面を打つ。

⑾　払面　相手が打突してくる刀を払除け、そのまま踏込んで面を打つ。

⑿　切返面　相手からわが面を打ちにくるのを引受け、手を返して面を打つ。

⒀　担面　われ刀を左肩へ陽に担ぎ、相手が小手を防ぐのを飛込んで面を打つ。

⒁　地生面　相手がわが面打にくるのを、わが刀を相手の諸手の中へ地生に打上げ、直ちに引きぬき巻打ちに面を打つ。

⒂　小手色懸面　相手の小手を打つ色を懸け、相手が下段に防ぐ所に飛込んで面を打つ。

⒃　左上段面　われ左手前左足前諸手上段にとり、相手正眼の面の隙を諸手または左片手にて打つ。小手か胴を打つこともある。

⒄　右上段面　われ右手前右足前諸手上段にとり、相手正眼の面の隙を諸手または右片手にて打つ。小手か胴を打つこともある。

⒅　片手外し面　相正眼にとり、相手がわが右小手に打つてくる時、われは右足を引き、右手を放し、左片手を左上に延ばし、相手の右面を打つ。または左手を放し、右片手を右上に延ばし、左面を打つ。

⒆　刺面　相手を攻め追込み、右手を柄頭にずらし、左手を放し、遠間から右片手を延ばし刺すように面を打つ。

(三〇) 退面　鍔羅合から相手を押し、退き際に刀を振上げ面を打つ。

第二項　小手技

(一) 並小手　相正眼に構え、心と体の隙間次第に相手の右小手を、相手の切先の上を起して打つ。わが切先にて相手の切先を左右に抑え隙間を見出して打つ。

(二) 起頭小手　相手がわれを打突しようとする起り頭の右小手を打つ。

(三) 揚小手　相手がわが面を打つに揚げた右小手を打つ。

(四) 入小手　相手が正眼に構える鍔の下を、わが切先右から左廻りに潜らせ、切先を稍右斜上に差入れて右小手を打つ。

(五) 内小手　相手が平正眼に切先を下げて、外側からの打を防いで構えたら、内小手を打つ。

(六) 担深小手　わが刀を左の肩へ陽にあげ、相手の右小手を横斜に深く打つ。

(七) 張小手　相手が構え、または打突してくるのを右に張り（撓き、払い、流し、打落し、摺上げなど制破し）右小手を打つ。

(八) 抜小手　相手がわが右小手を打ちにくる時、左に寄つて低く抜きはずしわが刀を右廻りにして相手の右小手を打つ。

(九) 誘小手　相正眼にて、われ相手の右小手を打つ色を示し、右手を左に寄せ明けて見せると、相手は必ずわが小手を打ちにくるから、そこを待ち受け、払い、相手の右小手を打つ。

(一〇) 上段小手　われ上段にて相手正眼の面を攻めると、相手は切先を斜に上げ防ぐ、そこに生じた隙を明らかに見て、その右小手を打つ。

(二) 延敷小手　相手上段の前小手をわれ遠間から延べ敷き打つ。

(三) 退小手　鍔糶合から相手を右斜前に押込み、左斜後ろに退きながら右小手を打つ。

第三項　胴　技

(一) 飛込胴　われから突に攻めあげ飛込んで胴を打つ。

(二) 抜胴(払捨)　相手からわが面を打ちにきたら、わが体を右斜前に低く踏込み、相手の懐に深く入り、右胴打払い右にぬける。また相手からわが面を打ちにきたら、わが体を左斜前に低く踏込み、左胴打払に左にぬける。

(三) 摺揚胴　相手がわが面を打ちにきたら、わが体を右斜前に低く踏込み、左鎬にて左上に摺揚げ、手を返し右胴を打つて右に出る。また相手がわが面を打ちにきたらわが体を左斜前に低く踏込み、右鎬にて右上に摺揚げ、手を返し左胴を打つて左に出る。或は左鎬にて左に強く摺揚げ、左胴を打つて右に出る。

(四) 張胴　相手から打突してくる刀を右または左に張り（捲き、払い、流し）直ちに踏み込んで左または右胴を打つ。

(五) 上段攻胴　われ上段から相手の面を攻め、相手の手が揚つた胴を打つ。

(六) 小手懸胴　われ正眼にて相手上段の小手を攻め、相手が避ける所に踏込んで胴を打つ。

(七) 手元退胴　鍔糶合から相手を右前か左前に押込み、退きながら左か右の胴を打つ。

第四項　突　技

(一) 切落突(出刃切落)　相手がわが面を打ちにくるのを、われは進んで切落し出刃に突く。

(二) 迎突　相手が突いてくる時、われは迎え進み、わが刀の刃方を右にして相手の刀を上から抑え迎突く。

(三)　乗突　相正眼にてわが刃を真下に左手を低く右手を添え、両手を内に紋り、相手の鍔の上に乗り、刺し交えの覚悟にて踏込んで乗り突く。

(四)　表突　相正眼にてわが刃を右にし、踏込んで表から突く。

(五)　裏突　相正眼にてわが刃を左にし、踏込んで裏から突く。

(六)　落突　相正眼にてわが切先を稍上げてから落すように突く。

(七)　張突　相正眼にて相手の構または打突してくる刀をわが刀にて（張り、撓き、払い、打落しなど制破し）突く。

(八)　廻突　相正眼にてわが刀を相手の刀のまわりに右廻りか左廻りに廻わし迷わせ踏込んで突く。

(九)　抜突　相手がわれを打突してくるのを抜きはずし、踏込んで突く。

(10)　萎入突　相手からわれを突く刀を萎し入れ、われより踏込んで突く。

(二)　利生突　相手から進んで技を出してくる所へ、わが諸手を真剣に突出すと、相手が自然に突き貫かれる。

(三)　小手色突　われ相手の右小手打とうと色を示すと、相手が下段に避ける所を突く。

(三)　小手外し突　相手がわが右小手打ちにくる時、わが右手を放し、左片手にて突く。

(四)　小手懸突　相手がわが面打ちにくる右小手にわが刀を懸け抑えて突く。

(五)　地生突　相手からわが面打ちにくる両手の中へわれは地上に打上げ、手を返して突く。

(六)　浮木突　相手からわが面を打ちにきたら、切落し、相手が巻いてきたら浮木突に突く。

(七)　二段突　相正眼にて、われから表突きを出し、相手が表に抑え逃げるのを追い。裏から踏込んで突く。

(八)　三段突　相正眼にて、われ急に切先を下げ裏を攻めると、相手は裏を防ぐ、われ表を攻めると、相手は表を防ぐ、そこをわれ諸手にて裏から踏込んで突く。これは迅速果敢に行うべき技である。

第五項　続　技

㈠ 小手懸面　相正眼にて、われから相手の小手に打懸け、相手が下段に下げ防ぐ所へ面を打つ。

㈡ 小手・面・胴・突　相正眼にて、われから相手の小手を打ち、続いて面を打ち、また胴を打ち、突を以て最後にきめる。続き技は機敏猛烈に行う。

㈢ 小手・片手突・胴　小手を打ち左片手にて突き、右手を添え胴を払う。

㈣ 摺揚小手・突　相手がわが小手打にくるのを右に摺上げて右小手を打ち、そのまま突く。

㈤ 張面・胴　相手から打突してくるのを張り破り面を打ち、胴を払う。

㈥ 片手小手・面　われ右片手上段にて、相手正眼の右小手を打ち、刀を廻わし面を打つ。

㈦ 右片手右面・左面　相手がわが右小手打ちにくる時、左手を放し右斜上に鎬ぎ右片手にて相手の左面を打ち、直ちに刀を左片手に持ちかえ右面を打つ。

㈧ 撓上小手・胴　相手がわが面打ちにくるのを右斜上に撓き右小手を打ち、手を返して右胴を払い右に出る。

㈨ 摺上右胴・左胴・突　相手からわが面打ちにくるのを摺上げ右胴を打ち、直ちに手を返して左胴を打ち、諸手にて突く。

註　足搦・体当・組討の手は略す。

第四編　伝　書

第一章　一刀流伝書次第

一刀流には流儀の教えとその極意を示す書物が四巻ある。それは一刀流兵法十二ケ条目録、同仮字書目録、同本目録及び割目録である。流祖伊藤一刀齋景久から伝えられた一刀流の秘術を小野次郎右衛門忠明が継承し、これを書物に認め大成したものである。

一刀流に志して師の門に入り教を受け、組太刀を多年執行しその技に習熟し、理合を弁えるようになり、師から認められると初伝として十二ケ条目録の免状を授けられる。更に精進してその技に長じ、心身が養われ技が一段の進境に達すると、第二の中の伝として仮字書目録が授けられる。その人が愈々熱心に粉骨砕身し、道を求めて怠らず、技が円熟し心気が練達し武徳が備わり極意に達すると遂に第三の奥の伝として本目録が授けられる。以上の三巻の目録を授けられたのを免許皆伝を受けたという。この皆伝を受けた人が師から更に弟子取立免状を与えられ、最後に稽古場免状を授けられ以て一道場を新たに興し、又は従来の師父の道場の師の後を継ぐ事が許されるのである。この書の外に一刀流には宗家門外不出一子相伝の第四巻の秘奥たる割目録がある。

第二章　一刀流兵法十二ケ条目録

第一節　十二ケ条目録原文

一刀流兵法・十二ケ条・目録

一　二之目付之事
一　切落之事
一　遠近之事
一　横竪上下之事
一　色付之事
一　目心之事
一　狐疑心之事
一　松風之事
一　地形之事
一　無他心通之事
一　間　之　事
一　残心之事

一刀流兵法稽古熱心不浅組数不残相済其上勝利之働依有之自流始之書此一巻差進上候猶不疑師伝以切磋琢磨必
勝之実可被相叶候仍如候

伊藤一刀齋　景久

小野次郎右衛門　忠明
小野次郎右衛門　忠常
小野次郎右衛門　忠於
小野次郎右衛門　忠一
津軽土佐守　信寿
小野次郎右衛門　忠久
小野次郎右衛門　忠方
小野次郎右衛門　忠喜
小野次郎右衛門　忠孝
山鹿八郎左衛門　高美
山鹿次郎作　高厚
山鹿友蔵　高久
山鹿盛衛　高之
山鹿元次郎　高智
笹森順造

第二節　十二ケ条目録詳解

第一項　一刀流兵法字解

一刀流兵法十二ケ条は流祖伊藤一刀斎景久が稽古場の壁書にして弟子に教えの則としたものである。その真義は一刀斎の口伝によつて小野次郎右衛門忠明に教えられ、爾来師家に代々伝承され集録されたものにつきここに真髄に触れて解説する。

一　一刀流の一は極小、単数、最初の一であり、また無限、綜合、一切、最後の一である。一に一を加えて二となり次ぎ次ぎに一を増して十に達し重なりあつて一百一千一万となり、万事全体を一切（さい）という。つまり一はすべての初まりでありまた終りである。一刀流組太刀一本目の切落しから百本目と夫々の品が変つても結局は一本目に帰し、全体が一つに纒まるのである。

初の一の形は丸く終りの一の形も丸い。微小な霧の一粒も丸く無限大の蒼穹も丸い。地球も月も太陽も宇宙も丸い。人も修養を積んで角がとれ知情意ともによく発達し人格が統一されると円満になる。一刀流の技に熟達すると角がなくすらすらと丸くゆき、相手と遣つて少しも滞る所がなくなる。人と人との間柄も万事が一つ心となつて初めて争がなくなり円満になる。全智全能者も唯一であつて満ち足れる存在である。

一はまた横にある有様であつて静の姿である万物の生ずる以前の相であり、万物の滅した以後の姿である。生物が産まれる時の容であり、死ぬ時の形である。一切の働きの発する状勢であり。終りの態様である。

一はまたかつとよむ。かつは勝つであつて一刀は勝つ刀である。一刀流は一刀で勝つ教えである。一は一刀と抜き放つて勝つ形であり、勝つて納まる姿である。

一刀流の紋所は一を延長してその一端に小さな丸を描き全体を丸で囲んだものである。その意味は無限大の直線は円である。それは平面ばかりでなく、前後左右上下と立体的である。また小さな球の無限の集積は無限大の球となるとの意である。一刀の働きとその徳とをこのように教える。浄之太刀の秘伝でこの技と真義とが伝えられてある。

刀　一刀流の刀は剣即ち都牟賀理の太刀（たち）と同義である。太刀は生太刀（いくたち）と云つて生かし産み殖やす働きをなす生成発展の源となるものである。一を二に断ち、二を四にたち益々数を増す積極的なものである。それとともに仁愛正義を護り、邪悪暴虐を断截する清浄霊妙の宝器として古来から尊重されてきたものである。これを学ぶには我執の頭が上に出たのでは刀でなく力（りきみ）となつてよろしくない。自らの心を常に刃の下に置く忍を以て学び、また常住座臥研ぎすました吹毛の刀を腰にたばさみ無形の清浄刀を心に帯していなければならない。

流　一刀流の流は流れである。水が高い所から低い所に流れ、また方円の器に従つて移り、自ら勝手に形を作らない。この流を学ぶ者は師の教に従い謙虚に服し我意を捨てて習うことである。水は如何なる器の隅々までも入つて行き亘り、また物を濡らすとどこまでも滲透する。この教えを学ぶ者に全部古来からの正しい真髄が徹底することである。師の伝授が門弟子にその通りにしみ通ることである。また流れの中に入ると水は物を包み全体に触れて残す所がない。水はすべてを抱擁し、すべてに融和合体し、物はその中に浴する。そのように一刀流を学ぶ者は悉く一刀流の徳を備えて一つに和合する。

水の入つた器にもし少しでも隙間があると瞬息の猶予もなく、厘毫の仮借もなく奔り流れ出る。敵の隙と虚は微塵も見免がさずに打つて出る。この流の機微に触れて即応するのは流の教えである。

流は一度勢が激すると木を倒し家を流し岩を穿ち山を崩し、何物も抵抗し得ない強大で豪邁な働をなす。一刀流の強いのはこの流の烈しさからくるのである。

流は一つの所に凝滞することがなく、物事に執着せず、自由に来り自在に去り、奔放に流動し現滅が無碍である。流はよく物を取りまた捨てる。一刀流は決して一つの技にこだわらない。得ては捨て、取つては投げ、無限に発展してゆく。これでよいと高慢に高く止まつたのでは流にそむき、最早や一刀流ではなくなつているのである。

流の水が一度蒸発すると雲霧となり、風に乗り空に流れ飛翔自在で変化に極まりがなく、勇往して可ならざる所がない。その気が一度物に触れると露の玉となり万物を潤おうす。この教えについて委しくは三重の露の位の説明で述べる。

流の徳は物を滌ぎ浄め練り洒らすことである。一刀流によつて汚ない心や悪い技が清められ、練り鍛えられ、禊の徳を得、灌頂の恩に預かり、洗礼の恵みを受け、一切のものが生命を与えられ養われ育てられ、永遠不滅の霊が法悦感謝に満たされるのである。

兵　一刀流兵法の兵は本来鋒物（つはもの）即ち鋒のある刀などの兵器、武器を意味し、転じて武器を使用して戦う人、いくさびとを兵と言い、戎器を帯びて身を守り、暴力を除き不正を抑え、民を助け国を護る者を兵というのであつて、兵の使命は乱を平らげ暴を鎮め、平和を保つ事であり、兵は平となつてその真義を現わす。兵の目的は一切のものを和する事にある。故に兵法を和術とも称するのである。

法　一刀流兵法の法はのり、おきて、制度、つね、常径、行為、礼儀、手本、模範、さだめ、典例、しな、等差、尺度、てだて、方術、かたち、様式、みち、道義、おしえ、教義、のりを習うこと、教に従うこと、約束を守ることなど、多くの深い意味をもつている。一刀流兵法はこうした豊富な内容を盛つた価値を組太刀で発揮するのである。

一刀流兵法 は一刀齋以来の師伝に従つて敵が打ちかかつて来るかたなを流して勝つつはものの平らかなのりを教える定規である。一般に撃剣、剣術、刀術などというと、刀を振り舞わすだけの至つて小さい作業のように響く。それだけのことならば兵は一人の敵のみ、書は姓名を記するに足るのみ、学ぶに足らずと、昔の豪傑が言つたのも頷ける。どんなに巧妙に人を打突することができても、それだけでは兵法の達人とも剣道の大家とも言われない。それなら軽業興業師にもつと人心を湧かす妙技もあろう。兵法というのはそれは初めは兵器を携えて、一人一己の攻防の技を習うことから始まつて、次第に養われ磨かれ鍛えられ強くなり、誰れにも負けず、千人万人に勝ち、その身を完了するばかりでなく、已れの心を修め、已れの慾に勝ち、人を切り捨てる前に已れの名誉欲や一切の我執を捨て、已れを捧げることによつて世の為人のためになり、万人の幸福と平和に貢献することになつて始めて錬達の人となつたと言える。故に一刀流兵法に志すものは先ず、万物の根源をなす武道の哲理を尋ね教の則に遵つて体を養い、技を錬り、心を鍛え、気を育て敬虔な思で徳を磨き、明智、仁愛、義勇を以て万人の福祉のために捧げる高徳を一刀に配し、一生を通じて精進努力し、錬成熟達して着々と実効をあげ、一身、一家、一国、世界の平和進運をはかり、天地自然、陰陽生滅の理法に適い、人生往くとして可ならざるなく、生成発展して止まることを知らず、宇宙の大霊に合することによつてこそ初めて一刀流兵法の一の真骨頂に庶幾しと言えるのである。

第二項　十二ヶ条逐条解説

一　二つ之目付之事　人に目が二つある。一つの物を見るのにも二つの目をつかう。片目で一方から見たのでは物が平面に見えて立体の遠近や真相がはつきりわからない。両眼で見て始めて実体が正確にわかる。

物を見る時に目についた表面の一部分だけに気をとられたのでは本当の物を見そこなう。一部分と全体を見るべきである。特に目についた部分が全体の中でその一部分と最も関係の深い他の要（かなめ）な部分を見のがしてはならない。例えば相手の構が正眼または下段ならばその切先と左右の拳と足と全体を見る。上段ならば切先と前拳と肱と足と全体を見る。脇構ならば前拳と足と切先の出様と全体を見る。陰ならば切先と両拳と足と全体を見る。いずれにしても相手の切先が動かなければわれに触れるものが出てこない。切先の働らきは手足と体に従つて出てくるのである。相手の切先が動いたならばその手足と全体の技次第によつて応ずべきである。

相手の動きを見るのには右に動いた時には右にばかり目を止めずに左をも見る。上を見るとともに下をも見る。引くと見たら出るとも見る。

相手の動く形だけ見たのでは部分と全体を見ても真相が摑めない。切先の動きは心の命によるのであるから、相手の切先の動きの形を肉眼で見る外に、相手の心の動きの意を心眼で見透さなければならない。そこで相手の身体と心理とを見る。相手の眼中と心中とを見る。即ち有形と無形とを見るのである。

太刀技には必ず始めと終りとがあるから、相手の技の起こる所と納まる所とをともに見て応ずべきである。太刀技の働らいている最中は勢が烈しいから、そこを見損なつてはならないが、その起こり頭と尽きた所は勢がないから、そこを見て制する事を忘れてはならない。

相手と已れを見る心がけが必要である。相手に勝つべき相手の虚を見出して乗り取るばかりでなく、已が敗れる隙をかえり見て備えを完くしなければならない。已れをかえり見るのにも、已れの勝つ所はこゝ、負ける所はこゝと、この二つをよく見わきまえて、勝つ所を養い育て、負ける所を補なう稽古を励むのである。師や先輩に打たれて稽古するのはその所である。更にまた敵中に味方とすべき者を見出し、同勢中にも敵を利する者あるべきを看破するのでなければ勝を確かにすることができない。

二つの目付といつて二つばかりに限つたことではない。この二つから如何様にも変化するものである。従つて目も心も居付いてはならない。常に移り変る刹那に永却を見、また大却に一瞬の変あるを見のがさず、大局に一局を見、一局に大局を忘れず、活眼を開いて彼我の有無と一切の一円を見る事を本旨とするのである。

二　切落之事　一刀流は切落に始まり切落に終るという大事な教えを伝える。切落というのは相手が切りかかるのを已れも応じて切り込むことによつて、相手の太刀が鎬ぎはずされ無効な死太刀となり、已が太刀は生き活いてそのまま相手を突き刺すかまたは真二つに切り割るのである。これは相手の太刀を打落してから二の技で相手を打突するのではない。相打ちの一拍子の勝なのである。

切落の手法は車の輪が前に廻るように丸く両腕を充分に働らかせて切り下すとともに両足を踏み込み進みてゆくのである。手心の中には相手の打を誘つて来させ。その来る勢を已が太刀の左鎬にて鎬ぎ落し、相手が誘われ鎬ぎ落された所へ已が両足を踏み込んでゆくから、そのまま一拍子に出刃に突き刺すか、入刃に頭から梨割りに真二つにするのである。それには心にも体にも足にも腕にも力みを入れてはならない。柔らかにしかも強く確かに勝つ工夫が大事である。そうなるのには必死必殺の胆力と百錬千磨の鍛えが必要である。

切落は相手に応ずる相打の勝だというが、どうしてそれが出来るかというと、それは已はすでに心で相手を勝つているからである。心で負けていてはどんなに力んでも切落して勝てるものではない。心で勝つのにはどうしたらよいか。それには先ず自らの心を切落すことである。相手から切つてくる白刃の下に已が心を入れ忍の姿となり、死にたくないと思うせつない心の思を切落し、我意我慾我執恐怖を切落すことが先決である。この自らの生命を賭けた心意気で切落すと柔かくても強く相手の心に響いて真に勝つ切落しが出来るものである。その意気は雛を守る母鳥のように、その勢は猫を噛む窮鼠にもまさつて出てくるのである。相手の殺人刀に已が活人剣がカチと当る所に勝のあることが体得されると千金に換え難い至宝が手に入つた喜びを得るものである。

切落の道理が太刀に配せられるとその働らきは誠に真鋭適確で、しかも自ら尊い気品が備わり、その位が高上至極に達するものである。その姿は宛も秋の澄んだ大気に風なくして枯葉がからりと落ち、忽焉として新芽が現れるようなものであり、一粒の麦が地に落ちて死し、新らしい生命の麦が百千倍するようなものである。切落は一陽来復し循環端なき一刀流の天行健なる大法である。

三　遠近之事　相手を已れより遠く離し、吾には容易に近寄れず届かないようにして置きながら、已れは相手に近くあつて立所に切り突く事ができるようにする事が心得である。彼我は同じ物理的距離であるのにどうしてそんな差ができるか、それは体と心の持ち方によるのである。

体のとりなしでは互に一足一刀の規矩で立合つていても、そり身になると相手から遠いが、わが進退も思いに任せず、われからも相手に遠くなる。そうかといつてかかり身になると、われから相手に近くなるが、また相手からもわれに近くなる。そこで身体はそらずかがまず真直にすべきである。また大事なことは足遣いである。歩幅が広く手が伸び過ぎては相手から遠いが、われからも遠くなる。歩幅が狭く手を屈めて切先を合せると、われから相手に近くなるが、相手からもわれに近くなる。そこで歩幅は広くなく狭くなく常に歩むようにし、脚と腰の弾力を養つていつでもどこへでも速やかに、前後左右に進退跳躍し応変が自由自在にできるように心掛けなければならない。

遠近の差の生ずる所は身体の取り方と太刀の長さとではどんなに工夫しても、物理的な限度がある。それを超越するのは心の遠近である。わが心を丹田に納め、気魄を旺んにし厳然と相手を攻めると、相手はこの気に圧せられて逃げる心になるから、そこで初めて吾より相手に近く、相手よりわれに遠くなる。相手に防ぎ逃げる心のみあつて攻めかかる心がないと、相手はわが足許におつても禍は千里の外にある。この時われからは近く一足に踏み込んで一刀の下に制することができる。つまり彼我の心の働らきによつて近きに遠きあり遠きに近きがある。同じ距離が近くなつたり遠くなつたりするのである。そこで一刀流で教える真行草の間合の遠近についてもまた夫々に生死の遠近があるものと知らなければならない。

一度心に勝つて生きると死の禍から遠い事甚だしく、一度心に敗れて死すると、生の利から遠い事無量である。一刀流の執行の要諦はこの生死の別れ目を出入馳駆しながら、生死の遠近を取り極めて日常心根体技に励み鍛える事である。

我慾の重荷を負う罪人には極楽は百万億土の遠い所にあり、すべてを払捨し捧げて身軽な聖徒には天国がすぐ近くにある。業慾執念、怯懦退嬰の者には眼前の目的も遠く去つて成るということはないが、無慾恬怛、進取勇敢の者には遠くにある目的の方からわれに近付いて来て立所に成るものである。すべて義と愛に立つて求める者は与えられ、尋ねる者は逢い、門を叩く者は啓かれ、励む者はこれを取る。波長を合わせると天涯も側近にあり、波長をはずすと隣人も隔絶万里となる。

四　横竪上下之事　攻防の方式の準則として横竪上下の教えがある。相手が横にいて横から攻めて来たら吾は竪にいて竪に勝つ。彼が上におり上から攻めてきたら吾は下にいて地生に勝つ。下からきたら天生に勝つ。すべて陰陽、表裏、奇正みな喰違いに勝つ勘考が大事である。例えば彼が上段から一心に打ち込もうとするなら、吾は下段から突き込むか、体を交わして胴を払いあげ抜け出る。または組太刀折身の後半の技のように打太刀が横から打込む時は竪に喰い止め竪に切つて勝つ。或は左右の払の後半の技のように横の下に打ち込まれたら竪に受け流し、刃を返して上に竪に切る。または払捨刀の八双の左右の別れの胴を喰違いに払うような所である。

この教はまた形が必ず竪を横に上を下に勝てとばかりに限つたのではない。形に於ては横を横に竪を竪に、上を上に下を下に勝つこともある。その時には相手を誘つて、行く処までゆかせ、その形に添いながら、心にては意表にいでて勝つのである。組太刀の乗身の乗る処や流す所などはそれである。畢竟するに彼の仕掛けに動かされず、彼の計略を齟齬させて勝つのである。これは形の横竪上下を脱却し中央に鎮座する心が横竪上下に向かつて自在な働らきをなす所である。

横竪上下十字は二線交叉の十字に止らず、上の横と左右の竪と下の横とで結ぶ四角ともなる。これは四角四面の立体ともなる。更にふくらみ拡がつて多角の平面から多角の立体ともなり、遂には大極の球となる事を秘しているのである。横竪上下の教えは初めは単線の一に応ずる一に始まり、終りにはすべての円満な一切の一に納まるのである。結局は一刀則万刀の極意に帰するのである。

横は地上に物があり横たう初めの一の姿であり、地上の一切のものが一に帰する姿である。一刀流の始めは横に抜き放つ活人剣の一線に当たる。竪は天地を貫く一線で一刀流の切落しの殺人刀に当たる。人が英智の限りを尽しても得られない尊い天啓を受け、神通力を得るのには人が天に通ずる誠の信の働らきによつて煩悩を切断することにある。この横竪上下は十字の教えである。竪なる天啓直観を以て横なる普遍大智を貫き、以て生死一切を自在にするのである。

五　色付之事　色とは目に映る仮の影の反射であつて、その影の奥には目に見えない実体がある。この色に取りつくと実体を取りそこねて負けとなる。仮の影に取りつかずに実体を捉えよというのはこの色付の教である。色とは構や血相や威嚇の所作や技の動き出しや尽きたる有様などをいう。この色に迷うと相手に致されて負の端となる。そこでこの相手の色の本元である真意にわが心の切先をつけてゆくと、相手の隙が自然に出てきて、これに応じて勝ち得ることになるものである。

進んではわが色に相手を付けさせて引き廻わすことである。わが色を以て相手に不審を起こさせ、わが左の色につく相手の右を切り、上の色につくのは下を突くという具合に、他所に心が取られ、迷つて乱雑になつている所につけ込んで已れより切るのである。兎角相手の色に迷うと吾は負けとなり、吾が色に迷う相手を破ることは容易である。相手が色仕掛けできた時にその色についたように見せ、相手がうまく行つたと思つてくる所を見届けて逆に打ち取る一段と上の法もある。つまる所人に致されず人を致すことである。

色は変るものである。変つた色はまた色色と次から次へと移つてゆく。故にその奥に潜む実体を捉えなければ人を致そうとして却つて自ら乱雑になり人に致されることになる。形に於ては相手の色につき、心に於てはわが色につけて勝つ心得が大事である。達しては色即是空　空即是色の本義を弁え、現滅する森羅万象が目に映じてもこれに囚われず、その奥に実在厳存する真相を把握し、これに即応してこそ必勝不敗の功をあげることができるのである。

六　目心之事　目心とは心が集まつた目のことである。凡て人の心の働らきは先ず目から始まる。心が動くのも止まるのも目から入つて目に出てくる。それは目が真先に見ることによつて心が働らくからである。相手の目を見るとその心がすぐわかる。兎角人は何かひらりと目に映ると心がひらりと動く、この動く所は乗り取る所、動かされる所は乗ぜられる所である。心が動くと目がその通り動くものである。よつて相手の目の動く所に即応して攻防の手立てを講ずることを学ばなければならない。

目と心との関係は心が主であつて目は従である。心は目に命じて見たことを伝達させる。それによつて心は知る。知つた心は必要な行動を体に命ずる。心は目に支配されてはならない。目に見たことをいつまでも心に留め残してはならない。これを捨て次で動く相手の心を摑む事が肝要である。目心の理がよくわかつて応変の技に慣れると、ひらりと目に映る兆を見て直ちにその実体真想を捉え、心が主となつて応対が一瞬に発動し節度に叶つて必勝を挙げる事になるものである。

心が目に集まると目心となるが、手に集まれば手心となり、足に集れば足心となり、気に集まれば気心となる。同じ物を同じ所で幾度となく取り慣れると、次には目を閉じても手に捉える手心を誤らない。闇夜の道でも歩み慣れた同じ道ならば足心が覚えていて踏み誤る事がない。日常接している親子兄弟夫婦朋友師弟の気心はよくわかつているようなものである。

目は心の窓であるから、相手の目を見ると窓から人の家の中を覗くようにその心がよく見える。またわが目を以て窓にして外をよく見るように相手に対してわが目心を巧みに働らかせることに慣れると、相手の色や所作の起る前にその企てることがよくわかるものである。

弟子が上達して外の人によく勝てるようになつても幼少からの師には勝てないのはその師は弟子の目心を知りぬいているからである。また熟達の名人になると、いかに年老いて身体が衰え膂力が弱くなつても強剛の壮者を手玉に取り得るのは目心が勝れて、壮者の企てること為すことが悉く手に取るように何手も前からわかつて応ずるからである。

目心の極致は目に見えた形の窓から奥の院の心の扉を開いて霊眼を以て不動妙智を看破することである。有形を透得して無形を見、万象の実相に即応して中らざるなきに至るのは目心の至極である。

七　狐疑心之事　狐が犬に追われて捕えられるのは狐の足が遅いからではなく、疑深く屢々後方を顧み蹔らに逃げ走らないからである。この教えでは狐の早い足も疑により用をなさなくなり、疑により身を亡ぼすことになる事を戒めるのである。

狐疑心の一つは相手を疑うことである。疑心闇鬼を生ずると、わが心が乱れ、相手の真相を見定めることができなくなり、弱い相手に対しても心が騒いでその虚を見出し得ず、これを制する力がありながらその機を逸し、自ら負を招くことになる。狐疑心の第二は已れの技量を疑う事である。自信を失うと已れの技量を充分に働かせることが出来ない。切込むべき場に臨んで、習い覚えた通り一心不乱に切込めば勝ち得るものを、いま切り出してははずれはせぬが、反つて突かれはせぬかと狐疑し逡巡し猶予していると、却つてそこを相手から乗ぜられることになる。

狐疑心をなくするのには師の教えを素直に信じてよく稽古に励み、幾度かの仕合に勝つた経験を積んで腕前気前に自信を蓄える事である。大事の場に臨んでは已れの技量を信ずるだけでは足りないから、師の伝える流儀の教えを天の則と信じ、その時吾れに与えられた天命を信じ熱烈果敢に火の弾となつて飛び込んでゆくことである。それをよくなし得るものは日頃疚ましい行いがなく、心に耻ずる所がなく、一身は正しい道に叶う喜びを求めて執行を積む所にある。狐疑心を払拭して確信に徹し、乾坤一擲万心を捨てて人事を傾け尽すと勝つて驕りなく、生きて耻なく、死しても亡びなく、太極の霊に合して永生の歓喜にひたるのである。

八　松風之事　松は自ら声を持たない。風もまた自ら音を発せない。松は風を受けて初めて松風の音を奏でる。同じ松が風の遅速で高低の音を出す。南風は北に松風を流し、北風は南に松風を伝える。東風は西に松風を送り、西風は東に松風を響かせる。同じ風が通つても海浜の松風、山上の松風、曠原の松風、古城の松風とみな風趣を異にする。相手次第である。風が快く吹くと松風の旋律も爽やかであるが、風が烈しく吹くと松の葉が散り枝が折れる。愈々颱風ともなれば幹が挫け根まで引繰り返える。松が風の暴力に逆らうからである。この時に松林を取り払い松が一本もなくなると、風がどんなに吹いても松風がなくなる。また松林がどんなに拡がつていても風が来なければ松風が起らない。更に松風がいかに起こつていても遠く遠く離れてしまうと松が見えても松風は聞こえない。そのように勝負はすべて相手次第である。相手が変われば品変わり、品変われば処方また変わるものと心得べきである。

稽古に於ては相手の強弱に応じて已れの強弱を以て快く対し、心気理機技を適宜に替えて施すべきことを教えるのである。教には又別に強さには更に強く、弱きには更に弱くして勝つ理をも教える。この外に強弱一味の秘法もある。いずれにしても相手の強弱を知り、已れの強弱を知つてよくこれに応ずることを教えるのである。また合気にならぬように工夫をこらす事をも教える。相手の強い気をそらしてわれに当てなければ相手が施すべき術がない。已れの分を知らずに大敵をまともに受けるのは愚である。老松の巨幹が折れても若松の茎が大風一過して元の通りに立ち直つている。これは強い相手に抵抗するよりは交わしそらすことの利、柔よく剛を制するの則を教える所である。

風がどんなに吹き荒れても障る松がなければ松風がないように、われに滞る汚れやほしがる慾がなければいかに権勢を揮う人の前に立つても何ら憚る所がなく、われに争う心がなければ勝負もない。また愛憎がなければ敵味方もない。怨親平等である。無我の境地に入り流露無碍自在で四通八達すると颶風も一過し、寂然として正大の気天地にぁふれ、浩然の気胸憶に満つる。松風などはどこにもない。あるものは天地と合体したわれのみである。

九　地形之事　地形には平坦な所ばかりでなく高低や凸凹や傾斜や急坂や段々などがあり、そこには山あり川あり海あり沼あり木あり草あり田あり畑あり城あり家あり堀あり路がある。人の活動を便にするためにはその地形に添い地形を利用しなければならない。地形に応じなかつたら結構な材料を使つてもひずみまがつてよい建物にならない。地形に人の体の形が添わないとよい働らきができない。どんな地形の上にあつても結局の所はそらずこごまず、上体を真直ぐにするのには、左右の脚の踏み方に心することである。滑り道やぬかるみには軽く小刻み足に速やかに踏み出して運び、石などの多い所は軽く足をあげて躓かないようにすべきである。所によつては折敷または匍伏前進後退するのもよい。構は正眼、下段、上段、脇、霞、陰、本覚など変化して闘うべきである。

地形によつて光線のとり方に心得がいる。一人に対しても多勢に向かつても、特に高嶺谿谷や河海湖沼の障碍や、森林家屋の個所や平坦展開の曠原などではそれぞれ光線のとり方がちがう。常に日月を背にし、敵を明らかに見わが変化を明からさまにしないようにする。その他に利用し得るあらゆるものを後楯とし味方とする。現在普通の仕合では平坦な限られた板間の床の上で行われ、しかも窓の光線の位置も初の立合には平等に受けるように出発するが、立ち上つたら自ら光を背に受けるように相手を攻め廻して遣う心得がある。しかし自分の了見通りにばかりゆかない事もあるからその時には破軍星の秘法を用いるのがよい。この伝は七足反閉の条で説明する。

一〇　無他心通之事　この教には三つの段階がある。第一は他の事に心を置くことなく、一意誠心一刀流の学習に努めるという事である。他の事を何も考えず流祖以来伝わつた一刀流の師の教えに熟中し、先人の域に達しようと精励して止まなければ必ず立派にその目的が達せられる。励む者は必ず取ることになるのである。しかし事は多く世は広いので様々のことが自然と目に触れる。馬車馬のように目隠しをかけ得られるものではない。その時には何を見てもわが執行に役立つように見るべきである。他のものに本心を奪われず、それからわが為めになるものを学びとれというのである。例えば大神楽の舞や外の踊などを見ても、それに心を奪われ心がうつろになつたのでは、たくらむ者によつてその隙に乗ぜられて飛んでもない目にもあう。折角習い覚えた一刀流の教も意を失つてしまう。そこでいつでも主心を失わず、舞踊を見てもその足の踏み方、手の振り方、体の運び方、変化の有様など、わが執行のあそここと曲尺にあてはめて見ていると、同じく熱心に見ていても得る所が大層違つてくる。君子は義に悟り小人は利に悟る吾は一刀流に悟るとなるわけである。美形の芸者の座敷踊りに熱中して見とれていた某剣道大家にあなたは何を見ていますかと聞かれ、その答に「私は芸者のおなかを見ていた。手の舞い足の踏む所の変化が美妙であるが、それよりは丹田がすわつているのは丁度一刀流の払捨刀を遣う心得に合つている」と。

第二は他人の心にわが心が通う所が無いというのである。已れの執行がまだ足らず流儀の事がよくわからず、人の伎倆を評価する能力がなく、已れよりも勝れた人に逢うと、その人の技がどこからどういつ出るか一向に窺い知る事が出来ない。それなのに無理矢鱈に已れから打ちかかると、思惑はみなはずれて忽ち負けとなる。この他人の心にわが心が通じないという弱点を反省し苦心執行して怠らなければ自然と一刀流の理合もわかり、技も上達し、次第に他の人の心がわかるようになるものである。

第三は他人の心がわれに通ずる事が無いというのである。わが執行精進の功を積んで多年怠らなければ人より勝れ世に擢んで凡庸の域を脱して高い位に進む。そうなるとわが一心は立ち合う相手に洩れず通ぜず、従つて相手から施すべき術が出ない。相手が恐れひるむ。もしも相手が暗愚で無茶に打ちかかつてくると、それはみな吾に見え透いて、わが構えた刃に引掛かり相手から亡んでゆくのである。練達の士の前に未熟者が立ち得ないのはそのためである。よつて一刀流を学んで昼夜怠らず身を苦しめ技を練り心を磨き気を養い理を究わめ徳を高め霊を浄めると自然に英邁の人格が形成され、凡俗が傍らに座してもその襟懐を窺知することが出来ない。大声は俚耳に入らず、聖賢は常に孤寂である。天心の満月のそばに黒雲が近付けるものではない。恒に雲外に煌々としている。窮極の一の道に冥合する大我を知るのはここに教える心通の極秘である。

一　間之事　間というのは太刀技がずばり働らく曲尺合の積りのことである。構から打突の起り初めの所は力がないし、終る所も力が尽きている。丁度勢の盛んな所で斬り突かなければならない。矢丸でも弦や筒から出る所や、末の所では充分にきかない。必ず或る行程の曲尺合で有効に働らくものである。火鉢に手を翳すのも火に触れてはいけないいし遠すぎても役に立たない。丁度よい距離がある。これはみなよい間である。太刀技の最も有効に働らくよい間をわが体と相手の体との距離に於いてとらなければならない。

一刀流の教によると常の間は足の間三尺、太刀の間三尺都合六尺が一人の分、初めの二人の間は二間と伝えている。このお互の間を六尺ずつとするのは普通の規矩である。双方から進んで一足一刀の六尺の間となる。六尺の間を草の間と云い、ここから千変万化の技が出る。五尺の間を行の間と云い、ここから理の選択による勝敗の攻防がかけられる。四尺の間を真の間と云い、生死即決の間である。

間を常に已れに勝手がよく相手に都合が悪く据えるのは勝の始まりである。未熟の人は已れのよい間も巧者に出合つては引き外ずされ詰め寄られて、相手の方のよい間となつてしまう。勝ちの条件たるわれによい間を取ることは日々鍛錬の結果で得られるものである。形に於ては双方の切先の争に現れる。付き離れから抑え込み、引きはずし、巻き抑え、張り落し、乗り付け、払い除け、打ち落しなどし、前後に左右に上下に、互に勝手のよい間の取りあい攻めあいから初まる。わがよき間を取つたら、使者太刀の応接を使うか、または一挙に長駆して切り込み勝をあげる。更に進んで懸中待、待中懸の所にある間を已れに都合よく取るのには随分と苦心して研究し錬磨しなければならない。また小太刀のよい間は入身の大事の教によつて会得すべきである。

道を行くときに怪しげな者が近付いた時には間の積もりの心得が咄嗟の内にとれるように心掛けなければならない。他家に参つて座敷に座る時には入口出口周囲内外の様子をよく見て置いて、進退立居応変自在の間の積もりをとり不意の危急に対する心懸けが出来ていなければならない。隣室に燈火があると、襖を開けると光が入るのとが同時であるように間髪を容れずに対応すべきである。襖が開かぬ前に隣室に光が一ぱいあつてもこちらにはこない。開けるや否や光が入つてくる。われと相手との間に一毫の隙でもあれば瞬息を許さず切り込むのである。開かない襖は開けて切り込むのである。

間は切先の距離ばかりの事ではない。心の間は一切を取り極める。心の間というのは相手の心の芽す切先にわが心の端の切先をつけるその積もり合いのことである。わが心の切先の端には相手の心を真直ぐに貫く威力がなければならない。この威力は死を恐れず生に執着せず、恒に道に順うことを旨とし、信之真剣の心得にて進む鍛錬によつて得られる。

心の間を折角よくとつても技が未熟では行程に躓きが出て間に合わない。充分に練り鍛えた技を以てよい心の間を生かさなければならない。達してはこの間を透得し、心に間を置かず、間に心を止めず濶達自由に生死の間を出入し、来往自在の境地に在ることになるものである。

一二　残心之事　第一の教えは十のものを八九まで使つて、あと一二を残して置けというのである。使い果たし行き過ぎては次の用を足し得ないから、皆使いはたさず一二を残し蓄え置いて、その力を継ぎ手としてまた使え。例えば有る米を残らず食べてしまわずに翌年の種子にいくらか残して置けと教える。しかし使う分は思い切つて使わなければ役に立たないというのである。

第二の教は十のものを十残らず使え、心を不充分にし力を惜しんで行つては勝てるものではない。心気力を思う存分に働らかせて、乾坤一擲の勢で打ち込むと勝ちを完うし、心身ともに残り、また太刀の次の備えも自ら湧くものである。心気が満たなければ力が抜け備えが崩れ技が乱れ隙が生じ負けとなる。譬えば茶椀の水をだらだらこぼすと後に水が残らないが勢よく捨てると茶椀の底に水が返りを打つて残るようなものである。未練を残さずに打込む人は勝ち生き残るようなものである。

第三の教は十のものを十使い果たし、更に二を足して使えと教える。これは一刀流の秘伝である。十しかないのに十使つてどうしてなお二つ足せるかと云うと、それは理外の理である。一刀流の一は単数であつてまた複数だからである。所作に於ては諸手で太刀を持つた右手を一ぱい伸ばして切つて足らなかつたら左の柄頭を持つ手まで右手を送り十に二を足して十二としてのべしき打ちを出せと割目録で教えている。それでも足らなかつたら、死線を越えて飛び込めと教えるのである。

一度勝つたからと云つて決して油断してはならない。備を解いてはならない。勝つて兜の緒を締める事を組太刀の一本一本の稽古で必ず残心を取らせて習わせるのである。

渾身の勇を振るい一刀両断すると太刀の勢がまた奔り出で生きて次の働らきの備が成り、一円の環となつて尽きる所がない。一葉木枯らしに散り新芽が生れ、考樹倒れてその上に若木が林を成す永遠創造発展の生命の光景である。

第三章 一刀流兵法仮字目録

第一節 仮字書目録原文

一刀流兵法・仮字書・目録

一 一刀流ト云ハ先一太刀ハ一ト起テ十ト終 十ト起テ一ト納ル処也 故ニ万有物ヲカソユルトイヘトモ右ノ処也 習ウカヘテ見ルニ本ノ一刀ト云々

一 鹿ヲ追猟師ハ山ヲ見ストイヘトモ 亦山ヲ見ル処モアリ 山ナトノヤウナルツツキタル処ハ山ヲ見ス 鹿ニ心ヲ掛テ行ヘケレトモ川ナト有テ鹿ハ已カ軽キ一勢ヲ以飛越行 ミツカラ河ト山ヲ不見心ニテ鹿ニ心ヲ掛 川ヲ不見ニ行カントスレトモナラサル時如何 山ヲ不見トモ云カタシ 亦山ヲ見ルニモ非ス 言ハ元師景久曰 畢竟皆山ヲ見ニ有 ソレヲ知テ 山ナラハ山口 川アラハ川口ニ掛フサカリ 已カヨカラン方ニ追向 勝時ハイト安カランヤ

一 風ニソヨク荻ノ如シ 柔剛強弱此処也 敵強カラン処ヲ弱 弱カラン処ヲノツトリテ強勝事也 強キニ強弱キニ弱キハ石ニ石 綿ニ綿ノ如シ 石ハ石ニ当テトヒカエル時ハ勝ニ非ス 綿ハ綿ニ逢時ハ生死ミヘス 故ニ一刀流ハ拍子ノ無拍子 無拍子ノ拍子ト云々

一 水月ノ事 水ニウツル月也 其月影ヲ亦汲器ニ明ニウツス処也 月ハ汲ツル水ヲ亦汲トイヘトモ 影ウツラ

スト云事ナシ　自心體サハキテ不見分ニョリ　汲ツル水ニ月ナキト見ユル　是ヲ狐気ノ心ト云　心誠ニテ汲テ見ヨ　汲ツル水ニモ同月在

歌ニ

敵ヲタタ打ト思ウナ身ヲマモレ　ヲノツカラモルシツカヤノ月

言ハ負ナカラン太刀ニカカハルハ非也　或ハ賤トイヘトモ　已カ庵ヲ漏ルト思ハネトモ　事不足シテフク故ニ月ハ一天ニアレトモ自然ニ影モル也　其如ク敵ヲ討タント思ハネトモ　已カ一身ヲヨクマモリタレハ　悪キ処ヲ不知シテ已ト勝理也　手前ノ守ル事ヲ忘　敵ヲ討タント思ヒ　心躰少々サハキタル時ハ負大ヒナルヘシ

一　ホンシヤウノ事　真行草トテ三ツ有　真ノ本勝ハモトヘカツ　行ノ本正ハモトヘマサシク　草ノ本生ハモトノムマレト書也　伝ンハ草行二ツ　先モトヘ正シクト云ハ　タトヘハウツテ取ラン処ヲ押ヘテ置テ心ノ儘ニ勝事モトヘマサシキ本正也　亦モトノムマレノ本生ハ　或ハ陰ヨリ出ル太刀ハロクナルニ　払エルハ本生ニ非ス　生ルル如クニ治スルハモトノムマレノ本生也　此心ヲ知テ用ユレハ無理ナル事ナク　仮初ニモ実ニテ勝故　万一仕損シタリトモ危事ナキ也　右真ノ本勝ハ唯授一人ニシテ弟子ニハ千金莫伝

一　残心之事　心ヲ残スト云ハ　唯キヲヒ過タル処ナク　勝ヘキ所ニテ左右ナク勝事也　雖然一発不留ト云時勝所ニ及テハ一足モ不留心不残万心ステテ一心不乱也、残心ト教シハ只稽古ノ内　兵法タカフリ　リキミ出来競過ルニ依テ残心ト仕エリ　其知ヲ得テ勝ヘキ所ニハ必残心不可有サルニ依テ　懸中待　待中懸ト云事如右　残心ニ似テ残心ニ非ス　心ハ不残シテ勝所ヲタルメス勝ヲ　敵モシ其　心ヲ知テ先ノ勝ニ及テ　或ハ引ツ拍子ヲ抜スル時ハ已ト残リ　余リ過ユカヤヌウニ　常ノ稽古第一也　勝ニ及テ心ヲ残スト云事必不可有

一　内ヲレ外ヲレト云事　キルヘキ所ハ必内ヲレノ場也ト云ハ本生　皆外ヲレノ場ハタトエハ大切　内ヲレノ場

ハ小切タリト云トモ　五分去テ内ヲレ切ヘキ也　タトヒ其行勢アタルトイヘトモ　小切苦シカラヌモノ也

一　八方ノカネト云ハ　タトエハ下段ニ持　立トイヘトモ　其一心ニ非ス　則左ヘ見反リタル時ハ隠剣タリ　則向ヲ守ランニハ本覚也　已カ後ハ味方タル間　八方ノカネ如斯一心不乱一歩不留ニシテ一刀ト云ハ　勝ヘキ所ヲ能知テ生死二ツノ所也　ソレヲ自ラ不得シテ只無拍子ニユカンスル事大非也

一　師ノ教ヲ不守シテ自才智スクレタルヲ以テ　其師ノ業ヲ能学フトイヘトモ　ヲロカニ其心ヲ不知故　物ニヲシ移ルカケノ如シ　其心ハ我形ハ分寸タカハス　動ヲウコクトイヘトモ詞アランニハ如何　詞アランヤ　亦愚ナル事ヲハコトチニニカハシテ瑟トクスルカ如シト然間不至シテ其師ノ得タルヲ以　シエル所作ヲ不学シテ教ヲ深ツツシミ可守事

一　見当ノ目付ノ事　見ハミユル所　インヨリ打出サンヨト見レハ　タトエハ何ニテカタンヨト　不及マテモシレリ　当ハインヨリウタント思シカト　行ツメタラン時　不意ニシテ居シキ　ヒタトナクラン時ハ当ル所作也去故ニ已所作ナク　心懸中待須臾ニ転化ナカラン時ハ極意刀幾億万書物数多相伝ルト云トモ可勝様ナシ　或ハ極意書物一切不智ニシテ所作能カナヒナハ如何　智タルヲ残サンヤ　サアル時ハ敵ハ唯方円器ニ水ノ順フカ如シ右ノ故ニオヨハサル上段ヲ不好シテ　万心捨テ其業ヲ日々新ニ日々ニ新ニ又日ニ新ニツトメテ可学也

古歌ニ

是ノミト思ヒキハメソ幾数モ　上ニ上アリスイモウノケン

世ハヒロシコトハツキセシサリトテハ　ワカシルハカリ有トヲモフナ

御手前事従幼年不断一刀流剣術稽古不怠第一勝利之働依有之家流書物之二仮字書目録差進上候　猶以年重錬行必勝実可被相叶候　仍如件

（以下略　系統十二ヶ条目録同然）

第二節　仮字書目録詳解

第一項　仮字書次第

一刀流兵法仮字書は小野次郎右衛門忠明が神子上典膳と称していた時代に流祖伊藤一刀斎景久に師事し受けた教えを文書に認めたものであつて、忠明はこの仮名書を一刀流第二巻の書と定め、その門弟子の中で初目録十二ヶ条の書を受けた者がなお切磋琢磨して次の段階に進んだ時に授けたものである。以下古来からの師の口伝に従つて解説する。

第二項　仮字之事

仮字（かな）は真字（まな）の対象に用いられる。ここに仮字書というのは真の理を解くのに仮の譬を引いて書き示すの意である。真の色に見えず、音に聞こえず、香に嗅がれず、味に出でず、触れて覚えられない。真の理は目や耳や鼻や舌や肌などで捜し求めても尋ね当てられない。真理には所詮形がない。形のないのを仮りの形を借りて示し、譬を引いて説くから仮字書というのである。人に仮りの名をつけ仮名に書きこの仮名を呼ぶと真の人が出てくるような所である。仮字を書いて形と譬とを示し、一刀流の真の意を引き出して教えようとするのはこの一刀流兵法仮字書である。組太刀を一通り覚え、十二ヶ条を弁える所までは宛も毎日身の周囲に起る物事を概略知り、それによつて暮らしを立ててゆけるようになつた所である。それから進んで形而下の人事一般と森羅万象を通じて、その奥に在る形而上の人情社会人文と宇宙自然の通則を捉え、これを剣の道に配し、処世の道に第二の進況を開くのはこの仮字書で教え導かれる所である。

第三項　一之事

一は始終一貫の数であり、数を悉く纒めると一となり、これを逆に一つ一つ解くとまた元の一となる。初めの一は横棒の一の字であるが、それに竪棒の一を重ねると十となり十が斜めに重なつて米の字となり、それがいくつも重なつて扇を二つ右左に拡げ要を重ねたように円くなり、この円が左右前後上下と重なれば栗の毬のようになり、遂に球になる。球が無限大になると円相太極の宇宙に吻合する。これを元に解いてゆくと遂に始めの一に戻るのである。

組太刀は「一つ勝」の一本目から始まり、手数が進み変化して十百と習い覚え、極意に至つて見るとみな一の技の変化であつて、結局は「一つ勝」に帰するのである。組の手数は複雑で技法は多岐に亘るから、多くの人はその変化の枝葉末節に走り、その形に囚われて夫々別々に記憶しようとするから、その本を失つて迷いが多い。どんなに変化してもその本は一から起つた事を忘れず、又どんなに多く学んでも一に納まる事を会得すると、道を失うことなく迷うことなく安心し自らの思想を統一して修業することができる。万有物を数えてもとの一に帰するとはこの事である。

一刀流を学んで一をよく練り鍛える事に専念するのである。小さな一をゆるがせにしては完全な綜合の一にならない。稽古が未熟で技に練りがかからぬ一であるならばそれを幾つ合せても練りのかからぬ弱いものが出来上る。初めの一をよく練り、五行、五味、五色、五音、五嗅、五覚を以て鍛えをかけて丈夫な一となし、これを土台として丈夫な一また一と加えて遂に練りのかかつた立派な終りの一ができあがるのである。初心者に切落しの一手だけ三年も学ばせるのはこの根本の一の練りを充分にかけさせるためである。何十本も一度に習いたいと欲を出しても一本目に充分鍛えがかかつていなければ何にもならない。一本目さえよく出来るようになればあとは楽なものである。

一をかつと訓ずるのは、初とも中とも終りとも知れず、煙のようにほつと出る所で勝つのである。この「一つ勝」の切落の勝は言語にのべられぬ所である。急いで初めの一で勝つのでもなく、調子をはかつて中程の五で勝つのでもなく、また待つて終りの十で勝つのでもない。勝べきときにどこでも煙のようにほつと出て勝つのである。それは練りのかかつた一で勝つのである。この所は鍛え鍛えた心と腕で見付けるより外に仕方がない。

一は刀を心に横だえた形である。相手は一人であろうと幾百千人であろうと窮極の場は一刀で治めるの理である。周辺の乱心邪気を鎮めるのも、大衆の意見を取り纒め世を済うのも、扇の拡がつたのを一つに集める要のように一刀にて截断を下すのはわが心に輝く一刀一閃の働らきである。

第四項　刀之事

刀は丁とノから成る。刀の古字は人に象どつたもので古字は㠯である。大きな刀を取つて大太刀となし、小さな刀を取つて小太刀とするのである。丁は心の性でありノは心の真である。この心の性と心の真とが一つになつて刀の役が務まる。よつて一刀流では性と真とをともに刀に配して鍛えさせるのである。また人の性を知情意の三つについて説く。この三つがよく調和することが真を得る要件である。そのどれかが調和を失つて頭を出すと刀の上に頭が出て力となり刀本来の真を失うことになる。一刀流は力を戒め柔らかくすなおに学ぶことを教える。

刀は竪と横との働らきを兼ねたものである。竪には勢ありまさに動こうとする姿である。横は静かに休む形である。鳥獣は横の形であるから必ず竪の力を借らなければ動けない。鳥が飛ぶ時には一旦地に沈み。それから竪にならなければ発せられない。人体は竪であるから外の力を借りなくとも傾くとそのまま動き歩るき出せる。刀は竪と横とを具足しているから自在に働らき随機に活動ができるから大用に叶う事になる。刀は円の性と真とを持つているので竪横の線に満ちた円の活らきができるものである。

刀の持ち方と抜き方に心得がある。長大な打太刀はわつそくにして背負い、剣は刃を下にして左に佩き、大小は刃を上にして左腰に帯し、九寸五分は刃を上にして右腰の後方に帯するが懐にすることもある。若し左の手がふさがつていたら、左足をあげ、腰と腿とで太刀の鞘をはさんで右手で抜くのが心得である。

第五項　流　之　事

流とは水の流れの源と中と末との移りゆく有様のみをいうのではない。流祖以来代々の教えの手筋による勝負合いのことをいうのである。勝負の場に臨んでは抑えず余きず滞らざるをいうのである。水が方円の器に従い満ちて余らず、抑えて残らず、動いて滞らず、しかも少しの隙も許さず一ぱいにゆきわたつて欠ける所がないようなものである。調子に於ては急あり緩あり、時には廻わり帰る事もあるが大勢は低くきに進み海に入るように必ず勝に入るものである。故に流には已れの固まつた法がなく相手に応ずるのみである。しかも応じて余す処がなく許す処がない。必ずついて行つて勝つのである。

流はまた光のようなものである。譬えば障子に太陽があたるのに一ぱいあたつて残す処がなく、またどこでも針を突くとそこから光が忽ち流れ込むように、相手の隙に応じて打ち込んで勝つのである。これは勝負合いの流である。この流はどの方向に流れても朝する所は海であるように、一刀流の太刀技は様々に働らくけれども遂に勝つべき所に勝つのは一つの勝である。

流れは水の流れや光の流ればかりではない雲の流れ霧の流れもある。これは風の流れに従う空気の流れであり気流である。暖かく軽い薄いものは上に流れ冷たく重く厚いものは下に流れる。音も流れる。電波も流れる。すべての流れは自らに形なくして真実を伝える。一刀流を形や作為で知ろうとするのは見当違いであるこの流は剣の真を伝えるものである。

第六項　鹿之事

鹿はわがしとめようとする目的の的である。この的は山におつてあちらこちら勝手に動き仕末の悪いものである。先ず山を見て的のある場を知り、場と的とを見て、的をわが利するに都合のよい所に追込む。吾は働らくのに都合のよい所にまわる。鹿を山口、川口などののつぴきならぬ所に攻め込み、かけふさがり、鹿が死地に陥つた時に打つて取る。常の稽古や仕合に於ては平坦な板間の床で、山も川も林も家もないが、のつぴきならぬ身じろぎのならぬように追い詰めるのには初めに場全体と相手とを見ておき、さて打つべき機会には場から目を放し相手だけを見るのである。よく勝つと勝つた跡がよく見えるし、後で思い出しても勝つた所がはつきり目に残つているが、負けた時には目が昧く、どうして負けたか考えてもその一瞬がわからないものである。

的をみる心得は肉眼でみる見をはなれて心眼でみる観を活らかすことが教えである。この観で山もみるし鹿もみるのである。畢竟するに立地条件を詳らかにし、そのものの真相を明らかにし得なければ打ちとれるものではない。その両者を知悉しても施すべき技が巧みでなければ的がはずれて取り逃がすことになる。よつて鹿之事はみることとうつことと二つながら鍛えて置けとの教である。

第七項　荻之事

萩は風が吹くと靡き媚う。風が止むと元の姿に返る。風が強く吹くと多くなびき、弱く吹くと少しなびく。どんな風にもなびくから風に折られることがない。ここではわれを荻に譬え相手を風に譬えるのである。風になびく所は調子である。風の吹く強弱によつて荻がなびきまた撓ね返る調子が出てくる。調子よく撓ね返る所は荻が風に勝つ所であり、吾が相手に勝つ所である。

石に石を打ち付けるとどちらにも勝がない。強いものに強くゆくことは無駄である。綿に綿を持つて行つても勝がない。弱いものに弱く行つても無意味である。所が堅い石を強く打ち付けて来た時に綿で受けて包んでしまうと石が綿に負けてしまう。これは拍子が無拍子に負けた所である。しかるにまたこの無拍子に拍子が出てくるのである。例えば組太刀の三本目の「鍔割」のように、相手が陰から打ち出す拍子をわれは無拍子にはずす。この無拍子にはずした所は我が勝の拍子となるのである。

また「松をたわめて柳を折る」という教もある。荻も柳も同じである。柳も荻も強い風に折れないが、拍子には折れる。一本の荻の茎の両端を左右の手にもつてくの字なりに逆にひよいと折るとたわいもなく折れる。これは無拍子の拍子である。荻之事では拍子の無拍子、無拍子の拍子を教える。わが調子に相手を乗せ、わが拍子を以て相手に勝つ。拍子と無拍子をつかいわけ合気を避けて勝つ心得を荻の事で教えるのである。

第八項　水月之事

中天に明月がかかると静かな大海に写る。湖に写る。池に写る。盥に写る。茶碗に写る。露の玉に写る。「早き瀬に浮びて流る水鳥の嘴振る露にうつる月かけ」という歌の心は月あり水があると幽妙行時の間にも必ず写るという意味である。月の光が満ち亘つてさし込むように、気力が充満して腕が冴えていると、急流に嘴振る水鳥が散らす小さなしぶきの玉にものがさず月影が写るように、微妙の所にも働らいてのがさず打ち勝つのである。

「敵をたた打と思ふな身を守れ　おのづからもる残家の月」と。手前が不如意であるから、随分努力して屋根を葺いても、事が不充分で葺くから月が寝屋にもさし込む。身を充分に守つていると隙間もないが、ただ相手を打とう打とうと思うて自然に已れの守りが不足し隙が出ると、そこを打たれる。月が清く静かで心が明鏡止水のようであると、相手の姿やそのたくらみは月の光の中の斑点も悉く見えるように手に取るように写るものである。わが心に写ると手に写り手から刀に写り、相手の隙を一刀のもとに制することができる。心が濁つて波立ち騒ぐと写つても歪んで正体を捉え難い。心に雲がかかると、どんなに破れた屋根のように相手に隙があつても、月影がささないように、敵状がわからず打込み得ない、却つて自ら大敗を喫することになる。清く静かな心を養うと相手に少しでも隙があるとそれが心の明鏡に写つて打てるようになる。これが水月の教である。

第九項　ホンシヤウ之事

ホンショウと仮名で書くのは真字で現わす三つの意味を含むからである。第一は本生、第二は本正、第三は本勝である。第一の本生はわが生れた技を育てあげ丈夫にして勝つことである。丁度草の種子へ水をかけると芽を出した草が自然に伸びるように、相手に気を生ませ技を出させそれを引張り流しなどしてわが技を養い強くして勝つべき所にて打ち勝つのであつてこれを草のホンショウという。

第二の本正はもとへ正しく勝つことであつて、それは決して無理な打を出さず必ず、相手を攻め抑え、充分に勝つた所を本へ正しく打つて勝つのである。組太刀の二本目の「突返」などはよくその真意を示している。これを行のホンショウという。

第三の本勝、真のホンショウは仮名書の段階ではまだ伝えないのである。

第十項　残心之事

万心を捨てて一気に切り込むと、勝つてまた二の太刀の縁が残るものである。われから企てて残すのではない。勢よく捨てたものは向うへつかえるからその反動で自然に残りが撥ね返るのである。一心不乱といつても決して気負うて滅法に出るのではない。勝つべき機に於て何の疑もなく一気に打ち出すことである。この時はまさに一発して留める事がない。残心の妙義と関連して懸中待、待中懸の心得を教えたのは誠に深い意義がある。一心不乱に打ち出す間にも相手に変化が起つたら、それに応変して勝つ心得を与えたものである。しかしそれは咄嗟の変化に対することであつて、勝つべき所はどこまでも一心不乱に打ち込むのである。此の時に注意すべきは一発不留と云つても余りゆき過ぎ却つて相手に乗ぜられるような事のないように常に執行しなければならない。要するに大捨は大得であり、大死は大生であり、残心は嶄新につながる大徳を秘するものである。そこから次々とまあたらしい技が出てくるのである。

第十一項　内折れ外折れ之事

内折とは咽首、腕、腰などの内に折れる所である。外折とは肱、膝、臀などの外に折れる所である。即ち関節の内におれる所と外に折れる所とである。狙つて切るべき急所はこの内折、外折の部位であり、ここは人の働きと生命とを止める急所である。内折は小さく切つてもよいが、切つたら五分抜けねばならない、五分に限らない何にせ側にいてはわが身を損ずる事もある。外折は大きく切つても遠間からよく切れるものである。

内折、外折は屏風の折目、継目のように心にも技にも攻防にも掛け引きにもある。この折目、継目の急所を切れ、すべて転機は投入して大効をあげる狙い所であると教えるのである。

第十二項　八方之かね之事

八方のかねというのは発剣八方の心得と、対敵八方の心得である。相手がわれに向つて攻めかかるのは八方からである。よつてわが一剣を抜き放つのにも一身の構にも八方に応ずる心得が大事である。発剣は左斜下から右斜上に、左から右に、左斜上から右斜下に、真上から真下に、右斜上から左斜下に、右から左に、右斜下から左斜上に、真下から真上に取行い、切りはその路線を直ちに手を返して行う。構に於て下段の切先をそのままに据えて左方の相手に向うと隠剣になる。向うを守ると本覚となる。左足を出すと霞となる。このようにして八方に気を配つて置くのであるが、さて八方から詰められたからとて、わが心を八方に分けて遣うのではない。その内の一人さえ切つて抜けるとあとはみな一方の相手となる。ここへ一心不乱一歩不留と一刀の下に殺人刀と切り込み、活人剣と勝つのである。この九死に一生を得るのには唯無法無拍子に行つてはならない。ここぞという勝を見付けてゆくのである。

第十三項　師之教之事

弟子はよくその師に似るものである。心ない弟子はただ師の形の目に見えた所に似せようとするが、それはひがごとである。師に似ようと思つたならばその師の形や技のわが目に写つた所の本意を師に尋ね、その本意をわがものとなすことに努むべきである。師にしても流儀の万事万端を完全に遣い得るものではない。世上師の悪い癖を学ぶ弟子は多いが師の理想とする本当のよい所を会得する者は少ない。畢竟師の技の形を学ぶよりは形の強さをわがものと学びとり、師の尊い志をわが尊さとし心がけとすることを学ぶべきである。師の形だけを見習つて琴柱に膠をつけて琴を弾くような愚をせず、音階を耳で正しく覚えて琴をひくようにし、流祖の教えそのものの本格を身につけるように学ぶべきである。

相伝とは師の方から弟子につたえることをいうのである。

伝授とは師の方から弟子につたえ、弟子がいかにもと受け取り、師にうけごとを云うことである。

習とは弟子の方から師の方へはかりたつねてそれにならうことである。

教とは何事でも修養する内にいかに自分で工夫をこらしても、つかえてできないことがある。それを師の方からそのつかえた所はここである。こうしてやれと導びいてくれるのを、弟子が得心し、がつてんして覚えることをいうのである。

第十四項　見当之目付之事

見は常の目付でみることである。当は早速に物に行き当る気味である。変の場にて変に行き当る事である。いままで見た事が急に変るときに当って忽ち応ずる事は須臾に転化する事である。組太刀の「拳の払」のように相手が切り込むのをはずして相手の上った小手を打ち、またわれは陰にとり脇構に下ろし正面から切り込むのを相手が摺り上げて打ち込んでくるのをわれはこれを摺り上げて打つなどの所である。この時に相手はまた如何に変化するか計り知られないものである。故に相手がどう変ってもこれに応ずる心がけがなければならない。これは懸中待、待中懸の心得である。しかるに相手の働らきの道筋の傾向を見ると、これから何が出てくるか、大体の見当がつく。況んや相手の心が予め読めると、この見当には間違いがなくなる。平常よく練磨していると、どんな相手に対してもその心が見え透いて、一つ一つの動きにもそれに先立って見当がついて思う通りに勝てるようになるものである。よって極意の書物を何も知らなくても本当に鍛えておれば事が足りるのである。よく鍛えた愚者は、極意書物に明るくて鍛えのない物知りよりも遙かに強い。この愚かなる達人は水が方円の器に従うようによく応じて勝を得る。よって上段の構が得だと聞いてわかったつもりで下手に上段を取ると敗れるにきまっている。何事でも我意を捨て、上に上があるものと思い、一つの教にばかり執着せず、一寸の暇も惜んで吹毛の剣を磨き少しも錆を出さず、いつでも光っているように技を磨き、毎日毎夜新たな進況を聞けと教えるのである。

仮名書末尾の古歌二首の教えは已が経験と智識との手の届かない所、また先人未踏の遼遠な高い所を仰ぎ望み、この未知の世界のあることを肯定し、毎日毎夜着々と開拓してゆく心得を示したのである。初めの単なる一から終りの円相太極の一に至るまで一つずつ加えて覚えてゆかなければならない。その数は幾つも幾つもあって数限りがないものである事を悟って創造進化の大業に努め励むべきことをこの二首の歌で示しているのである。

第四章　一刀流兵法本目録

第一節　本目録原文

一刀流兵法・本目録

表　劔

三　重

外物次第

一　万物味方心得之事
一　人車之事
一　戸出戸入之事
一　笄枕之事
一　芝枕之事
一　寝心得之事
一　蚊屋之事
一　戸固之事

一　誌座抜刀之事
一　青襖袴之事附大紋之事
一　長袴之事
一　走懸者之事
一　逋者留事
一　刀脇指降緒心得之事
　　五点之次第
一　妙　剣
一　絶妙剣
一　真　剣
一　金翅鳥王剣
一　独妙剣
　　懸中待
　　待中懸
一　右　足
一　左　足
一　引本覚
一　一足一刀

一　太刀生之事
一　四角八方之事
　　小太刀之次第
一　撓気之事
一　横竪之事
一　仕合心之事
一　切落之事
一　色付之事
一　端末未見人莫能知　天地神明与物推移　変動無常　因敵転化　不為事先動而輙随
一　相逢狭路転身難　一陣交鋒瞬息間　旗号縦横揮莫辯　試間何人得勝還
一　鬵面家風不容疑議
一　吹毛用了急須磨
一　睡中抓痒
一　観　見
一　両者一用
一　剣木用捨
一　相小太刀

一

一歩不留

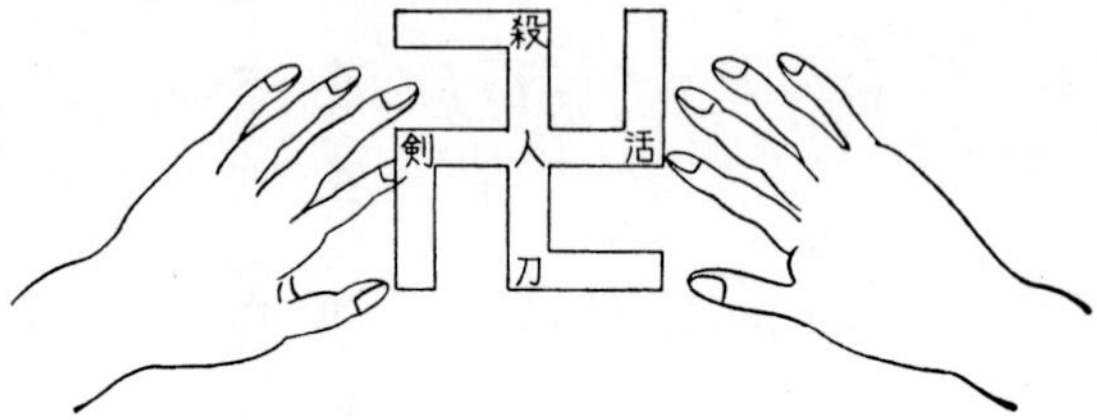

八方分身須臾転化欲在前忽然而在後

㊐

本人

人人

人人

人人

人人

㊊

刃引

一　本覚

一　仕合心

一　地上之心

一　刃引ハリ真之心

一　浮木流木

極意一巻

一　真之真剣

一　真之右足

一　真之左足

一　真之妙剣

一　払捨刀

一　四切

右一巻有口伝　雖極秘従幼年執心甚深而修業無懈怠　勝利之働有之間　本目録進上候也　不迷乱雑以誠意之工夫可被相叶免状者也

（以下署名略）

第二節　本目録詳解

第一項　本目録次第

一刀流兵法本目録は一刀流第三巻の書である。一刀流を学び多年組太刀の稽古に執心努力し、十二ヶ条目録の上に仮字書目録を授けられ、更に精進をこらし、師の教えに従い粉骨砕心し、仕太刀、打太刀ともに円熟して勝利の働らきを得て後進を指導するに足る技量を備え、且つ一刀流の理を解し、武の徳をその身につけ、師の意に叶うようになると、一刀流の極意が伝えられ、本目録が与えられその真義が口伝される。更に弟子取立免状が添えられ、一刀流の師となることが出来る。それに加えて稽古場免状が与えられると、新たに独立の道場を開き門弟を集め、一刀流を指南する事が許されるのである。

以下流祖以来の口伝に拠つて本目録の極意を解説する。

第二項　表剣三重

表て立つた儀式の始めに遣うものであるから表剣（おもてけん）という表剣を三重という。三重の技の遣い方は本著第二編第五章で述べたところに従つてつぶさに習うべきであるが、ここではその基ずく所の秘理を解明する。

㈠　**露之位**　第一の教は初めに露の位を太刀に配して遣う事である。先ず露の本性を知らなければならない。本来大気の中にある湿気水気が元である。水が雲霧霞という微塵の姿となつていたのが、いつとはなしに木の葉の表に気流とともに来り触れ止まり聚まり融合して葉上の露の玉となる。雲霧が露となるのには熱を発散してあたりをあたためる。大気に水分があつても留るべき葉がなければ葉上の露がない。葉上に微塵の水が集まり満ちて露の玉となり、葉末にたつぷり懸つた時に小枝に触るものがあると露がぽつたりと落ちかかる。これが即ち露の位である。

これを剣の技にとると、仕方が打方に対し微かな思を気に集め、未発の技を全身に満たして置くとき、打方の動く萌（きざし）が仕方の心に触れると、仕方がほつたりと打方に切り込んで勝つのである。これを形にあらわしていうと、打方の切先が仕方の鍔に当るとき、露が落ちるように打方にほつたりと切り込む。もしくは打方の切先が仕方の切先にも鍔にも触らなくても打方の気が仕方の気に触わつたとき、仕方の気が満ちてほつたりと切り込む。まことに穏やかに理に叶つた勝である。

露はもともと水の玉であるが、旭を受けると赤となり黄となり青となり紫となり、火の玉に見え、目に輝いて焔よりも熾である。水火はもと相容れないもののように思われ、水は冷たく火は熱いものと思われるが、雲が露となる時には熱を吐き出すのである。究明してゆくと水がなくては火がなく、火がなくては水がない。水と火は元来一如である。陰陽も二而であつて一而である。ただ所によつて水火の別あり、時に応じて陰陽の差が起る。この理を悟ると万象は悉く手の中に帰し、企てて成らざることはない。露の位の尊さは随機の理を悟り、その世界に出入し、自然に柔らかに勝ち、万物を霑し生かし産みなし殖やし太極の王座に登る所にある。

㈡　**盤鐘之位**　盤鐘に橦木が当るとボーンと鳴る。鐘に橦木が当ると同時に響を発する。鐘が音を蔵しているから橦木が当たると音を発するのである。打つた後に鳴るのではない。当ると鳴るとは同時であつてその間に隙はない。

大星に合せて打ち込む時、打方の切り込む太刀に仕方の太刀がかつしと合う時に、仕方の太刀が打方に当るのである。打方の太刀に仕方の太刀が合つた後に改めて打方に当るのではない。同時であるから音にも勝と出るのである。

一刀流の切落の本意は一拍子による相打ちの勝である。仕方が一刀のもとに打太刀を切落しざま打方を真二つに切るのである。これを心にとれば、心で打太刀をそらしてから後に打方を切ろうと思つて二の技で切るのではない。打方が切り込むと同時に仕方も切り込むので、仕太刀が打太刀を鎬き落して同時に打方を切るのである。

鐘は音を発せない時も音を蔵している。この音も打たなければ発せない。音響は動であるが元来静の貯蔵の中から生れてくる。沈黙は静であるが動の素を待つていつでも応ずるのである。兵法の心も盤鐘のように、打つてくるものがあると、それによつて音を出そうかなど思わなくても、当ると忽ち音を発するように、仕方は予め打方を打とうと思うことなく、無心でいても、打方の剣の橦木が仕方の気に当たるとその場で音が打方を制する響となつて勝つのである。寂然不動の仕方は沈黙の盤鐘のように静であるが、一度打方の気に勝と触れると、号声韻々と勝名乗りをあげるのである。これが盤鐘の位である。

㈢　**石火之位**　石に鎌を打ち合わせると陽分が発して火を吐く、火花が発するとほこちに火が移る。石火の位は一つ勝など一刀流の太刀技に屢々出る所である。打方の太刀と仕方の太刀とが一同に切り合うが、仕太刀が生きて働らきそのまま打方を真二つにし、打方の太刀がそれて地に落ち死するのは仕方が石火の位を以て打方の心技を焼き尽すからである。石の中に火のあるのは石が火の性を持つているからである。石の中の火の性も静かに蔵して発せなければ冷たくて物を焼かず、闇くて夜を照さない。この石が一度鎌と打ち合つて性の火が外に出てくると、忽ち物を焼き闇を照らす事になる。

常日頃火を蔵する名石を求め、その本性を養つて深く蔵し、眠つたような石の中にも炎々たる焔を貯え、一旦事ある時にはこれを発し得るように錬り蓄えて置かなければならない。土塊のような石は鎌が当らなくても砕ける。自ら鋭い鎌に応え得る堅い火打石のようになるのには日夜技と理を以て不断に魂を切磋琢磨するより外に道はない。

露之位、盤橦之位、石火之位をよく理解して心に留め、表剣三重の技を遣い慣れ、その真義を腕に覚え、体に得心に刻みわがものとすべきである。

第三項　外物次第

流祖伊藤一刀齋景久は物状騒然たる乱世に於て、野に伏し山に寝ね、都に住み、旅籠屋に泊り、未知の家に客となり、或は仕合に勝つて人に狙われ、夢寐の間にも危機が迫る間に身を処し、安全を保つためにはすぐれた武技腕前の外に、自然と人生に於けるその身辺の外物即ち太刀の外のものにつき、折に触れ時に従つて得た百八十ケ条を心得とした。この心得をその弟子小野次郎右衞門忠明に授けたのを忠明が整理し第次を立て、その中の大切な事を綴つて本目録に納め後世に伝えた。左にこれを解説する。

㈠　**万物味方心得之事**　万物を皆味方となし、是も非もともに是となす教である。地物の利用、人事の活用、天候の順用、時勢の適用など百般の事を利用厚生して味方につけると必ず勝つて目的を果たすことができる。これは明智悟達の人にして始めてよくなし得る所である。迷うと是も非も共に非となり、妄すると万物みな妨げとなりわれを害する。迷妄の者が常に敗れ未熟の者が勝敗常なく、悟達の人が常に勝つて進むその差違は、万物を味方とする心得の程度如何によつてきまる。小にしては傍にある火箸でも床飾りでも座布団でも、大にしては山でも林でも川でも海でも、または天地の理、人生の道はみなわれとともに同じ一に帰するものである道理をわきまえ速やかにわが目につけ、心につけ味方につけて用を足すのがこの教である。

㈡　**人車之事**　土地に傾斜があり、足場に高低があつたら低い方にいて、相手を坂の上に置きはすかいに切るのに利が多い。すべて上からくるものは見易く、下からくるものは見にくい。上からくる剣は下つて下太刀となり、下からくる剣は上太刀となる。よつて下に居ては上太刀を使つて勝が多い。しかし下にあつても相手の真下におるのは危険である。その下る勢を避け、少し筋違いにはすかいに車に切り廻わし阪下に追い廻わし動いた途端に切るのに利がある。すべて正面衝突は労が多くて効が少なく、また敗れることも多い。これを斜にそらすと相手は強くくればくる程その力と勢で自ら敗れ去るものである。これは人車の教である。

㈢　**戸出戸入之事**　吾は戸の内にあり、相手が戸の外にある時には、相手が戸の出口に心を付けているものであるから、内から外を窺い、物を投げなどして相手を動揺させ、その隙に乗じ走り出で、わが右を切り左を突いて出るのが心得である。広場に出ると後は常の勝負となる。

吾は戸の外にあり、相手が戸の内にある時には戸に物を投げまたは長物にて戸を叩きこわし、相手の躍り出てくる所を突くのである。相手が出てこなかったら、戸の中に物を投げる。笄を下緒にくくつて投げるのもよい。または刀の鞘をぬき一寸程のこし、さぐつて入る。もし人が触つたら本覚にとつて詰めかけ、右を切り左を突いて入るのである。村端、町角、山の端、林の入口などの出入にてみな同様の心得がある。その場に臨んで必ず応変の心得がある。ふだんでも戸や門はうかと通らず、見通しをつけてゆくのがよい。

㈣　**笄枕之事**　野宿その他いつどこから襲われるか油断のならない時には、夜寝る時に枕にするものの下に笄を挟み、その一端に細い紐などを結び地上に見えないように張り、触れるものがあると直ぐ醒めるように仕かけて置く。なお心もとない時は笄を下に突き立て両拳を重ねて笄を握り額をその上に置いて目を休める。深く眠ると拳が緩み笄が額に当つて醒めるようにするのである。笄枕の本意は大事の夜には眠らない事である。襲い来る睡魔を勝つには法がある。それは秘伝である。

㈤　**芝枕之事**　野宿または旅宿等にて用心を必要とする時は紐を幾本も用意し、その先に小石や木の枝などを結び付け、四方八方に投げ、その本を枕に結んでおく。人でも獣でも触れるとすぐ紐が動いて枕に響き、闇夜でも醒めてすぐ応じ得るようにしておく。芝枕はこれらの心遣のことであり、臨機応変の心得である。

㈥　**寝心得之事**　部屋に入つたら先ずその構造をよく見定め、広い部屋なら真中に寝ね、狭い部屋なら押入壁など防禦の利ある方に頭を近くし、障子襖など開き易い方に頭を遠くして寝る。また入口の戸は外ずして立てて置くか、戸の端に糸を結んで枕にくくり付け、人が忍び入るとすぐ醒めるようにしかけておく。寝る時は太刀を左に脇差を右に夜着の袖をかけておく。また大小の緒を取違いにしその上に枕するのもよい。怪しい者がくるのを知り、その者が遠くにおると、伏しまたは低く様子を窺い、近くにきたら直ちに刀をとり壁や柱を後の小楯にとり、自らは暗い方に立ち相手の意表に出ずべきである。寝心得の上極意は寝ない事である。

(七)　**蚊屋之事**　蚊屋は釣手を用心し、容易に切れないように見立てる。こよりなどにて蚊屋の裾を枕に結び、蚊屋に触れる者があるとすぐに醒めるようにして置く。また枕を蚊屋の裾にくるみ巻いて寝ね、変あつて枕を取つて揚げると体が外に出るようにして置く。またやわらかいこよりの仮ちちをつけて置き、敵が一方のちちを切つたら予て鉛を入れた枕を取つて敵に投げると敵は蚊屋に包まれることになる。蚊屋の裾は内にはじかず、外にはじき置く。これは外から入りにくく、内から出よいようにしておくためである。蚊屋は寝て蚊を防ぐだけのものであるから、変があつて起きて立ち働く場合には外に出た方がよいのである。

(八)　**戸固之事**　戸はわれの出で相手の入る口であるから固めるのに法がある。相手を戸口で制し、一歩も入らせず、また近付けぬように戸の内外に備えをなし、相手を恐れさすことが肝要である。われが戸を開くには戸ともに身を寄せ決して戸を開くと同時に体を出してはならない。また相手が戸から襲つてきたらわが体を低くし相手の足を払うべきである。戸口の働らきは小技でも機敏に鋭く行うべきである。旅行には錐釘などを持つて、この宿が覚束ないと思つたら、これを以て戸を固め、また戸の内外に躓き仆れるように仕かける法もある。いずれにしてもわが部屋の戸はわが許しなくして開けさせないのが戸固の法である。

(九)　**詰座刀抜事**　1　多勢の人込み詰座の時に急変に会い、刀を抜き切るには先ずその敵にわが身を以て押掛けながら左手を用い柄頭にて敵の顔を突き、跡へすさり乍ら抜刀し、二躬にて勝つのである。

2　敵にひしと向い合う時に敵が切ろうとしたなら、わが右手の人差指と中指とをひろげ敵の両眼へ突込む。敵が反つた時にわれは右の膝を立て脇差を抜き、引き切りにする。この時敵は吾が右手首を左手にて取るなら、われは左手にて敵の左手首を下より取り下へ直きに柴を折るように引き折ると、わが手を摑んだ敵の手が離れる。そこえ切つて勝つ。

3　敵と対座し、敵はわが両の手をひしと摑むと、われは両の手を中へすぼめる心にて手を拝むように合せ、敵の顔へ突きかかる。敵が反つた所へ抜刀して勝つ。

4　敵がわが右手を抑えたら、向うへ殊の外強く押し、敵が張り合うとき、われは腰を捻り刀を引き抜き切先を向うへ反し、左手にて刀の宗を抑え敵を押切りまた引切り、更にまた突く。五本の梭(をさ)のように往来し突いて筬の格にて勝つ。

5　敵がわが刀の柄に両手をかけて留める時にはわれはわが左手を敵の右手と左手との間を通し、敵の左手を抑え、またわが右手にて敵の右手を抑え、わが手の間を左向きに潜ると敵の手が捻れ、敵が朽木倒しに転ぶ。そこへ抜いて勝つ。

6　7　脇（左右とも）に並び座つている敵が殺気を生じたら、われは敵の方に強く寄り掛り、急に返りその余裕にて抜刀し脇突きを行い二躬にて勝つ。

8　わが寝ている時に敵が前よりきて、わが肩と胴を両手にて抑えると、わが寝敷いた方の手にて敵の抑えた手首を取り、わが身を余程持上げ、抑えた敵の手の下を向うへ潜るようにぬけ出で、起上り抜刀して勝つ。

9　わが寝ている後から敵がわが肩と胴を抑えたら、わが手が働らくから刀、脇差を自由に抜きながら寝返りして敵を突き、起き上つて二躬にて勝つ。

10　われうつ伏せに寝た時に、敵はわが左手首と肱とを両手にて抑えたら、われは身を縮め右手を杖について、抑えた敵へ寄りかかり、向うへ冲返りすると、敵の頭を蹶る。起上り抜刀して勝つ。

11　われ下に仰向にいて、敵上から脇差抜いて打ちかかるなら、われは敵の手首を取り向うへ押すようにし急に手前に引き、敵の切先をそらし、起上り抜刀して勝つ。

12　われ仰向に寝ている時に、敵がわが上に乗り、脇差を咽喉笛に押し当てたら、われは敵の脇差を持つ手の甲と柄とを左手の拇指で押え。敵の手首を向うへひしと折り曲げる拍子にわが右手を脇差の宗へ手のひらにて押しあて向うへ強く押しながら起上ると、敵は刃返しに切られる。われは起上り、その刀をもぎ取り切つて勝つ。

13　われ立つている時に、敵が後方からひしと抱いたら、われは少し腰を下へ縮め引きにするようにし、脇差の柄を逆手に持ち、抱いた敵の手を切つて抜く。敵は放れて又切りかかるからわれは右廻りに廻わり脇差を切先下りに受流し突返して勝つ。

14　われも敵も脇差を帯して対する。敵がわが右首に切りかけたら、われは抜いて右に撓くと、敵はわが頭上に切りにくるから摺上げ敵の右首を切り胸を突いて勝つ。

15　われ右身におるに敵がわが顔を突くから右斜に撓上げ敵の後首を切る。敵がわが胸を突くからわれはこれを打落し敵の右後脇を突いて勝つ。

16　われ左身におるに敵がわが頭上に切かけるからこれを右斜に撓き、敵の両眼を切る。敵がわが胸に切りかけるからこれを右斜上に払い、敵の胸を切り右後脇を突いて勝つ。

17　敵がわが背後に座しわが頭上に切りかかるとき左廻わりに敵に対して受け流し、右斜上から敵の小手を切り右首を切り胸を突いて勝つ。

18　わが背後から敵がひしと抱き付くときわれは両肱を張り肩を下ろし、脇差を逆手にして敵の抱いた手を切つて抜き、右廻わりして敵に対すると敵はわが右首を切りにくるから切先下りに受流し、脇差を逆手に持ち、敵の左首を突切ると、敵はわが左首に切りかけるから受流し、返し刀にて敵の右首を突切つて勝つ。

外に立会抜刀五個の教がある。

(一) **青襖袴之事附大紋之事**　青襖袴の腰の下に鉛を包んでおく。大紋の前の両方のたれを帯にはさまぬがよい。凡て装束の時は懐刀を用意し、万一の時に裾紐を切り、またはね上げた青襖袴が鉛の重さにて直ぐ落る様に仕掛ける。

(二) **長袴之事**　長袴の腰板、前紐に鉛を包む。小刀を帯と袴の間に差す。抜く時に右の方の大紋のあく所から鞘を取り、左右へ突く。この時大紋のさがりも長袴の紐も切れ刀を抜く。大紋も長袴も鉛の重さで落ち、身軽に働ける。飾つた正装は殿中の儀式の威儀にいるが万一の時には手足纒の盛装は切捨る。真の威儀は凛然たる剛胆鍛錬の士に備わる風格人格である。木猴にして冠する謗を受けてはならない。

(三) **走懸者之事**　後方から走懸る者に対しては用心がいる。辻切なども走懸り切付けるのを例とする。跡から来る者の足音が乱れ、切懸かる時はわれは右の方に飛開き跡を向き乍ら、刀を抜き、太刀は払捨に払い抜けるのに利がある。怪しい者と道を行く時には、跡から来る者を先に通すか、速やかに遠く先に越すのがよい。われが切つたなら遠くに去るがよい。二度と同じ場所を気にして来てはならない。

(三) **逋者留事**　逃げる者を跡から追う時には愈々追付いて千鳥懸けに追うのがよい。烈しく追つて近付いた時に相手が急に折敷いてわが足を払うときは、われは真直に追つたために不覚をとる事がある。逋者は先ず手を縛るがよい。猶逃げようとしたら足を切つて置く。逋者は逋るのが目的であるから、逃がさぬように、また自害せぬように注意すべきである。

(四) **刀脇指降緒心得之事**　降緒は刀脇指を腰に帯して固めるのに必要なばかりでなく、応変の際に襷とし、敵を縛る紐とする。解け難く解き易しい丈夫な品を用意するのが習いである。一刀流では下緒の下を結びきりにする。これは塀などを越える時に刀を塀に立掛け降緒を割り足の上に掛け鍔へ乗つて越えると刀は足について上るのである。何にても必要に応じてこれを咄嗟に利用して事欠かぬ工夫が万物味方心得の教である。

第四項　五点之次第

五点は伊藤一刀齋景久が鐘巻自齋から許された高上極意の技とその玄理の教えである。技については本著第二編第八章で述べた通りである。その基く哲理を簡潔に表現すると左の通りである。

㈠　**妙　剣**

無形　無無形　無我　無敵　妙者無相也

㈡　**絶妙剣**

絶無我之境地　無相之妙処　而応変自在也

㈢　**真　剣**

貫天地人之中心　直入敵之心　真鋭至極之位也

㈣　**金翅鳥王剣**

大鳥飛翔於大海波濤之上　捕竜之上段　至尊之位也

㈤　**独妙剣**

知我霊妙我独耳　敵遂莫能察知　天上天下唯我独尊之位也

第五項　懸　中　待

待　中　懸

㈠　**懸中待**　敵に向い吾から一心不乱に攻め切り付け突き込み、激しく懸つて行かなければ勝てない。所が吾から攻め進む意のみ働らき、懸つてゆく陽の気ばかりで、守りの陰の気を欠くと、そこを間違うか、敵が急変すると、それに応ずる備がなく、吾は破綻することになる。よつて吾の進み懸る際にも敵の色を見その急変に即応する心構を失つてはならない。例えば敵の面が隙くと見て吾から切り込みにゆくと、敵が早速にわが上り小手を抑える。または敵の小手が隙くと見て切り込みにゆくと、敵が抜きはずして吾が面を打つ。こうなつては吾はどうすることもできなくなる。そこで常に吾は陽に発する時にも陰の意を蓄えてゆかねばならない。豪放の士には果敢に攻めかかることは六ケ敷くないが、明智の将でも前に懸る時に後方の守りを完了する事は容易でない。千里の外に進撃しても、牙城を襲われたのでは良将とは云われない。懸中待は一本の技にも万軍の総師にも大事な教えである。

㈡　**待中懸**　吾が身を完くするのには先ず守りを固くしなければならない。しかし敵から懸つてくる事ばかり慮り架を固めて持ち、足を開いて踏み止まり、防ぐ事だけでは勝がない。敵の攻めてくるのを待つばかりでなく、その勢の消長を測り、塩合を見て返り打ちに懸り、進んで敵を破る所がなくてはならない。待つばかりでわれから攻める陽の気が欠けたら勢がなく、敵に先んぜられ、敵の隙に乗ずることができない。よつて常に敵の奇正を見定め、吾が動静をかけ、待つ中に懸ることをよくして勝を一瞬にのがさぬようにしなければならない。以上は一通りの教えであるが、本目録の解説に於てはもう一歩を進めて懸待一致の極意を示す。即ち懸の太刀を正しく遣うとそのまま待の太刀となつて敵の変化に即応する。従つて懸による破綻は決して起らない。また待の太刀が正しければそのまま何時でも懸の働らきをなし勝はその中にある。それは懸の後に待がくるのではなく、待の後に懸がくるのでもない。懸待一如となつているのである。懸中待、待中懸が本来一味であつて時中一位の理を技に悟得し、懸待不離一体をその身に備え、且つ懸待相互完成を体験するためには組太刀の二つ勝、逆の払などを百錬千磨すべきである。

㈢　**生気・死気**　生気とは産まれる所、起こる所、伸びる所、増す所、強まる所、働らく所の気である。死気とは絶える所、止まる所、縮まる所、耗る所、弱まる所、休む所の気である。勝負に当つては常に生気を養い、死気を退けなければならない。懸中待は動中静であり、待中懸は静中動である。これを心技に備えるには常に生気を養うにある。養うのには法がある。それはひと端しひとはしに思いを新たにしまた不断に励むことである。

㈣　**循環無端**　生気というのは完成を目指して永久に進む働らきの継続である。生気には限りがない。限りのある所は死である。勝負の場に於ても太刀の働らきの限りとなつた所は負けの所である。太刀に起りと終りとあるが技の絶えたところは負になる所である。常山の蛇のように首尾一つに合い、始めなく終りもなく、循還の端がなく働らく生気が常に盛んであると懸中待、待中懸の理に叶い、応変自在常勝不敗の位は自然にその身に備わることになるのである。

㈤　**右足**　心が右足に命じて心のままに働らかせることである。敵が打つてきた時に、吾が右足を右前に踏み出し、敵の剣刃下から身をかわし、吾が刀を以て上下、表裏に敵を切り突く、主心従足の右の位である。

㈥　**左足**　心が左足に命じて心のままに働らかせることである。敵が打つてきた時に、吾が左足を左前に踏み出し、敵の剣刃下から身をかわし、吾が刀を以て上下、表裏に敵を切り突く、主心従足の左の位である。

㈦　**引本覚**　敵を引き込みその正体を知つて制する心得の事である。敵が勢込み突き進んでくるのを引き込みはずし、その本の実相を覚えて制する。敵の切先の来るのを引き込み鎬ぎ落して吾が勝をとる。または敵が打ち進んでくるのをわが心の綱を敵の首にかけ引き込み手繰り込み、敵が勢こんで寄つてくるのを引摺り外ずして置いて、その尽きた所を真向から切り捨て本覚残心にとる。引き摺り込んだ所に真・行・草の勝間がある。

(八)　**一足一刀**　生死の間から敵を打つには一足踏み込んで一刀を遣う心得がある。敵を詰めても引きはずしても右に寄つても左に出ても、必ず一足をその方に踏み交わし一刀に切るのである。体と刀と一同に働らくのである。一足が一心の命に従い、一体が一足に乗り、一太刀が一体に従い、一目に一閃、一太刀に一閃の勝の所である。

(九)　**太刀生之事**　太刀生を仮名字書の段では太刀の技の生れを養うことと、その本を正しくし、太刀技の真直ぐになることを習わせたのであるが、この本目録の段では修錬の功を積んだ結果として、自然に理合に叶い、よい太刀の働らきが生れるようになり、敵を吾が位に従わせ、自然の太刀技によつて当然によい所に出で、その本に勝つ事ができる事を教えるのである。これを真の太刀生と云い、また太刀勝ともいう。凡てその本に勝つてから切る事を慣れさせるのである。切つて後に勝を知るのは下の勝であり、切るのと勝つのと同時なのは中の勝であり、勝つて切るのは上の勝であり、勝つて切らず、切らずして勝つのは上乗の勝である。これは太刀生の本旨である。

(一〇)　**四角八方之事**

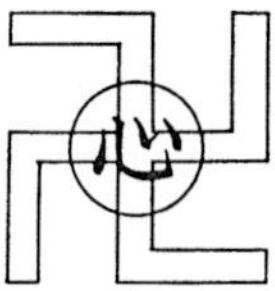

(心)は吾が心である。吾から切り懸るのも、敵から打ち来るのも四角八方横竪上下前後左右より外にない。その中は突である。これを弁えよと教える。一方だけ詰めて他を忘れては思わぬ不覚をとる事がある。多勢の中では特にこの心得が大事である。この図は相手に対して一から十となり米となり四角八方となり万字となり、一刀則万刀となる所を示したものである。

第六項　小太刀之次第

一　**撥気之事**　長短を一味に遣い、寧ろ短を利して長を制するのには短を持つ者が生死の間の出入とその付き離れの法とをよく弁えて行わなければならない。その秘法はこの撓気の伝である。撓気を行う機会は吾から企て発して向うに行き当たることを趣旨とするのではない。さればとて向うから吾に懸つてくるのをただ待つてばかりいて、向からきた所で行うのでもない。彼我の関係から生じた生死の間合に於て、おのずからはつしと出る無相の働らきである。この無相の所は長も短も心に留ず、わが一心をもつて相手の一心を撓くところから出るのである。

稽古の場に於ては長も短も相合う生死の分れ目の間合はただ一点である。よつて小太刀を持つて生死の分れ目の間合の一点に於て相手の大太刀を撓きそらし向うへやり、吾は入身となつて敵の懐に飛び込むと、敵の大太刀は却つて悶え邪魔になり、死太刀となり吾が小太刀が生きてその働らきが思う存分に利くものである。よつて小太刀にはこの入身が大事である。この入身はどうしてできるかというと、それは心と体と太刀撓気によつてできる。鞠のようにはずむ。鞠のはずみは内容がよく充実し張り切つていて出る。中味が乏しく不足していると、強く打付けてもはずまないばかりか、却つて破れてしまう。よいはずみを出そうと思うなら常日頃よく励んで英気を充満し理機を精錬し体技を旺盛にして置かなければならない。心はずみ機はずみ技はずむと見事な撓気が出て、勝が自らそこにはずんで出てくる。達してはたくまず無相にしてよく撓気が出るものである。

㈡　**横竪之事**　この教えは十二ケ条でも解いたが、ここでは特に小太刀に用いて利が多いことを教える。敵が大太刀を以て四方八方から切り懸けてきても、来る一太刀は一線である。線には巾がない。よつてこれに応じて受け止め押え流しなどするのはには大太刀の横からくる一線を小太刀の長さにて竪に応じ、竪を横に応じ直ちに摺り込んでゆくとその効が著しいものである。その時の心遣いは石を綿にて勝ち、松を撓わめて柳を折るように喰違つて勝つ所である。組太刀の稽古では「下段之付」「発」などの小太刀を持つて大太刀の宗に乗り入る所や、または「左右の払」で敵が胴切りにきたのを喰止め、刄を返して摺り込む所などにてこの横竪の教えを味得すべきである。

㈢　**仕合心之事**　小太刀の仕合は跡へ身を引かぬ心が勝を得る第一の秘訣と知るべきである。仕合の場に臨んでは長に心を奪われず、死線を恐れず、そこを踏み越える事である。一挙に生の間合に踏み込み入身となり、吾が勝手のよい所に位するのが勝の要である。その時には大太刀の切先などには目もくれず、わが小太刀の切先を敵の真只中に付けて進んでゆくのである。徹しては無刀を平常心の道と心得て、敵の心を一摑みにゆき、取り抑えるとあとは短刀直入に敵の水月に刺し込むことになるのである。仕合に臨んで平常心を失う者は仕合心を失つた者である。

㈣　**切落之事**　小太刀の切落しは前条の仕合心にて進んで行つたときに、敵から向うさがりにわが面に打出すのを吾は敵の振り冠つた下に踏み進んで切落す。その技の形に於ては小太刀を稍平正眼から振冠つて敵の面を向うへ切落すのに利がある。

小太刀を以て大太刀を切落して勝ち、追い込み、急に引き離れてまた踏込んで切落して勝つて追い込む所は、死の間合を踏み越えて、生の間合に入り、急に死の間合を離れて生の間合に帰り、又死の間合を踏み越えて吾が生の間にて敵を仕止める所である。その心得は小太刀にて大太刀を切落そうと企てて切落すのではない。大太刀に目もくれず、小太刀にて敵を真二つとばかり切り込むのである。稽古には組太刀の小太刀の「二つの切落」などの鍛錬にて味得すべきであり、紙筆や口舌につくし難い所である。

㈤　**色付之事**　初伝の色付は敵の色につくなと教える。ここでは敵の付けようとする外形の色に付きながら、敵をわが心の色につけよと色の深い所を教えるのである。敵の色についたように吾は振る舞うと、敵は得たり賢しと有頂天になる。この敵が有頂天になる所を吾から乗取つて勝つのである。敵が吾を敵の仕掛けた色についてきたなと思わせ自惚れさせ誇らせると、それは敵が吾が薬籠中に入つたのも同然である。こうなると敵を引き寄せて急所を摑むのはわけがない。この手管のすぐれた色仕掛の法を小太刀ですると、大太刀を制することは誠に容易であつて、宛も鞭で猛獣を御するようなものである。

第七項　天地神明之次第

㈠　端末未見　人莫能知

端末が未だ見(あらわ)れずというのは一刀流の教の一の端がまだあらわれない所、即ち万有未発の所である。これまで一刀流では一は万物の始まりであり、また万物の終りであるし、極めて小さい単なる一であり、限りなく大きい総合の一であると説いてきたのであるが、ここではその始めの一よりもつと先に遠く遡つて、物事の端のまだあらわれない以前のことを深く考えていうのである。つまり太刀生の以前の事から説き起こすのである。ここは人能く知る莫しという、人の智識と経験とが預り得る以前の次元の所なのである。これは天地開闢よりももつと前のこと、宇宙創造より更に先のことであり、それについて人が考えるということの起こるに至つていない前の事である。それは悠遠のものだか一瞬のものだかわからない。それはどちらでもなくどちらでも同じことである。この万有未発の大虚に恒常の大霊が満ち満ちていても人は能く知ることがない。一刀流ではここを大先と教えるのである。

㈡　天地神明　与物推移　変動無常

万有未発の所から天地神明の思想が、人智の一大飛躍により忽焉として顕れてくる。神明があつて天地がある。天があつて地があり、地があつて天がある。天地が未発の所にも神明はあるが、天地がなければ人は神明を知ることができない。天地によつて人は神明を知るのである。しかし天地があつても人はこれを以て神明を知るはたらきを持たなければよく知ることができない。また人によく知る活らきがあつても神明の啓示する所がなければ能く知ることがない。即ち人が天地を見て神明を知ることができるのは、神明が天地を造り人を造り、人に知を与え、神明自らを顕現する天啓を下すからである。これによつて人は天地を知り、天地によつて神明を知り、人によつて神明を知り、神明によつて人を知る事ができるのである。

神明は大虚に満ち満ちている大霊である。大虚の中に神明があり神明の中に大虚がある。この天地を容れる大虚が物によつて大霊の存在と活動を現わす。この物に天地神明とともに推移する。しかも変動常無きものである。天も地も物も初めから一定不変の固定したものではない。常に推移し変動している。物事が生滅するように目につくのは一時の現象であつて、物はその姿を変えただけであつて不滅であつて、生成発展し進化完成に向つて創造を続けるのは万有の本性である。

全宇宙の中の諸天体も地球もこれを構成する物体も原子も無機物も有機物も生物も人間もその生命に永遠に推移し変動し進歩し発展して止まる所がない。一刀流の本目録に於てはこの深い道理を教え、すべての理と技との起る前からの事を示し、一切の終りの後の事をも教えるのである。従つて一般に教える三つの先の外に大先のあることを教え、またすべての技の尽きた終りの後にくる大後をも教える。この大後は即ち大先と一同である。従つて一刀流の残心は循環端なき所と教えるのである。

組太刀の稽古に於ては一つの技の発する端から説き起こして太刀の行く道を教える。形は天地に現れる諸相であり、敵の構や振舞に現れる色によつて敵の実相を知る。敵の色が一つ現れてもそれは決して一定固着のものではなく常に変動すると説く。結極の所は一度端末が現れては千変万化する所に応変の事を学び取るのである。達しては豪劍も対し得ず、睿智も探り得ぬ万有端末未発の所を悟了し、変動常無く推移するのは恒常の性であり、その因つて発する所は神明にある事を説くのがこの秘伝である。

㊂　因敵転化　不為事先　動而輙随

万有は永遠に進化するから吾はこれに随つて転化し順応するのである。敵がある状態によつて吾はこれに対応して転化するのである。日本の武道は平地に波を立てるものではない。乱を治め暴を抑え和をすすめるものである。この原則に立つ一刀流の掟として、吾から先に事を為さない。争を好まない勝負を挑まない。ただ世に暴動が起り不義の徒が抜扈し、理不尽に吾れに襲いかかる者があるときに断乎これを制するのである。敵が吾に襲いかかるとき吾が正しい刃にかかつて敵の方から滅んでゆくのである。敵が動くから吾は輙ちこれに随つて働くのである。もし吾に敵する者があると必ずこれを挫き降し亡ぼし敵でなくするまで放置しない。この鉄則を貫徹する。

組太刀はこの鉄則を身につける為めの稽古であるの理を理解して行わなければならない。仕方は決して事を先にして懸つてはならない。打方が打突を出してくるのでこれに随つて切落し、迎突き、鎬流し、捲外しなどしている間に打方が自然に吾が刃にかかつて亡びるのである。これを無極の勝という。又打方が懸つてくる技を出さなくても、吾を害する敵意が動いたらそこを許さず制する。或は立合つて殺意を生ぜなくても、それが敵となつた所を挫くのである。その事は必ずしも後の先だけを遣えというのではない。先もあり先々の先もあり大秘の大先もある。防禦攻撃もあり戦略爆撃の備もある。しかし吾に敵しない者を慫得や感情などで打つのは無名の行動として一刀流では固く禁じている。結局一刀流は天の理に逆らう者を吾れに逆らう者とし吾は天に代つて打つのであるが、抜かずして和平を保つのを上乗と教えるのである。

㈣　**相逢狭路転身難　一陣交鋒瞬息間　旗号縦横揮莫辯　試問何人得勝還**

勝負の場に臨み、吾は敵と狭い路で相逢つたら身を転じて避けることができない。必ず軍士一列が鋒を交えるのはひとまばたき一呼吸の間である。この時には敵味方の旗や触れ流しは縦横に動いていても、そんなものは目に見分けが出来るものではない。混々沌々として一心不乱であり、激烈必死の場である。この血河屍山の死機を踏み越えて勝つて還り得るものは果して何人であるか。未熟の者、未練の者、勝つて還ろうと冀う者は決して勝つて還れるものではない。修錬の功者、強剛の勇者、勝つて還ろうと冀わない者もまた必ずしも悉く勝つて還れるものではない。いずれみな勝つて還れないものであるから潔く華々しく行けと教える。何人かというのは誰かがあるというのではない。誰もないという教なのである。人生は悉く必死の目標に驀進す日日の競走なのである。一敵の切落にしても大軍の輸贏(ゆえい)にしてもはたまた毎日の勤務にしても、乾坤一擲無心にて行き、一切は天命に任せよというのである。

狭路というのは二尺巾三尺巾の路というばかりではない。一町の広場であろうと、千里の曠野であろうと、敵の来る路と已れの行く道は一筋道である。如何に巾があり迂廻しても相逢う所は互に免れ得ない辻の一点である。敵は東から西に百里行つも、吾は北から南に千里行つても相逢う勝負の十字街は即ち身を転ずる事が出来ない一陣が鋒を交える場である。千里の遠隔も切先三寸の所に迫り、生死瞬息の間となるのである。この難きを易しとし、吾が天命を果たすために、死生の焦点に向つて喜び勇んで進み、死を生の目的とし、勝還を期せないのが一刀流の教えである。

㈤　**驀面家風不容疑識**　一陣交鋒瞬息間にどうして臨むかというと、それは正面から驀らに進み、家重代に教えられた流儀の風に少しも疑念をさしはさまず。揣摩し論議することなく、家風の教えに全幅の信頼を措き、水火を物ともせず跳び込む事である。流儀の教えを守り、全身全霊を捧げ、吾が天命のため一図に奮進することである。小太刀の入身はここを習うためである。ここは虎児を獲るために虎穴に入る所である。親虎の爪牙など眼中にない。家風とは単に一刀流の教えばかりでなく御国振りである。祖先代々歴史の中に残した高潔英邁な日本の美風である。人のため世のため道のため吾を忘れて神命に驀進せよとの事である。

(六)　**吹毛用了急須磨**　吾が用いる剣は吹毛の利剣でなければならない。鈍刀を振廻わしても役に立たない。吾れ自分を鍛えに鍛えて吹毛の剱のようになつて剱を用うべきである。自ら鈍物であれば吹毛の剣も鈍刀と化する。また吹毛の利剣も一度使うと曇りがつくから即刻に磨いてまた皎々たる光を発せさせなくてはならない。曇りを残して置いたのでは高明の位を失うのである。

一事を成就したからとて心が緩み次の働らきを欠いてはならない。幾度勝つても磨きに磨いて常に曇りのない昭々たる心境と冴え冴えした腕前を持つて油断なく益々精進努力し勝つて兜の緒をしめいささかも慢心を起さず次の備えを為すべきである。どんな名将の采配下にある大軍でも一合戦の後には体形も乱れ精根も減ずる。そこで即刻に陣容を整頓し次の用に立てるのには猛り立つ勇者の力のみでは足りない。明哲睿智の深慮がいる。その難きを完了させるために本目録では吹毛用い了つて須らく急に磨くべしと報賞補給の恩徳の法を教える。これは残心の真意である。一度世の為め人の為めよい事をしたからとて、それで満足し懈怠することなく、飽くまでも誠意精神をこめ死に至るまで教えの実をあげて驀進しなければならない。

(七)　**睡中抓痒処**　無心であつてよく達し急所に当つて決してはずれない。宛も睡つている時に痒い所に爪が自然に行つて蚤を潰すように万事が行き届くようにありたい。蚤を見付け目を瞠り大手を拡げ心を配つても蚤は中々捉え難い。それは心が動き手が迷うからである。睡中に痒い所を掻くのは行きなり無心でゆくからである。それでは目で見ずにどうして手が急所に届くかというと、手が目が教えなくても知つているからである。目を閉じて鼻の先を掻こうと思うと鼻の先に手がゆく。背をさすろうと思うと背に手がゆく。それは手は体のどこはどうとよく知つているからである。どうして手がそれを知つているかというと、心が知つていてふだんから手に知らしているからである。蚤がどこを刺しているか心が知つて手に知らせるから手が行きなり蚤を潰すのである。心と手とよく連絡通信ができているから目を通す必要がない。

更に進んで敵が吾が体のどこかを切ろうと狙う事を吾が心で覚ると、敵の動作が出て目に写つる前に吾が手が知つてそこを防ぐ、また敵の体に隙が出るとわが手が知り直ちに切り込んで勝つ。肉眼よりも心眼が先に見て勝つ。これは無心無極の勝である。特に短を以て長に対し、間違いなく急所を制し得るのは短の技がよく熟し手がよく弁え要をはずさず思わずして転化し巧まずして働らくからである。宛も水を盛つた器に穴があくと、そこから水が奔り出るように剣の技が出てくる。ここは睡中抓痒処の教えであり流の柔らかで直ちに応じ過まることなく的中する所である。人が先天的に与えられた本性を発揮して邪念邪想がなかつたら万事滞りなく取り運び得られるものである。天真爛漫であれば作為技巧の達し難き事を直ちに遂げることを教えるのである。

(八)　**観見**　観見二つながら一つに働らくと勝つて蹉跌することがない。見は目に写つた物をこれと捉えることである。観は全体を広く目に入れ心で察し真相を摑むことである。敵に立ち合つては目に写つた敵の隙の一個所ばかりでなく、切らない外の全体とその真相を観失わないようにしなければならない。例えば太陽の光は一粒の砂を照らしながら、山全体を照らすようにすべきである。

観はかんがみる事であり、見はみてとることである。心静かに落付いて一体をみると自然にその真相がかんがみられるものである。遠くから大火をみると、あそこはどこか、どうなつているかと観と察とが出てくる。吾が家に隣から焔が伸びて吾が軒が燃え出したとみてそこに手桶で水をかける所は見の所である。その時は後方に火が廻わつて小屋が焼けていても目に入らない。この一方だけかたより見るのは観ではない。急所の一点につける見とともに全体を忘れない観が大切である。この観見二つが一体に働らいて、敵の千変万化の技によく応じ得るのである。千手観音の手の一本しか働らかなかつたなら、九百九十九本は無用の長物となる。千本がみなそれぞれ慈悲の手となつて差しのべられて観音の観見の徳が現れてくる。政治の根本は世全体の幸福をはかるとともに一人でも苦しむ者のないようにすることである。神は全人類を愛しまたごく小さい一人の魂の亡びも憫み救いたもう。観見の極意は全体に部分をみ、部分に全体をみることを教えるのである。

(九)　**両捨一用**　凡夫は長に利ありと思つて短を憂え、或は短の利を学んで長をしりぞけようとし、または長短一味と教えられ、長短各々の利をはかつて勝を制しようと努める。しかるにここでは百尺竿頭一歩を進め、長も短も二つながら捨て、さらに吾と敵の両者をも捨てることを学ぶのである。一刀を用いて吾が妄心を切り捨てる事によつて敵がなくなるのである。一刀は彼我ともに一同に切落すものである。敵を設けて吾を捨て得ず敵の形にこだわつていては勝つ事ができない。よし勝つて見たところがそれでは達徳の位に進んだとは言えない。無我無相となり剣刄の下に入り吾を捨て敵を捨て、ただ一心の剣を用い、太刀ばかりの働らきにして励むのは両捨一用の尊い執行である。

これまでは吾は常に眼前に敵を設けて必勝不敗を念として執行してきたが、これからは彼我という相対的な対立観を捨て、一刀流本来の面目である絶対的な帰一観に入り、吾なく敵なくただ一つなる円相の道に励み進めと教えるのである。この境域に達した者を剣聖という。

(一〇)　**剣木用捨**　剣も木刀も用うべき所がありまた捨つべき所がある。初めは剣も木刀もともに用いて執行する。

剣の道は剣を用い生死を賭して人の道を学ぶ事である。用捨とは加減する事の意を蔵している。それは容赦の義を含む。容赦するかしないかは時と場合による。しかしその究極の目標は剣をみな捨てる所にある。技が進んで無手で勝つ法もあるが、術で奇麗に勝つたとしても心に於てはまだ下の位である。上の位に及ぶと捨つべきに臨んでは剣も木刀も捨て、進んで無手の働らきもみな捨てる。敵も吾も悉く捨てるからそこは無敵の高い位となるのである。

剣木を用いる日々の稽古でさえも、本当に勝つたと覚える快心の太刀筋はそう幾本も出るものではない。この完全に勝つ所は敢て剣木を用いなくても勝つている所である。この時はただ一心の鋭さを以て、当然に勝つべき所に勝ち貫いているのであつて、剣木で勝つているのではない。剣木がいらない所である。剣木が勝つたように見えるのは単に外に現れた相だけである。

どんなに剣木を揮つても勝たれない所がある。そこには剣木を捨てて闊然と超脱し、更に高い次元に出でて始めて勝つ領域に出る。一刀齋はこの秘理を身に備え、戦わず人を殺さずして上乗の勝を完了し剣木用捨の教を立て更に老熟した晩年には勝敗を捨て世を捨て愈々窮りない高遠な理想の彼方に進み入つたのである。

㈡　**相小太刀**　相小太刀は吾も敵も短を手にした勝負合であり、彼我ともに咄嗟のうちに入身となる。間合となつたら敵は小太刀の心得でくるから、吾は更に一瞬早く一歩を進め無刀の心得となり、全身万心を捨てて一挙に踏み進み、敵の一心を一摑みに打ち拉ぎ突き切る気合が肝要である。すべて小太刀の所作は間合を踏み越え敵の刀を殺し体に詰まり敏速果敢に技を働らかせなければならないのであるが、相小太刀でともに同じ死の間合にあつてしかも吾れよく完きを得るのは既に勝敗の慮（おもんばかり）を踏み越え無刀の位を以てするからである。技に於ては精錬された捲きの付き離れによる瞬息の決闘であるが、心に於ては大先による本勝の格を以てするからである。実際には組の相小太刀の所で錬磨会得すべきである。

㈢　**一歩不留**　一歩も留らないことは生太刀の真骨頂である。常に動き、伸び、強まり、加わり、大きくなり、殖えてゆくのは生命の働らきである。勝とはそのことである。留まると縮まり、弱まり、減じ、小さくなり、絶えて亡びる。負けとはそのことである。ここに示す一歩不留は勢の烈しさを以て勝ち渡る秘訣を教えるのである。

例えば石は水に沈むものであるが、勢をこめて水面に平らに投げつけると、水面を跳ね渡つて向岸にとびつく。これは闊達の技である。敵に勝とうと心を留めず、ただ払い抜け、切り抜け、突き抜ける心にて死の水面上を勢込んで懸け渡りゆく。技にては「払捨刀」の「一文字」などで具さに習うべきである。小を以て大に勝ち、寡を以て衆を降すのには必ずこの一歩不留の法を用うべきである。

一　歩　不　留

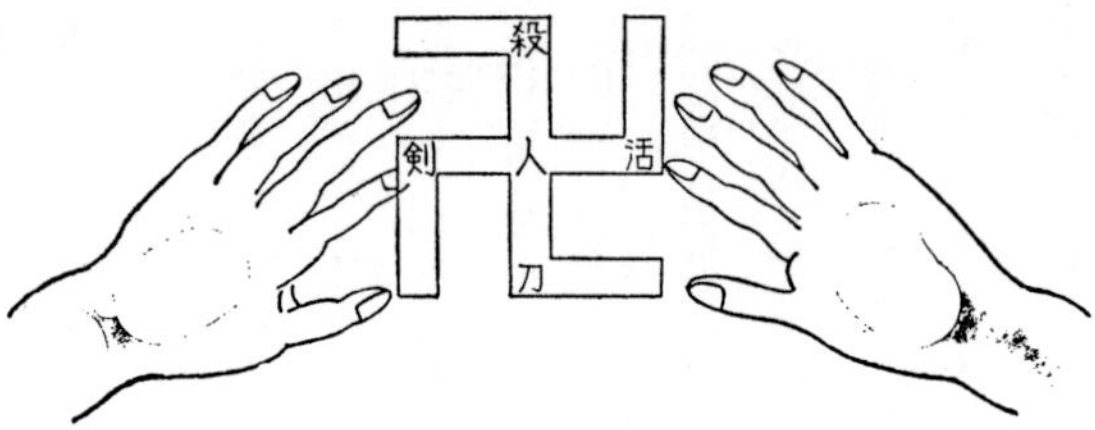

㈣　**手形**　これは師の手形である。真の師は天下唯一人であつて二人とはない。この手形は師の外に同じものはない天下一品の証拠である。師はこの大事な免状に自ら墨汁を掌につけ捺して弟子に与える。誠に尊いものであ

るが、その真意は両掌を合せた所にある。掌と掌と合せた所は吾と敵と互に切先を合せ、相互に生死を掌中に収めた所である。ここで殺すも生かすも自由である。「仮字書」にいう「生死二つの所」である。よく殺すものはよく活かし、よく活かすものはよく殺す。即ち殺人刀と活人剣とは万字の中心十字路上で会い、人の生死を決するのである。掌を合せた妙所は紙上に捺せないからそこは口伝で教え、紙には両手を開いて捺して与えるのである。また指の間を開いて捺すのは家伝を全部教えて手に残す所がないという真意である。

㈣　**まんじ・殺人刀・活人剣**　卍は元来は西域の万の字であり、仏はこれを吉祥万徳の相として胸臆に描いた。一刀流の教えによるまんじは常のまんじと違い卍さるまんじという。まんじは一見四角に見えるが、これは丸く旋る心のものである。十字に止めずにまんじにまわす所である。角に行かず円に万事をまろばしゆき、折り返し折り返しひかえず偏らずまんじの曲に叶つてゆく。まんじの働らきで上から「殺人刀」と切り、横から「活人剣」と切る時にまんじの意を用いるのが秘事である。竪のものを横に、横のものを竪に受けたのみでは十字であつて万字ではない。これを旋らし万字に引き受けると敵の刀が死し、吾が刀は活きる。組太刀の技については「裏切」「合刄」などに学ぶべきである。「殺人刀」「活人剣」をまんじの働らきによつて掌中に勝を司ることをこの極意で教えるのである。合掌の心、手を合わせて拜む体を妙と称し、その剣を妙剣と呼び、その形は太極の円に化育されるのである。太刀道を修め千辛万苦をなめこの教が心身に徹すると惣身に妙法備わり吉祥万徳の光が自ら発するのである。

㈤　**八方分身須臾転化**　欲在前忽然而在後

㊐

人
人　人
人　本人　人
人　人
人

㊊

人　人　人　人
本人
人　人　人　人

多数の大敵に取り囲まれた時には敵のくるのが百方からであるが次第に吾れに近寄つては十六方、八方となる。これを切り抜ける教えは八方に散乱している敵を心得ながら、吾は一番近い敵を目懸けまつしぐらにその一方を切つて払い抜ける。一方に切り抜け出さえすると他の敵は全部一方になる。この一方からくる敵を近い者から、切り払い切り払いさえすればわが身を八方に分身させたも同じことであり、一人で八人の働らきをなす所である。八方の敵を切払うのには八人を一偏に切払うのではなく、一人一度八遍に切払うのである。八方分身の働らきはこれである。この働らきを現わすには是非とも須臾にして転化しなければならない。手の裏を返し表を返すように速かに働く事が肝要である。わが前後左右への転化は敵には神出鬼没にも見えるであろう。

この心得につき小野次郎右衛門忠明は次の通り教えている。曰く「衆敵が万人に及ぶも一時に吾に向うのは八人の敵、八方のみ。しかも八人の打つ太刀には遠近、遅速がある。たとえ広い千里の野原にあつても敵が吾が二尺際へ近寄らなければ敵の太刀が吾れに当らない。故に場所の広狭を問う必要がない。吾れに当るべき敵の太刀を制すると多勢は即ち一人である。多勢の敵に対して吾が精力心気を揉む時は達者であつても、心身疲れ術縮んで却つて敵を利する事になる。故に吾れ一人の時には静かに心気を整治し安粛を保つべきである。多敵に対しては徒らに猛進するのみでは不利を招くことがある。心得は敵を近付けて制することである。敵が七歩動くと吾れは三歩動き、前後左右に須臾に身を転化するのがよい。斯て一時に一人ずつ遂に多勢万人を制するのが法である」と。

日に向つて勝負しては利がない。必ず日を脊に負うて戦う位を取るべきである。

月を前にして勝負するのに利があるとの教がある。しかし真向に受けず、斜かむしろ後方にするのがよい。

若し敵に二星の位を取られた際には人車を用いるのがよい。斜に敵を追い廻わすか、自らはすかいに切込むがよい。これは破軍星の位によつて逆転の利を用いる所である。

第八項　刃引之次第

一　**本覚**　太刀技の本覚は先ず構を本覚にとることである。本覚の構は太刀の切先と物見と違わぬようにし、敵の拳を下から縫うように遣うのである。構を本覚にとりわが心を正しく敵に対すると、敵の本心を覚ることができる。敵の企てる本を覚るとその末の技を制するのは易いことである。この本覚はまた敵から吾が心を覚られない位である。わが太刀は敵に対し一点に集まり無相の位となるの所である。かくて吾れは敵を知り敵は吾れを知らず。従つて吾れ勝たずという事はないのである。

本覚の要旨は自ら真如を証見することである。常住不動でしかも普遍通達し、万有一切の真性を悟了することである。仏の教えでは未来の仏性を覚悟し、仏果を証見することを本覚というが、一刀流では刀因刀果に囚われているのでは未だ本覚の位に至つたといわない。剣には本来善悪もなく、強弱もない。勝敗もなく、生死もない。そこには剣因も剣果もない。剣の最高価値は万有一切の真性を産みなす所にあり、その恵沢を以て万世を潤おすことである。本覚の太刀は一刀流に於ける一高峰であつて、行者が来つて登りに登り、一つの巓を極めた所である。更に前方に目をあげると日本に独在する武道の本哲たる真鋭の最高峰が遙かに卓立するのが望まれるのである。

㈡　**仕合心**　ここで教える仕合心（しあいところ）は死会心の事である。日常の稽古を真似事や試み合いとし、遊戯や運動や体育のつもりで、嘘偽や騙し合いの当てくらべをやつていたのでは本当の意味の競技にもならない。況や素肌で白刃の下に仕合ができるものではない。日々一本一本のしあいは死に会う心を以て心静かに清らかに吾を殺し、真心こめて仕つていると、いつの間にか日本武道の真鋭の位の何たるかがわかつてくる。そしてまさかの時の役にも立つ事にもなろう。平常心是道という。一刀流の一本一本は みなこの厳粛 な死会心を以て習えと教え るのである。

㈢　**地上之心**　地上の心は地生の心である。大地の底から地上に生れ出る心である。冬野の地下に眠る草が春に醒めると、柔らかい芽が固い土を破り岩を透して出てくる。生命の力はどんなに柔かく小さくとも頑強な死の力を突き破ることができる。若草が床下から畳を突き破つて出るような地生突きは具足を着けた敵を突くのに真鋭である。

地球の真中に白熱した火の玉が潜んでいるが、表面は寂然として静謐である。しかるに一度地殻に割れ目ができると、すさまじい勢で爆発し火焔が九天に冲する。地生の太刀技が静かに下段にある時は少しも相に現れないが、一度動くとその勢の旺んなことは火山が爆発するようである。地生の技は九天の上まで切上げることもあり、中空まで切上げることもあり、地上一寸まで切上げることもあるが、切上げたら即刻また地下に納まる心を以て下段残心の静寂に帰るのが法である。

四　**刃引・ハリ・真之心**　刃引というのは太刀の刃を引いて稽古に用いるものである。これは太刀そのものの手の内の働らきを慣らさせるものであるが、真意は刃がなくても、刃を捨てても、太刀を持たなくても敵に勝つことができるように教えるのである。形に於ては手に刃引を持ち、切り突きの所は厘毫のきわどい所で止めて遣うが、心に於ては真剣で真二つにし、進んでは無刀で一摑みにする気魄である。よつてこれを有刀無刀の位とも、有用無用の位ともいう。また剣木用捨の位ともいう。組太刀の「刃引十一本」はすべてこの位を技について学ばせる所である。

ハリとは刃引を用いて刃引の心にて敵の構えた太刀か、または打込んで来る太刀を右か左か、上か下かいずれへにも強く張ることである。張る時は曲らぬ様に正しく中に当りまたその刀は正しく敵の真中を刺しているように張るものである。この張が正しいと吾が太刀は生き敵の太刀は死ぬのである。

真之心とは純にして偽りなく実なる心である。張るときは吾が太刀に真の心を徹し、誤間化しや掛け引きなどでなく誠心を以て敵の太刀を張る。真意は吾が真心を以て敵の乱心を張るのである。どんなに力んで刀を張つても心に誠がなければ敵の心に響くものではない。わが心を鋭く正しく誠にし、刃引を以て実の張りを出すことを「刃引ハリ真之心」というのである。上極意は「無刀張真之心」であり絶大な真鋭の気がこもる所である。

㈤　**浮木流木**　水に浮く丸太を棒で突くと、突かれた一方は沈み反対の一方は浮き上がる。またはくるりと廻わつて突かれた反対の側が浮き上る。強く突くと強く突く程に他方が強く浮き上り廻る。何時迄も同じことで、沈めようと思つて突く方が遂に疲れ根負けする。突かれる方は少しのこだわりもなく浮上り乗取る。敵がどんなに打突を出してきてもこの力にこだわり争うことなく、かかつてくる心にも力にも技にもかかわることなくはずしては上に乗り、はずしては上に乗りして、遂に乗り取つて勝つ。争わずして勝つのである。吾が心を水とし太刀を浮木として乗する所に教えの秘伝がある。

流木は流水に浮いて流れる木の心得である。流れが早いと早く流れ、流れが遅いと遅く流れ、流れが止ると木も止る。波に高低があれば木も上下する。流木は一度何かに打ち当ると撓ね返る。流木は何時でも水の上に乗つていて水を下に抑えている。水は木を流したつもりであるが、木は水の勢を利用しその浮力を以て乗つている。流木は水身一致の秘法を以て主心を保ちながら自在しておる。時流に投じ順応自在して主心を堅持する勝利はここに伝える流木の教である。

第九項　極意一巻之書

㈠　**蔵現**　極意一巻之書というのは一刀流に蔵された上達至極の教えを一纒めに現わした全体の総名である。ここで先ず勝負心の則を教える。心に蔵された勝負心を、勝として現わすのには心を智情意の三つに分けて説く。心に深く蔵された智情意を太刀技に現わしてくると、智は切先に、意は物打に、情は鍔元に置くのである。敵と相対し先ず切先にて覚り、物打にて抑え、鍔元八寸の起りにて働らく、しかしこの三つは別々に離れ離れに作用するのではなく、常に一体となり一心不乱に一刀両段と行くものである。

向上極意とは上達の位の著しく高い所である。蔵する物は甚だ貴く玄妙の所にあり、現われる事は誠に著しく燦然たる光輝を放つ。枯木のような冬の桜木はやがて七重八重咲き揃う花を深く蔵している。錬達の士は名技を深くその腕に蔵している。達人は沈黙の中に高邁な識見を蔵している。聖人は一見愚なるが如くして高徳明哲を蔵している。よい樹はよい果を結びよい蔵はよい宝物を出しよい人はよい行をする。これを現わすか現わさないかはその時次第か人次第である。

蔵するものを現すしかたは相手次第である。英雄を知る者は英雄のみである。例えば水と蓮の葉のかかり合いのような所である。木の葉に露のうつる道理は「三重」の「露之位」で説いたが、蓮の露は向上極意の所である。水にはもとより形はない。少しの水でもこぼすと平らに流れしみこむ。しかるに蓮の葉にのると忽ち玉となつて転がる。蓮の葉が水を手玉に取つた所は蓮の葉の働らきである。また水が蓮の葉にのつてその身を玉にするのは水の性である。この玉が水面に落るとまた元の水となり玉の姿が消えてしまう。露を置かない蓮葉は水を玉にする働らきを示していないし。蓮葉の上にいない水は玉になる性を見せていない。この両者は現れる時には著しく現れ、現れない時には甚だしく蔵している。すべて尊い行いは尊い心から現れ、素晴らしい技は素晴らしい腕から現れる。その現れかたは時と場合によつて異るものである。

㈡　**真之真剣**　太刀構の形に於ては刃を下にしても上にしても右にしても左にしても、切先が敵の臍から水落、咽喉、眉間へと体の中筋につきつけてゆくことである。太刀技の働らきに於てはいかように働らいても、真剣の切先の納まる所の曲尺は真中筋に当つてはずれない。わが体を敵に預け、諸刺しさしちがいの覚悟でゆくから、真の真剣に真の鋭さの威力がある。真剣の働らきには真・行・草と時間空間の差はあるにしても、どんな敵の太刀にも所作にもぢきに突き進むべきものである。

真の間合に入つては真剣から必ずわが先を以て切る。感のよい大先の心を以てすることを至極とする。よく正しい技を尽し心を砕き身を鍛えて倦むことがなければ次第に達道円通し、競わなくても真鋭極まりない真の真剣の位に至ることができよう。

㈢　**真之右足**　右足に真剣の働らきを乗せる事である。敵が切り込んでくる時に吾は真の真剣の構を以て右足を曲に進んで、そのまま敵の咽喉に突き込んでゆくと、懸つてくる敵刃は吾が左にそれ、敵の体は吾が太刀に貫かれる。これは吾が真の心が剣に伝わり、剣の働らきが右足に乗つているからである。

㈣　**真之左足**　左足に真剣の働らきを乗せる事である。敵が切り込んでくる時に吾は真の真剣の構を以て左足を曲に進んで、そのまま敵の咽喉に突き込んでゆくと、懸つてくる敵刃は吾が右にそれ、敵の体は吾が太刀に貫かれる。これは吾が真の心が剣に伝わり、剣の働らきが左足に乗つているからである。この真の左足と前の真の右足とは左右一体であつて、離れ離れにならぬよう一つに遣うべきである。左右を集めて一つとなし、一つに働らいて完全に用を成すのである。

㈤　**真之妙剣**　この太刀技は敵の切り出す太刀の刃の下にまつしくらに進み入り、吾が太刀を以て打太刀に合掌に張つて当る所である。柏手を打つて鳴つた所を妙という。それから吾が切先を敵の臍から水落、咽喉、眉間へと真直に指して突き上げる。この時は真の心の働らきをこめるのである。真の妙剣の働らきが上達すると理外の理を産み自然に勝つことになる。そこは何とも筆紙に著わし得ないが、勝負ともに跡がよく見られる事が妙である。仕合している時は吾も敵も他から見ても当然吾が負と思われる所に於て、その負けるべき所にわれはこだわりかかわらずに行つて勝つ所である。覚悟の死を代償として得た生の勝である。これは一に気であり、気から生れた勢であり、勢から出た信念の勝である。譬えば棒を川に投げ込んだのが、ふと底に当つて正反対に浮び上つたのを摑み上げるような所である。または火の消えた燃え屑に風がきてまたはつと燃え上るような所である。こういう巧まずに出る太刀技を真の位、妙の位という。これは敵の本心の底をつくからはね返つてくる所を打ちとる勝であつて徹上徹下の太刀ともいうのである。

㈥　**払捨刀**　払捨刀は組太刀の技にては「真之真剣」「真之右足」「真之左足」「真之妙剣」を一束に用い、切つて突いて払つて右に抜け、また切つて突いて払つて左に抜けまたそれを続いて繰り返して行うのである。これは切り止め、突き止めではない。すべて切り払い払い捨てる太刀の切先にて突き抜ける心にて遣うのである。これを左右に繰り返し丸く大きく敵のある限り限りなく行うのである。

払捨刀の教の真意はこれまで習い覚えた所をみな払い捨て、いま居る段階を突き抜けどこまでも精進して行けというのである。恰も拭い塗のように一度塗つた漆を木地の上にそのまま乾かしてしまわずに、塗つて色がついた所でぬぐいすて、また塗つてはぬぐいすて、幾度も幾度も繰り返して立派な磨かれた逸品が出来上るようにする。技と体と心の払捨刀が執行である。

技にとつて考えると、折角覚えたよい技も、それにばかりこだわつていては進歩が止る。思い切つてどしどし捨てそれよりもつと以上の更に鋭い善いものを求め得なければならない。心の払捨刀を遣わなければ或る段階に低迷し、その境域を越えて上達することはできない。

払捨刀は敵を払い捨てるよりは吾が妄想邪念を払い捨てるのが真の目的である。払捨は報謝となり仏謝となるのが秘伝である。

㈦　**四切**　四つ切りは小手を四度切る技で示してあるが、これは技に於ては敵が振り上げた左小手を一度、また振り上げた右小手を一度、敵が切つてきた打太刀を切落して左小手を一度、また敵が切つてきた打太刀を切落して右小手を一度、都合四度切るのであるが、その切る個所は同じであつても、その切り方に相違がある。先ず初めは大きく跳び出し振り返り、刃を返して「入間」に切り、次には敵の攻め端を「近間」に切り、三度目には切つてくる打太刀を切落して「中間」に切り、四度目には切つてくる打太刀を切落して「遠間」に切る。また四つともに喰い違いに切る。心の喰違い、体運びの喰違い、技の喰違いなどを工夫して遣う。また敵が出た所を切り、引いた所を切り、右を切り、左を切り、進むを切り、退くを切る。

四切は一つ切り捨てることによつて次の技を生む太刀生（たちしょう）を備える所に、永生の秘理がある。譬えは一つの芋を食べてしまわずに四つに切つて土に捨て埋めると、新芽新根が出て新らしい沢山の子芋がなるように四切を働らかせるのである。四度四つに切るとは限らない。幾度でも幾つにでも切り、四方八方を切つて生太刀を産むことである。人生の余生を後生に繋ぐ永生に至る仏謝刀の直前にこの四切を遣う所に深い意味がある。

(八)　見山　山を見ることは一刀流本目録の奥秘の教えである。初め「十二ケ条目録」で「二つの目付」を習い「目心」に慣れ、進で「仮字書目録」で鹿を逐う猟師は「山を見」また「山を見ぬ」ことを覚え、「本目録」に入つて「観見」の理を悟るに及んで最後にこの「見山」の奥秘の教えを授けるのである。

山は元来何物か。それは噴火により、地殻の隆起によつて大地に生まれたものである。大地なくして山がない。山は大地の子でありながら地上を遙かに擢んでて蒼穹に聳え大地の尊厳を示している。山なくして大地の威容とその存在はない。山には巓あり中腹あり裾野あり断層あり谷あり温泉あり岩石がある。また草あり木あり、虫魚を生じ鳥獣を養う。山は風を呼び雲を生じ雨雪を招き電光雷鳴を起こし日月星辰を宿し、霊気が満ち満ちている。人人は山を畏れて拝し憧れて活気を養う。

一刀流の「見山」の教えは山を吾が心と見、わが心を山と見なし、また敵を山と見て、山を恐れず悔らず、吾れと互格に見る。吾れ山に向つて山を見るのに反らずこごまず曲らず行き過ぎず去り過ぎず、近い高い山も眼中に収め、遠い低い山も見のがす事がないように山に眼光の焦点を合わせて双眸の内に入れると、どんなに高く尊い山も吾が心の高さ尊さに移され吾が腹中のものとなる。この見山の心得でゆくとどんな未知の強敵でも吾が掌中に帰することとなるものである。

敵を山と見てその真相を知るのにはただ外貌を見るだけでは足らない。山の林に分け入つて香木を伐り、谷に下りて魚を捕え、岩を砕いて材となし、中腹を掘つて金銀宝石を探り出す。たまたま温泉、石油が湧出する。見山は深く蔵する宝の透見である。恰好のよい山は内容の貧しい山であつたり、形の整わない山が宝の山であつたりする。

どんな宝の山もその宝を掘り当てる者がなければ蔵するだけで何万年も黙秘している。見山は発見開発をうながす教えである。発見開発は敵に対してばかりでなく、自己発見開発の理もまた同じである。

見山を円の中に書いたのは深い意味がある。三角な山を三角に見ずに円の中に置いて見るのは山ひだ岩かど森林谿谷などをその形によつて見るほかに山全体を丸く見よとの事である。見山のまわりに円を描いたのは山のまわりを見よとの意である。

山を包む大空の霊気明暗光線の色によつて山の性格が変つてくる。静山が荒山となり、雨山が雪山となる。同じ敵でも背景によつて様々に変つてくる。敵の真相を知るには敵その者とともにその囲辺環境時代をよく見極めなければならないと教えるのである。

小野次郎右衛門忠明は見山を光と教えた。冲天に昭々たる太陽のように万山を照らす心である。これを大きく取れば宇宙万有を照らす大能の神の栄光であり、小さく集めれば仏の額の星となる。これは万徳備わつて自然に発する真如の光である。この養徳なくただ傲然と構えて見てもそれは木石にも劣り敗れが立所に至る。見山は畢竟するに自ら研鑚することである。

見山の秘法はこの山一つをよく見るばかりでなく、嶮崖を攀じ登り絶頂を極わめ山巓に立ち全山を見下ろす。更に眼光を四方に放ち他の山脈を見渡すことである。勝負に当つては敵を間合の外に遠く置いて双眸の中に収める所である。

見山の秘法が身に備わり、大観明察が悉く肯綮に当り、妙技が体に蔵し、諸徳が魂に満ち亘ると、人の威光が自ら眉宇に発し、邪険な兇徒は慴伏してその前に立つことができないが、善類は慈母を慕う赤子のようにその懐に集まつてくる。

一刀流見山の執行に日夜精進し、有形無形の宝を掘り出し、頂を極わめて天地四方を大観すると、山は大宇宙の中にあり、一刀流に徹する吾は太極の一に合することになるのである。

第五章　一刀流兵法免状

第一節　免状次第

一刀流を学んで多年の間懈怠なく、事理ともに諸人をぬき、勝利の働らきが充分となつて一刀流三巻の書が与えられ、更に実力が加わり人格が磨かれ後進に教えるに足るようになつたと師から認められると、取立免状が授けられ、自ら稽古場に於て後進を教導し弟子を取立てることを許されるのである。

次で徹上徹下免状が授けられる。それから進んで折紙認添状が与えらる。その奥に無刀免状が授けられ、また大小打拵様注文伝が授けられる。

第二節　取立免状原文

一刀流兵法　取立免状

家流兵法幼年已来多年稽古今以無懈怠事感嘆有余可謂勤矣　第一事理共抜諸人勝利働錬行之間取立免状進上候

流儀之品者前所三巻顕書也　懇望之仁於有之者定通血判被受誓詞無憚取立可有之候　誰敢妨哉　縦剣術手熟候共先哲伝来必極位之所容易相伝有之間敷候　慎哉々々

年　月　日

何某殿　　　　　　　　　　　　　　何某

第三節　徹上徹下免状原文

一刀流兵法　徹上徹下免状

剣術之道根見了曰四角八方横竪上下之内突也　元師景久　忠明　忠常　忠於　忠一　信寿　忠久　忠方　忠喜
高美　高厚　高久　高之　高智　是流立相伝　上者天而陽也　下者地而陰也　天今陽而降者為陰　地今陰而昇
者為陽矣　陰陽者終始因果也　故一陽来復之得時節　上従下動勝則何不残勝　之徹上徹下也

年月日　　　　　　　　　　　　　　何某

何某殿

第四節　折紙・認・添状原文

一刀流兵法　折紙　認　添状

一刀流剣術従幼少無懈怠執心依有之此度取立免状進上候　以来取立之人々業前並気分見立此三ケ条貴殿以名印
伝授可有之候　以猶切磋琢磨指南有之免状可被相叶候　仍添状如件

一　十二ケ条目録

一　仮字書目録

一本目録
年　月　日　　　　　　　　　　　　　　　　　何　某
何　某　殿

第五節　無刀免状原文

一刀流兵法　無刀免状
剣術之学究事尽理暁夕無怠仍須到無事可究無理可尽処豈不快乎　向後若有実学之人可致指南也
年　月　日
為何某　証之
一刀即無刀
無刀即一刀
電光影裡転身去　更無一刀無無刀
伊藤一刀齋景久
小野次郎右衛門忠明
代々

第六章　一刀流大小打拵様注文原文

一刀流　大小打拵様注文

㈠　**刀打様注文**

一　長さ二尺三寸五分　(初は三寸)

一　幅　はばきものにて九分五厘　三つ頭にて七分五厘

一　切先　横手に五割増

一　こみ　長さ柄頭へ少仕込候様に先せうきかしら

一　むね　まるむね

一　ゑのぎ　むねかたへ少し寄る様に

一　反　六分但こみを除て物打にて反候様に

㈡　**同拵様注文**

一　柄　長さ八寸　ふち柄頭共に恰合

一　柄頭　黒角少いほり

一　柄　ほうの木　内をさめかわにてはる

一　柄巻様　上下ひねらず

一　めぬき　かさひくきを常とし　前後に打
一　めくぎ　ほし赤銅一つ　煮竹かはなしにて一つ　但しのきをまたき打
一　ふち　はしうらの平にて合る地かね赤銅
一　せつぱ　きりまはし厚さ六厘
一　はばき　ひとへはまくりはなり　まちなし　長さ八分　赤銅にても金にても台なし
一　しととめ　きりまはし　せつはなし
一　さや　常の如く好なし　但こくちむね方にすぶせ　こくちのつの三分
一　おひかね　さか角にもなり今様に
一　くりがた　常のよりは山高くさやの上下へ角一寸も入込候様に
一　つば　無地　但うてぬきの穴すかし
一　とぎ　中と
一　こ尻　好なし

㈢　**脇差打様注文**

一　長さ　一尺五寸五分　(初は一尺三寸)
一　幅　はきもとにて九分　三つ頭にて六分五厘
一　切先　横手に一ぱい
一　こみ　刀同然
一　むね　丸むね

一　しのき　好なし　平作にても

一　反　三分

㈣　**同拵注文**

一　柄　長さ　四寸七分　柄頭うちとも

一　𛀂いかね　常のことくさか角に成不申候共不苦

右之外拵之分刀と同然に御座候

以　上

右の外に「一刀流兵法浄之太刀」「軍神御拝之式並びに三種之口伝」は神秘的な極秘の行事として伝えられているが、其の太刀の遣い方については第二編第十四章（三二七頁）及び第十五章（三二九頁）を参照。

以上の外に先師遺訓として山鹿家伝来の「多与利草」「覚」「むかし噺」「剣道撃刺論」や中西家伝来の「口伝集彙録」などもある。

第七章　一刀流兵法割目録

第一節　割目録原文

一刀流兵法　割目録之次第

師弟契約之日取

正月寅　二月卯　三月辰　四月巳　五月午　六月未　七月申　八月酉　九月戌　十月亥　十一月子　十二月丑

真之五点

妙　剣

一　かたにかかるくらいの勝
一　相打にうつくらいあり
一　ちきに打くらいあり
一　押かけられてくるくらいあり
一　ちきに押懸るはちきにうつくらい有
一　上段にもつくくらいあり
一　下段を上段にてうつくらい

一　中段に引とりうつくらい
一　立てかつくらぬ
一　絶妙剣
一　のし打
一　左上段につく
一　天よこかまへにつく
一　天の五ケにつく
一　左右へはこぶくらいあり
一　てきちきに勝時は小太刀の身にてとりもく手あり
一　横せいかんにてきつくる時はたいをはつし左の手をはね上る
一　右より打かけたるをてきひきとりうたはそのまま勝くらい目につく時は太刀をなをしかつなり
　　真　剣
一　きりおとしてきの右に付勝くらい
一　てきかふる時はすなはちおなじ位にてかつ
一　切おとしちきに太刀をたてて勝くらい
一　切おとしてきの左へちかへて勝位
一　てきひきさかるときはすなはちよこせいかんにつく
一　てきやうの位にひきとりよこせいかんにつく

一　わきがまへにも太刀におふしてせいかんにつく

金翅鳥王剣

一　地のせいかん切おとしの位

一　下段の上段のくらい

一　巻切のくらい一足一刀

独妙剣

一　いるくらぬ

一　一足一刀

一　上段に本覚つく

一　をんけんに本覚つく

一　八相にも本覚をつく

一　本覚にとうほうをつくる時はすくに手を打

草之五点

妙　剣

一　てきわきがまへにつかいてせいかんの下段の身にてつむる

絶妙剣

一　てきせいかんつかいてわきかまいてき詰時敵の右の方へちかひながら身下段に成勝

真　剣

一　てき天のよこかまへつかひてせいかん太刀におうしてつくる

金翅鳥王剣

一　てき八相つかひてせいかん太刀におうしてつくる

独妙剣

一　打太刀上段つかひてせいかん

十二点

第一　まき返し

第二　あひせいかん右へさそくをぬき下段に成かたに懸て打

第三　あひせいかんにて天よりひしきうち

第四　あいせいかんののへ敷打

第五　左をんけんに本覚つく

第六　打太刀らんに遣手左かまへ手うらへゆくなり

第七　打太刀ひたりかまへ遣手さうまくり

第八　打太刀八相つかひてかすみから夾左足

第九　打太刀八相つかひておんけんにてよこきり

第十　うち太刀上段遣手をんけんにて下段のかけ切

第十一　あひせいかんにておんけんにてひきとり切合の事

第十二　はつとめ

新真之五点

妙　剣

一　打太刀上段つかひて脇かまへうしろへぬける位あり

絶妙剣

一　左右の遺様有せいかんよりも出るなり

真　剣

一　かすみへよこにいつるひやうしを請て付なり

金翅鳥王剣

一　打太刀上段つかひてせいかんはつれてうつ位なり上段へひきとりはつるるなり

独妙剣

一　打太刀小手の目付をはつさすしてはしりかかる時てきの高手へうつなり下段中段上段とも

[illegible]　柳　枝　五　寸　[illegible]

ちはやふる神の鳥居のやうし木を門にてさせはあふとこそきけ

うんだぎうんしやくうんしつち

口伝　女人よび出し候へは後に不叶

九太刀

一　詰　入

一　添　切

一　身之曲
一　乱　留
一　寄　切
一　真之信剣
一　左　点
一　右　点
一　真之清眼
　　目付之事
一　捨目付
一　四兵剣　有口伝
一　八重之目付
　　付之事
一　大　先
一　同　中
一　小　本
一　四方之太刀相
　　五ケ之極意之事
一　剣之段

一　無相剣
一　矩之積
一　一之位
一　真金翅鳥王剣

其剣術者兵法也抑尋監鋒擁着摩利支尊天処也而於扶桑国中其流多茲江州之伊藤一刀齋景久博賾諸流然後観勝利実不短不長已以中位得利収之成短延之成長不懸不待諭之如水上巨盧子其勝全故抽前代之諸流立自流竊以之払捨一刀者殺生活死四切大向上極意者天下群世間尤物千眼難見万言不言尽只是不識端的也世人皆学之其志浅則以卵打石抛金賞瓦礫相似造次於之顚沛於之誰敢軽忽矣慟矣々々

上極意之事

一　払捨刀
一　同二方一段之位
一　同八方三段之位
一　左　足
一　右　足

四　切

一刀流兵法御伝授厚正而柔剛強弱練行忽然此御心得備勝之御働抽並当師却而在談答甚多之間割目録進上仕候当流之書物都合四巻始終不残伝授之仕候此以後倍練術御励免状御叶可被成者也仍如件

伊藤一刀齋景久

小野次郎右衛門忠明
（以下著名略）

第二節　割目録詳解

第一項　割目録次第

一刀流兵法割目録は一子相伝秘奥の書物で宗家の正統を継ぐ者以外にはどんなに勝れた弟子にも譲らぬ唯授一人の書物であるから、一刀流創建以来深く宗家の櫃底に秘蔵されていたのであるが、一刀流を学んでその真髄を究めたいと熱望する篤志の人士が少くないので、著者の責任と決意によつて敢てこれを世に公けにすることとするのである。

第二項　師弟契約之日取

流祖伊藤一刀齋景久は入門を所望する者は誰れでも随時にこれを許した。景久の統を承けた神子上典膳は後に小野次郎右衛門と改名し、一刀流の師となるに及んで、師弟契約の日取をきめた。それは正月寅、二月卯、三月辰、四月巳、五月午、六月未、七月申、八月酉、九月戌、十月亥、十一月子、十二月丑とそれぞれの一定の日を選んでいたのである。忠明は後年に多忙となつたので右の日取に限定せず例外として外の日にも契約をなした事もある。後世も矢張りこの方針に拠つている。

第三項　割目録字解

一刀流兵法の割目録というのは流儀の最高極意たる五点、十二点、九個、五個、目付、付、上極意の全体を一つに綜合し、またとりわけ細かくことわりを割り砕き分析し、剣の道の理想とする形而上の精神哲理を実践すべき形而下の身体刀術の法を実際に当て嵌め、その内容を詳しく段々の順序次第を立てて教えた最も奥深いものである。

第四項　真之五点

(一)　妙　剣

妙とはすぐれて巧みで、深遠な道理に合することである。これを太刀技に示すと、敵が切り懸けてきた時に当然敵が勝つて吾は負けとなる所を不思議にも敵が負け吾は勝となる活らきをなす所である。それはどうしてできるかというと、例えば敵が吾が真向正面に切り懸け、吾が頭が敵の太刀の当る場に踏み込み、わが太刀に真情実意をこめ、敵の太刀に柏手を打つようにはつしと打ち合い、吾が頭はその真下におりわが太刀の切先は敵の真只中をさし、そのまま敵を突き貫く、これはわが太刀が殺を活となす万字の中心であつて、これを妙と称しこの剣の活らきを妙剣というのである。

一　かたにかかるくらいの勝

わが左肩を敵に好餌として与え隠剣にもつて間合に進み入る。そこへ敵が切り込んでくる所を吾は右足を踏み出し折敷きながら刀を右から左に張り、吾が太刀の切先を鋭く敵の胸の真中に当てる。この時に進む形は敵の切先を吾が肩にかけるようにし、心は初めから妙剣にて合うように敵の真中を目当てにゆくのである。太刀を張り合わせる時にはわが心に生死の煩悩を捨て、信心をこめ柏手を打つて拝む境地でゆくのである。

一　相打にうつくらいあり

敵はどんな太刀の構や術を尽して切り懸けてきても、吾は防ぎ外ずし交わすなどの術を争う心が少しもなく、ただ誠心をこめ真直に進んで相打ちになる覚悟で鋭く切り込む。この本念実意の太刀を以て妙剣に合う所は敵の真中に当つて必ず勝つ真鋭の所である。

一　ちきに打くらいあり

敵の太刀に少しも頓着せず、色をもかけず、吾が真実をもつて全き先にて直ちに打込んで勝つ所である。主心を以て行う独壇場であつて、断じて行うと鬼神もこれを避ける所である。

一　押かけられてくるくらいあり

吾が身を敵に与え、敵は得たりかしこしと押しかけ打ち来る所を、少しもひるまず、寧ろ進んで速妙に敵の懐に潜り入り、喰違いに払い捨て抜け出て勝つ所である。

「切り結ぶ太刀の下こそ地獄なれ一足出れば後は極楽」の心である。

一　ちきに押懸るはちきに打くらいあり

敵から直ちに押懸けてくるならば吾はそれに動ぜず、寧ろその勢を迎えて直ちに進んで迎え打つと、敵の技が働く暇なく、敵の押懸けてきた力によつて敵がそのままわが太刀に敗れるものである。「おのずから洩る賤が家の月」の心である。

一　上段にもつくくらいあり

敵の上段に対し、吾が頭を割れとばかり進み出で、敵の打ち下すのをかまわず、必死必殺に突くと必ず勝つ。

一　下段を上段にてうつくらい

吾れ上段に取り敵の下段に打ち込んで勝つのには敵を上から攻め敵の太刀が応じてうわずつた所へ打つて勝つ。その時吾が太刀は上にあり、心は下にあつて勝つのである。

一　中段に引とりうつ位

吾れ上段から中段に引きとり、敵がこれに応じて動く所に乗じて踏み込み切り込んで勝つのである。

一　立てかつくらい

敵の打来るを折敷いて妙剣に止め、立ち上つて突いて勝つ。折敷とともに妙剣に出るのは立つて勝つためである。妙剣はすべて不可思議な勝である。人の思議し得ない所は無心だからである。無心とは生死を超越した所である。ここで揮う妙技が不可思議な勝となる。魂の真の養いは妙剣の心である。この心を立てるのには妙剣の折敷から立つて真の突を出して勝つ所にある。

㈡　**絶妙剣**

妙剣の絶妙な所、最高絶頂の所から更らに妙の形を絶した絶対の妙な所である。

一　のし打

敵はどんなに構え、引き取り、逃げまとい、また懸つてきても、吾は間合を慮り上中下左右ともに、敵からの打ち間を遠のけ置いて、吾は六寸の延べ曲の秘法をもつて吾からのし打にゆく、吾から太刀の寸をも技をも心をも充分に伸ばして打ち勝つと勝つこと実に妙を絶する。慮天、不慮天の秘法がこれである。

一　左上段につく

敵の左上段に対し吾は敵の前拳を曲に高く吾が切先をつけて攻めると、敵は無理に打とうとしまたは耐え兼ねて中段に下ろすものである。この敵の動き頭に乗じ敵の左小手を地生にけるか、一挙に踏み込んで敵の面に天生に打ち勝つのである。

一　天のよこかまへにつく

敵の天よこかまへの前拳に高く吾が切先をつけ、右左とも小手を地生にかけて勝つのである。

一　天の五ケにつく

敵は上段を左右に縦横に真直に五様に替えて取つても、吾はそれに囚われず、下段からつけた太刀を以て一挙に間合を踏み破つて跳び込み打つて勝つのである。

一　左右へはこぶ位あり

敵が吾が右を狙えば吾は更に右へ体をはこび、敵は吾が左を狙えば吾は更に左へ体を運び、過き行つた敵を喰違いに打つて勝つのである。

一　敵ちきに勝時は小太刀の身にてとりもく手あり

敵が大太刀を以て吾が小太刀に対し、敵が直ちに打つてくると、吾は更に深く入身に跳び込み、敵の懐に喰い入り、敵の大太刀の打を止め、直ちに逆手に大太刀の柄を取つてもぎとり勝つのである。

一　横せいかんに敵つくる時はたいをはつし左の手をはね上る

敵が横せいかんにつける時には吾は右足を踏み出し体を左向にし、敵の剣刃下よりはずし、敵の左小手を地生に切つて勝つのである。

一　右より打かけたるを敵引取りうたばそのまま勝くらい目につく時は太刀をなをしかつなり

懸中待、待中懸の所である。吾がかけた先を敵が引き取り対の先にて打とうとする時に敵に出た隙を見て、吾はそのまま追い打ちをかけ後の先にて遂に勝つ。これは動作の出発に前後があつても、心は静かに目は明るく常に先にて乗つ取つて勝つ所である。

(三)　真　剣

真は雑り気のない純な心、偽りのない実の心である。夾雑物のない純金のようなもの、一ぱい入つた木の実のような所である。雑念を洗い捨て道成つて妙理を満たし、生長充実し修養具足した所である。ここから出る真剣の技は正しい切先を敵の中心線につけ、その働らきは外へそれず、目当てとする中心を刺し、真実の心を以て敵の真只中を貫くことである。吾は敵と打ち合う太刀十字に合う真中の所である。この組合つた所で彼我の真実の心がよく互に移るものである。この十字に合う所を万字に活らかせて勝つ所が真剣の変化の働らきである。

一　きりおとし敵の右に付勝くらい

敵の打つ刀を切落すのには吾が太刀は真上から右側になり、敵の太刀を左下にやるのである。左下に切落して間が近いとそのまま敵の頭を割り遠ければ真中を突く。または右腕を切る。切落す所は丁度枝に当つて花弁を散らして実を残すような心である。敵の刀を花弁にしてぱらりと火花を散らし、わが太刀を突にしてずばり敵の頭を割り、腕を切り、咽喉を突くのである。敵が真直に出てきたら、吾は右斜前に体をかわし、切先を敵の真中につけわが心にいつも敵の真中に真の突の心で行つて勝つのである。どんなに作為的に計略をめぐらし、巧者な手練手管をつかうよりは真実の方が絶対に強く勝つものであることを教えるのである。

一　敵かぶる時はすなはちおなし位にてかつ、敵が上段にとつた時には吾も上段にとると、敵の思惑はずれて心よどむか、または下におろすかするものである。その敵が動揺する所に吾は打つて勝つ。

または吾が打つ太刀を敵が摺り上げ、敵冠つて上から吾を打つてくる時は吾はまたこれを摺り上げて同じ位で敵の面を打つて勝つ。これは敵の心が形に誘われ堕気になつた所である。この時にはわが間の積りと摺り上げから切落し打突するまで一本調子にゆくのが心得である。

一　切おとしちきに太刀を立て勝位

敵が打つてくる太刀を切落し、吾は更に一歩深く踏み込み、吾が刀を立て下段から敵の咽喉を突き上げて鋭く勝つ所である。

一　切おとし敵の左へちがへて勝位

敵が打つてくる太刀を切落し、吾は更に左に踏違えに出て敵の大星（胸四寸の間）を突いて勝つ。敵とわれと両方の心が行き合う所は縦であり、左右へ違う所は横である。この縦に合う心と体とを横にはずし、太刀は真中を突きまたはたてにもよこにも切つて勝つのである。

一　てき引きさる時はすなはちよこせいかんにつく

敵が打つてくる太刀を切落した時に敵が早速に引き去るならば吾は横正眼につけて攻め進む。横正眼とは本覚の構の両手を伸べた構であり太刀下から懸るものである。攻め入るのには魚の尾の曲にて敵をば外廻りさせ、われは内廻りをし、敵を遠く廻わらせ、吾は近く廻り打突を出して勝つのである。

一　てきやうの位に引取りよこせいかんにつく

敵が打つてくる太刀を切落した時に敵が陽に引き取るとわれは逆の本覚を伸べた刃方を右にした横正眼に突きに攻め魚の尾の曲にて前段のように勝つのである。

一　わきがまへにも太刀にをうしてせいかんにつく

敵は太剣《をうけん》（横剣《をうけん》　切先を横にほぼ水平にとる）、隠剣《をんけん》（御剣　切先を身の後方にかくす）、脇構（切先を横に下げる）など色々取つても、すべて吾はこれに応じて、しかも敵の構に倣わず吾が主心の正眼に厳然とつけて攻め立てると、敵は自ら出てくる所があるから、これを十字に合せ、あとは万字に働らかせて勝つ。

(四)　金翅鳥王剣

金翅鳥は片羽九万里もある大鳥だから大空は飛べるが海は狭くて降りて潜れない。この大鳥は海中の竜を見下ろし天上に跋翼（はばた）いて竜を脅かすと、竜は驚き怒り恐れ海底に沈むが耐え兼ね疑つて浮出で、波浪の間に鱗を露わして騒ぐ、大鳥そこを捉えて食うというのである。上段からこの心にて敵を脅かし、敵が浮沈し動揺した所を打ち取つて勝つのである。

一　地のせいかん切おとしの位

大鳥は自ら海に下りずに怒竜を空から脅かし、竜が浮いて鱗をあげる所を捉える心にて、吾は上段から敵を攻め、敵を一旦沈め去らせ、更に敵を追求し上に誘つて浮き上つた所を打ち取つて勝つのである。

一旦沈んだ敵が下におる時にはわが心は敵よりは更に下に至つて、下から敵を攻め上げ浮かし、敵が荒んで下段から中段に出た所かまたは敵がせききつて打つてくるのを切落し突き切つて勝つ。吾れ上段から敵を打下ろした時に敵が折敷くと、吾れもまた折敷いてもよい。心は常に徹上徹下から敵を攻めるのである。

一　下段の上段のくらい

これを昔から「花の心」と教えた。花の美しさは人の目を喜ばせ蝶や蜂を誘う。それは花の中に秘められた果のためである。下段も上段も目につく。それは中実（なかみ）のためである。中実とは敵を打ち取る勝の所である。吾れ下段に構えても心の位は上まで届き、また上段に構えても心の位は下まで届き、常に敵を挾み打に攻め、その中実の勝を打ち取るのである。この心は上段、下段の構の形を超越し、真の位を外に露わさず、存分に働らいて勝つのである。形を逆に遣うのではない。形に囚われない位が測り知られないから無相というのである。無相には有様があつても形がないとはこのことである。

一　巻切のくらい　一足一刀

敵が上段にとると吾もまた上段につけ、敵からくれば吾は迎え、吾から追うと敵が逃げ、彼我の攻防が紛糾錯綜して中々ほどけない。巻いた糸がむすぼれからみあいこんがらかつたようになる。その合気の所をふつつり断ち切り放ち、全く心気を新たにし、一足一刀と切つて勝つ所である。こんがらかつたものをほどこうと心囚はれ苦心して手を使うよりは思い切つて切断するとあとはすらすらとほごれるものである。これは煩悩の解脱の所である。

(五)　独妙剣

この太刀技は自らの主心を正しくして遣うのが主旨である。吾は敵を敵とする前に先ず吾を敵とし、先ず吾に克つ事を学ぶのである。わが妄想邪念に負けたのでは決して敵に勝てるものではない。先ず自らの心と体と技のまがりを直し、敵にかまわず、自ら清く正しく真に鋭く、虚心坦懐となり、勇気を揮い起こし堂々と遣うと、至極尊い太刀となり吾に敵する者がなくなるものである。

一　いるくらい

いる位の第一は居る位である。立つて居る、折敷いて居る歩いて居る。走つて居る。留つて居る。変わつて居るなどである。次には入る位である。踏み入る。打ち入る。突き入るなどである。

独妙剣の脇構に居つたのが打入るのに三つの品がある。一は脇構から敵の中すみを打つ。二は金翅鳥王剣から敵の下へ打つ。この時は切先を敵につけず、打つ時には太刀をささげて打つ。三は隠剣から敵を打つには本覚の打となる。ここではこの打を遣い敵の気を浮かし、その浮いた所を打つて勝つのである。脇構に居る所から折敷いて居る所、それから立ち上つて居る所、みな居る位であり、この位に変る時には入る位によるものである。入て居ることは一つになる所である。

一　一足一刀

吾が居る位に敵を入らせず、敵の居る位に吾が打ち入るのは一足一刀の働らきである。花を散らし心の実を残す意で一足一刀に踏み込んでゆくのは居る位から入る位に移る大事な所である。そこで勝つて居る位になるのである。

一　上段に本覚つく

敵が上段にとる時はわれは下から本覚にとり切先を高くつけると、敵の心を知り得てよく応じ勝をとることができるものである。

一　おんけんに本覚つく

敵が隠剣に構える時に吾は本覚につける。敵の本心と変化がよく覚り得て応変の勝をとることができるものである。

一　八相にも本覚をつくる

八相とは本覚を後方にぬいた構である。敵が八相に取つたら吾は本覚につけ、応じて勝つのである。

一　本覚にとうほうをつくる時はすくに手を打つ

敵が本覚に構えると吾は刀枋の構を以てつける。とうほうというのは刃を上にし刀鋩を霞にしてゆく事であり、霞をすぐに締めるものであり、刃を返して勝つ積もりである。刃を上にし切先を敵の眉間につけてゆく。本覚に対しては外に勝つ手がないのである。この時には敵の太刀を打ち払い得ないから、敵が太刀を本覚に持つ手を打つて勝つのである。

第五項　草之五点

敵を表裏に仕掛けて動かし働らかせ、その心と技とを出させ、行く所までゆかせて置いて、そのなす手立てをよく見ぬき、その捉え得る所を捉えて勝つのである。

㈠　妙　剣

敵がいつどこからどんな秘術を尽して切りかけてきかけてきても、吾は妙剣の当る場に於て危機を脱し、身の守りが自然に備わり勝が生れ、心気理技ともに高上極意の位に達し、わが太刀は敵の身の太星を刺し貫いて勝を完うするのである。

一　敵脇構につかひてせいかんの下段の身にてつむる

敵が脇構でくるとき、吾は正眼でゆき、吾は嫌うと敵が来る。敵が嫌うと吾がゆく。その所作は丁度水に字を書くようなものである。突くときは下から突き上げて詰める。詰めて敵を突く時には敵の太星に切先をつけて間合を踏み越えて突くのである。

㈡　絶妙剣

吾れも敵もみな有るものを無くした所は絶である。そうなると敵が企てる所がみな喰い違い、敵が勝つ所がなくなり、吾が負ける所がなくなる。敵は狹を倒そうと力む風の徒労に帰するような所である。敵は行く所まで行つても吾には負けがない。吾は勝たざるを得ずに勝つ。初めの負けない所が第一であり、勝たなければならなくなつて勝つのは第二である。此の第一と第二とは二つでなく一つである。この勝を「風にそよぐ狹の如し」というのである。

一　敵せいかんつかいて脇構敵詰時敵の右の方へちがひながら身下段に成勝

敵が正眼に取つて吾が正面を打ちにくる時に吾れは脇構にとつて進み、敵から間を越えて詰め打ち込んでくると吾は右の方に喰違いながら下段となり、妙剣にて打ち合わせ、敵を左脇にゆかせ、吾は下段から立ち上り、突に攻め上げて勝つ。

(三) 真剣

真剣の生れ出る所は太刀の芽しである。その芽しの出る所は真の心である。どんな種類の種子も種子は種子の性があるが始めはどれもこれもさして違いがない。蓬も松も大きな差がない。それが一度地上に芽が出ると、少し見分けがつく。その見分に対応して所理する。太刀技も敵の技の生れ出た所を見分け、その性格によつてそれぞれの法でこれに勝つ。これはわれより偽りなく実を以て敵の太星へ技の真中をさしてゆくのである。敵の太刀の生れを見分け真実を以て打つのは真剣の心である。

おのつからよこしまにふる雨はあらし　風こそ夜半の窓をうつなり

雨は天から地に真直に降るが、風の方向に傘を向け、窓をしめる。この真は敵の来る方向に対しての真の心得である。しかもまた吾は柔剛強弱をひとつにし、丸くその中から出るものである。

一　敵天のよこがまへつかいてせいかん太刀におうしてつくる

敵が横一文字上段にとる時には吾は正眼に構え、切先を高くつける。この時は敵の気分に応じ、敵は高く構えると吾は正眼に構えても心は敵よりも高く、敵をわが胸中に呑み込んでその真中を捉えて外さない。敵に心をとられず敵の心をわれは取つて出て勝つのである。

(四) 金翅鳥王剣

南溟の大空に垂天の雲のように片羽九万里に張る大鳥は千里の海に潜入することができない。故に天上に羽を打ち煽り羽撃きをすると、海中の竜は驚き怒り狂い上下左右するを追い立て浮き立たせ、その正体を見届けて啄む。常に高所から敵を眼下に見下ろして遣う位の最も高上尊大の太刀である。

一　敵八相つかひてせいかん太刀におうしてつくる

ここに八相というのは太刀の構の八相の謂ではなく、八つのかたちである。横竪上下左右前後の八つである。敵はそのどこからきても、どんな構でどんな技をどう仕懸けてきても、吾は主心を以て正眼にとつて応ずる。しかもこの正眼の構には金翅王鳥の心がこもり、敵を一体に眼下に収め、上から圧し下から浮かして攻める。この威厳の下に敵は自ら顔を伏せ畏縮し、吾が薬籠中のものとなるのである。即心即刀の所でゆくのである。

㈤　独妙剣

敵は万策を尽して吾を打とうとしても、吾は独り超然と妙剣に位すると、敵は微塵も吾が心を窺い知り得ず、しかも敵のなす事が悉く的がはずれ無効となり、吾は完く独り勝つて妙剣の働らきが独往するのである。

一　打太刀上段つかいてせいかん

敵は上段から彼れ是れと働らいて攻め掛つてきても、吾は正眼につけ潭然として兎角の所作を示さず、敵の動く過不足を吾が思うままに乗つ取つて勝つのである。

第六項　十　二　点

一点二点と数を算えて一刀流の秘法を教えるのであるが、ここでは惣体十二の教を授ける。

第一　まき返し

糸巻きに糸を巻いては返すように、風車や水車の廻るように、日月星晨のように、男波女波のように、出ては入り、入つて出る。行つては返り、返つてはゆく。循環して留らないことである。巻き返し巻き返し、勝つてはまた勝つ所へ、帰り帰りすることである。

まき返しはそのしかたに於ては先ず構にて勝ち、本覚にて勝ち、妙剣にて勝ち、切つて勝ち、この四つを一つにしてまた初めの構に帰つて勝ち続けるのである。払捨刀の遣い方と同様である。

第二　あいせいかん　右へさそくをぬき下段に成　肩に懸て打

あいせいかんにとるのは互に囲を結んで相対する所である。その囲に密な所と疎な所または隙間のある所がある。どこも皆密であつても囲から出入するため開ける囲の尽きた所が必ずある。相手が囲をあけて出て来なければこちらをも切りにくる所がない。敵の疎にして隙あり尽きてあいた所は吾から打つべき所である。吾が左足を右に抜くとそこがよく見える。左に抜いても見える。左右の足いずれへでも抜いて開けば開く程わが正眼は下段に下がるものである。下がれば下る程に高く山をかけて打たなければならない。下段からは肩に山をかけ上段からは頭に山をかけて打つのである。この打つ所は囲を切断する所である。

切断の時は拍子の無拍子、無拍子の拍子を心得べきであり、松をたわめて柳を折る教に従うとよい。所作では一足一刀の所である。これは真の「ハキリ合」に叶う場である。

第三　相清眼にて天よりひしき打

相正眼でゆく時には吾が心を励まし、動作を養い、気を足し足を足し手を足し技を足して打つ。打つ時は高く振り冠り両腕と太刀を思いきり強く烈しくひしぎ打ちを行う。吾は足して打つ時に敵が入身に迫まつてきたら引き打を行う。心にてひしぎ打つから所作に写つてひしと丈夫に勝つのである。

第四　相清眼ののべ敷打

相正眼に構え敵が間合をはかり固く守り、敵から吾に届かない間におる時に、吾は吾が太刀を六寸引き伸ばす心で、体と太刀を伸ばし両手を合わせて拝むようにしてのべ敷打を行う。これは敵からは吾に屈かず吾から敵に屈く所の秘伝である。

第五　左おんけんに本覚つく

左おんけんは右足前体左向左足後、切先下りで体の後に隠した構である。刀の柄がろくに見えるのは脇構である。抜打の場合も左隠剣からである。敵の左隠剣に対しては吾は本覚につけると、敵の出口がわかりこれを制し得るものである。

第六　打太刀らんに遣手左かまへ手うらへゆくなり

乱という太刀はない。それは敵が色々と手段をかえて定規はずれに打つてくるのをいう。その時は敵のかかり口にこだわらず、敵がどう来ようとも敵の手裏に廻わつて行つて打つ。すべて手表は実で手裏は虚となりがちである。吾は色々の所作を以て敵の手表の技の出る所を避け、手裏の隙く所に行つて打つのである。裏へ行つたからとて裏から裏ばかりを打つとは限らず、裏へ廻つて表をも打つ。敵の表裏も真中も打つべき所を打つのが主眼である。

第七　打太刀ひたりかまへ　遣手さうまくり

敵に対し吾は〓・〓左廻りになり敵の裏から敵の真中を打つのが本格である。

さうまくりは惣捲くりと左右捲くりを秘した教である。敵が左構つかう時に吾は敵全体に山をかけ太刀を惣捲くりにして真中に集めて打ち込むのが第一である。第二は左右捲りの左捲りに太刀を捲つて打つ。第三は右捲りに太刀を捲つて打つ。打つ時は常に敵の真中をはずさずにゆく、これで敵の左構は全く用をなさない。さうまくりはほしやの心でゆくのでこれを発車刀ともいう別伝もある。

第八　打太刀八相つかいてかすみからす左足にて

打太刀が八相でくる時に、遣手は霞烏左足にてゆくべきである。太刀は霞にとり左足を前にし右足を後にし体は右を向き顔は前に向き両足を一同に跳び進退する。三重や合小太刀の発や払捨刀など、上下前後左右に喰違う時に用う。この足運びの土台の上に吾が体を正しくつけることを習う。この一足一足に気所作ともに造作する出来栄が土台の確かな所にある。敵の八相に対し、敵の真中に大きく高く山をかけて打ち、太刀に打ち合わないのがよい。この一足一刀、体足一致、体剣不岐の妙が霞烏左足の正しい土台とその上の働らきに鍛練される所にあざやかな勝が生れるのである。

第九　打太刀八相　つかいておんけんにてよこぎり

敵が八相つかつてくる時に吾は隠剣にとり、吾が肩に敵の太刀がかかつてくる時に、わが太刀は少しも上下にひずまず、横に払ひ切ると相違なく敵の拳に当るものである。吾が肩に打ち掛けてくる敵へ喰違い、吾が切り払う所は横の中ずみである。吾から敵の間合に詰まつてゆくと、敵から八相の働らきを出し得ないものである。

第十　打太刀上段　遣手おんけんにて下段のかけ切

敵が上段にてくる時に吾は隠剣にて下段から地生にかけて勝つ。「掛橋」と云い、上にあるのを下から押え、下に居て上を自由に勝つ事である。鳥の開けた口を切り裂く心である。

遣手は払捨刀の働らきにて左右に体を抜き出さず、剣刃下を外れて切るのである。これを別に「星夜刀」「発車刀」「報謝刀」ともいう。

第十一　相清眼にておんけんに引取り切合の事

相清眼で出で、わが間合をはかり隠剣に引取り、再び敵に届く間合に替り、その替り口をたやさず踏み出し切つて勝つ。これを「形光」という。針で障子に穴をあけると日光がさしこむ。清眼から隠剣に引取り又出て切り捨てる太刀の働らきは一刀流の「ハキリ合」の太刀にある。他流では「つるぎの段」「切合」などという。

第十二　ほつとめ

敵の発する所を逸早く打ち留めることである。「大樹幼芽の切刀」ともいう。どんな巨木になるのも二葉の時に摘みとるとたやすくのぞける。どんな強剛の大技でもその発おこりをふつと切るとそれきり手が出ない。

ほつとめは発留めと払留の意で「発気剣用捨」の所である。一つは掛留で持たぬ心の用捨であり、敵のどんな太刀の働らきもこれで留る、時亡の急ぎを切つて捨ててほつと出る心である。発留めの形は敵の眉間の真中へ吾が太刀の切先をつかわすことである。これで敵は遂にどうすることもできなくなり、その後はわが心の欲するままになる。この後の吾が心は高貴な位に座していなければならない。

第七項　新真之五点

新の字は忠常の撰で、五点の遣い方に新らしい工夫を加えたものである。常の五点では打付けるが新の五点では交わす所に妙の本旨がある。

㈠　妙　剣

一　打太刀上段　遣手脇構　うしろへぬける位あり

敵が上段から来る時、吾は先ず敵にならぶ心にて脇構から一気に踏み出し、敵の後方にぬけるのである。ぬける時は体を交わしてぬけながら切り払う。ぬける時は右足を踏出して右にぬけるのも、左足を踏み出して左にぬけるのも勝手次第である。ぬける所は太刀の生れる所で、そこから思う存分の技を出すのである。敵は上段に限らず他の構からの時でも吾は後方にぬける。ぬけ方には方円曲直遅速があるが、ぬける心得は三角の理である。気剣体の三つを一つに纒めて勝つ所はみな三角の位である。

㈡　絶妙剣

一　左右の遣様有　せいかんよりも出るなり
敵は左右上下から来るのを吾はせいかんにて敵につけ攻め進むと、敵から打ち出す技に応じ、これに喰違いに左からも又は右からも抜け切り払つて勝つのである。このせいかんを清岸とも書く、左右両岸の意を含む。喰い違つて勝つ所は絶妙である。常に万字の中の組合の真中で片寄り障りのないまどかな所である。名も形もない様を妙という。

㈢　真　剣

一　かすみへ　よこにいつるひやうしを　請て付なり
吾が霞の構に敵が横に出て打つてくる動きの生れる拍子をたよりに切落して突く。これは屋根の上に引き上げてある丸い玉を放すと自ら転がり落ちる勢を示すような所である。真の心は構の霞の奥に秘する真実を知らずして敵が横から邪(よこしま)にくる所へ、拍子をうけて切落し突きに勝つのである。

㈣　金翅鳥王剣

一　打太刀上段　遣手せいかん　はつれてうつ位なり　上段へひきとりはつるるなり
敵振り上げて打つてくる時に吾は清眼から下段にさげ抜きはずし、敵の太刀を下に落し、吾は直ちに上段となり、敵を上から打つて勝つ。この抜き面の勝は間合と五体と剣刃との上下喰い違いの勝である。

㈤　独妙剣

一　打太刀小手の目付をはすさすしてはしりかかる時　敵の高手へうつなり　下段中段上段とも
敵が吾が小手を狙つて走りかかる拍子に吾は敵の上り小手を高く打つ。敵の小手が上る途端に真直ぐに進で打ち込むと吾が勝つ場がある。吾は下段中段上段いずれからでも敵の上り小手を打つのである。敵の上段の高手の動くはなを打つのも同じ心である。

柳枝五寸

この梵字は伊藤一刀斎景久からの伝授である。柳の枝の南を指したのを切り、五寸の長さにしてその小口の上下にこの梵字を書くのである。

第八項　九太刀

払捨刀の妙術から出た九個の太刀技のもとずく理法をここに解説する。

㈠　詰入

詰め身は真碌な形とならなければならない。初めに片足を踏み出すと一重身になり、終りに勝を取る所も一重身になる。

吾が左は敵の右で敵の裏、吾が右は敵の左で敵の表である。詰入るには左足、右足、左足と交互に踏み進んで詰入るのである。

詰めるのは彼我生死一ぱいの余裕のない間合に攻め至る事である。しかしどんなに詰めても詰めただけでは勝にならない。詰めた所からこの関を透得して一歩踏み込む所に勝がある。戸口までは詰め寄る所から敷居を踏み越え家に入つて、始めて用を足す。先ずひとえ身、かた身、ひとえみと足を三つ踏み出して詰め、それから間合を越え押し入つり主人を召し捕つて勝つ所を教えるのである。ここでは敵の裏から詰入つて勝つ。一尺の物は一尺一分にならなければ一尺に対して勝つた名乗りがあげられない。この一分まさる所が勝つ所である。

㈡　添切

敵に一体に添つて吾が体が真碌になつて敵を切る事である。敵から吾に添われず、吾から敵に添つて敵を切り払うのである。敵に添うのには敵の剣刃下に深く踏み入つて添うのである。この入身になるのには吾が太刀の鎬を使う秘伝がある。

㈢　身之曲

切るのには身の曲の曲尺のはかりが必要である。この曲尺から近過ぎても遠過ぎても敵を切られないものである。敵から切られず、吾から切る曲尺は左転右転し、横竪上下し、敵の身の居る所に対し、吾が身の居る所が切るに丁度よいようにする工夫にある。また敵が踏み込んでくる所を吾が切るに丁度都合がよい所に引き寄せる吾が身の曲尺に利する秘伝もある。

㈣　乱　留

敵の太刀や色や形や早さや方向や強弱が様々変り、乱雑にかかつてきても、吾はそれに気をとられず、正しい働らきで敵の乱を留める。敵から上下左右と技を乱だして切り懸かる所を吾は見極わめはするが、いざ敵の太刀に合う所では吾から厳しく真行草に入つて切落す。この切落は常の如く出刃に切落し 臍に咽喉に眉間に突き込み、または入刃に脳天を梨割りにするのである。

㈤　寄　切

敵に対して吾身が先ず寄り、太刀を出して切る。敵に寄つて吾が敵を切り、敵が吾を切り得ない秘法は敵が逃げる体に追寄るからである。常の稽古では切つて寄るが、至極しては寄つて切る。これは寄切の始終である。

㈥　真之信剣

信は偽りのない誠の所である。当るべき場にてその通り間違いなく当ることである。慈母が懐に嬰児を抱き、嬰児が慈母の愛を何の疑いもなく信ずる心である。大綱の中に鯛を巻き入れる心である。敵を吾が薬籠中のものとすることである。全く吾が手の中に敵を入れて勝つことである。

(七) 左 点

(八) 右 点

右は左にてんじ、左は右にてんし、または左は更に左にてんじ、右は更に右にてんずることである。この点は転の意を蔵している。車の転ずるような心である。これは左右に限らず上下にも前後にも転ずるのである。敵の心を左に誘うて吾は右に出で、右に誘うて左に転じ、上下、前後と喰い違いになる。または左足を更に左にてんじて体は右向きとなり、右足を更に右にてんじて体は左向きとなり、表裏虚実をかけ、吾は直ぐにゆかず、転化し隠顕し出没する間に敵が迷い乱雑になり自然に作る隙に乗じて吾から打ち込み払い抜けて勝つのである。

(九) 真之清眼 ⋀

吾が生体の自然に勝を産む所である。吾が太刀の切先が敵の真中を離れず、過不足なく程よい所にて敵を刺し貫くことである。敵が突き込んでくるのを吾は切先を敵の咽喉につけたまま、吾が右足を右斜前に進めると、敵の刀は吾が左にそれて吾に禍なく、敵は吾が切先に突き貫かれる。また敵が踏込んで打つてくるのを吾は切先を敵の咽喉につけたままわが左足を左斜前に進めると、敵の刀は吾が右にそれて吾に禍なく、敵は吾が切先に突き貫かれる。これを真の清眼の勝というのである。

因に吾は清眼に厳しくつけても、左右斜の足運びの心得を知らなければ、すぐれた敵にはずされて打突されるか、または相突きか、突きと打との共死となるものである。

第九項 目付之事

(一) 捨目付

これまで十二ケ条や仮字書や本目録で、様々に目付けの事を説いたが、ここではそれらの目に付いたことを悉く捨てる目付を習えと教える。譬えば深い谷川の急流にかけた一本の丸橋を目あきが下を見あぶながつて容易に渡れないのを、目くらが下が見えないから、四つばいに手さぐりで丸橋に身を託し平気で渡るような所である。

それでは盲になつて何もかも見るなというのかというとそうではない。広く見て知ることは悉く見て知りつつ影の形の思いを捨て実相に真心を託して見る。一刀流ではこれを思無邪の目付と教える。捨目付とは形に見える目付を捨て心にて過現未の三色を透見し万全の真相を直観する明哲至極の位に登る目付の事である。

㈡　四兵剣

敵を切るべき所を見ては四筋に目を付くべきである。強く挫けず正しく歪まぬ太刀筋の基本は四通ある。※敵を左から右に横に、左上から右下に斜に、右上から左下に斜に、上から下に垂直に切る。これは順の太刀筋であるが逆の方向もある。その間間もこの大筋に則る。敵からくる太刀筋に目をつけてもこの四方からである。この四方の剣を四兵剣という。兵は剣の働らく所をいう。この太刀の切り結ぶ所は彼我両方の間である。その切り結ぶ所に太刀を立てると「不動剣」となる。これを「地生剣」ともいう。諸々の太刀技を留める権威の剣である。柔らかに見えて至極強いものである。兵は剣の働らく一刀切断の所であり、一図にひしと勝つのは「不動剣」が最高の権威を現わす所である。

㈢　八重之目付

八方から敵が襲いかかると八方眼で見ながら、初めこれぞと目につく者の外は見捨ててそのひらりと目につく者一人をひしと打ちにゆくのである。これに勝つてまた続く者を八重に見通すのである。一人に勝つて後にまた勝つ機を見て、見付けた一敵を一気に打つのである。勝つてまたあとの八方を広く見、その中の一敵に一心不乱に切込む時は他は捨目付である。かくて八方の敵を悉く切り伏せる。これは八重の目付の教である。

第十項　付之事

付というのは遠い所にも、近い所にも、心を付ける。切先を付ける。また早くから、丁度よい時、変化を見て後につける。付けたならばあたる場に於て一挙に踏込んでそのまま切断するのである。付けたならば体の所作四分、太刀の所作六分と心得べきである。

㈠　大先

大先は天地初発のもつと先きの万物創始以前からかけた先である。大先は俗にいう素早い先とか三つの先とかいう比較的の相対の先ではない。敵味方などの相対から起るものでもない、完全未然からかける較べもののない先であつて太極の先、円満の先、全能の先、万物初発の前から出る至上至尊の絶対の先である。

大先を内心に孕むには身体の格調を整え、臍下三寸の丹田に精気をこめ腹筋たゆめず前後左右に過不足なく保ち、同時に眉間の中心の寸田に明智をあつめ明眸清澄で天地人を透見する。上体が真直で上の寸田と下の丹田とが垂直線に常に一点に重なる。この垂直線に対して吾が切先が三角形の頂点となり上下する。大先はこの中に宿るのである。この吾が大先を以てすると敵の企てるしがじか、かつかくの先は悉く遅れを取るものである。

㈡　同中

大先につけて万物に同じく中る(あた)働きをなすのには同中につけることにある。大先の遠大な道中に於て同中に付けて打つから、どんな過程に於ても紛れもなくみな同じく真中に正しく中るのである。

中ると止るのが習いである。止ると行くことに疎くなり、行くと止ることに疎くなる。故に中は常に行に働らき、行は常に中を失わないように心を付けなければならない、真の同中で出ると必ず歪まず挫けず万事に適中して大先の徳に中るものである。

㈢　小本

大先と同中を完うするためには小本に付けなければならない。大先は同中をなかだちとして小本を養うものである。小は育つて中となり長じて大となる性がある。大勢は小本からくる。大堤は蟻の一穴から崩れる。千里東西を距てる遠隔も初めは足の向け方の左右から初まる、吾は初めの僅かな所に正しく付けこれを育てて大きな強いものにする敵のものは小さな初の所で始末をつける。敵の小本を吾が同中で処置する。

肉を切る時には血の出る動脈のつぼを小さく切り、骨を切るには筋のつけ根を中程に切る。この急所は少し切つても利き目が大きい。内折れ、外折れを切る場である。この小本に付け同中につけ大先につけると、夢想剣の働らきを遂げる。明鏡に映つた所である。

㈣　**四方之太刀相**

吾が心と切先を四方の敵につけることである。これには立ち合いから切り合いの意が秘められてある。心得は多勢の敵を四方に受けても一方の敵に正しく付け烈しく切込んで打ち勝つ事である。かくて勝つべき敵に鋭く勝つと四方の敵を悉く切り払うことになる。吾は大先して同中すると、敵を小本に制し、四方の太刀相が功をあげるのである。「四切」の法の所である。また譬えば四つ手網の一本の柄をあげると四方から入つてきた網全体の魚がとれるような所である。かくて吾が一本の太刀が四方へ働らく事になるのである。

太刀相はまた立相の意で立合の心がある。立合は切合のためである。立合つて向う方に心と太刀が移る。それは立つて丸いものの端を打ち丸い物全体をひしぐような所である。長い物で丸い物を打つ所は妙剣の働らきで、そこは真徭にゆく所である。この太刀相は無相となり水月の位に至る。譬えば玉に糸をつけ糸の端を持つて玉を投げると、玉は充分働らいて手元へ帰る。幾度投げてもまた手元へ帰る。これが吾が太刀相の立合、切合になつて吾れ一人で幾度も働らき多敵を相手にする四方の大刀相の秘伝である。付の大事に於て大先から同中にさらに小本にと理を割り分析してその内容を明らかにし、また小から中にそして大に綜合し、四方の太刀相に働らかせた所は一刀流の単隻の一から綜合の一へと完成し、一刀即万刀の実を現ずる深い教のある所である。

第十一項　五個之極意之事

この極意は太刀技にて一通り、心術にて一通り、教えにて一通りある。

(一)　**剣之段**

剣によつて一閃両断する所は剣の段である。吾が剣は一気に発して天地を両断する。さて敵を両断するのには先ず吾が妄想を切断していなければならない。そのよくこれに叶うのには第一に吾が太刀技が百錬千磨して冴え冴えしていなければならない。第二に吾が持つ剣に恃む心を切断し、剣用捨に出なければならない。剣に恃む心があつたのではまだ心で勝つているとは言われない。第三に万心を捨てて敵の間合の真只中に踏み入るのは両捨一用の所である。吾が死の間合を踏み越えてこそ初めてわが勝つ剣の段が閃き出るのである。

(二)　**無相剣**

形のない太刀技に無想剣がある。相なくして勝つべき場に臨み一瞬無心で勝つのである。それは大先を以て剣の段を働らかせるからである。世上凡百の有名の敵が群がつてきても、彼等を悉く無名の雑兵と心得、無想となつて一挙に諸刺(もろざし)にゆく覚悟である。諸刺にゆくと敵死して敵がなくなる。これは無敵の勝である。

(三)　**矩之積**

矩の積りとは空間と時間と理法と貯蔵のつかいかたを加減しあんばいすることである。長いものを縮めて矩を短かく調節する。太いものをしぼめて細くする。角を丸ろくし、狭いのを広くし、固いのを柔らかくし遅いものを早くするのはみな矩の積りを取ることである。矩の加減によつて一つのものが万のものに役に立つ。短を以て長に勝ち、小を以て大に勝ち、柔を以て剛に勝ち、不足を以て余りあるものに勝つのはみな矩の積の心得によるものである。敵を見てはわが矩の積を巧みに取るのに心を千々に砕くが、敵には矩を取る遑を与えず、吾がよい矩から電光影裏一刀両段にゆくものである。

達しては矩の積りにこだわらない事である。孔子は吾れ七十にして心の欲する所に従つて矩を越えずと云つた。どんな禁制の矩も、勧説の矩も彼が自由行動に抵触する所がなくなつたというのである。太刀を揮つて切りかけそこにつかえ、かしこに届かないというので矩の積りを取るのに苦心している段階ではまだ剣の段に達しているとはいわれない。あらゆる剣の矩が企てずして吾が心の矩に吻合し丁度よい所に中ることになつてその人の剣の位が心の欲する所に従つて矩を越えずという至極に達したと云うことができるのである。

㈣　一之位

大先の初まる所、一心の起る所、思慮分別の必要のない所は一之位である。未発から初発の小本を丈夫に同中を経てそこに不動不敗の一之位が備わるのである。これは止むに止まれぬ必然の大先で出る所である。来たなと思つて応ずる所は二の位である。思慮謀略して懸る所は三の位である。その時には位が下がり、二番煎じとなり、味も薄れ香りもなくなつているのである。

一之位はどうしたら得られるか。それは天の時を与えられ地の利を得て天地両儀を合せる人の和が伴うことにある。天地人一体となり真鋭純真の一撃を以てすると勝を挙げること必定である。人は生れながらにして一の位に至る素質を持つているが、これに達する者は極めて稀れである。凡夫が一番下の低い所から日々夜々に精根を尽し苦心鍛錬し撓わまず倦ます一段一段と登りに登り行つたならば遂に仰ぎ見る最高の一之位に達することができようか。これは剣に志す人への設問である。

㈤　**真之金翅鳥王剣**

これまでの金翅鳥王剣は敵に向つて威圧し表裏し虚実をかけ脅やかして勝つことを示した。ここでは真の字を冠し一段と尊い教を説く。即ち掛け引きをする所は未だ真とは言われない。これまでは片羽根九万里の大鳥は九千里の海に入れないから大空で羽撃いて竜をおどかし、その浮沈をかけて捉えると教えたが、ここではもつと真に迫まり、大鳥が大空から脚を海底に突き込み、中に潜む竜を大鳥が鋭い爪にかけてつまみ出して食うというのである。真の金翅鳥王剣は大先をかけ一之位を以てひしと直截明快に勝つ真鋭至尊の所である。

第十二項　上極意之事

㈠　**払捨刀**

払捨刀を仏捨刀、報謝刀、発車刀、星夜刀、放射刀、発斜刀などと他の文字に仮託してその意を様々に説くが、究極の教えは一切を払い捨てることである。敵を切り払い捨てるばかりでなく、吾が煩悩、所作、自已自身を悉く切り払い捨てることである。遂には切り払い捨てようとの想をも捨てる。何かが残るのでは払捨刀にならない。絶想虚無こそ払捨刀である。一切を無にしてその圏外に濶然と開ける所は大有である。

㈡　**同二方一段之位**

払捨刀を右から左に遣い、左から右に遣うと二線が一線に重なり、二が一になる。これまでは一は二となる事を示したが、ここでは二が一になる二方一段の位の理を示すのである。二者一体は一刀流の趣旨である。

敵が吾れと同じく両方から払捨刀を遣うとこれまた二方一段の位となり、混々沌々として互に勝敗がない。その時に吾れはそこをふつつりと切つて喰い違いになり、十字に変ると忽ち勝が生れる。左右一線の横に対して、上下直立貫通の天生地生に出ると、竪の不動剣となり、不動剣を真中に立てると金剛刀となる。金剛刀は敵の邪剣を悉く留めて勝つ無敵の妙刀である。

㈢　**同八方三段之位**

八方の敵に対して大先、同中、小本の三段にて勝つ。払捨刀の足の運び方は左右左・右左右と三段に働らく、太刀の遣い様は払う太刀にて防ぎ、防ぐ太刀にて突き突く太刀にて切る三段の働らきである。この三段の足と太刀とは常に生きて常山の蛇のように八方にはたらくのは払捨刀の八方三段の位である。

㈣　**左　足**

㈤　**右　足**

左足を右から左に入れ、右足伴なつて右から左に入れ、左足を右に転ずる。右足を左から右に入れ、左足伴なつて左から右に入れ、右足を左に転ずる。左右に前後に喰い違いに方向を転じて勝つ太刀を足に乗せる心得であるが、遂には左右前後を思わず、一円相に転化するから無左右と称え、むさうを無相と呼び、足は左右に運んでも心は無想となつて、無想剣のみが働らくのである。

㈥　**四　切**

敵から懸つてくる太刀の筋は四つである。吾れからゆくのも四つである。この四つは一つ一つつつ四つである。一度に一方を、四度に四方を遣い、一度に一方を十度に十方を遣う。この法によつて万方に処する。一が竪横に切り合つて十字となり、軈て万字に至り遂には円相太極に達し一刀流の奥秘に帰一することになるのである。

第八章　一刀流兵法の至尊極意十字之題号

一刀・見山・絶想・随機・大用

第一節　十字之題号次第

人がものを数えるのに一から始まつて一十に纒まる。様々な考えも一に発して一に納まる。太刀技は一に起り十に開き千変万化して一に帰る。一刀流の教えを四巻の書に認め数多くのことを説いてきたが、最後に一切の極意を余す所なく一纒めに括くつて伝授するのはここに解き明かす十字の題号の一巻である。

第二節　一　刀

(一)　一

一刀流の至尊な極意の教たる一は森羅万象が実在する創めの一であると説く。これはアルファである。十はその総括の帰納する結びのオメガである。いやさきにありいやはてにあるのを神ととなえる。一刀流は始めと終りとの繋がりは無限であると説く。言葉を変えると始もなく終りもないということである。始まる前の大前提と、終つた以後の大後提とは同一に重なるものである。終は即ち始であることを秘して一刀流では循環端なして唱え、太刀技に於ては不滅不朽の生太刀の法と教える。即ち大過去と大現在と大未来とは一つにつながる永恒の只今である。また宇宙の外に宇宙があると考えるなら、その宙外もみな含めて吾はこれを一つの大宇宙という。何物か過不足があつては一刀流の一に叶うものではないと教えるのである。

一を説くと一は単隻孤在の一に発し、それが増し加わつて二となり三となり、一十、一百、一千、一万となり、終に全体一切の複合なる太一となる。

一の数を合せた一単位は必ずしも十桁上りばかりとは限らない。二羽一番、三位一体、四角一面、五行一諦、六花一霏、七日一週、八方一睨、九つ一桁、十二ひとだあすなど、その加わるどんな数でも一単位に纏まるし、またどんな数でも分けると一になる。極小の原子も一、単細胞も一と数えられ、加乗し綜合した無限大の宇宙も一と数えられる。一刀流は数の単位を自由に案配し組太刀の法を編んで教を立てている。

人が生れて大気に触れ、生きるために始めて発する呼吸の声は阿字の一声である。人体は細胞が廿億も集まつて一体を成し、一日呼吸二万百六十息を続け、幼小青壮老衰と生きぬいて吽字の一声に一生を終り、永遠の一大霊界に帰るのである。

極く小さい単隻の一はどんなに良質でまたよく磨いてもそのものだけでは微弱であまり役に立たない。譬えばどんな強い手でも片手だけではいくら早く動かしても声が出ない。両手で柏手を打てば始めて音が出る。大衆が一しよに柏手をうつと堂をゆさぶる。多勢の協同が一体となり、一切が一に定まると完全至高な太極の一に合する。太極の一は誠に尊い位であることを指して天は一を以て輝き地は一を得て寧く、谷は一に横だわつて盈ち、神は一であるから無限超自然の大霊であると説く。

渾一の元霊を悟ろうとすれば、これを形成する万彙の分賦し化成する理法の詳細に亘つてあまねく通暁しなければならない。完全な一刀流の全体を学び、これを体得したいと望んでも一挙に丸呑みにし得るものではない。

全体を二つに割り四つに割り八つに十六に細かく割りに割り、一本一本の技と理と機とをひとつびとつ詳細にひたすらに習い鍛えて上達するのでなければならない。そこで一刀流では大太刀六十本、小太刀九本、合小太刀八本、三重一本、刃引十一本、払捨刀十本、五点五本、ハキリ合十二本、九ケ之太刀九本、地流勝之太刀十一本、読座抜刀十七本、立会抜刀五本、浄之太刀二十八本合計百八十六本の基本の手数を習い覚え、更にそれから出た応用変化を工夫し、心気力の一致に通達しようと努め励む。始め一に発し演繹して数百に分れて錬達すると、各々の一は他の一に帰納し、万刀は一刀に還元し、剣身不異となり、神人以て和する最高至尊の神通力に自在し、光輝燦然として天地一切を遍照する一刀流の一之位に昇るものである。

(二) 刀

刀はかたなであり片刃物である。切り、断ち、割り、裂き、刺し、貫ぬく働きをなす。刀は剣と同じ働きをする。剣はつるぎ、つむがりのたちと言つて鋭どく刺し通し裁断する。剣は撿とよび、物事または人物にひじりの則をあてて案験し、ただし節制し、所刑し、勇断を以て破邪顕正の役割を遂げるものである。

刀の働らきは切り断ち刺し貫くことである。大を裁割して小となし、多を分裂して少となし、複合を分離して単隻となす。刀は真鋭、清純、厳正であり、物を二分して善と悪、正と邪、直と曲、純と雑、利と害との区別を極めてはつきりわける。一刀両段すると是と非が立所に決せられる。国手がメスを揮つて切開すると病源が摘出されて人命が助かる。神聖な阿字の一刀が一閃すると二万百五十九の諸悪の息が呍と終りを告げる。殺人刀と働らき、そこに十善を現ずる活人剣の功徳を生むのである。

刀の物をたつ働らきは一を二とし二を四とし、数を倍し増大し扶殖することである。これは断絶し滅亡することではなく、産み殖やすことである日本の太刀は往昔から生多知と称し、生成発展の働らきを為してきた。祖先以来兇徒を除き良民を守り、平和安全に生き長らえさせ、繁栄隆昌に進ませてきたから太刀を宝器とし神器としてきた。これは日本民族の産み成す生命の哲学思想に由来するものである。

刀の形は最初には直刀の一直線、一文字であつたのが、後に発達し反りをつけ湾刀とした。一刀流の紋所の横なる一を竪にとると、㊀(亅)刀刀刀となる。刀はもともと円満具足して循環の端がない円相に象どつたものである。而もこの精気をこめるために百錬千鍛された日本刀は世界中いずれの国の刀と較べても断然卓越した極めて価値の高い聖哲の位をもつ宝器である。静かに鞘を払うと三尺の秋水玉散るばかり、その中に籠もる生命の閃き、地鉄の精根、地肌の纖美銚匂の光輝、うつり、稲妻、湯走りの幻影、その華麗で雄渾な気魄、真に人の魂を恍惚陶然とさせる。この生太刀を神器と称するのは日本人の気象によく合つている。

創世記に「自ら旋転(めぐ)る焔の剣」の一句がある。天真無垢であつた人間の始祖が一度神命にそむき、禁断の実を食う罪を犯したので、神から死と苦役の宣告を受けてから、堕落した人間が不死の生命を取戻そうとして、生命の樹の果を採りにゆくことを防遏するために、神は焔の剣をそこに仕掛け、これに触れると忽ち滅ぶように検止の器としたというのである。焔の剣はケルビムと協在して生命の樹の道を守るとしるしてある。又詩篇に「ケルブに乗つて飛び風の翼にて翔る」とある。これは彼の民族が天翔ける雲を擬人化し、神が疾風に乗り閃めく電光を剣になぞらえ、轟然とはためく雷と瀑のように降る雨を神の憤りとみ、これを駆使するのは神の霊力であると観じたものである。

電光影裏転身去　更無一刀無無刀

第三節　見山

㈠　見

見とは目に映つた物事をみとめてそのありさまを知り、その外観の姿を察して内なる真相を透見し、誤りのない明識の判断で対処し、適切に応待するのでなければならない。

みるというのは目で見るばかりでなく、聞いてみる。嗅いでみる。味わつてみる。触わつてみる。考えてみるなど色々と検討しためしてみることである。それによつて正しく見極めることである。

見るしかたについては立つて見る座わつて見る。止まつて見る歩いて見る。据えて見る動かして見る。早く見るゆつくり見る。形を見る色を見る。変化を見る明滅を見る。距離を見る遠近を見る。間合を見る虚実を見る。刀を持つた敵の拳を見る。切先を見る、目を見る。肉眼で見るばかりでなく、心眼で敵の心を見る。そのたしなみを見る。虚実の去来する過現未を見る。過現未の三界を見透すには先ず物事の遠因たる動きの発する以前の有様を見る。そこからきて動いている只今の動きを見る。それに続いて行く後の動きを予見する。それらが悉く適中するのでなければならない。碁を打ち何手も先を見る。天気予報が当る。科学探鉱が適中する。変転極まりない天地自然の万象や。人生社会の推移や、人間心理の動向などをよく透見予知し、神出鬼没してかけてくる敵の剣技をみな見抜いて、あかるく取り捌く明知が養われていなければならない。

明識を得ようと望むなら、先ず道に志し、学習稽古に於て師の顔を見、師の動作を見、師の教える所を見、師の理想とする所を見る。また共学の友の稽古を見る。流祖の教と先賢の模範を見習う。すぐれた人と自分とを見くらべて見る。先輩の経験と行動とを吾が知識と体験に置換えて見る。

一刀流の練磨の実行に当つては組太刀を一本一本の技の働らきに於て、ここは過、ここは現、ここは未とか、ここは構、ここは打、ここは残心とか、ここは既発の所、ここは打つている所、ここはこれから懸ろうとする所など見わけてつかうと、その筋道と因果の法則と本性とがよく見え、これまで敵に対して一寸先が真闇だつたのが、いまは明らかに予見することができるようになるのである。自分で自分を正しく見得る人を明識の人、達眼の士というのである。

活眼の士となるためには一刀流で教える「二つの目付」「観見の目付」「鹿を逐う猟師の目付」「見当の目付」「捨目付」などについてよく工夫し、心技に生かして体得すべきである。単に敵を見て敵を知るばかりでなく、敵は吾がどこを見ているかと見て知り、更に進んで自らを見て自らを知らなければならない。至極しては目を閉じて自らを見、耳を塞いで自らの耳鳴りを聞き、鼻を摘んで自らの体臭をかぎ、舌を結んで自らの唇を味い、何物にも触れずして自らの肌を感じ、心を修めて自らの心を見、内省の光が胸奥に輝くと、霊気が本然に位し、吾を犯す諸相悉く滅し、明徳が太陽にひとしくなるものである。

㈡　山

山は大地が隆起し、または噴火した熔岩が堆積して盛り上つた大自然の客観的実在である。動かざること山の如しというが、山は動かないように見えていて実は刻々に変化し一瞬も止まつていない。この実在し変化する山を敵に擬して見るのは見山の教である。

剣の道に志す者は何を求め、何を目標として進もうとするのか。それは吾を完うすることを求め、森羅万象と敵に打ち勝つ事を目標とするのである。その目標を山と見る。この山彼の山と山を見るのは山に備わる本性を知るためである。山は土が塁積し岩石が重なる高いものである。巨大な威容が蒼穹に卓立し、嶺峯の頂は雲上に聳えている。高峯を大豪の敵に擬して見る。而もこれを吾が脚下に踏み敷いて見下ろす法は山と背較べの術である。指一本をあげ山の頂を指先の下にして見下ろすことである。どんなに背の高い敵でも切先を大正眼か上段にとつて敵一体を見下すと、敵は既に吾が嚢中のものである。山は見下ろすばかりではない見上げる場合もある。これによつて天生刀をもつかい、地生刀をもつかう、山に向つて立つこともあり座ることもある。起立しても正座しても吾が体位を整えるのは山に対する心得を以てするものである。わが胸憶の気象雄大であつて壮快なことはさつと門を開いて富士山を見るようにする。遠く見、近く見、登つて見、頂から下界を見下ろすのである。

山はまた産であり蔵である。万物を生じ宝物を貯えておる。山の頂に稜に谷に瀑に温泉に湖に岩に木に草に花に果に、その所々に鳥獣虫魚あり小屋あり、人家あり神社がある。掘ると金銀銅鉄珠玉が出る。これらを悉く見抜き見究わめることによつて山を見知つたといえる。敵がその表面に備え裏面に包んだすべての素質能力計略技法行動を見通すのでなければならない。

山はまた宣でありよく散気を宣べる。山の周辺には常に雲霧雨雪風嵐が去来し、日月星辰の光彩が陸離とし、通気飛散して一瞬も止まらない。山はたえず呼吸している。万古不動と見ゆる山は刻々に変じている。ここに静中動がある。静かな敵も彼を包む還境によつて変動する。敵を見ること宣する山を見る如くするのである。

一刀流で見山を見刀と教え、山を刀と見たてる事を極意として秘している。山を包む天地の還境を限なく丸く見る。山に刀をあてて山を見る。刀に反りをつけ切りと突きを利かせてある。反りは円の一部の弧である。湾刀を連ねると◯丸になる。山をも敵をも刀を向け一円に見ると、その外形と本性と変化とが見究められるものであると教える。

洞察究明して適中し万遺漏なきを得る秘法は山を見て見ざる所にある。見了つて知るのは了見である。敵の揮う刀を一度見了り、敵の揮う万刀を知ると一挙に乗取つて見事に勝つ。これが見山の極意である。人生行路にとやかくと経営し、加減乗除してきた結果の会計を検算するのが見山である。吾が剣の遣い方について自らかえり見、研鑽するのが見山である。自ら研鑽をつくして、敵に見参すると敵の剣散じて、見山をも絶する境地に入る所は次の絶想の位である。

第四節　絶　想

(一)　絶

絶は刀をもつて糸を断つこと、続いているものを切り離すことである。やめる、とどめる、へだてる、遮ぎる、別れる、除く、捨てる、竭く、滅びる、死ぬなどである。

前の節で見山と言つて山を見ることを述べたが、どんなに山に気を配つても目が届かない所には見落しもあり想像では見誤りもある。道を求め技を錬り芸を磨き生命を賭けて勝を競う時には用意周到で千慮に一失もないようにならなければならない。それは目に写つた所に囚われず、その執着を捨て、見なくても見えない所もわかり、知らず識らずの間に全体の明識に達していなければならない。そこは取ることでなく捨てることで得られる。煩悩執念を絶つ事であり、「武士道とは死ぬ事と見付けたり」という所である。

鹿を追う猟師は山を見ないという。猟師は始め山を見にゆき、鹿を見付け追い詰めて愈々鹿を射止めるときは鹿だけ見て山から目をはなしている。矢が当つて鹿が倒れるかどうかを見るときは鹿の角や爪などから目をはなし矢の当つた急所だけを見ている。又山を見て山に見当をつけ、探鉱機を当てるときは山を見ず計量針だけを見る。金鉱の所在がわかると、機械をとりのけて掘り出し、金鉱を見付け分析し純金だけに目をつけ雑物は捨てる。邪魔物にいつまでも目を付けていたのでは本物が見付からない。余計なものを見捨てるのが本物を見出す捨目付の所である。敵の外相には捨目付を用い、真相には真目付を用うべきである。

山を見てその真相を捉えるのには先ず山の立つ天地の位と山全体の周辺に宣する光彩の明滅と霊気の集散を見る。山と沢とに昇降する通気を見る。轟然と相せまる雷風を見る。疾忽として閃光を発し相射る水火の激闘を見る。その光景霊動の中に在つて刻々に変貌する山の奥に分け入り掘り下げて実体を弁別するには歩を進める一こま一こまに着眼を絶してゆくことによつて真の明察が庶幾されるのである。

一刀流を学び敵を山のように見、初の程は敵のまわりや形や所作を見、それに応ずるにしかじかくかくと教えられたように習い覚え、一本一本の技に当て篏めて反復習錬の手数を積み、攻防の思案工夫を旋らして働く。そこまでは目を付ける所である。達しては習い覚えた所作にこだわることなく、眼前に明滅する形相から目をはなし、心に浮かぶおもわくを捨てることによつて自ら濶達と開ける新らしい境地が現われてくる。限りある人間の思慮分別を捨てる捨目付の法によつて敵の万策を遮絶し、活動を断絶し、敵の生命を勦絶し、吾は自然に天下の争乱を鎮絶し、一刀流を冠絶なものとすることができる。煩悩を解脱し恐怖、驚愕、憤怒、怨恨をたつことによつて初めて真如の玉が磨かれるのである。

また絶とは至極の位に達した所である。絶世の美人に会う絶好の機会とか、絶高の絶頂を極めて絶美の絶景を絶讃するとか、絶妙剣を揮つて絶大の英名を轟ろかすとか、神に絶対の信仰を捧げるとかいう。絶は至貴至尊の位である。

㈡　**想**

想は相を心にのせておもうことである。これは何かとおもい、あれかこれかとかんがえ分別する、こうであろ

う と想像する。この通りだと心像化する。そのように覚え記憶する。こうありたいと希望する。最高の望みを理想とする。所が人間の感覚や持ちまえの主観ではあさはかで誤認や期待はずれが多い。それは焦点がよく合つていない目に映つた外相の色から受取つた不正確な反射作用を心像化するから、真相との間に誤差が生ずるのである。特に道ならぬ野望に支配された見方では妄想となり、とんでもない失敗を招くことになる。

真相を正しく捉えるためには慾や疑や惑や迷や偏見をなくするようにつとめ、経験と実力と記憶と希望とがちぐはぐにならぬようにしなければならない。雑念を去れ煩悩をたちきれ妄想をやめよ形を心にのせるな。この無形を心にのせたのを無想という。無念無想をここでは絶想と説くのである。絶想は絶対に信ずることの上に立つのである。

絶想というのは有相が無相となる所である。譬えば雪の一ひらが真白な美しい六華の有相で降つてきたのを掌にのせていつとはなしに無色無形に融けるのは無相になる所である。雪の塊を金網に載せてももらないが、とけて水になると、すぐ洩つて流れて方円の器に従う。雪や氷が水にとける所が煩悩心を解脱する有様に譬えられるのである。勝ちたいとか負けたくないとか、あそこをうまく打つてやろう、こう防ごうとか、死にたくないとか、そんなもろもろのおもわくを絶つた絶想で、一心不乱に打ち込むと先天の道に叶い真に当つて目的が成るものである。

絶想というのは何にもかも想を欠いて妄然自失することではない。偏見短慮に囚われず、こだわる想を絶ち、思邪無く全体に円通し明哲至極になることである。雪が姿を消したときは水としての順応性を発揮することになつたのである。それは水の浸透性による。浸透は極微にして始めてできる。全体の大きな一の中に極微な個々の急所があり、極微の失は全体の破極となる。全局と極微の急所を取り捌くために有限な人間の目付や下手な思惑を捨て、水が小さな隙に浸透するように、吾が心眼が無限大と極微とを透見する徹上徹下の位に至らなければならない。この絶想が妙想となり神機に合することになる。

絶想は想を絶とうとして絶つばかりでなく、絶想たらんと想うことをも絶つ。これを絶想絶絶想という。ここに至ると心は洞明で微塵の執着もない。それは決して頑空な無智ではない、内外一切に亘る有形無形の所縁の識を捨て、自ら光を発すること耿々として万方に遍照し、更に進展し超入するとそこに寂滅が現前し、大悟徹底するに至るものである。無想に内在する真想をも絶する無絶の中に実発する絶想は、存するが如く存せざるが如く、絶するが如く絶せざるが如く、これを非想非非想とも非有想非旡想ともいう。一刀流の教のこの段階に於て「無一刀無無刀」と伝授する。

右の所までは印度哲学の汎神教の思想を多分に受けた段階である。しかるに日本神道の思想ではその奥に在る純聖清明の真鋭を説く。絶とは無の奥に位する真有のことである。絶とは甚だすぐれた超自然の位である。絶鑽とはほめることを絶つのではなく、最高にほめちぎることである。絶想とは至上の想であり、大智大能全智全能の事である。この至高の位に登るために途中で雑念の路を踏み越えよ、妄想を脚下に蹶飛ばせ、諸々の邪念を無くせ、無想になれ、無無想と工夫せ、そのために日々の稽古で吾が非曲を打たれ突かれ鍛えられよと教え導かれるのである。

無の価値は何か、人が煩悩を捨て一人の人が死んで生命肉体がこの世に居なくなつても霊が永遠に存しているし、また別の人がこの世の中に生きている。現代人はやがてみな死んでも次の世代人が生れて生きている。そうすると、無や無無だけでは人生の本義の解決にはならない。無の奥に何が求めらるべき価値なのか。神が始め人類に与えた光は有である。神は有りて有るものである。一刀流の一は始めから有であると教える。所でこの有の存在は果然無の領域に鎭座することと知らなければならない。「大虚にして能く容る」とはこのことである。小部屋では多人数の用に立たない。大部屋がいる。大空が虚であるから高層楼も建てられ、飛行機も自由に飛べる。虚だから空気が満ちている。宇宙が大虚であるから日月星辰を包擁し、その軌道の大用に適う。そこにエーテルが充満し、電波が一ぱい流れ光が自在に放射する。この虚の中に実在することを日本哲学では真鋭と説く。印度哲学では真想が実発する所も無絶の無想であるとし万有を無と観る。従来武を談ずる者の多くが無念無想や無無想の段階に低迷して抜け切ることができないのは印度忠想の虜となつていて、真の日本武道精神に生長していないからである。それでは一刀流の真義を悟る者と言えない。道者は更に百尺竿頭一歩を進め、此の関を透得し、永恒に生きる全能の神とともに能動的に乾坤を雄歩し、万有創造進化の大道に躍進しなければならない。この道標に吾らは心眼をあげ、日夜一刀流の稽古に励み、純聖清明なる真鋭の位に至る精進を続くべきである。

第五節　随　機

(一)　随

随とはしたがう、順る、添う、ついてゆく、心しだいになる。言いなりになる。同じありさまになる。そのとうりになるなどのことである。随は流儀を学び教えにしたがつて上達し必勝不敗を期する秘訣であり、また処世万端の事に通達し成就する法である。

師や先輩に刀を執つて立ち向かい、全力を尽して打ち懸つて少しも当らず、止められ抑えられはずされて手も足も出なくなるのに、師からは吾が隙を打たれ突かれどうすることもできない。そしてそこがわるい、こうせよと教えられる。そのとき師の教えに随わず、我意を張つて自己流に固執したのではいくら数をかけても上手になれない。どどのつまり凝り固まつた難剣偏剣に堕してしまう。そこで赤子のような素直な気持ちになり、流祖以来代々の名人先師が生命を賭けて苦心惨胆の上に築き上げた経験知識を以て編み出した妙術の教を信じ、示される通りに倣うて錬習する。

稽古に当つては師から吾が手筋を直されるから、それに素直に随つて習うと、自ら多年の犠牲を払つて漸く発見すべきことを速やかに乗り越えて進む能率が与えられ、師が一生の修業で達した心と理と技とを吾が身につけることができる。吾は更に稽古に精励し師の意に叶つて允許を与えられ、その伝を継ぎ工夫に工夫を加え師の志に従つて修理固成し、望みある後進子弟に伝達し、永久に流儀の進歩発達公布をはかることは流祖の教えに順う所以である。

随を完うするのには柔でなければならない。心を柔順にし身体を柔軟にし、関節をやわらかにおおらかに、技はやわらかにおおらかに運ぶべきである。未熟のうちから細かい当りの巧者になる慾を起してはならない。やわらかと言つても柔弱ではいけない。締まる所は靭強でなければならない。組太刀の技の稽古で随の本旨を学ぶのは即意付、乗身、浮木、巻霞、巻返、順皮、抜順皮、三重などで、敵の為すことに添いながら、その分れ口に随がつて投じて勝つ所である。よくその理に叶い敢て反撥対抗せず寧ろ敵の力を利用し吾が心次第に勝ち、勝つて趾を残さない。この最も柔らかい順は最も剛なる力を制する所であり、吾れよく物に従うのである。教えとして流祖は「松風の事」とか「萩の事」などと伝書で示している事は前述の通りである。

随は決して無為の他力本願ではない。大勢に従いながら主心を働らかせ自力を添加することである。譬えば船が順風に帆をあげ、潮流に乗りながら、更に動力をかけ、梶をとり、目的の方向に船首を進めるようなものである。また一陽来復の暖気を迎え、わが手にて種子を播き、雨の恵みに漑排の手を加え、大地に施肥を行い、害虫を駆除し、秋の稔りを収穫して庫に貯えて用にあてる。すべて天運に随い努力を加えて成果をあげるのである。師の妙技を見て感動し敬服し讃仰すると、ここに誠意誠心の尊敬心がわいてくる。随い順る心が信頼の念となり、尊師の礼となる。心を正し居仕舞を修めて礼を捧げる。同僚互に敬して礼を交わす。後輩の人格を重んじ恵みを以て礼に応ずる。尊師、敬友、恵弟の慇懃で端正な礼を互に修する。天意に従い親意に従い民意に従い法に従い理に従い教に従う、この大順によつて世の中が平和になり、郷党に争いがなくなり、身のまわりが楽しくなり、皆が仕合せになる。剣を学ぶ者は随順の精神で礼に始まり礼に終るので社会の秩序が保たれ、世は泰平となり、神人以て和し、太極の一に帰し一刀流の極秘の一の位に叶うことになるのである。

(二) 機

機は真性の発起が由つて動く元であり、勢のかわりめ、わけめの、きざす、はしであり、時間と空間の変る急所のつぼである。天体と気象と自然と四季と人生と生物とには推移盛衰出入の転機がある。日月星辰に回転の機があり、気圧に高低移動の機があり、潮に満干の転機があり、燈火に明滅の変機があり、社会に興隆、廃頽、革命の機があり、動植物に増殖減退の機があり、人生に出生と成長と老衰の機があり、又人の身体に骨と骨、肉と骨とのつなぎ目、付け根、関節、内折れ、外折れ、急所の機があり、脈搏と呼吸に転機があり、虚実転換の機があり、機の最も激甚強裂に爆発するのを原子核が一瞬に分裂し、または結合する際に見る。この変貌の刹那はエネルギー爆発による全人類滅亡の一大危機である。

すべて機は永遠の過現未に繋がる時の上に一閃にして現滅する。一つの機はまばたく間に来て忽ち去る。この機が現れるのは永恒の時の上にある只今である。いつでも好機は只今だと悟つて厘毫の油断もなく用意するのが機を逸せない心得である。機を捉えるのには神速速妙に前方から迎えて好機に投ずべきであつて、後から追かくべきでない。諺にチャンスには前髪があるが後は禿だという。

一つの機は一度過ぎ去つたら永久に戻つてこないが、別の新らしい機がくるから、その機会をのがさずに捉えることを習わなければならない。そのために組太刀の稽古で一本一本毎に勝つべき機を迎えて捉えることを学ぶのである。その機は敵の太刀技の起り頭、堕勢、末勢、反動、居付などその盛衰の変り目、呼吸の変り目などに虚実転換の勝機として出てくる。その勝機は調子と拍子の中に旋律的に点滅する。それを打方と仕方の技の錬習でここぞと学びとるのである。切落の勝機、向突の勝機、鍔割の勝機、霞の勝機、即意付の勝機等悉く勝機を捉え、成程これだと理解し体得すべきである。

随機は絶想から自然に生ずる。そこに到達する秘訣は昼も夜も朝も晩も組太刀の稽古に励み、不撓不屈の精神で各技の勝機を見出し理に順つて打込む修業を積む事にある。かくて真鋭無比な生太刀の道に叶い順理の徳を得て、宛も池中の蛟竜が風雲を得て蒼穹に昇るように、聖賢が世紀の大転機に乗つて現れ出るように、吾れもまた神機を得て永恒純一の一刀流の功用を顕現することになるのである。

第六節　大　　用

㈠　大

大とはおおきく、広く、長く、厚く、太く、高く、深く、重く、堅く、密で、強く、はげしく、ひさしく、あまねく、甚だすぐれて、逞まし、尊く、立派なはじめ、もと、発動の源であり、大の極致は完全である。

大は太に通じ、太と一とは同儀であつて、太一とは万有が分出し発現する惟一絶対の根源であり天地宇宙の元気である。

一刀流を修めるわが領域の中に四大がある。道大、天大、地大、王大である。この心と技とを「四つ切」の稽古で学ぶのである。またこれを地水火風の意を乗せて学ぶ。これは静冷熱動である。これを多年懈怠なく修めて大悟徹底に志す。何を大悟しようとするか。それは剣の道によつて人生の四大相を悟るのである。即ち吾が生れてきた生相、生きている住相、年老いて変つてゆく異相、そして死ぬ滅相である。この悟りを開くとそこは既に布施、持戒、忍辱、精進、禅定、智慧などという六波羅密の小乗の教を遙かに超えた大乗教の説く所の、非有非空煩悩即菩薩生死即涅槃となり、諸法の辺底を尽した教に合し、明徳は太陽にひとしく、善人も悪人も同様に照らし、慈雨は正しい人にも邪な人にも平等に降るように、天の神は全人類の父である。この完全な聖なる愛に至る。一刀を翳して山を見、想を絶して無辺を透見し、随機によつて万事に順応してあまねく、一点の欠けがない完全な大の教に徹することは即ちこれである。

一刀流に志す者は先ず、自ら努めて眼孔を大にし、万方を大観し、気宇を雄大にし、吾れは偉大な存在になろうと期し、決して小成に安んじてはならない。しかし人は初めから高大な所に至ることができない。徒らに大言壮語しても具体的に実行を積み上げるのでなければ空疎な誇大妄想狂になつてしまう。志が大ならんと欲するなら、心が小ならんと欲し、少しの隙もないように緻密に充実し、智が円ならんと欲するなら、行が方ならんと欲し、常にきちようめんに折目、切目を正だし、能が多からんと欲するなら、事の鮮かならんことを欲し、縕蓄を蔵して置くべきである。日常大法の最高道標に目をあげ、造次顚沛にも怠りなく、多多仔々営々として稽古に励み、千里の遠い所に達するのも一歩一歩を運び続けることでできる。道に志を立てたならば初めは教えの大意を学びおおらかな大技に慣れ大いに努力し日日大智大勇を養うと、塵も積もれば山となる譬えの通り、努力の集積がその身について妙技を強大にし、気魄を浩大にする。かくて大智は智非し、大勇は勇非し、大賢は大痴の如く、大徳は無為にして化し、一刀は抜かず竜中にあつて天下を泰平ならしめ、太極の位に合一することとなるのである。

㈡　用

用の静かな姿は物体、原料、資材、食料、衣料、建築材、器具、機械、家屋、工場、土地、宝物、金銭など、人の必要にあてる効能の潜在勢力が豊かに内蔵するものである。用の本性は役にたつ、益がある、ためになる、ききめがある、強い、堅い、早い、届く、あまる、まにあう、ねうちがある、おぎなう、くばる、あかるい、熱い、するどい、くわしい、叶うなどである。用の活らく有様はうながす、もちいる、つかう、はたらく、なす、行う、ほどこす、通す、費やす、動かす、でかす、出すなどである。

いざ鎌倉というに備えて太刀を研ぎ槍を磨き甲冑を整え馬を養つておく。すべての必要に備えて日々の活用に効用を表わす。いつも用心深く設計し、物を生産し流通し消費して用を弁ずる。有用の大材となろうと志す者は一刀流を学んで身体を健強に技能を精妙に智識を明達に情意を健全に徳行を忠貞に養わなければならない。その身に貯えた素要が必要に応じてどんな場合でも種子切れにならずにその用に叶うようになつていなければならない。

一度用を足したのが一度限りで次の用にたたないのでは大用といわれない。いくらでも湧いてきて次から次へと無尽蔵に用を弁ずる貯えと自生の源泉力がなければならない。譬えば田から稲を刈り米を取り、藁などを田に帰して次の役に立てるようにどこまでも利用厚生するのが大用である。この大用不滅の理は物質不滅の原則からくる。

この不滅にする秘訣は貯えることよりは捨てる事にある。凡人は有用の用を知つて捨用の用を知らない。達人は両捨一用の理をわきまえているから、一本うまく打つて次の技が出ずに負けとなるようなことはない。懸中待、待中懸と心得、剣用捨とゆく処は勝に続いて次の勝ちの役目を果たすための連鎖反応を無限に繋ぐ大用の働らきを示すところである。

一刀流に精進し、その大用よく大敵に勝ち、自己内心の妄想に剋ち、万事に用いて思うままになるというのはなにのためか。それはどんなに腕前が強く、幾度も晴れの試合に勝ち、名声をあげ、高段に昇り、高禄を食み高位高官となつても、或は又独り瞑想に耽り玄妙な哲理を解説し得ても、それだけではやかましい鐘や騒がしい鐃鉢のようなものである。全生命を捧げ人のため世のため積極的な功用に奉じ、人間の理想を引き上げることに喜び悦ぶのでなければ一刀流の大用に叶うものとはいわれない。

大用は万事に通達して限りなく進展し遂に太極に合することを目指すものである。太極は万物のよつて生ずる根元であり、大宇宙の生命の真相であり、永遠に活動し循環して端なき無限大なる聖霊の一に帰する円相である。瞬時も停滞せず、絶えず生成し長大し増殖し強化し発展し完成に向かつて創造進化する。この世に生を受けた吾れはこの創造進化の一翼に参与する喜びを実感する。吾は道であり真であり生命である。これを信ずる者は死んでも生きる。その肉体は隠れ身となつても霊は永遠の大霊とともに生きて活らく、一時代に天下一と謳われた流祖伊藤一刀齋が俗世の間の名利を捨て王侯に膝を屈せず、大自然の中に安住し、真にして聖なる剣の道を楽しみ、その躬を以て万代に範を伝えた一刀流の至高の教えはいまも尚お、永遠に吾等とともに限りなく生きているのである。

十字の題号をもつて一刀流極意の総括とする。

第五編　極意秘伝

第一章　秘伝次第

第一節　秘伝解説の序

第一項　秘伝の摘録

剣道を学ぶのには理論の会得と実践の伎倆とを車の両輪のように一致して進むように励むべきである。先ずすぐれた伝来の教えを聞き、素直にこれに従い、組太刀の実際の稽古を積み、剣道の原理と妙技を研鑽して、その身につける。更に実践の応用変化にかなうように竹刀自由乱打で体力実力を養つて完璧を期する。この両用に資するため本章で古来伝統の正しい流祖以来の教えの重要な口伝秘記を叙述解説し琢磨の指針とする。

第二項　秘伝分析解説

剣道その他すべて芸事は稽古を積み鍛えをかける事が上達の決定条件である。その際に無意識無理解で稽古するよりは各条につきよく意識し理解し目標を立てて稽古すると進歩がはかどり自信もつく。よつてこの章では極意口伝の理を配列分析し、立合、見合、曲合、攻合、打合の各節について解説詳述して心得を示す。

第二節　立会

第一項　構

㈠　**構の本旨**　刀をとり敵と立合い生死を決する関頭に立つては平常心を保ち、端然と正しく自然体の構をとれと一刀流で教える。わざとらしく睨みつけ肩を怒らし足を踏張つたりなどせず、本来の自然体をもつて顔、首、胸、腹、手、足の有様や、太刀の持ち方、切先の方向など、素直に教の則に従わなければならない。正しい体の構は正しい心から出で、正しい心は正しい構を作る。正しい構は自らを守るに堅く、敵を破るに利がある。正しい構から発動した攻防の後にはまた直ちに残心で初の正しい構に復していなければならない。

㈡　**体構の蔵意**　体の構は形が整つて威容が盛んなだけでは役に立たない。そこに蔵する活らきがすぐれたものでなければならない。一刀流の体構には沢山の種類があるが、皆それぞれの特長を備え、敵状に応じて用を弁ずる。体の構が心の構を秘蔵し能動を潜在し、活用に煥発する所に価値がある。体の構と心の構とは相関々係を持つ。それは両者が一致する場合と表裏する場合とがある。例えば体の構が上にあると、心の構も上にあつて上から下に打ち下すのは普通の天勝の構であるが、体の構が上にあり心の構が下にあり、体の構で上から圧し、心の構で下から攻め上げる地勝の場合もある。また体の構は下段にいて心が上から押し潰ぶすこともある。あるいは体の構は右脇にあり心は左から追い、体の構は左にあり心は右から詰めることなどもある。結局体の構にどんな心が蔵されてあるかが問題である。故に構は目に見ゆる外形だけにこだわることなく、その働らきによつて出る秘蔵の原動力を培養する所に主眼があり、これをわきまえて学ぶことが大切である。

㈢　**太刀構の種類**　一刀流の構の名称をあげると大体次の通りである。

(イ)正眼・清眼・晴眼・精眼・青眼・星眼　(ロ)平正眼(ハ)大正眼—中正眼　(ニ)真剣・信剣　(ホ)右刃向正眼　(ヘ)左刃向正眼　(ト)下段　(チ)刃向下段　(リ)左上段　(ヌ)右上段　(ル)拳上段　(オ)一文字上段・天横構　(ワ)陰　(カ)陽　(ヨ)金剛　(タ)隠剣・御剣　(レ)右脇構　(ソ)左脇構　(ツ)上段霞・高霞　(ネ)中段霞　(ナ)下段霞　(ラ)本覚　(ム)逆本覚　(ウ)右八相　(ヰ)左八相　(ノ)(小太刀)上段　(オ)正眼　(ク)陰　(ヤ)脇　(マ)陽　(ケ)下段　(フ)(両刀)左手小太刀中段・右手大太刀上段—左手小太刀・右手大太刀十文字上段　(コ)左手小太刀・右手大太刀脇構—左手小太刀　右手大太刀十文字中段

正眼　　　平正眼

(イ)　正眼　すべての構の基である。直立自然体から右足半歩出しながら進もうと、右踵をわずかに地から離し、左踵もあげ体重を両足の真中にくるように立つ。上丹田と下丹田と垂直線の上下に保つ。太刀は右手前に柄鍔下を握り、左手にて柄頭をとる。柄頭はわが水落から拳二握程前に離し、切先は敵の左眼の高さに差し、刃を下にし敵にかぶさるように締めて構える。正眼の系統の構はわが切先が常に敵の上丹田から下丹田までの中心垂直線を差してはずれぬように保つのが一刀流の鉄則である。正眼を中段ともいう。

(ロ)　平正眼　常の正眼より両手首をやや右捩じにし、刃方を少しく左斜に傾け、切先はわずかに右方に低く移る。平正眼は鎬の働らきを利かせ、敵の槍薙力など長物の突きや太刀の打込をぼ斜左右上下に張り鎬ぎ流しなどして破つて出るのに徳がある構である。

(ハ)　大正眼　正眼の両手を高く大きく伸ばし切先をやや高く、敵の額をわが刃方の下におさえる心得にて威風堂々と構える。わが切先は敵に近くなり、体は遠くなっているので、間合の慮点を測り、腕脚の屈伸進退自在の働らきを弁え、勝利を決するに徳のある気品のある構である。なお大正眼から常の正眼に移る中間で両腕をややひろげた所を中正眼と言い、待中懸・懸中待の機動に適する働らきを蔵する構である。

大正眼　　真剣

右刃向正眼　　左刃向正眼

(ニ)　真剣・信剣　大正眼からさらに右手を前に伸ばし、左手を上げ太刀を水平に真直ぐに切先を敵の眉間につけ、そのまま敵を貫く威勢烈しく、しかも防衛堅固でかつ如何なる変化にも即応し得る真鋭無比の構である。

(ホ)　右刃向正眼　常の正眼より両手首を左廻りに半ば捩じ、刃方を右に宗を左に構える。

敵の太刀に乗り表摺込突などを行い、右敵を制し追い慴服するに徳がある構である。

(ヘ) 左刃向正眼　常の正眼より両手首を右廻りに半ば捩じ、刃方を左に宗を右に構える。敵の太刀に乗り、裏摺込突などを行い、左敵を制し追うて慴服するに徳がある構である。

(ト) 下段　常の正眼より両手を下げ、太刀は水平より切先下り、鍔より切先やや低く、進むと切先がそのまま敵の丹田を貫く必殺の構である。またわが面を敵に預け、下から突上げ切上げる必殺必死の烈しい構である。

刃向下段　　下段

(チ) 刃向下段　下段にて刃を上に向ける。両手首を右廻りにとるのは地生に切上げるためであり、両手を左廻りにとるのは逆の地生に切上げるためであり、また敵の上段から打つてくる太刀に応ずる構である。

(リ) 左上段　正眼から右足を引き太刀を上げ、体はやや右向きとなり、左前拳を額より少し高く、右後拳を頭上にとり、切先は鍔より高く太刀を四十五度程の角度にあげ、前拳があまり前に出ず、両肱をひろげ力みを去り、威風堂々と敵を脚下に見下ろし、一刀的中の構である。その種類には左足前左拳前諸手上段、左足前右拳前諸手上段、左足前左片手上段とがある。

(ヌ) 右上段　常の正眼にて太刀を上げ、体はやや斜左向きとなる。右上段の種類には右足前左拳前諸手上段、右足前右拳前諸手上段と

右上段　　　左上段

拳上段　　　天横構

右足前右片手上段とがある。

(ル)　拳上段　上段にて足は左右任意に前に出した拳を頭に上げ右拳を左拳の上に太刀を真直に切先は天を差し垂直に構える、または両手を頭上にとり、太刀を真直に切先は真後を差し太刀を水平に構える。この構は前方または左右とも機に応じて延敷打に利がある。

(オ)　横一文字上段・天横構　左右の足は任意に前にし、太刀を頭上上段に真横に一文字水平にとる。切先右の時は両肱を開く。切先左の時は右肱を右横に張り、左右の手首を連枝にとる。この構の一種の鳥居の構は右手にて太刀の柄を持ち左手にて物打の宗を下から支えて頭上に構える。この構は敵が上から打つてくるのを受止め、直ちに応じ返して打込むに利がある構である。

(ワ) 陰　正眼から左足を前に出し、体は右斜向きとなり、太刀を両手にて右斜前に垂直に立て、刃方を右斜前に向け、右手にて柄の鍔下を持ち、傘さしたように左手柄頭に添え、左前腕を水平に構える。敵の気を迎えながら常に進みとらえる心を秘蔵する構である。

陰　　陽

金剛　　隠剣

(カ) 陽　正眼から体は左斜向きにとり、太刀を両手にて左斜前に垂直に立て、刃方を左斜前に向け、右手にて柄の鍔下を持ち、左手を柄頭に添え、常に進む気を以て烈々たる陽気を煥発するさかんなる構である。

(ヨ) 金剛　太刀を体の直前中央垂直線上に立てる。陰陽の中に立つ堅牢盤石の構である。

方寸にして万里を透見し、敵の千謀万策を照破し、敵の白刃矢玉をことごとく防遏破砕し、鉄を截ること泥を裂く如く、修羅を滅して破邪顕正の実証をあげる必勝不敗、不屈不壊の構である。

(タ) 隠剣・御剣　太刀を脇から後ろに切先を体の真後ろに隠す構である。切先の起りを敵に厳秘し、左右上下の斬突応変無窮の徳を蔵する構である。正眼から隠剣に変るには脇構からとるのと、陰からとるのとがある。

右　脇　　　　左　脇

(レ) 右脇構・斜の構・車の構　下段から右足を引き、体は右斜向きとなり、顔を前に向け、切先を右脇に開き下げ、物見締まつて力あり、陽に発する意を含む構である。左肩を好餌として敵に与えて誘い、敵の動きに応じ右足を踏出し、または左足を引き、左廻りに斜に働らき、敵と喰違いになつて勝つ力を保つ構である。

(ソ) 左脇構　下段から切先を左に開き下げた構である。右肩を好餌として敵に与えて誘い、敵の動きに応じて左足を踏出し、または右足を引き、右廻りに斜に働らき敵と喰違いになつて勝つ力を保つ構である。

(ツ) 上段霞・高霞　正眼から左足を前に出し、体は右斜向きとなり顔を前に向け、両拳をあげ、右拳を頭上にとり、左手首と右前腕とを連枝にし、刃を上に切先下りに敵の眉間につける。上段に霞の意を加え、霞の奥に応変自在を秘蔵する構である。

(ネ) 中段霞　上段霞を中段に下げ、刃方を右斜下に向け切先を敵の

上段霞　　中段霞

下段霞

左眼につける。蔵意は上段霞と同じである。

(ケ)　下段霞　中段霞から切先を下段に下げ、左手首の上に右前腕を連枝にとり、下段の霞の心を保つ構である。

(ラ)　本覚　常の正眼より両肱を開いて曲げ、左拳を水落に近く上げて寄せ、左刃向けにとり、切先と柄頭とは敵から見て一点となるように構える。この構はわが太刀を敵に秘し、われは敵の千策万謀の本をことごとく皆覚知し、その未来を覚悟し、その剣果を証見して必勝をあげる働らきを蔵する構である。

(ム)　逆本覚　本覚の構から左足を前に出し、両手首を左廻りに半ば捩じ、左右の手首を連枝にとり、太刀は右刃向となり、切先と柄頭とは敵から見て一点となるようにとる。蔵意は順の本覚と同じである。

本　覚　　　逆　本　覚

右　八　雙　　　左　八　雙

(ウ)　右八相・右八隻
陰の構から右拳を右肩の高さにあげ、切先を後ろに高く太刀を四十五度にあげて構える。攻防共に変化自在に働らく意を蔵する構である。

(エ)　左八相・左八隻
陽の構から右拳を左肩の高さまであげ、左拳もこれに伴つて左乳の高さにあげ、切先を後に高く太刀を四十五度にあげて構える。蔵意は右八相と同じである。

(ノ)　小太刀・片手の構　脇差・小太刀を右片手に持つて構えるのには前掲の各構を取つて大概体は左向き、右足前に単身に構え、足運びは歩み足または千鳥足を用いる。片手にて大太刀をとつて構える場合は柄頭を握つて上段に構えるのが普通である。

(フ)　両刀の構　常の場合は左手に小太刀の柄頭を握り、左足を前にして正眼につけ、右手に大太刀の柄頭を握り上段につける。左右を逆にとる場合もある。一方で攻め受けなどし他方で打つ。あるいは左右から、又は上下から喰違いに刀を働らかせる。時には両刀を十字に構えまたは止めることもある。

(四)　**構の手心**　構の手心または手の内を説明するについて、まず構の基本となる正眼の場合で示す。すべて柄を握る指五本を一緒に固く握り締めるのはよくない。左手は手首を内に納め、小指を締め拇指の腹に力をこめ、他の指はゆるやかに丸く握る。柄頭は小指の外に少し余して司どる。右手は人差指を鍔にふれぬ程にし、小指と拇指の腹を締め、その他の指はやわらかに鶏卵を竪に寝せて丸く握るように保つ。両手のか

上段　　正眼

陰　　陽

陽　下段

右上段・左正眼　十字

かりあいを茶巾絞りにて持ち左手首を右内に捩じ絞る心得に従わせると手の内が丈夫でまた自然によく働らくようになる。斬突を極める刹那には手の内の締りを一挙に強く心の働らきと一致し生かして働らかせるものである。すべて指、手首、肱、肩などの関節は常に柔らかに保ち、斬突の技を極めるときには強靱に締めるものである。「ゆんでには茶巾絞りに握り絞め　めでに卵を握るとぞ知れ」

㈤　**構の足心**　すべて敵に対して立つ構の足は踏据えず、居つかず、力まず、浮立たず、跳上らず、自然の一足の運びが不自由なく、居るに安泰で、発するに敏捷で、必要によつて応変濶達自在なように保つべきである。斬突の用を果たすために生の間合から死の間合を踏越えて進む時に、前の足が出るのに従つて後の足が寄り添い間

脇　十　字

合に詰めていなくてはならない。両足を詰めるのには前足に添うて後足を進めて詰めるか、後足に添うし前足を引いて詰めるか、両足ともに寄り添うて詰めるか、後足が前足を越えて出たのに前足も添うて出て敵に詰めるか、或は前足が後足に引いたのに後足を詰めるか、いずれにしても、前に運んだ足にしたがつて後に運んだ足を詰めることが肝要である。この詰める右足か左足の心に斬突を極める手心がうまく乗つて働らくのである。これを一刀流では真の右足或は真の左足と教える。すなわち足を詰めるのと手の内を締めるのと一同になつて斬突の心の極めが丹田にこもつてよく利くものである。但し詰める時に心全体を詰め過ぎると物打の働らきが凝り固まり、越打になつたりしてよろしくない。充分の間合に入つたら腰を下ろし両足を開いて切下ろす例外もある。要は手足心ともに正しい間合の一点に詰め寄ることである。

㈥　**生桀招箭**　わが構は敵から見ると桀にみえる。桀に矢を放つようにうに打つてくる。われはそこを知つてこれをことごとく受け止め払い流しなどし、その時敵に生じた虚をこちらから打つのである。よつて敵から強い打突をかけられることを厭つてはならない。われが未熟な間は敵からわが構を見ると打込み易い桀のようなものである。われを組みし易しい桀と見て打突してくる強い敵を常に迎えて、それに対応する稽古を積むべきである。敵がわが姿を桀として放つ矢をことごとく払いのけることができるようになると、敵からわが桀の姿が見にくくなり、遂には矢を放つ事が無駄であることがわかつて矢を放たなくなる。われを桀とみてどしどし打込んでくる敵を喜び迎えて稽古を積み、次第にわが目明らかに技冴えてくると、敵は遂にわれに打突をかけることができなくなるものである。究極わが構は桀でなくなるまでになる。秘伝に矢留めの術の教えがある。

生琛招箭の教の奥秘は有構無構という事である。どんな構でもこれは有利である得意であるといつても、これのみに泥むと折角の構も敵に見透かされ乗ぜられる桀となる。これは丁度桀を築き的を置いた所に箭が飛んでくるようなものである。桀がなければ矢が飛んできても当るところがない。構が同じ色に染まらず同じ所に渋滞せず流転するのを無構という。桀がなければ矢が飛んできても当るところがない。構が同じ色に染まらず同じ所に渋滞せず流転するのを無構という。敵が桀に対して矢を放つのでわれは敵の所在と動きをつきとめ、忽ちわが構に蔵する意を発し巧みに打つて勝つ。この構の変貌が即ち構の無構である。無構とは構かないというのでなく、構の蔵意を敵に知らしめず、敵の構の蔵意を手に取るように知つて応ずることである。構の無構、無構の構に徹すると、敵からわれを打つ所がなく、たとえ打つても当る所がなく、またわれからの斬突はことごとく的中する事になるものである。

(七)　**雲の構**　構の無構、無構の構というのは構に形があつて形のないことである。形が見えるとそこに敵が打つてくる。形が見えなければ打つこともできない。しかし構である以上全く形がないとはいわれない。そこで一刀流ではこの構を雲の構と教えている。雲には入道雲、波雲、朝顔雲、雨雲など呼ぶ名があるが、その形は捉えようとしても全く雲を摑むようなものである。雲には全体の形があつても個々の形がなく、またその形も風に従つて移り気に乗つて流れ山に当つて変る。刻々流転変貌万化集散現滅して一瞬も滞らない。山に当つて生ずるが山をも包む。地より湧くが地を覆う。風に送られて飛ぶが風をも呼ぶ。そのように雲の構は敵に従つて生ずるが、敵を包み敵を覆い敵を走らすのである。天地位を定め、山沢気を通じ、雷風相薄り、水火相射ると。雲は見えざる所から生じ静かに集まるが、一度激すると、大雨を灑ぎ、万雷天地を轟かす。一刀流の雲の構もこれと同然である。

(八)　**剣身不異**　剣をとつて敵に立向う時に剣と体とが離れ離れになつていたのでは用をなさない。剣と体とは一体になり、体の構は剣中の体であり、剣の構は体中の剣でなければならない。切るのには手にした剣の働らきばかりで切れるものではない。剣中にある体を運び、体中に蔵する剣を働らかせ、体の主たる心中の剣を手にした剣を揮つて切つて初めてその用を達するものである。　また体が常に剣中に蔵せられ、剣が体中に備わつていると、敵からわれに切込む隙がない。これを剣身不異という。この身は心に剣を蔵する器であり、この心は身に剣を司らせる主であるから。これを剣心不異と教えるのは極秘である。執行を積むこと幾星霜の末に剣と身と心と一致し、一如となつて無二無三の境地にまで進むと宝剣の威光が自ら煥発し、その活用が無敵の切りとなつて現れるものである。これが一刀齋の悟得し門弟子に伝えた一刀流の極意の剣身不異の一条である。

第二項　位

(一)　**坐居**　敵と立合つて初めから優劣を決する要件に位取りがある。位は作為的の付焼刃で取つてくつつけ得るものではなく、その人に備わつた気品であり人格の表れである。剣を学ぶ者は先ず第一に人格を高潔に養い、これより発露する剣の位を高める事を心がけなければならない。　位というのはその人の在りかの測りのことである。人の在りかは絶対不動のものではなく、修養の如何によつて相対的に向上または退下し移動するものである。元来位というのは至尊至高の極点に対して、わが占める坐居がどれだけの距離の遠近があるかによつてその高低が測られるものである。至尊至高の極点に近い程位が高く、遠い程位が低い。誰れにも生れながらにして高い位があるものではない。慎み修め勉め励むことによつて次第に高い位に上つてゆくのである。位はもともと己の努力によつて実在するに価する自らの在りかであるから、他から何の位として授けられるものではない。たとえ高い爵位、勲章、学位、称号、段級や、秘伝の免状を授かつても自ら真に高い実在になつていなかつたら猴が冠を戴いたようなものである。そういう位の授け方をするのは真の指導者ではない。良師はその門弟子に実力がついて本当に高い位に上りゆくように方向を示し導くものであり、ここに達した者にそれを許すのであつて位を授けるのではない。また志の篤い弟子は自らを苦しめ百錬千磨し、師が許すまではあえて免状や伝書資格を所望しないものである。真に位が高く尊い威厳がある人の前には敵対する者も畏縮して手の施しようがなく、思うままに打たれて心服し敬慕し崇拝の念すら湧くものであるが、位の低い卑しい剣によつてはたとえ強く打たれても、反感をそそり、また誤間化しで打たれては唯騙されたと思うだけで少しも感服しないものである。剣は人格の発露であるから常に格調の高い位を志して自ら琢磨すべきである。

㈡　**位の諸相**　一刀流が教える位の諸相の名称をあげると陰・陽の位、金剛の位、天・地・人の位、露の位、盤鐘の位、石火の位、霞の位、松風の位、狭の位、月の位、水の位、睡猫の位、浮舟の位、絃琴の位、竜虎の位、虚空の位、至心の位、寒夜に霜を聞く位、本覚の位、打つ位、突く位、受ける位、外す位、入る位、出る位、冠る位、潜る位、抜ける位、運ぶ位、懸中待の位、待中懸の位など色々ある。これらの位はみなそれぞれの名称の文字が含蓄する至高至尊な知能を象徴するものであり、そこから独特の働らきを発祥する所のものである。諸々の位はみな一刀流の組太刀の技に配し、これはここそれはかしこと、心の坐居から技の働らきに発してそれぞれの位の用を果たすように実地について習わせるのである。この位から発する技が敵の状況変化に応じことごとく適切であり有効であり精妙であつて初めて敵よりも位が上であるということになる。ただ偶然に斬突が当つたというだけでは、そこに威から用に移る明識の慧知と透徹の事理と精妙の伎倆と自覚の信念とが備わつていなければ位の高い剣とはいわれない。さらばとて徒らに虚威を誇つても一刀に決する用を欠いたのでは自ら破滅するのみである。位の諸相は天の星の輝きのように数限りなくあつても結局は太極の一刀の栄光に帰するのである。

㈢　**位の運意**　位を技に移すのは運意である。運意とは心のありかから発する心の働きかたである。静から動に移る工夫のつけかたである。実から用を達する運びのつけかたである。心に蔵する明知を以て敵を透見し、わが太刀に働らきを如何に発せんかと意を運用する所である。ここが敵の状況変遷如何により、それに則応して位から技に働らき出さねばならぬ大切な所である。敵に対して取るわが位が果して高いか低いか、階程の度合如何は本来の威光が高大かいなか、そしてその発揚の運意が優俊か愚劣か、精妙か粗漏か、そしてその差等はどれだけかで決せられる。蒙昧未熟なものはどんなに高慢に威厳を誇示しようとしても運意も拙劣であるから無益である。自負心が強く人を睨みつけてもその目は木の節穴にも劣つて威光などあろうはずがない。一刀流仮字書に「及ばぬ上段を好まず」と戒めてある。位の高い太刀技を出すためには心の在りかの坐居を励みに励んで高めるとともに、その運意を聡明俊敏に働らかせ技能を優秀なものにするように日々夜々百錬千磨を重ねなければならない。かくて位の高い静と動、実と用の流転が自在になるのである。

㈣　**位と構**　位と構とは別である。たとえば城の建築の堂々たる宏壮な姿のようなものであり、位とは城主の持つ権威のようなものである。同じ構でもその中に高い位があつたり低い位があつたりする。同じ位にも様々ことなつた構がある事もある。位と構とは所在と方向とが一致する場合、並行する場合、交叉する場合、喰違う場合等いろいろある。ここに心技活用の妙諦があり、勝利の機会が複雑多岐にわたつてくる。位も構も共に上にある時もあるが、位は上から臨んで構が下から出ることもあるし、構は陰で位が陽の場合もある。また引く構に進む位もある。入る構に出る位もある。放す構に手繰る位もあり、冠る構に潜る位もある。受ける構に払う位もあり、流す構に切る位もある。これらの位と構とのかかりあいは決して単なる色や掛引きや詭譎や謀略ではない。正しい位と構との千態万様の取合わせによって雄渾卓抜な太刀の働らきを出し、どんな敵をも取逃がすことなく屈伏させるものである。高い位と尊い構とは互に唇歯輔車の関係にあり、高貴にして真鋭な徳を立てるものである。したがつて古来剣の位の高い人の剣の構は自然と尊く立派な姿を現わして感嘆称讃されたものである。

第三節　見合

第一項　目付

㈠　**二つの目付**　敵と立合つた時にわれは敵を見、敵もまたわれを見る。互に見るから見合である。見合の優劣が彼我の勝敗を決する糸口となる。敵に勝つにはまず敵を知らなければならない。敵の強弱虚実を知り、敵の真相を正確に見極めるように心を働らかせて見るのがこの目付である。目付の法として一刀齋は二つの目付の教えを伝えた。即ち敵と立合つたら敵の目と拳、拳と切先、切先と足などと見る。また敵全体の姿と急所に当る一点の虚実を見る。静と動とを二つながら見て静から発する動の転機とその去来を見る。敵の気を目の中に見、技を切先の動きに見る。これによつて敵の実と虚とを見定め、実を制して虚を打つ。起りを押え尽きたるを打つ。二つの目付の心得としては表には裏があり、上には下、右には左、前には後があり、全体には一部がある。これは彼にもあり我にもある。これを組太刀にほどこして説くと、払捨刀や妙剣などを仕うときでも一途に敵を打つ所にのみ目をつけると、思わぬ敵の変化にあい仕損じる事もある。よつて表を打つ時に裏の防ぎを見失わず、右から出る太刀は左に入る所にも目を放さず、すべて虚あれば実を忘れず、勝の一点にのみ片寄り固執せず、広く全体を一眸の中に納めて万遺漏なきを期することがすなわち二つの目付の教えである。

㈡　**目心**　敵の真相を透見する目付としては、単に敵の形や所作を肉眼で見ただけでは充分でない。形を通して形の大本となつている形のない気をわが心の目で見なければならない。この目付を目心という。敵の全身、全心、全技の過現未をわが心の目に写して明らかに見る。これをよくなし得る秘訣は三角見（みすみみ）の極意を施すにある。この法は有形を通して無形を見る事である。この法を取り行うにはわが目心と身体と切先とを一体として敵を二つの目付にて見ることである。第一の三角見たる図のような▽一心一体一剣の法を用いたら、進で第二の三角見たる図のような⋈我と敵と剣とを一体とする相互合三角見の則を施すのである。この三角見の法則を用いると、わが目は形に欺かれず、わが心は形に現われず、敵の真意を透見して百発百中し、よく必勝の功をあげることができるものである。

㈢　**天地の目付**　たとえ敵は七尺の大男で大上段に振冠つてきても、切先の上から足の爪まで一杯に見切る。われは下段に構えても地下から天上まで貫くように見極わめる。これを天地の目付という。このように敵全体をわが目の中に納めるのには自ら気宇を壮大にし浩然の気を以て敵の気を奪わなければならない。こうすると七尺の大男も微塵程に見え、しかもそのすることなすことことごとく手に取るように見えるものである。須弥山巓から金輪際までわが懐に納める天地の目付を以て敵に対すると、敵の心の上り下り、技のみぎひだり、剣の行き来が蟻の触角の上り下りのように見える。この広い目心の中に一切を容れて見る天地の目付を唯一之位の目付ともいう、一刀齋はこれを見山と教えたのである。

㈣　**八方満心**　一刀流は二つの目付、目心、天地の目付など説くが、その本質は八方満心の教によつて総合せられる。われは天地東西南北表裏に目心を向け、四角八方に心を広くしてその内からくる敵を見ると初めて[illegible]この図のようにわが心は八方に満ち亘つて欠けるところがなくなり、敵は八方からきてもわれに当る所がなくなる。俗にいう八方睨みである。この八方は八方と限つたのではない。十六方となり三十二方となり、平面の円から立体の球となり、角がとれ円く球となり無限大の渾円球となることは八方満心の極致であり、明知達識円満具足の境地である。

㈤　**大星の目付**　八方満心の備えが完全し、あまねく見極めることに手落ちがないにしても、一挙にその用を果たす働らきの目付がなければ敵を撃滅する快勝が期せられない。それには大星の目付の極意がある。われは八方満心にとり、敵が八方から打つてきても、ことごとくその拳を押え、敵の心の働らく技を敵の拳に施す曲尺に許さない。敵の目心をわが目心を以て見破り、敵の拳の動きを制し、また敵の眉間を目当てとし、われから万心捨てて打込むのである。天地四方八隅を広く一体に見極わめてしまつたら、余計な所は見捨てて、捨目付の極意により勘甚要めの一点を見て果敢に打込む勇猛心の働らきあることが大星の目付であつて、これがすなわち盤鐘の太星を目がけて橦木を打ち大音を轟ろかせ万理を一刀に決する所である。

第二項　色　付

㈠　**不付使付**　敵と互に見合いして、敵の色に迷うと敵の本性を見誤まり、欺かれて魂まで亡ぼすことになる。色はかりの影であるから実からも出ることもあるが、不実からも出ることもある。それにもしわれは色眼鏡をかけて見たらみなそれに染まつて見える。また「巧言令色仁すくなし」ともいう。要するに勝は色に付かず実をとらえることにある。敵と相対しその丈が高いのに目を上に向け足許のことを見ず、低いのに心取られ飛出して高い所に打つてくることを察せず、あるいは敵の太刀の物々しい構の形相に驚き、怒号の懸声に懼れ、勢にひるみ、敵の切先の攻めの所作に気を奪われ、心が動転するのはみな敵の色につく所である。そうなるとわが弱点が見すかされ追立てられてわが施すべき技が出でず、人に致されて負けとなる。

色付の第一の教は敵の色に付かないように修練することである。敵がどのようにいかつい構でどんなに脅かしても、またはことさらに隙を見せて誘つても、それらに動かされることなく、われから自主的に働らき、敵が左から打とうとせばわれは右からかけ、敵が上から来ようとせばわれは下から攻め、凡て敵の示す色の意表に出で逆逆と敵の不都合な所に働らいて出ると敵は遅れわれは進んで必ず勝てるものである。

第二の教は敵の色を見て、そのよつて出る源の実体を見極わめ、それから続いてくる技の行く末を見透し、敵の太刀生滅の機を捉え、その所にホンショウを以て勝つべきである。雨雲の去来を見てその兆候に備え傘を携えて外出するような所である。

第三の教はわれから進んで色をかけ、色々な色付きで敵を誘いおびき出し、思う存分に引きまわし、敵の持つているよい技をみな出させ、敵が尽きて虚となつた所をイョウリュウの極意を用いわが実をもつて快よく勝つべきである。

第四の教は敵のかけた色にわれは付いたと見せ、敵にこれでうまく行つたと思わせ安心させると、敵はいよいよわれをものにしようとて、なにもかも色仕掛けでさらけだす、そこえわれはその色についたように乗つて見せて、初めから固く保つたわが主心を働らかせて敵をずばりと打ち取るのである。

㈡　**色即是空**　敵と相対しわれから色を見せ、好餌を示して誘うと引懸かつてくる敵であるならこれを引懸け、わが思う壺に篏めて搦め取る。また脅かす色を見せると恐れて逃げる敵なら、その動いて退く所を打取る。これはすなわち敵の色即是空の例である。また色にて引張られず追込めない敵であるならば、遠くに見すましてその起こつてくる色の所を切るのである。敵から起つてこなかつたら、われから烈しく切込み突込み、敵の気を乱しその乱れを乗切つて勝つべきである。この乱れは即ち空即是色の所である。

㈢ **無色の色**　敵の色に溺れると敗亡し、わが色に耽けると自滅する。われから切出さんとする念が頻りに動いてその念が色に現れ、切先の締りが抜けて自然と高くなり、また突うと思うて切先が下がり、体が前にのめり出すと、巧者な敵はわが攻めの色に恐れて逃げることをせず、却つてこれに乗じ、わが技が効を奏する先にわれを迎え突く。これはわれがわが色にうぬぼれているからである。すべて色仕掛はひがごとである。無色の色とは心の色が体の色を伴わないことである。敵の切先が上がればわが心の切先もこれに対して上がるものであるが、太刀の切先をはずして下げると敵の構は死ぬ。敵の切先が下がるとわが心の切先も下げてつけるのであるが、わが太刀の切先を正眼につけて出ると、敵の構は死物になる。これはわが心の無色の色を形に現わさずして働らかせる即ち無色の色で敵に対する所である。無色の色となれば敵はわれを窺うことができない。しかも敵の有色の実体はことごとくわが心の鏡に明らかに写りわが無相の勝が成るものである。

第三項　即意付・続飯付

㈠ **そくいの心**　敵の意を見てその意に即しつきまとい、敵が嫌つてのがれようともがく所を意表にはずし、その転機に生じた虚を捉えて勝つのはそくいの心である。そくいつけは即意付とも続飯付とも書く。そくい付けは敵の意の赴く所を見て先ずその通りにくつついてゆく事である。糊をもつてくつつけてゆくことである。敵の太刀にわが太刀をぴたりと付け、敵の意に添うてどこまでも付いて行つて敵に技をかけさせないことである。例えば組太刀五本目のように互に切先を正眼に合せ敵から咽喉を突いてくる時にわれも同じく突いてゆき、力拮抗して切先が互に相手の左耳朶の下に伸び、互に鍔元八寸の表鎬にてひたと付き、われはこの小口を許さず、敵の意がわが手に響いてくる所をよく知つてこれに即しこれを圧服して初め大股に攻め進む。敵は嫌つて耐えつつ退くからその僅少しもゆるめず敵の意に即して次第に小足に抑え進む。敵は煩わしがりもがいてこれから免れようとして遂に踏み止まり、耐えて強く反抗して替る所がある。この替る小口の起り頭を捉えわれから敵の意表に出で、からりと外ずし、敵を動転させその虚を乗取つて楽々と勝つのである。この即意付を続飯付とも書くのはわが意を糊にし糊をもつて敵の太刀に添うて付け廻わして離さないことである。しかし付けるのにはよく付けるが付けるのは付けるためでなく、離す好機を生むのがその目的である。離す途端に生じた機会を捉えここに勝つのが主旨である。

㈡　**漆膠の付**　そくいよりはうるし、にかわにつけるように更に堅くつける。またはがす時には十字に捩じてがくりともぎ取るような手心を養う教である。漆膠で二つのものを一つにくつつけると容易に離れない。無理に二つのものを離しても漆膠はなお付いて離れない。わが眼明らかで気力盛んで太刀筋健やかで敵の太刀に漆膠の付をかけると、わが太刀はただでは離れない。漆膠に付けるのは敵の意の実体につけることである。一度漆膠に付くと敵が右に動くとその頭に伴ない、左に移るとそれに乗り、敵の太刀に付き技に添い心にまつわり、敵の進退強弱につきまとい、先へ先へとからみついてゆく。かくすると敵は煩わされ嫌つて何とかして引き離しのがれようともがいて必ず替る力みの働らきを出す。この機会を見計らいわれから同時に強烈にがくりと離し敵の抜けた虚にそのまま打つて勝つのが漆膠の付の教である。この教を実際に習うのには組太刀大太刀「下段の付」や「余り」の技の手心で学ぶのである。この漆膠の付は固く付いているから、ただ引張つたくらいでは中々離れない。そこで太刀と太刀を十字に捩じもぎとるような手心を働らかせるのである。そうすると敵は一層がくりときて虚が大きく出る。そこで楽々と勝つことがで来る事になるのである。

㈢　**不即不離**　敵から即意付に来たら、われは敵の技に付いてその意に付かず、不即不離を以て表裏をかけて押込むか引余すかしてその付きをわれから離すのである。敵が付けた太刀はわが太刀に付いているから敵は切角付けたと思うが、太刀が付いていてもわが心は一向に付いていないから、初めから離れていると同様である。よつて敵は煩わされているがわれは少しも煩わされていない。さて敵意の付をわが手心で太刀から離してもわが意の付を敵につけてゆき、敵の変りぎわの虚に思う存分仕うのである。即意の極則はわが心を敵の心に結び付けて敵を仕うことである。敵は縁を断つて切れぎれに遁れたと思つても、われから結んだ心の綱で搏ばつているから、送り出すのも引き寄せるのもわが心のままであり、敵の離れて崩れた所に乗取つて楽々と勝つのである。

第四節　曲合・兼合

第一項　間　合

㈠　**かけひき**　勝敗は互に曲合の取り方の優劣によつてきまる。一と一または五と五とでは無勝負である。われ六となり敵の四とわが四とを相殺し残りの二を利して勝つ。互に一足一刀の所は五と五である。われ一歩踏込み六となり敵の五をわが六を以て打つて勝つ。敵もし一歩引きわが加えた一を差引くなら、われ直ちに二歩駆け込み敵よりも一を多くして打込むのである。或は敵から一歩進んできたらわれ一歩引いて元の五と五にするかさもなければ敵の意表に出で敵が加えようとする一を奪いとり、われはその場におりながら六となり、その奪つた一を利してその打間で敵が打つ先にわれから迎え打つて勝つのである。敵がわが面を打とうと太刀を振冠つて一歩出てくる刹那に、敵の太刀がわが面に当る一瞬先に敵の面を迎え打つのである。互にかけ出るか、ひき去るかは曲尺合のかけひきでありここを制するのは曲合の争である。曲合は五・五や六・四や七・三ばかりでなく、いかようにしても利が多い方を取つて勝つ工夫をすべきである。

㈡　**遠近**　敵と立合う間合は初めの一刀一足を以て規矩を測り、わが身体の大小、太刀の長短、歩巾の広狭により、われに都合のよい間合を作り、敵の間合をはずすようにする。それにはいつでもわれからは仕掛け易いようにし、敵からはわれに遠過ぎて当らないか、または近過ぎてわが切先に閊えるようにするのである。われから勝手のよい間合というのは一足一刀の常の間合である。双方からする常の間合は切先三寸を合せた所になる。この常の間合にも心と体との懸り合いによつて近くも遠くもなる。同じ距離でもそり身になると敵に遠く、わが進退も思いに任かせない。かかり身になると敵に近くなり働らき易いが、敵からも近くなる。わが身体の反り懸りによつていくらか間合の遠近を制することができるものである。しかしそれよりは常に上体を正しく垂直にし、寸田と丹田とがそれにはずれず、歩巾は片足が一足程前に出で、あまり足巾を広げて踏張ることなく、顎を引き、膝腰の関節の弾力を養い、必要に応じて前後左右大巾にも小巾にも自在に転化し得るような間合をとる。更に大事なことは心の間合によつて距離の遠きに近きがあり、近きに遠きがあることを学ぶことである。その理はわれから攻め進む心があるとわれから敵に近く、敵に逃げる心があると敵からはわれに遠い。わが注文の尺度に合う曲合を造るのには常に敵を攻め動かし敵に逃げる心を起こさせ、敵からわれに遠くなるようにする。攻める時にはわが足巾を前後左右ともに常の歩巾よりも殊更に広く開いてりきんではならない。そうすると本当の打突をかける時の踏込みが足らなくなるものである。一刀流は正常の間合、自然体の体運び足心を尊ぶのである。

㈢　**加減**　間合は余り遠過ぎてもまた近過ぎても間に合わない。必ずよい加減という矩りの積もりがある。常によい加減にしてよい間合をとることを学ぶべきである。譬えば寒中に凍えた手を火鉢で煖めるにしても、火に手を付けるものはない。遠からず近からず丁度よいほかほかした所に加減して翳す。また物を手に採る時も同じである。あまり遠い所からはどんなに手を伸ばしても摑めない。遠近程々の所で手を働かせて摑む。太刀をとり敵に対し技をかけるにもまたこの間合の加減が大事である。近過ぎる越打はいけないし、遠過ぎて足らないと用が足らない。特に敵は活物であつて品物と異り、常に動きむしろわが間合を破つてわれを打とうとするから、われは敵に遣われず、敵を遣う間合の加減をとる工夫をしなければならない。しかしすべての仕合に間合の加減にだけ心が囚われてはならない。火中の栗を拾うのに手を突込んでもやけどしない法がある。それは栗が破裂しない直前に咄嗟に火中に手を突込み取り出す近間の瞬息の間の極意である。虎穴に入らなければ虎児を捉えられない。ここは親虎の隙に入る間合の教である。これは機の間合の加減をはかる教である。この死の間合に入つて剣刃下から身を交わすのは右足・左足の秘法である。

㈣　**瞬息の間**　日常の稽古で対等の者同志ならば普通に一足一刀の間合をとり、切先の争いから芸を細かく出し互に競うて勝負を決するが、この外に遠間からの心得をも会得すべきである。遠間からは目心を働らかせ調子をはかり虚実を見極わめ、一挙に駆け合い、渡り合い敵と必殺必死の剣刃下に入つたら、そこで瞬息の機を捉え、駆け違いざま先をかけ切り抜け突き抜ける。われと敵との決戦の間合への出入は瞬息の間に去来するものであるから、遠間にある時既にこの機微の間を適確に捉えてかからなければならない。この場合は空間的な間合と時間的な間合と合致する一閃の機の測定を把握することに心体剣一致の働らきに慣れていなければならない。

㈤　**付き離れ**　敵と立合い打間に入つたら、必死必殺の覚悟で相撃ち刺し交がいを行う。その時は決死の気力の勝が技の勝となるものである。もし間合が互に甚だ詰まつて手元へ付いた時には鍔糶合となることもある。そして互に膠着して中々勝負がつかない。その時には思い切り強く抑えて打つこともあり、押し除けて打つこともあり、またわれから退き離れ去ることもあり、喰違いに進み交わすこともある。いずれにしても太刀を持つ手許の間合の勝負であるから、初め付いた時は一毫の油断も許さない。少しも気を緩めず強く付ける。この時は敵の太刀がわが肩や腕に触らぬように鍔元にて抑え、たとえいずれに交わしてきても応じて進む心が大事である。その膠着の状態から離れるのにはよい塩合を測り、急に強く抑えて退くにしても、引きながら打つにしても、押して交わし打つにしても、いずれにしてもわが手元と心を締め足運びを速やかにして離れ、敵に間合を与えず、わが生の間合に出るのである。この離れ際が勝負の分れ口であるから、ここに油断があると負けの小口となる。離れて切先三寸の間合に戻り敵の気がほつとゆるんだ所は丁度よいわが打間の好機が出る時であるから、そこを直ちに切込むと見事に勝つ。間合には刀の間合と心の間合とがあるから、この二つの間合を一つに配して仕う工夫をすべきである。極意に及んでは間合に心を止めず、心に間合を置かず、一刀の生きた働らきに任すべきである。これが夢想剣に達する道筋である。

㈥　**慮点不慮点**　間合については相打ちの所のように見えても、実は敵の切先がわが肌をかすめる程なのに、わが物打が敵を見事に果たす間合を心得てつかう明断がなければならない。古来名人がこのことに心を千千に砕いてよい範をのこした。小野次郎右衛門忠明が膝折村で強賊の両腕を斬落し、忠明の鉢巻を切らしたという。また柳生十兵衛三厳は浪人剣客に真剣勝負をせがまれ、木刀試合の時と同じ手で、浪人に三厳の下着の綿まで切らせ、浪人の肩先六寸ばかり深く切つて斃したという。間合の見切は常日頃の稽古で習い覚えなければならない。初め間合は一尺も遠過ぎたりする。それが五寸になり三寸になり一寸になり一分になる。一厘の差でも敵が打来る刀がわが肌に触らずはずれた処にわが太刀は直ちに六寸斬込むのである。この間合を知つてつかう事を一刀流で慮点と教え、この間合を敵に知ることができないようにつかうのを不慮点と言い、そこを不断に仕い慣らさせるのである。

第二項　調　子

㈠　**乗不乗**　調子のとり様は曲合の利を完うする上に大切である。人の気象によりその太刀の動く調子に遅速、軽重、長短、繁簡、奇偶、利鈍など様々ある。常にわが調子を以て敵を仕い、わが都合のよい曲合の利を以て敵を制することが勝の定法である。敵によつてわが調子に乗るのと乗らぬとがある。わが調子に乗る敵ならばわが曲合の利のある所に乗せて置いて思うままに動かし、程よい塩合にて振り落してそこを打つて勝つべきである。わが調子に乗らずまたは調子を出さない敵なら、わが調子を変えて強く打出すと敵は自然に調子を出して来るものである。一旦敵の調子が出てきたらその調子を捉え、その調子をわが調子に乗せた切先で攻め乱し、ちぐはぐにさせ戸惑わせてそこに打込む。すべて巧者な人は下手な人の調子を左右し得るものであるから練磨の功を積むことが先決である。併し時には下手でも中々人の調子に乗つて来ず仕いにくいものもある。これを致すのには技の調子にこだわらず、心の調子を変え柔らかくまた烈しく仕うことである。

㈡　**心と技の調子**　敵を致し敵に致されないためには技にては敵の調子に乗り随つて移り、心にては敵をわが調子に乗せ動かして仕うべきである。敵を致そうとして故意に技を形に現わして、そこに隙があからさまに出ては敵に致される。敵を致す法は敵の調子に握攊せず、敵の技に従つて移る間に敵から色々と打突を出し、形が現れてくるから、そこの調子をわが心の調子に乗せて見ていると、敵の隙が見えるものである。そこに曲合の利を造つて置いて打つと労せずして勝つ。これが敵を致す所である。平常の稽古にて太刀技の調子のみに顧慮することなく、心の調子を以て仕うことを学んで置くと、まさかの時に、この理に叶つて自然に敵を制し得るものである。

㈢　**応敵自変**　技の調子にしても心の調子にしても、いくらわが意に叶うよい調子だからと云つても、一本調子ではすべての敵にいつでも勝てるとは限らない。敵を攻込んでわがよい一本調子でうまく勝てることもあるが、調子が合わず、調子をはずす敵ならば遠く離れた所に扣えて、そこに懸つてくる変つた調子を見て、これを迎えわが調子を変えてこれに調子を合わせ、これに応じて切込むものである。敵により時によりその調子は予め測り難いものであるから、敵に立合つたら見合よろしく敵の調子を見届け、これに見合うようにわが調子を変えて出し、そこに曲合の利を求め、如何様にしても勝つようにすべきである。仕合が長引いたら思い切つて調子を自ら変え、敵の意表を突き、敵の曲合を奪い取つてわが利として勝つべきである。

第三項　拍　子

㈠　**決戦の一瞬**　調子の決する所は拍子である。調子よく敵を攻めておいてその究極の拍子に於て敵を一挙に仕止めるのである。どんなに調子がよく律動しても、その焦点にきまる拍子の好機に一刀がよく投合しなければ勝を挙げられない。たとえ拙い調子の中からでも、若しよい拍子に適合すると勝てることもある。よつて技に於ても心に於ても、調子は調子を弄ぶのではなく、その中から一刀のよい拍子を生み出し、即座に投入するように修練しなければならない。拍子の明滅は一瞬にして転換し、無為にして去来する事もある。好機に投じて拍子の焦点を合せてよく決戦の功を挙げるのにはあれやこれやと作意の労作をすることを遙かに超脱し、無為無心のうちにたくらむことがなくても、点滅する拍子の機に投じ、睡中に自然と痒所を掻くようになるものである。ここは拍子に投ずる一瞬である。

㈡　**拍子の柔剛**　敵から烈しく大きい剛の拍子を以て切懸けてくる時には、われは柔らかに小さく留めそらす。それは丁度投げてきた石を綿で留め包むようにする。これは綿の拍子である。飛でくる石を石で受けると撥ね返つて合気になるか打砕かれるかする。また柔らかい綿と綿と打合つても勝負がつかない。柔らかい構に柔らかくつけては勝負がない。その時には綿を手で急に引きむしるような、または鋏ではさむような拍子を出すべきである。柳の枝をやんわりたわめても折れない。これは左手で枝の中程を持ち、右手でその上を摑みひよいと逆に両手喰違いに折ると、その拍子で折れる。これは柔を剛の拍子で勝つ所である。また太い松の幹はどんなに力を入れても一図に折れるものではない。しかし枝に葉に柔かい軽い雪が積もり積もつて重くのしかかると、自然にたわまりどたんばの拍子で大幹もがくりと折れるものである。これは剛を柔の拍子で勝つ所である。一刀齋はこれを「柳を折り」「松をたわめる」と教えた。

㈢ **拍子無拍子**　拍子の無拍子　無拍子の拍子ということがある。それは敵のよい拍子を無拍子に引はずして技を無効にし徒労に終らせ、敵が拍子抜けして無拍子になつた所をわが拍子として捉えて勝つことである。例えば敵が正面から切懸かるのを、われは体を開いて剣刃下からはずし、敵の拍子を抜かし、無拍子になつた所をわが拍子としてすかさず敵を突くか払捨刀にかける。または敵が打損じて立直る前の無拍子になつた所をわが拍子として突込む。これらは無拍子を拍子にとつた所である。また拍子の無拍子ということは拍子には機があつて相がないということからの教である。拍子に形があるだろうと思つて敵を打つべき拍子の形を求めても見付け得られるものではない。それは機の現滅に過ぎない。水に字を書くような所であつて跡形がない。わが太刀を筆にし敵を水にして字を書くと、書いたには相違ないが跡は残らない。よい拍子で敵を打つたには相違ないが、その拍子の跡は早や消えている。拍子の無拍子は色即是空の所である。

第四項　居　付

㈠ **心身凝滞**　敵と立合うことは死に向かうことである。勝負の場に臨んではわれが敵を殺さなければ敵はわれを殺す。或は相打ち刺し交いになる。従つて誰でも恐怖心が起り心気が凝り身体が固くなり、日頃の修養も手練も鈍ることになる。敵に対して早や心が動転し目が眩み、手足がこわばり、守りながら守りがならず、機があつて動こうとしても働らきが成らず、自主自発の技が出なくなる。死を見て恐れ竦むと心身にしんばりをかけられ、そこに居付いて敵から曲合の利を奪われ狙打をかけられる。かかるときは万心を捨て一身を敵に預け、今こそ立派に死華を咲かせる人生最高の名与の好機と祈願してわが力倆の全能を一刀に乗せて必死必殺と打込むと、自然にわが曲合の利が生れる所に勝が出てくる。もし敵に対しわが得意技を頼みにして、こう打とうあゝ突こうとこだわると、われはそれに囚われてそこに居付くことになる。敵は早くもそれを見抜いて、そこに打込んでくるとわれは免れるすべがなくなる。こんな時にはわが想定を払い捨て、無想となつて自然に出るわが太刀の働らきに任せ、一心不乱に打込むと心身の凝滞が忽ち解けて居付く所がなくなり、敵が打込む所がなくなる。平素の稽古に於て竦む心身をほごしほごしして胆力と能力とを養い置くと、まさかの時に臨んで居付くことがなく、思いのままに濶達の働らきが成るものである。

㈡　目の居付　目の働らきは物の色と形に止まり、その動きに従つて動く。目は映つた物の形象動静の所に居付くものである。然るに目に映る形象動静は実体ではなくその仮の影である。況や敵が示す諸相は欺くための偽装である事が多い。そこにわが目が居付いていると敵はわが意表に出て、思わぬうちに曲合の利を作つてわれを破ることになる。わが目がどこにも居付かなければ敵のすることがわかり、われは不覚をとることがない。譬えば夜分には風塵強く立つても格別目に入らないのは夜分は見るものがなく、目が何物にも居付いていないから砂塵がまつ毛に当る瞬間に目を閉ざすからである。然るに昼は少し風塵が立つても目に入り易いのは目が何物かに居付いて目に隙があり、そこに入るからである。目が居付くと心気が居付き、心気が居付くと目もまた居付く、目に心が欺かれず、心に目が欺かれず、常に真相を透視するためには肉眼と心眼とがともに居付を取去ることにある。

㈢　**転変流露**　居付かぬことは転変することである。疑滞しないことは流露することである。敵と相対して敵が上ずればわれも上へ、沈めば下へというように敵に引廻わされ、敵が居る所にわれも居付くのはよろしくない。敵が上にいても下にいても、その形象動静に居付かず、見えざる敵の心を捉え、その技に添い応じ転変流露すると、いかようにもわかりよい曲合の利を作つて勝てるものである。転変流露の原動力はわれから発する主心にある。主心といつても相手があることを忘れてはならない。われが強いからとて強い所に誇り、余りよい所に切込もうとこだわると、そこが却つて居付になつてよろしくない。またわれが弱いからとて弱い所を気にかけ、余りそこを心配すると、またそこが居付になつてくる。すべて対敵の動作であるから心気はいやが上にも冴え冴えしく陽に保ち、転変流露の円滑な働らきを以て柔らかに勝を取るべきである。

㈣　**一刀湛水**　水は方円の器に湛え、深淵に湛え、大洋に湛えて自らの形に居付くことがない。無形無相である。この水が一度緑にあえば緑玉よりも緑に、紅葉にあえば紅玉よりも紅く輝く、一滴のしずくが玉となつて円く、万斛の大海が淼々としてまた円い。これは水の性が満ちたらわいて欠ける所がないからである。無心に湛えた桶の水が桶に針程の穴でもあくと忽ち奔り出る。これは湛水の性である。一刀を無形無相と教えるのは敵に従つて転化し、八方に進出して浸透し、円満具足して円相を象らせるためである。欠ける所なく満ち足る性を本然とするから、敵に針程の隙があると、そこをのがさず忽ち切込み決して許すことがない。またわが内心の欠陥を補い補いして円満に具足するために精進する。自らを補い補いして円相に達し、主心を発露して欠ける所がなくなり、初めて転変流露し、無碍自在となり、常勝の士となる。ここが一刀湛水の極致である。

第五項　合　気

㈠　**合打**　敵と打合つてどうしても合打となつて中々勝負がつきにくいことがある。われが面を打つと敵も面を打ち、敵が小手を打つにわれも小手を打ち、われ突に出ると敵も突いてくる。われが一尺進むと敵も一尺進み、われが五寸退くと敵も五寸退く、いつまでたつても合気となつて勝負がつかない。遂には無勝負か共倒れになることがある。これは曲合が五分と五分だからである。こんな時は合気をはずさなければならない。合気をはずすのには先ず攻防の調子を変えなければならない。わが遅速長短の調子の旋律を急に変え、横縦上下の喰違いの形をとり、心に於て敵の気を離れ、互に引張りを解き放し、敵強引にくればわれふわりとはずし、敵無為となればわれ厳しく打つ。かく手を変え品をかえるとわが曲合の利が生れてくる。これを利してそこに乾坤一擲の大技をかけると目が覚めるような新鮮な勝が我手中に帰する事になる。

㈡ **留**　敵の太刀に逆らい出合に合気となるようなことがない留めの法がある。敵の打込む太刀の心を知つて、これに反撥せず快よく引受け、敵の力を誘いながら受留めると自然に敵の働らきの尽きる所がある。ここは合気をはずす塩合の所である。この塩合を味わうのには留を小さく留るのである。留を大きく留めると、合気をはずしてから次の転化に出るのに暇がかかつて役に立たなくなり、そこにわが隙を生じ不利になる。よつて留める時には留めて置いて淀んではならない。留める機会はわれから打出す塩合であるから、小さく留めて直に曲尺を利して打込むべきである。この味は組太刀の折身の後半の切り所などで試みるべきである。

㈢ **交わす**　留めが利かない場合もあるから、その時には交わすことを法とする。敵が打出す強い太刀に逆らわず、われは斜に左右前後に体を交わし、少しも敵の太刀に拮抗せずそらしてやると、敵の力が強ければ強い程のめつて出るから、その隙をわれから楽に打取ることができる。このかわりぎわに敵の力を利用し、その行く方向にむけて敵の首にわが心の綱をかけて引摺り出し、その後ろから押しやると、なお更烈しくそれてゆくものである。わが体をかわす所は一刀流松風の教で松の枝が風に靡いて風をよけるばかりでなく、風が障る松の木を根元からのけて松風のない風を通す所である。また流れてくる丸太を上流から斜に突いてなお早く下流に流す所である。敵の気剣体を一緒に引摺り出し、行く所まで喰違いにゆかせ徒労に力を尽きさせ、まだ立直らない前の所でいと易く勝つ。これは敵の曲合の利を奪い取つて勝つ所である。組太刀では大太刀「引身の合下段」などで味わうべき所である。極意は「電光影裏転身去」である。

㈣　**和而不同**　敵の強い刀に逆らつてわれからも強く出で、敵の打を中途で強く受止めると兎角合気となつて味がない。逆らい争うて勝つのは上乗の勝ではない。敵が望んで打つて来たらそれに和し育て敵の刀の行く方向にわれからも助勢し、その心意と太刀技とを力一ぱいに尽させて流してやると、われは聊かの働らきにて大きく勝ち得るものである。これもまた敵の曲合の利をやわらかにわが懐にとりこむ所であり和して同ぜず平らかに勝つ所である。平らかに和して自ら勝つから兵法を平法といい、剣術を和術という。和する所が勝つ所であり、勝つてまた後によく和するのである。組太刀では「乗身」の後に流して切る所などで学ぶべきである。

第六項　長　短

㈠　**太刀の寸法**　一刀流の掟によると太刀の刀身は二尺三寸五分、脇差は一尺五寸五分と定めてある。この太刀の寸法は普通の身の丈五尺五寸程の人ならば鍔元の柄を握つて立ち切先が地に触るか触らぬかの長さである。又脇差の長さは肩巾とほぼ同様である。この寸法の大小をわが曲尺の利に仕いなれる事はあらゆる用に適つて益が多いものである。

㈡　**長短の損得**　太刀が長い程得があり、短かい程損だと思う人があるが、長には長の得と損とがあり、短には短の得と損とがある。長短の損得は仕い方如何によつて分れるものである。長い太刀を以て遠間から切先の寸法を利して懸つてくるものがある。その時に短かい脇差を持つて長い太刀の寸法にこだわつて仕うと長い太刀が曲合の利を働らかせて、脇差は不自由不勝手になる。かかる時には長いものに拮抗することをやめ、われも長を持つ如く和らかに仕い、打たず懸らず、引はずし交わしさえすれば敵は次第に心気乱れ体形崩れ技術尽きる所がある。この塩合をのがさずわが都合よき間合に踏込んで、短を以て長を制する打間を学ぶと、長刀は却つて無用の長物となり、短は短兵急に功を挙げる。

㈢　**入身**　敵は三尺の長剣を持つからとて間合を三尺得するものではない。またわれは九寸五分の短剣を持つからとて間合は九寸五分だけだというものでもない。間合は一足の付き離れで自在に伸縮するものであり、実体に切込む刀の物打の巾は八寸の規矩であり、三寸も切込めば用を達するものである。短剣を持つ場合には長剣の打間から遠く離れて構える。敵から攻来るか、またわれから攻入るかの場合には敵の切ろうとする物打の当る八寸の規矩を一挙に跳び越え、入身となり、長剣を抑えて直ちに敵の手元に付入るべきである。われ入身に接しているから短剣の働らきが自由で三寸の切りも突きも勝手であり、敵は長剣がつかえて不勝手になり勝はわが手に帰する。敵が嫌つて引くとわれは締付けて付入り身を接して抑え少しも許さず、止めを刺す。またわれから離れる時には短剣にて長剣を抑えつつ生死の間合を一挙に跳び退くのである。短を以て長と立合い入身の付き離れを行うのには一足の進退が機敏であつて間髪を容れず、敵に切り手八寸の規矩を封ずるようにすべきである。生地への入身は必ず一度は死線を踏み越えるものと知るべきである。

㈣　**長短一味**　凡夫は長器は短器に優ると思うが、達人は長短一味なる事を知る。太刀の長短は畢竟心の長短によつてその働らきを決する。わが心に吹毛の利剣を磨き、わが心に長短を共に蔵すると、手にとる太刀の寸法を論ずる要がない。万里も一閃に去来し億兆も一と数えるのは一刀流の教えである。太刀の寸法如何にかかわらず、敵に切込む太刀先三寸が敵に当る巾であり、深くて六寸の規矩をゆけば充分である。われに当る所も同様である。徒らに太刀の長短を問わず全身全進以て全心を捨てると曲合がすべてわれを利し、われを全うすることができる。敵を必殺する代償はわが必死のみと覚悟し、太刀の長短は本来心の長短に順うものであつて長は短となり短は長となり、もともと一味であると悟るべきである。

㈤　**無刀の心**　刀は心に従う器であるから、主たる心は従たる刀の長短に仕われることなく、主心を以て長短を自在に仕うべきである。敵の長剣に対し、われ短剣を持つと短剣に心を置かず、むしろ無刀の心で仕い、死生の間合にきたら機を見て一挙に進み詰め入り、跡へは一寸も引かず入身に接し、敵の心の真只中を一摑みにゆくべきである。かくすると容易に長剣を制し得るものである。また合小太刀にて互に立合う時には、体を以て突くと思い、付き離れを極めて敏捷にしなければならない。畢竟するに短は長の元であり、短の極は無である。元を忘れて末を争うのは愚であり元を以て末を制するのは賢である。所詮無刀の心は長短を一味とする極意である。

第五節　攻　合

第一項　切　先

㈠　**付所**　敵と立合い見合つて曲合をはかり攻合に入るのに、先ず接するのは切先である。わが切先を付けるのには敵の身長、心情、構に応じて工夫すべきである。わが切先はわが勝手につけるよりは敵の不勝手につけるのが心得である。敵の眉間・鼻筋・咽喉から胸骨・水落・臍と中央垂直線の一筋より外らさず、常に敵の切先を抑えて、わが切先が生きていると、敵が無謀に進んでわれに切懸けてきても、われはそのまま必死必殺の切先鋭く進むと敵は必ずわが切先に貫かれるものである。敵の動作に脅かされてわが切先が動揺し敵の中心線からはずれてはならない。敵の心の真只中にわが心の切先をつけ、その付けようが正しく厳しいと敵は恐れて近寄れず、恐れおののいて退散するものである。これは一刀流の教の鉄則である。

㈡　**傘の切先**　敵がどんなに敏捷に移動しても、わが切先が敵について外れないようになるのには傘の切先の教がある。それはわが切先をば傘を少しばかり開いて敵に向つてさしたようにするのである。これによつて敵がどんなに移動した所からかけてくる太刀でもその出る小口を如何様にも捉えることができる。この教は敵の移動する体と心との切先をわが切先にて自由に御する法である。恰も上より降る雨には上に真直に、右より吹込む雨には右に、左より吹込む雨には左に傘の先を向けてさすのと同じ心得である。手元が柔らかに自在に働らき、わが切先は敵の出所急所をさして少しもはずれぬようにするのである。剣中体の極意はこの傘の切先の教から生れてくるのである。

㈢　**勝敗の端緒**　切先三寸の争は勝敗の小口を開く端となる。合せた三寸の所で敵の切先の動きによつて敵の心を読みとる。われから右に抑えると敵の咽喉や正面が隙くから、直ちに一足一刀の曲尺にて打込める。敵の切先が右に反抗すると敵の右小手が隙く。この切先三寸を互に右に左に抑え張り撥き打落し潜りなどして敵の切先の構を破る所は即ち心の争、気の争、技の争、力の争である。この相互の攻合に於て虚実の乗取に勝つと、そこから直ちに斬撃払突の大技に出て一刀の下に勝を決するのである。この勝利の端緒を開かずに徒らに大きく打込むのは闇愚の失を招くことになるから、切先の攻合は慎重でなければならない。切先の形の争は心の争から発するものであるから一心を一刀に働らかせなければならない。これは一心刀の切先の教である。

㈣　**一心刀の切先**　一刀流は切先の極意を一心刀の切先と教える。これは心気力がよく一刀の切先に通うことである。執行の功を積んで一心を一刀に乗せ、剣心不異の域に達し、全心を切先に鐘め、全体力を切先にかけると、わが切先は生きて働らき、敵の切先を殺し、敵の謀略を未然に防竭し、術策を既発に破砕する。しかもわれは敵状を透見すること悉く的中し、発動すること総て成る。これは決して腕力の強弱によるものではなく、執行鍛錬の深浅厚薄による明察の妙所である。一心刀の切先の真髄は万死を決する誠心一到の真鋭な心の切先にある。この真鋭の切先にして始めて燦然たる威光を発し、敵は争う気を失つて慴伏するに至るものである。

㈤　切先の秘匿　切先が構の変化によつて敵の面前真只中を刺すばかりでなく、左右陰陽にあり、左右上段にあり、脇にあり、また体の後ろ隠剣にあることもある。これらは悉くわが太刀技の起りを敵が端倪し得ぬように、わが意を秘匿するものである。これらの切先は敵の技次第、敵の隙間次第によつて、どこへでも、いかようの技にでも精妙に出る働らきを包蔵するものであり、深淵の測り知り難いようなものである。従つて敵は容易に手出し兼ねるし、うかつに出てきたら如何様にも応じ得るものである。秘匿は秘匿のためではない。発動成果のためである。どんなによく秘匿しても、そこから発動することが早や敵に知られたのでは秘匿の要をなさない。秘匿から即刻斬突の実効を遂げる修練が必要である。若しまた敵がこの切先の秘匿の法を取つてきたら、われは先ず気当りを以て敵の心を動かし、その心の動揺につれて動く敵の切先を咄嗟に見極わめて隙間次第に打込んで勝つべきである。ここは「化物の正体見たり枯れ尾花」の所である。

第二項　使者太刀

㈠　偵諜　われと敵との間は僅かに六尺の隔りであるから、その間に敢て探りを入れる程の要もないようであるが、その実は五里霧中で羊腸崎嶇たる嶮道が横たわり、一寸踏み外すと千仭の断崖から転落するように、一瞬にして生死を分つ要害に当る所である。よつてその場に臨んでは敵の目をくらまして不案内に居らせ、われよりは目明らかに滞りなく進み、敵の牙城に潜入して敵将の所在と計略を探る偵諜の務めをなすのは即ちわが切先を働らかして演ずる使者太刀の任務である。この斥候の任務は大将の任務とは異る。先ず出すべきは斥候である。斥候と大将と一緒に行くのではない。斥候は戦うためにゆくのではない、探訪するためである。斥候が探知した報告によつて大将は敵情を知つて大軍を出動させて戦うのである。使者太刀の切先を働らかさずに一心の気ばかり先に出たり、使者太刀と一心の全気が一緒に出たりしたのでは攻めが色に出で、または合気となつて役に立たない。使者太刀は先ず偵諜の任務を完了して全軍の決戦たる大技に備えるのである。斥候は飽迄も沈着冷静で観察が正確でなければならない。探る敵の所在、状体、数と勢力、機動力、戦闘力、装備、背後関係、増援力、志気など誤りなく見極わめて報告しなければならない。若し誤つた報告をなし、それによつて大将が大軍を動かすと、不慮の大敗を喫する事になる。使者太刀は飽迄も明識正確を期し、万遺漏のない役目を果して大技の案内をしなければならない。

(二)　**案内**　わが切先を勝負の道の案内役としてつかわし、戸があつたら静かに開いて見て、敵が応と答えて動き、姿を現わす所を見極わめ、心のままに捉え、そこで思う存分に打取る。襖もあけてよく見ず、その後ろに何があるかも慮らず、うかつに踏込むと思わぬ物に躓き、不意の方角から打たれ失敗することもある。敵の備の立定まつた所を知らず、わが打つべき間合を測らず、不案内な所に矢鱈に打込むと失敗を喫するにきまつている。切先の案内によつて敵情を知り、知つて攻め、攻めて勝ち、勝つている所を斬るのが一刀流の教である。勝つていない所を切り得るものではない。そこはこちらが切られ敗れる所である。先ず正しい案内に従うべきである。

(三)　**知機**　敵に先立つてわれが早く敵の心を知り得るのは、わが使者太刀の働らきにより、敵が反応する兆候を見て、それに続く行動を明察するからである。座わろうとすると先ず膝が前に屈して出る。歩もうとすると足が前に出る。鳥が飛立とうとすると先ず伏す。一天掻曇り稲妻が閃めき雷鳴が轟き疾風が起ると雨がくる。兆候を見て結果を事前に透見する。使者太刀によつて応ずる敵の動きの前兆を逸早く見てとり、それに続く行動を予見し、その出てくる敵の実体を捉えて制圧するのである。例えばわが切先にて敵の切先を左に抑えると敵は切先を下に潜らせ、わが切先を左に抑えなお敵の切先があがり右足が出てくるのはわが面に打込んでくる兆候であるから、われは咄嗟に体を低く右斜に飛込んで敵の右胴を払捨にゆく所である。これは敵の兆候を見その動きの機を知り、敵の気をそらし力を殺ぎ働らきを制する機先の勝をとる所である。

㈣ **当り** 使者太刀の技法に当りがある。当りの心得は先ずわが太刀をもつて敵の太刀に当るとき、わが気当りを強く敵の顔に響かせて張り当るのである。この時に敵が後に淀む所があるならば直ちに踏込んで打勝つのである。敵が前に進む気があればわれは全体に敵を引張り込んで一歩引いて見直すのである。当りは強く張るばかりでなく軽く叩き柔らかく抑えて見ることもある。その手答えによつて敵の慮りを察すべきである。これを使者太刀の慮点という。当るのは突く所、打つ所をおびき出す所である。わが太刀を以て敵の太刀に当る上に更らに踏込んでわが体を以て敵の体に強く当ることもある。この当りによつて敵の胆を挫きまたは引出し、敵の魂の牙城を見透かした所で一挙に進撃し乗取つて勝をあげるのである。この手練は組太刀の「順皮」「抜順皮」または十二点巻返しの「三つ当り」などで学ぶべきである。打太刀が当つて試みる所を仕太刀が逆に察知して勝の機を捉える所に仕太刀の当りを学ぶ真意がある。

㈤ **門前の瓦** 攻合で使者太刀の切先の争にのみこだわつていては却つて敵からわが腹を見透かされ、使者の用を果たさぬうちに、拒否され、追返され、仕止められる。一旦切先で使者太刀の役目が終つて敵を打つべき打間に入つたら、次の用向きを達する大技をかくべきである。使者太刀にこだわるのを門前の瓦という。その意味は閉まつている門を叩くのに門前に落ちている瓦を拾つて門を叩くとその瓦が役に立つ。それで叩いて門が開いたらその瓦を捨てて門の中に入り本来の用を達すべきであるのに、中に入つてもいつ迄も瓦を手にしていては仕損ずるのは当然である。使者は飽迄も使者であつて主人ではない。主人の出る幕がその後に続くのである。この主人が出て一刀に決するのである。

第三項　攻　防

㈠　**三攻**　敵を攻めるのに三つ攻め道具がある。気、剣、体が即ちこれである。太刀の切先でよく攻めても気合と体捌きの攻めが伴なわなければ敵を破ることができない。体のみで攻めても切先が死し気が抜けていたのでは却て敵に乗ぜられる。気のみはやつて攻めても切先と体が利かなければ技がきまらない。気剣体の三つがともによく一致して働らくと、よく敵の未発を打ち起り頭を抑え、尽きたるを捉え敵の動きに応じ、わが冴え冴えしいよく利いた技が出て勝がきまるものである。三攻の内の一を欠くと折角よい所まで攻めながら、まさに打たんとする時に却て敵に打たれ突かれる。気剣体一致の攻めで初めて攻めの目的を達する。しかし三攻一致して攻めても、攻めることのみに心が止まり、敵から打突が出ることを忘れたのでは却つて自ら死地に陥ることもある。よつて敵はいつでも意表に出るものと心得て、攻める内にも守ることを忘れてはならない。この時には守ることは守る所作によつてのみ守るのではなく、正しい所作で攻めることは同時にわれはわが攻める太刀によつて守られているものである。この道理を知つて、常に正しい攻めを心懸くべきである。

㈡　**三殺**　三攻の功をあげるのは三殺の法である。攻めは攻めただけでは効果があがらない。必ず攻め殺しておいて、敵の活動を封殺して、そこにわが発動をかけるのである。第一は敵の気を攻殺することである。敵が気おいその気を乗せてくる太刀に対して、わが切先を厳しくつけ、敵の気を刺し貫き、攻め殺し、敵がわが鋭い切先につかえ、挫かれて出てくることができなくなるようにする。敵の気を攻殺した所でわが打突をかけて勝つのである。第二は敵の太刀を攻殺することである。敵は様々に太刀を揮つて切懸けようとしても、われは敵の太刀をわが巧妙な技を以て、ぴたりと抑え、からりとはずしなどして攻殺して置いて難無く占取るのである。第三は敵の業を攻殺すことである。敵は色々の業をたくらんでくる時にわれは一々それにこだわらず、その業を脚下に踏みにじり、豪快な気力を以て攻殺し、ひるませ、敵が手も足も出ないようにし、その淀んだ所を堂々と打取るのである。

㈢　**三責**　敵を責めて許さず必ず打取るべき機会が三つある。第一は敵の技の起り頭である。敵が打つてきたと見てわれは引いたり戸惑つたりして消極的になつてはならない。そこがちらりとわが目に写つたら、少しも許さず、こちらから責め進んで一足先に迎打ちにいくべきである。第二はわが打突を敵が受け止めたら、なおも許さず重ねて責め畳かけて打つべきである。一旦受止められても落胆し断念すべきではない。敵が一旦受止めたと安心する時は敵に隙が生ずるものである。そこを許さず続け様に打つと勝てるものである。第三は敵の技の終末を許さず、責めて打つべきである。敵の技が尽き、気剣体の働らきが終つた所は至つて弱く隙が出る所である。そこを必ず責めて打つべきである。強い弩でもその末の勢の終りには薄い絽でさえも穿ち得ない譬の通りである。又一つの技が尽きて次の備えが成るのには必ず隙が生ずるものである。そこは責めて勝つべき所がある。

㈣　**無相の攻**　敵を攻めるのに切先を振廻わし、足を踏み鳴らし、奇声をあげなどして、わざとらしく脅やかすのはみな下手の色となる。目に見えず耳に聞えず催しもなく空なる所から攻めても、何となく敵の心に鋭く響くようにならなければならない。一刀流組太刀の稽古に於ては懸声を用いない。無声の鋭い気当りを練り鍛える。足を踏張らない。自然の歩み足で渋滞なく進退する。切先を振らない。正しく生かして攻める。これはみな無相の攻めの所である。われはこの無相の攻めを腹に蓄えて敵の攻めてくるのを攻め返すか、外すか、交わすか、または全体釣り合つて引寄せるか、間合を離すかする。敵がなおも攻めてきたら、敵の間合を破つて入り、わが間合を作つて攻め付ける。攻めて破つたところへ直ちに進んで一刀の下に勝を決する。修業練達し無相に攻めて敵が恐れをなし、われ無相にして勝つのは上乗の勝である。

㈤　**進攻防衛**　わが身を守り、敵の打突を防ぐことができると、われに敗北がない。防衛の第一義は距離の取方である。敵の太刀がわれに当らない距離は千里から一厘まである。いつでも敵の太刀はわが身に当らない曲合に止めて置けばよい。それには近付いてくる敵を追返して近寄らせないようにする事である。一旦仕合となり、敵と立合い、一足一刀の間合の攻合いに入つても、常に敵を敵の打間の外に追いやるか、われは付離れの心得で一挙に入身となり、敵の打間を奪い、敵の剣刃下にわが身を晒らさない。かくてわが打間の曲合をたもつことである。第二は敵のかけてきた太刀技を受止め、抑え、張り、撓き、払い、流し、巻き、乗り、なやし、または抜き、はずし、交わすなどする。これらの手捌き、足捌き、体捌きの法を組太刀で教え慣させるのである。

一刀流では敵に脅やかされて退という事を厳に戒めている。進攻が常に防衛の最良法だと教える。その代表的な心得は「出刄」「入刄」の「切落」である。わが正面に敵が切懸けてくるのをわれが受けてから改めて敵の正面を切るのではない。敵刀の動くと共に必死必殺と進んで切出し合討の勝と切落すのである。この進攻が完全な自己防衛となる。または敵が突いてきた時に、引受けて退き、或はなやし入れて置いて、さて改めてわれから突出すのではない。敵の出鼻を迎突きに踏込み抑えて乗突くのである。そこに敵の出る力とわが進む勢とが加わつて、敵が一たまりもなく刺貫かれ、われが守り防がれるのである。敵に対し万一間合を開くことがあつても、それはわれが逃げるのではなく、敵の首にわが心の綱をかけて引摺り出し、そののめつた所を迎え討取る事なのである。自主的進攻こそわが身を完うする防衛の能動秘法である。

㈥　**地摺の清眼**　一刀斎は地摺の清眼の太刀を一刀に払つて仕止めたが、その手法は伝えられなかつたという。

後代の人これを勘案して、地摺の清眼というのは常の清眼の切先に気を満たして敵に向け、心の位は地にあり、下から攻め上げると足は地を摺つて無相に進む。そこで相手は動揺して浮く、この浮太刀となつた所に虚が生ずるから、そこに実を以て追うと相手は遅れをとる。この相手がひけめとなつた所へ一挙に打込むのである。しかるにこの凄い地摺の清眼を一刀齋は止めたが、その止め様が伝えられなかつたという。そこでこれを解明すると、下から攻め上げて進んでくる地摺の清眼の上に乗つて御し、引付け、その競う気を縛りつけ、一瞬に払い捨てる秘術であると後代の師が説いている。その気合は正に進攻防衛である。

第六節　打　合

第一項　斬　突

㈠　**正剣の道**　剣を学ぶ目的は正大の浩気を養うにある。心正しく体正しく行正しくなることを主眼とする。正を身につけ邪に勝つ人となるのである。正しい剣の道は歪んだ人の心と曲がつた社会の姿を正しくする。剣を手にしていざ打合いとなると、斬突の働らきが正しく行われなければ決して勝つことができない。正義真鋭は剣道が勝利を達成する鉄則である。剣を学ぶ者は先ず心正しく邪念邪想なく、姿勢正しく前に屈まず後ろにそらず左右に曲らず、手にする太刀の刄筋正しく、手の内締まり、丹田に力をこめ、少しも敵を恐れず侮らず、気力惣身に満ち、烽火の燃えさかるような勢で存分に斬突すべきである。斬は常に大きく大きくと修錬し、突は真直ぐに鍔まで通つて敵の背後まで貫くように鍛錬する。しかし技が熟達してからは敵の技を止めるのには小さくするとの教もある。また心得の一つとして仮字書の教には「外折れの場は大きく切り」「内折れの場は小さく切つてもよろしい」などの秘伝もある。正剣の道にも自由がある。

㈡　**鍔元六寸の起り**　総て斬突は切先ですると思つてはならない。それでは極めて弱いものとなり、また仕損じが多い。斬突は鍔元六寸の所から起こし、ここから仕遂げることと教える。この心得でゆくと手元が定まり、斬突は柔らかであつても強いこと甚だしいものである。全く心得のない者の決戦に臨むのには鍔を以て敵の頭を割れと教えるのである。

㈢　**越打**　斬込む太刀の間合が詰まり過ぎると敵の体を越すことがある。これは心気と身体と太刀との一致を欠き、体がうわずり、間合が判定できず、手の内が締らない所からそうなるのであるから、その時には心気を臍下丹田に納め、寸田との見合よろしく、敵を下から攻立て追立て曲合をはかつて斬ると決して越打にならない。兎角気負い過ぎ、強く斬ろうとすると越し易いものであるから、引切りの手練をもつけて置くがよい。

㈣　**平打横打**　切込む時に手首の返り、手の内の締りが悪ければ切込む太刀が平にて横様に敵に当り、全く切れないか、斜めにてそげたりする。木刀や特に竹刀では敵に当たりさえすると、それで勝つたと思うかも知れないが、真剣では刃筋が正しくなければ切れないのであるから、竹刀でも平常から手首の返り、手の内の締りをよく吟味し、刃筋を正しく習い、平打、横打にならないようにつかいなれるべきである。

㈤　**刃筋の亘り**　すべて敵を切るのには太刀の刃筋の亘りの働らきを正しく利かせなければならない。その場に踏止まつて切るのにも、敵に向かつて飛込んで切るのにも、刃筋は手元の方から切先の方に亘つて、引切りに切るものである。また極めて速やかなる切りを遠間から駆け出して行う場合には、刃筋が切先の方から手元の方に亘つて押切りになることもある。その場で切る手の運びは丸く円を上から下に内に引いて描くようにし、進んで切る手の運びは丸く円を下から上に外に伸ばして描くようにする。いずれにしても太刀でただ叩くだけでは太刀が折れたり曲がつたり刃こぼれしたりするものであるから、必ず刃筋の亘りを正しく利して切るべきである。

㈥　**心の切**　切る時はただ強く切付けようと力んではならない。体が勢込んで肩と腕がこつて右手に力が籠つたのでは決して正しく切れるものではない。諸手で太刀を持つて切る場合には左手を切手と心得、右手を添手となし、心の凝りを解き、気の逆上をさまし、冷静澄潭の心を以て、心眼に一直線を描き、その正しい線に切るべきである。切りは手腕伎倆の執行に加えて正気と胆力とを以て正しく切るべきものである。

第二項　三　進

㈠　**意進**　敵と立合い愈々打合となつたら、先ず敢闘精神を燃やし、戦意気魄を振励し、敵の剣刃の危きを恐れず、勇猛果敢に切込むべきである。どんなに達識があり敵を知り、周到な配慮があり、体が頑強で妙術に達していても戦意が進まず、間合が遠く、ただ狙うだけであつては一刀両段にはならない。三進の号令は先ず威武の盛んな意から煥発された果断から出なければならない。術進、体進はこの意進の命に従うものである。

㈡　**術進**　兵法は本来闘術を以て功を立てるものである。術の熟達は練磨に練磨を重ねる所にある。どんなに戦意を逞ましくし、剛気一偏に切出しても、術に磨きがかかつていない粗末さでは出来が悪いにきまつている。術を学んで会得し、法に叶つた間合間積りをとり、攻防の取運び巧みに機に投じて妙術を施して始めて見事な勝をあげ得るものである。これは術を以て進む所である。術の徳は非力にして豪力を倒し、老齢にして壮者を降すものである。それでは術の徳のみで進めというのかというとそうではない。意の徳と術の徳と並進せというのである。また術が進むと自然と自信も出来て意志も鞏固に進む。意が進むと術を鼓舞して術が更に精巧になる。意術並進の実をむすぶのは体進である。

㈢　**体進**　意進と術進との用を遂げるのは体進である。体は意術の道具であるから、よく鍛えて意の命ずるままに動いて、術を遺憾なく発揮しなければならない。体を太刀技に叶うように養うためには多年に亘つて怠らず、疲労寒暑困難を厭わず、忍耐強く稽古に励むことである。太刀をとつて敵に踏込んで斬突をかけるのには丹田に力をこめ、腰を据え上体を垂直に脚を大きく進め、前足に添うて後足を詰めることに慣れなければならない。また敵から切込んでくる時には、われから一瞬早く迎え打つか、またはわが体を斜前に右か左かに進めそらすか、その場にかわすか、はずすかし、敵の勢の尽きた所にて引廻わして追いやるかする体の働らきを習うのである。目にて敵の隙が見え、そこを打とうとの意が起こつた瞬間にわが手足が即座に働らいて功を完うするのは平素の練磨によつて、体進が伴うことによつて初めて出来ることである。凡そ名人の誉れ高い大工は鑿鉋などの道具を先ず切れるが上にもなおよく切れるように研ぎ澄まして細工にかかるから、作品がひときわ見事である。太刀技も平常から四肢五体を鍛えに鍛え、数をかけ研きに研いて初めて意進術進が体進に乗つて見事な成果を挙げることになるのである。

㈣　**全進**　敵に打勝つにはわれから敵に向かつて進んでゆかなければならない。進むのには切る意と切る術と切る体とを以てする。この意術体の三つが揃い一致して全進して初めてよく切れるものである。意術体の三つは本来ゆかりの深いものではあるが、必ずしも初めから馬が合つていない。これをよく取り合わせ一如となして進むのが全進である。進むことはただ敵に向かつて攻進むことばかりでなく、わが執行によつて意も術も体もともに一致して進歩向上することである。稽古不足では決して進むものではない。一刀流の極意の「吹毛用了急須磨」はこのことを教えているのである。

㈤　**三進の敵**　敵が意を以て攻め進んでくるなら、われはわが意を以て敵の意を更に引張り込み、わが体を進めて、敵の技が働らく先にわが打突をかける。または烈しく追返す。或は左右に開いて敵の意をはずす。若しくは一歩引離して敵の意を余す。敵の意が一度はずれると後は弱まり、敵の体と術とが崩れるものであるから、われはすかさずそこに切込んで勝つのである。

敵が術を弄してくる時にはわれはその術に拘泥することなく、豪強な意気を以て敵の術を踏破ると、早速取り抑えることができる。術の元たる敵の意を挫くと、敵が頼みとする術を施すことができなくなるものである。

敵が体進にくればわれはこれを利し、豪気妙術を以て利生突にかけるか、あげ小手を切るか、意は先先の先をかけ術は後の先にて勝つべきである。

全進よく叶つて打つてくる敵ならばわれは必死必殺とばかり迎え打ちをかけ合討の勝をとるべきである。われよりも劣る敵ならば、全進で来ても、押え外し交わして少しも許さなければ、敵の意術体にそぐわぬ破綻が生ずるから、そこを乗取つて勝つのである。

第三項　五　格

㈠　**心気一元**　太刀技の働らきは心、気、理、機、術の五格の上に立つ。先ず人を司るのは心である。心と気とは本来一元である。心は実であつて静である。気は用であつて動である。心は働らきの潜勢力であり、気は能動力である。心を水に譬えると気は波である。心の知情意が敵に対して一束一団に連結し、ここに切込もうと一時に爆発すると猛烈な気合となる。平素から稽古に小智を捨て大智を養い、小細工を止め大技を習い、必死必殺の真情実意で励むと、おのずから強大な気合が養成される。気合とは目を怒らせ歯を喰縛り地団駄踏み金切声を絞り出して起こす脅迫の力ではない。気合とは不抜の肝胆、雄渾の魂魄から自然に噴出し、何物の妨害を以てしても抑えることができない爆発の大勢力である。教えに「鯉の滝に登るは力なり、竜の天に昇るは勢なり」とあるこの勢である。真の気合は作為の暴力ではなく、自然に鬱勃として湧出する昇天の大勢である。この心気一元に発しどんな大敵をも脚下に蹂躙するのである。

㈡　**気理一合**　気の雄渾な大勢がよく理に合してこそ大勝を博することができる。大勢が真理に戻ると却て大害を招く。順風に帆をあげ潮流に乗つて進むと快速に走るが、逆風に帆をかけ逆浪に抗すると転覆する。敵に向かい理に逆らい勢込んで打込むと足場を失つて反り討を食らう。理に悖る邪剣の気勢は自滅に急ぐに過ぎない。心と太刀筋正しく英気を振るつて順理に進み天命に服する剣はおのずから勝を全うするものである。

㈢　**理機一閃**　理は一連の道程を調える則であり、機はその道程に開閉する一閃の小口である。太刀技には必ず理に則つて施すべき小口の機がある。この機は敵の心と体と術の変りぎわに起るきざしである。そこは必ず切込むべき節であるが、その現滅は一閃にして化するから、これは速妙に捉えなければならない。一度消えた好機は千載に帰らない。しかしながら怠らず理に順つて進むと、その中にまた新らしい機が向こうからやつてくるからその時には前に機を逸した失策に顧みて、次の理に生ずる好機を迎えとり、悔なき勝をあげるようにすべきである。

㈣　**機術一致**　一閃の神機に吻合し敏速適確に切込んで快勝をあげるのには機術一致の手練に熟していなければならない。微妙の機に即応して厘毫も過らず、術を施して効を奏するには百錬千磨の苦業を積まなければならない。理に入る機の小口を知らず。理の籬を破つて術をかけるのは徒労であるが、折角到来した好機に施すべき精妙の術を持たぬものは自滅の外はない。常に機術一致に働らく修練を積む必要がある。敵をわが心の明鏡に照らして知悉し、英気の大勢を振るつて真理に徹底し、神機に投合して妙術を施こし、敵を一刀に両段すべきである。

㈤　**五格一諦**　打合を行うのには先ず心を清明にして敵状を知悉し、真情実意を一つにし気を満たし、豪快雄渾な気合を以て理を捉え、深遠微妙な理の中に機を摑み、一瞬に現滅する神機に投じて精妙の術を施こし、以て必勝の功をあげるのである。かく太刀の働らきを五つに分析して説明するが、その一連は目にも止らない一閃の活動であり、五格一諦となつて大功をあげるものである。

第四項　卍

㈠ **万字の規矩**　打合の秘法に万字の規矩の教がある。万字の規矩とは相追うようにして縦横上下が廻ることである。宛も卍の中心に心棒を通して風車にしたようなものである。追う者が追うだけ追われるのである。これを別の譬えでは浮木流木ともいう。水に丸太を浮かべ棒で突き流すと、突かれた端は沈みながらくるりと廻り、他の端は浮かんで沈んだ端もまた廻りながら浮く。軽く突くと軽く沈み軽く廻り軽く浮く、強く突くと深く沈み早く廻り大きく浮く。太刀技に於ても同様で敵のかけてくる術に逆らわず、その気をそらし、その裏に廻り乗り取つて抑えて勝つ。これは敵の力をはずし、その力を利する術であるから、強く烈しく来る敵程われは強く烈しく勝てるものである。

㈡ **胡盧子**　水に浮かぶ胡盧子は浮木流木よりはもつと軽妙に万字の規矩に働らくものである。これを沈めようと棒で鋭く突くと、くるりと廻りはね返る。敵が鋭く打つてくる太刀を十字にがちりと受止めず、するりと鎬ぎ流し巻き返し応じ返して敵の鋭鋒をそらし、その力を利すると、どんなに烈しい敵の勢でも無効にさせることができる。一度敵の勢が抜けた所にわが太刀が正しく乗つているから、そのまま進んで打取ることができる。これは軽妙な万字の働らきである。組太刀「浮木」の技で学ぶ所である。その外に「下段の付」「裏切」「早切返」「余り」「合刃」等の技にこの万字の規矩がこもつている。捺着即転が万字の勝を捉える真意であるから、ここを心に悟り気に生かし腕に覚えて功をあげるように励むべきである。

㈢ **天地渾円**　万字最高の徳は天地渾円に吻合し、打合をまどかにすることである。万字の横の一線は無限大の水平線であつて、地の静かな陰の象をなし縦の一線は無限大の垂直線であつて天の盛んな陽の象を示している。縦横、陰陽、上下が相交わつて十字の象を成し、その四端に各々一を加えて描くと万字になる。これを無限に大きい象に拡げその端を結ぶと丸く㊉となる。一刀流でこれを「さるまんじ」と称える。これは天地宇宙渾円の姿であり、万字の四隅まどかに備わり、万物万事、万用その中にある象である。一は十となり卍となり㊉となり億兆となり一切となるの理である。陰陽合体して渾々沌々として形丸くして巴となり離れないというのは一刀流さるまんじ究極の教であり、打合がこのようになるのを絶妙な所と教えるのである。

㈣　**金の輪の中**　金の輪というのは一刀流の技が円満具足した境域のことである。白刃の下に入つて心気充満し、その活動が沌々として水波の相随う如く、混々として奔馬の相追うて廻わるが如く、万字巴の規矩を以て循環すると、敵に対してわが応変の技が自在に生じ、敵からわれに当る所がなくなるのである。すべて下手の働きはここにつかえあそこに行詰まり、角々しく四角八角となるが、慣れるに従つて角が段々ととれ、角が鈍くなり十六角三十二角と角張つた所が円くなり、上手に至ると丸くなる。内容が入れ物に充実すればする程丸くなる。この上達が成就して一円相、立体の球となり、一切を金の輪の中のものとせばわが働きもまた円満具足して欠くる所がなく、わが打突は必ず功を奏することになるのである。

㈤　**大勇勇非**　万字の真意を以て敵の鋭鋒を外らすの法は大勇勇非の極意である。蘇子由の句に「智を以て智を攻め勇を以て勇を撃つは両虎相捽(つかみあ)う歯牙気力以て相勝つ無し」とある。敵もわれも智勇兼備して戦うと勝敗がきまらない。二猛虎が捽つて闘うと歯牙も気力もともに尽きて互に傷付いて斃れる。これは大智大勇といわれない。智慧も尽き勇気も失せる時がある。智勇を以て智勇を打つは得策ではない。この時わが智勇を秘して愚色を示すと敵は全力を出してくる。そこを避けはずすと、敵は行き過ぎてわれはそこに免れる道と勝つ法が生れてくる。これは万字の教えである。敵に全力を尽させ無効に終らせた所にわが智勇を揮つて乗取つて勝つ。これを大勇は勇非し大智は智非すというのである。聖人の動かんとするや必ず愚色ありという。一刀流さるまんじ必勝の極意はこれである。

第五項　ホンショウ

㈠ **格体動態**　打合に勝つホンショウには三通りある。それは草の本生と行の本正と真の本勝とである。この三つにはいずれも手足の据え所や斬突の発する元になる格体がある。この三つの格体から三つの動態に移る所を教えるのは草・行・真のホンショウである。草の格は随分形を変化させているが、それではどのように略してもよいかというと、決してそうではない。草には草としての自然にそうなる定まつた行き道がある。それは行の格に適つていなければならない。また行の格は真の格に背いてはならない。行の格は真の格に順つているものである。いずれも本来の格を保ちながら、真から行草に化育するものである。或は草の間を通つて行の格に近寄り、行の間を越えて真の格に至るものである。

㈡ **草の本生**　敵の心の本の生れを見極わめ、わが太刀構の格を以て太刀技の生れる本につける。敵に存分の働らきを出させ、術を尽させ、その為すことを悉くさせる。その間にわが草の格を以て抑え払い外ずし交わしなどして存分に引廻わし、敵の勢の尽きた所を捉え、静かに和らかに敵の太刀技の生れた本から、わが太刀技をすると滑らかにその上に生まれるように運び、わが先を育てて敵を制するのは草の本生である。

㈢ **行の本正**　敵の心の初まる本を知り、術の起りを知り、体の崩れを知り、わが格体の切先を正しくその本につけ、敵の太刀技の起り頭の極めて弱い本の出口を咎め抑え、無理なく正しく法に叶つて敵を制するのは行の本正である。

㈣　**真の本勝**　敵の本陣に直ちに切込んで源を断つて勝つのは真の本勝である。本勝は初めから敵の本源に勝つていて切込む所である。その心は白熱の太陽のように昭々と天地に輝き、敵の全貌を照らし、敵から術が起る起らないに係らず、敵の全体を一摑みにしてその本に勝つのである。譬えば夜分座敷に居て向こうの灯をうるさく思い、わが身に当らぬようにあちこち体を動かし、また物を以て覆わんとしても、光に頓着し、心がとられていて、灯の本を消さなければ、とても遁れることができない。そこで初めから直ちに光の本を火皿で抑えさえすれば灯が消えてわれに当るものがない。そのように敵の色々と変化してかけてくる術に取組んで苦労して居つても、その根本になる敵の心の本を乗取つて勝つ事を知らなければ労多くして功少ないものである。一灯の本を消す格体をとり、一挙に動態に移つて敵の本心の真只中を取抑えるのは即ち真の本勝である。本勝の上極意は本然の心の本に勝つことである。われに勝つ本勝はすべての敵に勝つ真の本勝である。

第六項　シシホンテキ

㈠　**獅子飜趯**　打合の心術として小野次郎右衛門忠明はシシホンテキの工夫を後代に遺した。猛獅が仔を産み三日の後には千仭の断崖の下に落す。その仔に百獣の王たる器量があると飜趯して攀じ登つて母に縋る。母が再び落そうとすると仔が直ちに飜趯して母の脚に食い付いて離れない。母がこれを見て初めて免し愛育する。試練を与えるのは百獣の王の権威であり、飜趯するのは百獣の王の仔の気魄である。死地に陥つてもなお生地に飜趯するのには法がある。また再び死地に陥らんとして直ちに飜趯して危急を免れるのに法がある。死地より飜趯して遠くから太刀を振つて勝つのは後の先である。敵刀の起つて未だ及ばないのに飜趯して切るのは対の先である。われから敵を見て飜趯して打つのは先々の先である。この太刀の仕い様は仔が下から母の脚に食い付く心にて、敵がわが面を上から切下ろしてくる時にわれは入身となり、下から敵の左右の手へ切先を当て左右に切上げて仕う「地生」「逆の地生」などはその例である。これは打合の死地に於て生を得るの法である。

(二)　**師子本敵**　師と弟子とは流祖を同じくする同心同体であり敵ではない。たとえもとは敵であつても一旦師弟の契約を結んで師となり弟子となれば、弟子は師を敬い学ぶ真心のみあつて聊かも他意がない。また師も弟子を導く恩愛のみ懇ろであつて決して敵意がない。さればこそ獅子の母仔のような取合わせとなる。この権威と温情のない師は師たるに値しないし、この感恩のない弟子は弟子たるに値しない。しかし師弟一度稽古の場に立向かうと、互に生死を賭ける対敵の技の練磨に入るので、切込み突込みに毫末の遠慮会釈などあつてはならない。死生を争う場に於ては必死必殺の技を尽すのみであり、そこには師もなく弟子もなく本より敵である。この理を尽くしてのみ真の修業の実があがるのである。俗にいう殿様稽古は何の役にも立たない。忠明はこれを以て秀忠を深く誡めた。常に厳格苛烈な稽古のみがまさかの時の打合に成果を挙げるのである。

第七項　捨

(一)　**捨不捨**　敵に向かつてわが肩を捨てここを切れと隠剣に構えて懸り、頭を捨てここを割れと下段に出てゆく、わが身を捨て切らせる所をあてがつてかからなければ敵は切り出さないものである。わが捨てたところを敵に切らせ、その動きを捉えわれから更に大きく切つて大勝するのである。好餌必勝の秘法は必死必殺によつて極わまる。皮を切らせて肉を切り、肉を切らせて骨を切る顔を切らせて首を切るというような巧者な真似は中々出来るものではないが、相討を覚悟で切込み、わが生命を捨てて義を完うすることは覚悟の程ときめてかかりさえすると勝利が叶うものである。

(二)　**剣用捨**　日々の稽古に剣を用い、万刀渾々沌々たる中に臨機応変の術を習い、愈々敵と立合つては一刀両断に勝抜かねばならない。然るに平素の稽古に於て真に勝つという会心の勝を学びとるということは一遍の稽古で一本もむつかしいものである。この会心の真勝を一度経験し、会得すると、後は敢て剣を用い再び試みるに及ばない。ここは剣によらず心の鋭い働らきを以て既に勝つている皎々たる位である。これは一刀齋が無手で、唐人十官が振う長刀に勝つた所である。われは剣を捨てても威勢充満し、敵はどうしても打込むことができない。これはわが無刀の勝のところである。

㈢　**両捨一用**　長短一味を悟つて長に泥まず、また短を利せんとも思わず、敵と真心で相対し雑念を払い捨て、ただ一筋に飛込み切払い切捨てて働らく、この時には敵もなくわれもなく、太刀ばかりの働らきに任せて置くのである。敵があると思うとわれに対抗意識が出て必ずそこに滞る所が出てくる。ここで先ずわが身を捨て、敵味方の思を捨て、一切の支障を払捨て、内外清浄の一剣を働らかせるのである。彼我の両方を捨て勝負気を捨て一剣の用を現ずる。この両捨一用は無想剣の極意に昇る階である。この階の一段一段とその段段を踏昇つて打合い打合つて上達してゆくものである。

第八項　太刀不生不滅

㈠　**生滅**　絶対の生命には生れもなく滅びもない。天地に先立つて存し、天地失せてなお存する。日本刀を生太刀という。闘戦経に「我が武は天地の初めにあり、我が道は万物の根源百家の権輿也」とある。この日本の武の思想は太刀不生不滅の真理の根底である。生太刀には一定の心と一定の形がないが、生太刀はすべての心と形の大本であり、すべての形を現わす。生太刀は仕う人の心を現わし、相手の変に応じて働らくものである。ただし太刀を仕う人の心に起こる所と尽きる所とあるから、太刀技にも発する所と納まる所とが出てくる。この始まる所を太刀生といい終る所を太刀滅という。わが太刀技の生れる所はわが命の初まる所であり、わが太刀技の滅びる所はわが命の終る所である。故に必勝永生を望む人のために一刀流では太刀道に始めも終りもない不生不滅の極意を授けるのである。

㈡　**枕の抑え**　すべて太刀技の生れる初は草木の二葉のように至つて小さく柔らかなものである。まだ種子である間よりも一旦殻を破つて二葉になつた所を摘み取るのは容易なものである。そのように敵が堅く構えている時よりも、敵が技をかけようとして拳が上がりかけた所か、敵が踏込み打とうとする所の起り頭の所をわれから逆に打止めるか突込むかすると、たやすく勝てるものである。敵の太刀生の初まりの弱い所を乗取つて制することを「枕の抑え」ともいう。寝ている者が起きようと頭をもたげた所を枕に抑え付けて切り伏せる。すべて出鼻を挫じいて勝つの法である。

㈢　**イヨウリウ**　片仮名で書くのは本字の意養立を秘しているのである。これは敵の太刀生を初めから破り倒すのではなく敵の意を養い育て、立ちあがらせ歩ませここまでお出と引張つて技を出し尽させ、その技の終つた太刀滅の所でわれが打取ることである。組太刀にては「高霞」や「引身の本覚」などにて味わうべき所である。また師が弟子を育てるためにはこのイヨウリウを少しつつ長く伸ばして上達させるように導くのである。

イヨウリウはまた威用流ともかく、これは一刀流にて原理と運用と技術とを教えるところである。正しい原理が確立しているとそこには不退転の位が威厳を発して、われ既に勝ち敵早や負けている。この原理を得ることが先決である。われにこの原理の威がなければ敵に勝つことができない。この威を運用する所が棒心の位である。これを用いて即座に達する所は水月の位である。威は形なく静かであつて極めて盛んな勢を藏する所である。用は過不足なく、その必要に応じて適合する所である。流は極めて柔軟であつてしかも烈しく働らき、万事に施して浸透せざるなく、又一度静清に澄んでは一切を残心に写しとるものである。威は形而上の心の勝であり、流は形而下の技の勝であり、用はその過程の運用である。此の運用はわが一を以て敵の二に応ずることに利があつて、正しく打つ事が正しく受ける作用を兼ねる事になるべく、これは一刀流の切落しで委しく教えるのである。

イョウリウをイイシャとも伝えた。これは威、移、写とかく。一刀齋は剣法の勝利は尊厳と活用と適中に叶い、理と業とを一致させる威移写三位一体に達し、われは敵に勝つている所で勝ち、敵に負けていない所で負けないように励む事を教えた。威は厳として尊い不退転の位である。天韻寂然、地動平然たる至静の奥に爆発発動の大潜勢力が漲り、その前に来る敵が畏縮慴伏し、戦う前にわれが勝つている事である。真剣を執つて立向かい、一見して威圧され、到底その及ばない事を直感し刀を捨て平伏降参するような所である。移とは棒心の位であつて、敵に対して伸縮自在、前後左右上下充足し、加減乗除間尺に叶い、わが刀寸暢達して過不足なく、わが打突が必ず敵に命中して誤りなく働らく事である。

写とは水月の位であつて、わが心は明鏡止水の如く、雲月ともに写り、無念無想であつて敵の相を悉く捉え、毫毛も遁す所がない。写は残心に於てなお輝く。威移写を心に修め身に積み理業一致の勝利を挙ぐべきことを教とするのである。

㈣　**一勝二敗**　この教は一は勝つが二は敗れるということであつて一度勝つて二度敗れるということではない。太刀生滅は一瞬に転換する。未熟の間は一つの太刀技が滅してから次の技が生ずるまでに暇がかかるが、慣れるに従つて滅から生に移る暇が次第に短かくなる。この短かい一瞬の間隙に投じて勝つのは一を以て二に勝つの心得によるのである。わが一を以て敵の二に当たるのは敵が打つてくる生れた太刀技をわれは一と受止めて滅して置いて、さて二とわれから改めて打つのではない。そんなことをしていたのでは敵の一旦滅した太刀技が早や生に転じて、われが遅れることになる。そこで敵の太刀技の生滅転換の一瞬の隙に乗取つて勝つのには、敵の技を滅したわが一本の技が即刻敵の実体を切る技になつていなければならない。これは一刀流の教える切落しの技で味うべきである。

㈤　**循還無端**　初心者の太刀生滅はあからさまに現れる。初心者は目が短かく手も短かく足も短かく気も短かく息も短かい。初心者の太刀技はここで切出そうと卒爾として生じ、また卒爾として滅し、生滅がとぎれとぎれして現れる。技の初めと終りとがあからさまに出るから敵に見すかされ、受けられはずされ、その滅した所を打たれ突かれる。多年執行の功を積むと次第に生が長くなつて滅が短かくなり、直ちに生に転ずる。切つて捨たる所がそのまま生ずる所になつている。一本打込んで勝ち名乗りをあげ、敵を倒して引きあげ、安堵の色を顔に出すようではまだ未熟である。太刀技には終始見えず、生まれて生まれる所に泥まず、滅して滅する所に居らず、始めなく終りがないことが一刀流の循環端なき不生不滅の常勝の所である。

㈥　**残心**　一刀齋は太刀不生不滅に至る秘法を残心の事と教えた。残心とは心を残そうと思うて残すことではない。残そうという気の滞りがあつては乾坤一擲の大技が出ない。打つべき機に臨んでは万心を捨てて打込むと必ず敵を討止め得る。万が一はずれてもまた当つてもその誠心があると返りがあつて元の生地に戻るものである。譬えばよく大鼓を打つものは打ちきりではない。打つた枹は必ず元に帰る。心が冴えて敵を打つか突くかせば必ず元に帰る。また譬えば紅葉が木枯に吹かれてからりと枝をはなれると直ぐそこに新芽が含み出るようなものである。一刀も一心不乱に敵の太刀をかちりと切落すと、そのまま勝つて元の構に帰つているのである。心残さずに打込んだ後の締りを最初の締りとするのである。それはいつまでも前の旧いものに執着するのではなく、常に生に更新することである。一度切つて一つの技が終つた後に切先と体と心とが尽きることなく直ちに生に帰り、切つて尽きず、突いて止まず、勝つて兜の緒を締め、敵死してなおわが備を失わず、常に心を生に満たし、守りと懸りを完うするのが残心である。この残心が即ち生滅をつなぎ、太刀を不生不滅となす鎖である。

第二章　至上奥秘

第一節　天・地・人

㈠　**三才**　伊藤一刀齋は一生涯大自然に親しみ、俗世の職碌や権勢を求めず、只管に剣の道にいそしみ、常に天行健なる宇宙外物の玄妙な秘理を探り、その真相を悟得し、これを自家発明の太刀道に配し、偉大な組太刀の法を案出編成し、後世に剣道修業の一大規範を遺した。彼は剣の道が日常身辺に間近かな自然還境と対敵攻防から初歩を踏み出し、登り登つては天・地・人三才の極まる所に吻合する妙境に達して夢想剣の極意に至るものと教えたのである。教えに曰く「天地未だ成らない先に空々漠々とした大虚に勢あり、一気に発して上下の両儀に分かれ天・地の位が定まつた。虚曠の清く澄んだのが登ぼつて天となり、濁つて重いのが下だり固まつて地となり、その中に人が産まれ、ここに天・地・人三才の活らきをなす大憲が定まつた」。太刀はこの三才に象り作られてあるから、人がその真中を支えると、自然に清い軽い刄は天に向き、厚く重い宗は地に向かう。また古来太刀の位を定め、切先が上を指す上段を天の位とし、下を指す下段を地の位とし、人を指す中段を人の位とし、この三段を太刀技の発祥する根元と教えた。一刀流の天生刀、地生刀、払捨刀は天行健なる天・地・人三才の原理に則り、ここから発して千変万化するものと教えたのである。夢想剣の取捌きの手練は宗から抜いて刄から切るのである。哲理に於ては切り断つ太刀の働らきとして、初に大虚を切つて天地に分ち、それにより殺人刀として兇悪を断ち、同時に活人剣として善類を生かし、進んで万物を育成強化し繁栄発展させる完全な円相に帰一するのである。

㈡　**円相**　一刀流は本来渾円球に象つて一刀即万刀、万刀即一刀の円相を根本理念とし、太刀の働らきは循還端なく、始もなく終りもなき永恒の現在に働らき続けるものである事を教とするのである。これを具体的に説きあかすと、太刀の形には反りがあつて、これを数多くつなぐと円相となり大虚の姿となる。その働らきもまた円く、丸い太刀を仕う切落しも丸く、払捨刀も丸く、勝つこともまどかである。宇宙天体の軌道の如く、丸く片寄ることのない太刀道の円相の働らきを組太刀にて習い覚えるのである。

㈢　**方円団角**　一刀流が円相を原則とするのはその活らきを円満具足するるためであつて、円の形のためではない。もし円の形にばかり囚われると却つて滞ることになる。水が方円団角の器に従つて移るように、敵のなす技に従つてそれぞれに乗り移るのが本旨である。また一度乗り移ったからには必ず主心を働らかせて、欠陥がないようにしなければならない。欠陥がないというのは円満で充足することである。心を一ぱいにするのには円相のみに限らない。円の形ばかりでゆくと、角の中に入れたら◯図のように四隅があいて充満しない。それではと角の形ばかりでゆくと◻図のようにまた四方があいて届かない咎がある。自らの心剣を方円団角にとろうとするのではなく、敵の姿に即応即変の働らきをなして、初めて至らざるなく、あらゆる役に立つのである。一つ覚えた本命の剣がよいと計り思うて、その剣にのみ滞つたのでは間に合わない場がある。ただ敵の働らきにより、前にも迹にも天勝にも地勝にも八双にも、それぞれに移つて欠ける所がないように仕い、初めて一刀虚空に満ち、必勝不敗の剣となり、天地の間を裁いて足らざる所がなくなる。この用に叶うように修練を積むのが即ち一刀即万刀、方円団角の働らきを成就する所である。

㈣ **天恩地徳**　天は万物の父で全宇宙に生気を満たし光を発し熱を与え、地上に雨を注ぎ風を送り万物を生成する。地は万物の母で天の生気を受けて宝物を蔵し、生物を産み育て繁殖させる。人は天地の間に生を受け、天地の恩徳を体し道に順つて万物を支配し、各々その天職に励むことによつて生を完うすることができる。太刀道を学んで天恩地徳に感謝し、大順、順理を旨とし、身を修め家を済し国を治め天下を和平にし万人に恵みを施こすことによつて、人が神の象を自らに現わすことができることになるのである。

㈤ **五行**　一刀齋はその師鐘巻自齋の教えを紹述し、天地万物の本原を木火土金水の五つとみなし、また万物の現滅化育を五行循環の流転と観じ、一刀流を五行相生相剋の理に則つて創建した。曰く、木の徳は育成を司り、方位は東、季節は春にあたる。火の徳は変化を司り、方位は南、季節は夏にあたる。土の徳は出生を司り、方位は中央、季節は主にあたる。金の徳は刑禁を司り、方位は西、季節は秋にあたる。水の徳は任養を司り、方位は北、季節は冬にあたる。また五行が相生ずる理に於ては木から火を、火から土を、土から金を、金から水を、水から木を生ずる、相尅つ理に於ては木は土に、土は水に、水は火に、火は金に、金は木に尅つという。相生のものは相和合し、相尅のものは破る。尅つものは尅つ理によつて尅つのであるから、この理を悟つて勝つべきに戦い。負くべきに避けると、必ず勝たざるなく、また決して負けることがない。一刀齋はこの五行相生、相尅の理を組太刀五本ずつに配し、また高上極意五点に示して教えをのこしたのである。

第二節　陰・陽

㈠ **両気消長**　一刀齋は陰陽両気消長の理を一刀に配し、後世への教えを垂れた。本来天地の元気が判れて相反する性能を持つ二様の気となる。一を陰といい一を陽という。万物の化育はこの両気の消長とこの交流によるものである。これを物についていうと、磁石の両極や電気の両極のようなものである。また日は陽、月は陰、南は陽、北は陰、春は陽、秋は陰、夏は陽、冬は陰、上は陽、下は陰、昼は陽、夜は陰、男は陽、女は陰等である。本来天地未だ有らざる前に太極の一理あり、一気の発する所、静に於て陰を生じ、動に於て陽を起こし、静動合体交流循還して万物を産む、一物として陰陽の両徳を具有しないものがなく、一物として陰陽の合体によらずして生じたものがない。一刀齋からこの教を受けた小野次郎右衛門忠明は陰陽消長の法則を太刀道に去来する静動転換の理に究わめて一刀流を大成した。

㈡　**四象**　陰陽の両気が推移するのには流転の法則がある。陽極わまつて陰に移り、陰極わまつて陽に移る。また陽中に陰あり、陰中に陽がある。その次第を見ると、太陽、小陽、太陰、小陰となる。これを四象という。太陽は陽中の陽であり、数に於ては九である。小陽は陰中の陽であり、数に於ては七である。太陰は陰中の陰であり、数に於ては六である。小陰は陽中の陰であり、数に於ては八である。四象を方角にとれば寅卯辰は小陽、巳午未は太陽、申酉戌は小陰、亥子丑は太陰である。この四象は一年の月に循還する。陽終つて陰起り、陰終つて陽起る道理を知り、敵の気の盛なるを避け、衰えたるを討つと必ず勝つ。天地の理、万物の法、人事の行、太刀技の則はこの四象の推移、陰陽消長の教に順つて取り行うと悉く成らないことがない。

㈢　**陰陽活殺**　陰陽変化の働らきは万物を活殺する。冬は草木を枯らし、夏は草木を茂らす。冬に葉を落すのは春に芽を出す準備である。夏に茂るのは秋に稔るためである。秋に稔るのは冬に蔵する用意である。よく殺すことによつてよく活かす理を弁えると幽明境を異にしても、本来生滅一如の理を悟ることができる。よくわれを殺すのでなければわれを活かすことができない。必死に切込んで初めて必殺し得る。必殺してのみ必生が得られるのである。生に在つて早やわれを殺し得て初めて殉教の士たる永生を勝ち取ることができる。陰陽活殺の理を悟了すると、生にあつて歓喜、死にあつて悦楽である。

㈣　**陰陽の太刀**　北半球にあり朝に南に向かつて立つ時、太陽の出る左側に太刀を立てて構えるのを陽の構という。そのかげとなる右側に太刀を立てて構えるのを陰の構という。天を指す上段を陽の構えといい、地を指す下段を陰の構と称する。また働らきに於ては上段から切下ろす天生の働らきを陰の切りといい、下段から切上げる地生の働らきを陽の切りともいう。陰陽の交流消長を弁えて太刀道に利用するばかりでなく、陽中に陰あり、陰中に陽あることを知り、下る太刀技の中に変じて上る気あり、上る太刀技の中に変じて下る気あることをも弁え、その急変にも即応する所がなければ妙術とはいわれない。陰陽を呼吸についていうと、吸う気息の満ちた所は陰の極であつて、これを臍下丹田にこめ、寸田の精神力と一致すると不動力となり、これを一気に煥発して切込むと陽の働らきとなり大用に叶うのである。陰満ち陽発し陰陽合体して勝つのは順天大理の勝である。

第三節　二星・破軍星

㈠　**日月**　二星とは日月のことである。古人は大虚の中にある陽の精が集まり象を成すのは日であり、陰の精が集まり象を成すのは月であると観じた。この天に輝く日月を直接法に太陽・太陰とよぶことを憚つて二星と称えた。この二星の精気が天に顕れ地に映じ、人に陰陽の働らきをなすものと思うた。一刀流は陰陽を太刀道に配し、その順逆によつて勝敗が決する理を説く。朝は日のある東の方が陽で西は陰である。昼は南が陽で北は陰、暮は西が陽で東は陰である。朝昼暮の三段によつてわが向うべき方向を変え、陽勢のある方角を背にし味方につて戦うと必ず勝つと教える。夜は月をわが後ろに当てて戦うと利があると説く。

㈡　**日の出入**　正月朔日は一時を十に割つてその四を日の出初めとして晩の六時四分に地下に入る。二日は夫に四を増して六時八分に出て夜の六時八分に入る。三日、四日と段々増してゆくのである。その当る所は日の出初である。故に九日迄は日入ると何時も酉を司るのである。十日よりは日毎に右の心得を以て替る。依て其の考を以て方角の取様も段々に致すのである。日は先ず正月は六時四分に地上に昇る。夫故四季を考えて朝昼暮に順じて用いるのである。

（月）	（日の出）	（月の入）
二月八月	卯の五分に出	酉の五分に入
五月	寅の九分に出	戌の一分に入
十一月	辰の一分に出	申の九分に入
正月十月	卯の八分に出	酉の二分に入

但し星なき時は破軍星を用いる。破軍星とは北辰北斗である。此星に相対して戦うのである。真の破軍とは陰陽の未だ発せない本来虚空蔵の位、即ち唯我、常住、独妙、常長の鋭い切先を敵に尾返しに返して仕うことである。

㈢　**月の出入**　日が西に没し夜に入つてからは月を後ろに覆うて戦う法がある。月は夜毎に増減するから、一時を十に割つて四分の定法で四を乗じ四分と成る。これを朔日の月の出初として暮六時の四分に月は地下に入る。朔日より晦日迄の出入算を布く事左の通りである。

日	月の出	
朔日	朝六つの四分に入	暮六つの四分に入
二日	六つの八分	六つの八分

三日　五つの二分　夜五つの二分
四日　五つの六分　五つの六分
五日　昼四つ時　四つ時
六日　四つの四分　四つの四分
七日　四つの八分　四つの八分
八日　九つの二分　九つの二分
九日　昼九つの六分　九つの六分
十日　八つ時　八つ時
十一日　八つの四分　八つの四分
十二日　八つの八分　八つの八分
十三日　七つの二分　七つの二分
十四日　七つの六分　七つの六分
十五日暮六つ時　明六つ時
十六日　六つの四分　六つの四分
十七日　六つの八分　六つの八分
十八日夜五つの二分　朝五つの二分
十九日　五つの六分　五つの六分
二十日　四つ時　昼四つ時

廿一日	四つの四分	四つの四分
廿二日	四つの八分	四つの八分
廿三日	九つの二分	九つの二分
廿四日	九つの六分	九つの六分
廿五日	八つ時	八つ時
廿六日	八つの四分	八つの四分
廿七日	八つの八分	八つの八分
廿八日	七つの二分	七つの二分
廿九日	七つの六分	七つの六分
晦日	明六つ時に出	暮六つ時に入　但し月光を顕わさぬ

㈣　**破軍星**　月には増減あるにより其の考を以て破軍星を用いるのである。破軍星の繰様は左の通りである。正五九一の繰様　正月五つ目　二月六つ目　三月七つ目　四月八つ目　五月九つ目　六月十目　七月十一目　八月十二目　九月一つ目　十月二つ目　十一月三つ目　十二月四つ目　例えば正月子の時繰るならば子丑寅卯辰と教え、五つ目辰の方に当る。各々かくのごとく繰る。九月は一つ目に当るから其の刻限は則破軍星の剣光に当るのである。

㈤　**八方分身**　敵に二星をとられ、われ二星に向かつた時の変化自在の太刀技を示す。敵八方よりわれを取囲み、その上われは日輪に向かつた時であつても破軍星の利剣の勢を以て逆を順に飜し、八方の敵を切払つて必勝を得るの法はこれである。その切払様は七足反閉の変法の足を用いるのである。其の図は次の如くである。

小野次郎右衛門忠明は多勢との切合いに必勝の法を工夫した。敵の大群押寄せ取囲み来り、一足一刀の打間に攻め入るのはわが左右前後との斜間の八方となる。これをわが一身にうけて応ずる秘術は八方分身の法である。一身を八に分け、わが八分の一を以て敵の一に対するのかというと、そうではない。一身が八方に分身しながら、われは敵の一にまさり強大となり、完数の一または一・二五となるのである。その玄理は本書第四編第八章第二節に説く通り、一刀流の一は単隻の一であるばかりでなく、綜合の一だからである。譬えば八方一睨みという。この一は八と同値である。十進一桁の一十の一を八分すると一・二五となるの理である。わが八方分身が敵の一に対して尚且つ勝利をあげる秘術はここに説く七足反閉の極意である。

七足反閉の秘法　本書第二編第十五章、軍紳御揮の式太刀の条で、執り行く方式手順などを示したように尊厳な儀式として修し、また実戦決闘場裡に於ける起死回生の秘法である。われ八方の敵から一斎に取囲まれ、地物の状況、二星の方角わが利に反する絶体絶命の危地に陥りながら、必死の波瀾を既倒に覆す秘法はこの破軍星の利剣に象(かたど)る七足反閉の極意である。

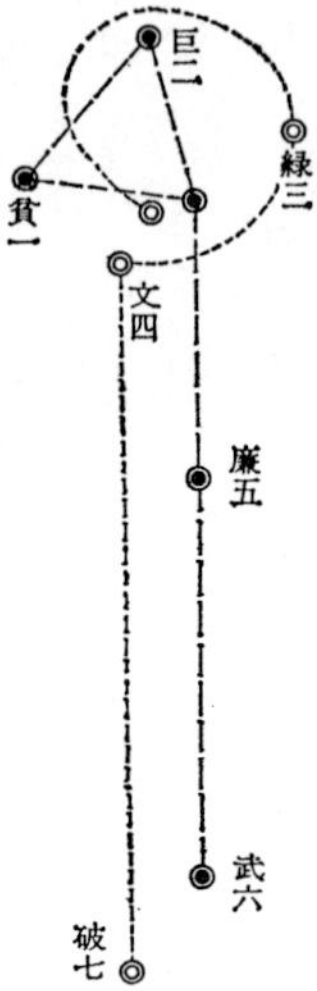

北斗七星を踏み四方四隅の敵を八門に象りわれは中央に居て、天地一体に正気を充満し太刀を下段にとり、先ず離の方に向かつて立ち、敵の方へ右足を進むるやいなや、その右足を左方の巽の方の貪へ踏込み、一拍子に下段から正眼に出す。その時左の手を下になし、右の手を上にして手を組み仕えば自ら刃方はわが右の方に向かい右刃向清眼となる。故に日月の運行に逆うことがない。これを連枝の手の内という。右のような手の内を組違

え一拍子に震の方の敵の眉間を突込むやいなや、わが右足を離の方の巨へ踏込み、右に巽離の方へ切払い、わが左足を坤の方の緑へ右足の前を旋り踏越し、連技の手の内にて一拍子に坤までの敵の目の合を切払うや、いなやまた左足を艮の方の文へ踏込み一拍子に艮の方まで残る敵を切払い、身を転じて右足を坎の方の廉へ引き、更に右足を坎から敵の後ろの方の武へ引き、同じく左足を破軍星へ配り、右膝を立て左膝を突き、清眼にとり勝を堅める。かくてわれは北斗七星を足下に踏まえ、破軍星を左足の下に抑え、七足反閉の最高権威に上り、日月に向かつてさえなお勝をとるのである。七足反閉は一刀流の大秘伝である。

第四節 一心刀

㈠ **一心刀の秘理** 一心刀は一刀齋が太刀道の真義を深くさぐり、精神の安定を欲し、或年の寒中に伽藍に入り想を凝らして三昧に入り、手にした鉄如意が遽かに冷熱の変化を来した事から知覚、悟得した秘理であることは前述の通りである。この体験を案ずるに一刀齋の体温が手から鉄如意に通じて暖かくなり、想をこらすに及んで血行が盛んになり、鉄如意が熱くなつていたまま瞑想に入り、血行が鎮まり体温が下がり手が冷たくなつたのに、鉄如意にはなお高い温度が残つていた時に、ふと覚醒して彼の神経にひびき熱く感じ、そしてはつと気がつき心臓が高鳴りし、血行が盛になり手が熱くなつた時、体温よりも低い鉄如意に神経がさわり冷たく感じたものであろう。この精神作用が生理作用に移行し、手に持つ刀が手の命に従い無為にして働らく一連の流通作用をこんどは意識して、覚醒した意志を以て思うがままに取り行う事ができる能力を養い、これを心身一致の理として悟り、一心刀と名付け一刀流の根本原理となしたのである。一心刀は理屈を聞いて成る程と思い、その通りやつて見ようと企てても、未熟の間はできるものではない。習い初めは心に体が従わず体に刀の技が伴わない。ちぐはぐになる。心を鍛え体を練り技を磨くことを並進させ、三位一体となるのには日常稽古を励み、絶えず一生を通じて練習を積み重ねるより外に希望を遂げる道はない。積年の苦業こそ一心刀に至る道である。

㈡　**立命刀**　太刀は生死を極める宝器である。太刀道は天命を知るための修業の道である。太刀をとり敵に立向かうと、死を恐れ生に執着するのは凡人の悲しさである。信念が確立し、身を世の安危に処して聊かも疑惑恐怖のないのは一心刀に徹し立命刀をわきまえた有道の傑士である。太刀をとつて死を決し身を擲つと、太刀はこれに従つて自由に働らき、心身刀一如となり一心刀の実があがり、立命刀の功を立てることができるのである。世評や栄辱を気にかけず、死に臨んで志を変えない覚悟はなみ大底でできるものではない。一刀流は斯境に人を達せさせようとして組太刀の一本一本に必死の至誠をいたし、立命刀を目当てにして多年の執業を積ませるのである。こうして生は生に任せて生きることを喜び、死は死に任せて死すること安らかに、生にあつては生の道を尽し、死に臨んで死の道を尽し、一毫の未練をも遺さない。日々夜々に千刀万剣を習い覚え、これを清浄の一心に配し円満の一刀に具足し、常に正を履み真を行つて一生を神意の渾一に投入し、安心立命を得るのはこれ一心刀の本領である。

㈢　**常寂光**　一心刀は常寂光を発して聖剣に徹する。常は法身であり、永恒の生命である。寂は解脱であり無限界である。光は般若の義、涅槃の世界であつて神の栄光の位である。一刀齋は世上凡俗の分別妄想を離れた明知を志し、功徳の円成を念じ、不生不滅な法身の真証に帰一することをこいねがい、日夜朝暮組太刀の創建編成に傾倒し、一流をたてその道を門弟子に授けた。後人がこの教を求め勉め励んで止まなければいつかは常寂光を自らの魂の中に見出すとができるであろう。

一輪の明月天にかかると万物が月の光を具えるように輝く。池中に明月あつて手に掬するばかりである。よし雲がきて池中の月を消しても本来の月光には加損がない。万人盲目であつても太陽は永恒に天上に輝いている。一心刀の常寂光は敵があると悉く敵を射る。敵がなくとも真証の位に光を放つことには変りがない。これは高上極意「五点」の「独妙剣」の演錬によつて篤と味得すべき処である。諸幻悉く滅するもわが確信は独り輝くのである。

㈣　**聖剣**　道に志して剣を学び、師の懐く理想を仰いで望みを高め、初めは流儀の組太刀を習い、多年執行を重ね、百錬千磨の功を積み、次第に人より秀で人に勝つようになり、それより決して人に切られず、われに当らぬ規矩を覚え、妙術が微に入り細に亘つて必勝不敗の自信を得、或は謀をめぐらし戦わずして人の兵を屈する法をかけることができることになる。世上多くの人はここまでを目標としている。しかるに一刀流の教には彼我無き一に帰する所がある。何を以て彼無く敵無しというか。わが非を打ち弱きをこらしめわれを鍛え完成させる敵はわが師わが味方であつて最早や敵たる敵ではない。この無敵の境に入ると既にわれに死なく常に生き、また殺すべき敵もなければ全類とともに栄える生死を離れた太極の玄に及ぶのである。この学刀、強剛、精錬、必勝、不敗、絶妙、無敵、治平、解脱、延寿を聖剣という。聖剣が万象に通明すると百性万民に恵沢を注ぎ、一刀流の玄の位に至る。玄はもと有無の合一を云い道の至極を表わす。玄のまた玄とは心も身も刀も悉く一つであり、一刀流の終りの一に帰する無の奥に鎮座する大有の極秘たる聖剣をいうのである。

第五節　生　死

㈠　**殺活**　勝負は生死の二者択一である。敵が死なければわれ死する。敵もわれも死することもある。双方生きるのは無勝負であつて勝負ではない。勝負を行うからには必死必殺を本命とすべきである。戦に臨み敵を殺してわれ活きることがあるが、それはわが求める所ではなく天の命である。自ら先ず生命を擲ち決断断行するのが勝負の常道である。この決意があつてこそ初めて理外の理も産まれよう。譬えば水上に物などを投げ付けると水に当つて浮上がる。石は水に沈むのが道理であるが、平らな石を勢よく横に投げると水の上を走り渉つて向岸に渡る。敵を切るに及んでわが全身を捨て勢込んで死地に駆込み、ただ切払い切抜け、一歩不留と行くと敵を殺してわれは生還することもある。これは鷙鳥の疾き毀折に至るは節であるとなす所である。太刀技に例えると「払捨刀」の「一文字」の所である。勝負の場に臨むや必死必殺を本命とし、若し天意によつて残つた生命あらばまた次の務めに必死必殺とゆくため、天から預かつた仮の生命と心得、死ぬことを以外に活きて働く目当てはなく、また生きている務めもないことを悟つて初めて道に叶つて生き、道に叶つて死ぬことができるものである。

㈡　**断迷根**　勝負は生死を賭ける勤めであるから、日常の稽古に於ては先ず生死の関頭に立つ時の迷根を断つことを学びとらなければならない。迷うと是非ともに非となり、悟れば是非ともに是となる。しかし誰れでも初めから容易に生死の迷根を断ち得るものではない。そこで平常の稽古にて、ここは死、ここは殺と一本一本の技に当てて心技を練るべきである。死に当つて迷根を断つのには死の技を不屈不撓に修練し、その行先が明らかにならなければならない。敵に対して知が発し気が乗り事に習熟し思いに任せて目的に叶い理に合して敵を御すること自在、真相を捉えること必得、必殺必成の体験を経ると次第に自信を得て生死の迷根自ら解け、わが形に影なく影に念なく念に想なく、無相であるから打つべきわれもない。無我無敵であれば死なく殺なく、あるものは永恒の生のみである。太刀技の働らきはこれを表現する一方途に過ぎない。窮極は神武不殺にある。

㈢　**解脱の士**　どんなに錬達した士でも勝負は天運によるものである。況や未熟の者に於てはなお更のことである。僥幸を当てにして平常の執行を怠つていたのでは運勢が幸いするものではない。伎倆の秀でた者でも運が悪く敗れる事がある。ましてや腕前が足らぬ者の運が拙ないのは怪しむに足らない。よつて先ず平素の稽古で打たれ、突かれ鍛えられ、次第に恐怖心を除き迷妄を去り、煩悩の繫縛を解き、三界の業苦を脱しなければならない。迷を醒まし道を悟り生死を超越し自由自在となるのは解脱の士である。解脱の士は所詮生死に執着しないから、生死がこれに支配力をもたないのである。

㈣　**平常心**　平和の時に心怠る者は危急の変に心憶する者である。未熟の者は事毎に身を誤り、達道の士は常の道に安住するものである。初心者は生死を前にしては目が眩惑し、気が動転して勝つべき所にも勝てず、負けていない所にも負けてしまう。悟達の士は既に死を決しているから、一念動かず一意揺がず、平常毅然としておるから、自然の道に任せても自然の道に叶い、自由自在の働らきができる。たとえ多勢の敵の中にあり、前後左右から切懸け突懸け、剣光がわれに向かつて蝟集してきても、心根が泰然として微動だもせず、日常執行の功は求めずして現われ、怨敵退散し一剣天に倚つて寒しの境地に至るのである。この法を身に体し、どんな悲運に会い不利に陥つてもこれに勝つのには破軍星七足反閉の秘伝を以てこれを教える。平常心とは変の常たるを知り、死の天命たるを悟り安危によつて志を二三にしない不動心である。肉体は死んでも霊は永遠に生きることを信じて道に叶う一生を完うするのは一刀流の一に帰する平常心の所である。

第六節　夢　想　剣

㈠　**志道向上**　遠きに行くには心ず邇きよりする。平旦安易な路から次第に坂路難所に進み、羊腸崎嶇たる嶮岨を突破して遂に高遠な所に上るように、剣道の修業に志を立てて、始めは師の手引を受け、心を修め体を養い、簡単な技から習つて日々の稽古を怠らず、月を重ね年を閲して漸次六ケしい敵を相手として錬磨を加えてゆく。

かくて四肢五体の進退屈伸がよく習熟し、攻防の技が一通り身についたら、次に我意を去つて静かに敵に対し、少しも敵に取付かず、敵の技に応じて草の字のように丸く柔らかく、しかも健確に仕うべきである。進んでは心の目を開いて敵の真情を洞察し、英気を発して敵の心胆を貫き、理に叶つて攻め、機に投じて破り、妙技をかけて制する。かくて執行に執行を積み励んで止まず行つて滞らなければ遂に技術、心術の跡を留めぬ真の道たるべき巧、精、微、妙の剣の高い位に昇ばることができ、先哲の悟得した玄の玄に至り、夢想剣の位も望み得るに至るであろう。

(二)　**有朶無朶**　夢想剣の悟達を妨げるのは朶である。朶とは心が形に現われ気が色に出で術が相をなす事である。われも敵も何か事を為そうとすると、先ず心に起こつて顔色に出で、気に発して手足に現われ、術は太刀に姿をなして体に朶を作る。たとえ一寸の間でもそこに渋滞すると、人に知られ乗ぜられて負けとなる。聊かでも心気が形色に現れ、技術が影象に渡ると、そこが敵の討つ朶となるから、それを外に出さないようにしなければならない。どんなに敏捷な技をかけても、全く心頭を滅却しなければ無朶ということができない。心頭を滅却して始めて明鏡止水の如く、内外清浄の域に達し、濶達流往の技が自然に生れてくる。無念、無想、無位、無修、無刀というのはみなこの朶が無くて無碍なる境地に来往することをいうのである。無相であると、深間も窺うことができないし、智者も測る事が叶わない。そこは勝敗を超えた無量寿の高い座である。

(三)　**無相即夢想**　万物万事悉く実相と無相とがある。実相は人の五官に伝わる色、音、香、味、触覚で覚る。無相は五官に伝わらないその奥に存する能動の淵源である。人はこうしようと思うと、その心の通り体の所作に現れ、念慮が形影に顕れてくる。この外に出た姿を実相という。実相を出す以前の本源は無相である。敵の実を見てその無相を明察し、わが無相を敵に知らしめないことを習熟するのが執行の目標である。これに達するとわれはたくまずして妙技が自然に流露して用に叶うものである。一見求めずして術生じ、計らずして事成り、心気見えぬ間に理に働くと、わが心相に形影がなく、念慮に滞る所がないから敵より討つべきわが姿もない。無我であると無敵である。心相が動かずに無碍自在、千変万化に働らく太刀を無相剣という。この無相剣の仕い様は敵の形が現れんとして未だ現れざるを討つのである。敵の太刀構、或は打出す太刀、または引取る太刀、そのいずれに限らず、形のない所から形に移る所、若しくは形から形のない所に移る所を討つて勝つのである。さらにまた敵の太刀の形が現れている時に於ても、その形の如何に関らず、心と所作との首尾一致せない前後の中を討つて勝つのである。この心と所作との前後の中に勝つというのは拍子があるに似て、それとは異るものである。拍子のさきに行かず、遅れず、その間でもなく、その首尾が一致せない所を討つて勝つのである。

無相剣の技は無左右ともなり、至極しては無双ともなり、心の相無くして無想ともなり、遂に夢想となるのである。夢はあつて無く、無くてあるが如く、去来するが捕捉することができない。故に夢想剣は現実の理を離れ、先立つて勝ち、遅れて勝ち、その間に勝ち、拍子に付て勝ち、拍子を離れて勝ち、勝には悉く想あつて無きが如く、その的中する技は夢の如くである。畢竟するにこの剣は羽化登仙、飛行自在して夢の想の如く筆舌に尽し得ない不可思議な霊験に出ずるものである。

㈣　**内外清浄**　太刀をとり敵に立向かい心を一ぱいにし、どこも抜ける所がなく、凜然として惑わず、憶せず、驚かず、躁がず、怖れず、侮らず、こうしよう、ああしようと慮らず、住することなく、漂うことなく、宛も魚の水に游ぶように、浮かず沈まず、しかもわが心に染がないから、敵が百計を尽してきても討つべきわれ無く、敵の実体は悉くわが内外に秘する清浄な心鏡に映じ、敵の虚に乗じ、わが太刀は求めずして自然に発して切込む。切付けようとたくまず、無心にして真の虚を切るから真の切となつて強きこと甚だしい切りとなる。この理を秘して切りは心で切らず心で切ると教える。その意は有心の切りは成らず、無心の切りは成るとのことである。敵とわれとの形相が変々化々してわが心鏡の内外が清浄であるから一法を捨てず、一塵を受けず、よく静にして動の用を失わない、万象面前に来つてその形相を悉く写して歪めず捨てず、即刻これを捉え、しかも心鏡に一毫の形影をも残さない。万象一度去ると影を消して清浄の徳に輝やくのみである。夢想剣の無我無心、流露無碍、自由自在、神速玄妙なる所以はこの内外清浄の位に達しているからである。極意に曰く「電光影裏転身去更無一刀無無刀」と既に刀を捨て殺活を離れ、諸相悉く滅して敵無く我無く、森羅万象渾々沌々として太極の一に帰する。一切の顚倒夢想を断截しその後に潤然として来るものは永遠の安心立命である。一刀齋が畢生の霊験として大悟した夢想剣の極意は即ちこれである。

第七節　伝受開進

㈠　**極意秘匿**　良師は言葉を以て自分から進んで弟子に極意を打ち明けない。弟子が櫛風沐雨修業の労を重ね、苦心惨胆して漸く感得する所があると、謹んで師の許にゆき、師に対し技と心の進境を示して問うて見る。師がもしその意に叶うとこれを免す。これを免許というが授与とはいわない。弟子を鍛えて伎倆を造らせ真理を気付かせるのは師の苦心する所であり、努力体得、開眼に至るのは弟子の励みである。良師は極意を惜んで容易に伝えないのではない。免許を受けるに価する者を見出した時の師の喜びは誠に譬えるものがない。自得のない者には与えても、猫に小判か豚に真珠の類である。倏倏稽古もせず、好奇心にかられ、古来師家に伝承した秘書類を竊かに探るようなのは愚の骨頂である。自得して免許を師から肯ぜられる程の者は秘伝を授けられなくても、励んで止まなければ自らその位に達し得るものである。今の人がどうして昔の人に劣つておられようか。努めれば必ず達せられる筈である。極意は各自の内に深く蔵れた宝を自ら掘出す精根の賚に外ならない。水が欲しかつたら遠い所まで探し廻わつて、人から貰うよりは自分が今立つている大地を深く掘るがよい。必ず水が湧くものである。今日諸流の極意秘伝が烟滅したことを嘆くよりは自ら努めて古人と比肩するように励むべきである。一生倦むことなく工夫鍛錬することがこれには達する希望である。励んだ者はこれをとつたと聖者はいう。

㈡　**無形の道**　悟道は無形の道を捉えることであつて、伝書の巻物を手にすることではない。元来道は見えず聞こえぬものである。見え聞こえるのは道の跡である。未熟の間は道の跡の形に泥むから道に躓く、師の示す形に囚われ癖のみを真似て師の真意を汲むことを知らない。努めて心眼を開き、師の教える無形の道を見出し、道の跡によつて跡なき道を歩むようにならなければならない。師が理想として未だ達し得ない遼遠の道に志し、それを目標として歩み、無色の色を見、無声の声を聞き、無臭の香を嗅ぎ、無味の味を味わい、無触の触を覚え、跡なき太刀の道を進むべきである。師を設けるのはその癖の欠点として現れる形を見習うためではなく、師が理想として希望する真技心徳を手本として、自奮自励、自発自習の作品を産出するためである。心技体術の妙用に達し、その極則に徹するに至ると、一見道にはずれて奔放なように見えても、実は道の跡を超えた真の大道を濶歩しているのである。

㈢　**主心**　自らの心を主人とし、外界のあらゆるものを客人とし、わが心を以て客から学びとることは主心の働らきである。主心を以てわが五官にふれる有相のものに対し応ずる工夫を致すと、万物悉く教えとならぬものはない。更に第六官を働らかせ、無相の道を捉えることを知ると、すべてのものはみなわが師とし、わが味方となすことができる。一刀流の本目録に教える万物味方心得は即ちこれである。どんなに良師があつても、これを求める主心の篤い人がなければ、師から与えることができない。天下に教えを乞うべき師がないと豪語するのは求道の主心を欠く愚者であつて達道の見込がない者である。聞くは一時の耻、聞かぬは一生の耻である。未知の道は小児にも聞く、太刀の道に於ても、小児や下手を相手としてなお且つ学ぶことを知らなければ上達の限りを超えることができるものではない。日頃弟子をわが師と潜かに心に念じて稽古の工夫をこらし、自らの長を知り、短を試みて学んで主心を働らかせるのは名人になる秘訣である。

㈣ **創造・進化・完成**　一刀流の太刀技は初歩の単隻の一から習い、次第に稽古の数を加え上達し遂に完成した総体の一に至る道を進むのである。出発には師から簡単な所作を習い、その方法を踏襲し、その要点を繰返し学んで身につけてゆく。昔から示された道を歩んで進みながら、主心を働らかせ工夫し、常に何物か新らしいものを道の中に見出し、遂には先人未踏の域に入ることを励むのである。例えば組太刀の「切落」一本を学ぶにしても、初めに習つた所作一つを練りに練り、鍛えに鍛え、その味わいを日日新たに感得し、理機変々化々して万刀の用に叶い、終りには完成した「切落」の一刀を悟得するのである。稽古するのには毎日一歩でも人より上に出る努力する。人もまた努力してわれより二歩上に出ている。われは更に三歩進んで人を凌ぐ、かく相競うて進むのには単に古法師伝の法にのみ泥み、琴柱に膠し、舟に刻むのでは目的を遂げられない。必ず創造発展の過程に横だわる守破離の三界を踏み登り踏み超え進まなければならない。初めはよく師の教えを忠実に守つて一点一画も過ちなからん事を期し、これを体得し、進んで自ら発明する所があると、その形を破り意を破り術を破つてこれを離れ、新たな領域へと新天新地への道を拓き、無限世界に邁進し、遂に一切合切の完成した一に達することを心懸けなければならない。何物か残り、また何事か足らない間は終りの一ではない。自らの内実を反省するとなお足らない所が多く、進むに従つて益々忸怩たる感を深くする。総合完全の一に志す者はこれまで説いてきた師伝を余す所なくその身につけ、その秘奥の極意と称せられる無念無想とか無刀無無刀とかいう境域の教えをも金科玉条とせず、更に真想を天外に求め、霊験を神前に禱り、天来の声を聞き、濶然として悟道したという古人を凌ぐ意気がなければならない。今の進んだ時代の人がただ昔の人の教えの糟粕を嘗めるばかりでなく、更に高い次元へと完成を望んで無限に進むのが一刀流の教えである。これまで説いてきた印度哲学による「無」の教えや支那思想の「虚」の教えは進展過程の一段階であつて、これを最後と思うてここに低迷膠着してはならない。その奥に厳として臨在する日本哲学で説く「真鋭」の「有なる一の大霊」が生きて働らいていることを知り、ここに新紀元を開き、永遠の創造進化をはかり、飽くまでも限りなき一刀流の教えを進め広むべきである。

一刀齋は凡人の欲する安逸享楽を斥ぞけ、懦夫の厭う苦業と鍛錬に励み、また弱者を虐げ暴力を揮う権勢を蔑しみ、常に一層広い自由世界を開拓することを剣の道とした。彼は自家一個の自由と名声を勝ちとるために他人を殺戮し破滅さしたのではなく、自他共に真の和に生きるために太極の一に帰すべきことを一生の使命としたのである。彼こそは誠に自由と平和と真鋭の道に先駆した聖剣の英雄と称すべきである。

伊藤一刀齋の遺訓たる徹上徹下なる無限進歩の一を大成せんと望む哲理の顕現は彼の偉大な不世出の個人的異質性から出ていることは確かであるが、それとともに日本武道の大衆的な長い歴史に胚胎し、その長養発展の成果を基盤とした綜合性に、これを学ぶわれらが共鳴し満足を感じ、これを高く評価する本質がある。一刀流を学ぶ後進者がこの真価を受け継いで、更に一刀齋が理想とした聖剣の道の創造進化を限りなく展開し、完全なる一へと進んでゆく偉業の労作にいくらかでも寄与するという所にわれら剣の道を学ぶ者の法悦と感謝が油然と湧き起こつて尽くるところがないのである。

「一刀流極意」は自然、人文、社会生成の原理を分裂、融合、流動と観じ剣の道に配して教えるものである。

第八節　先師遺訓

一刀流組太刀の名人山鹿八郎左衞門と竹刀防具発明の中西忠蔵と形と試合との問答を左に掲げる。

(一)　山鹿八郎左衞門の組太刀意見書

一　夫剣術を心掛る者　生得健かにして、力量なとあるを是と心得て執行する者あり。又早業などにて、骨節逞ましく、進退軽きを是として執行する者あり。又理に通じたる様にて、業に至らざる人あり。又生れ付業の教奇にして、今日怠らず執行する人あり。又理を捨て勝負にばかり心を尽す人あり。又伝受事のみに心を尽して、業に至らざる人あり。或は他流に当りて試み、勝負合の沙汰のみに沈むものあり。人々の見込む所、得手たる事ありと雖も、皆実の執行に叶はさるなり。実の執行というは流祖の立て置かれたる所の形などを、能々工夫して、師の実心の業、敵への当り口の塩合、其の実なる所へ心を付けて真実に執行する事なり。兎角師の性質癖などに計り移る事多し。形の様姿人々にて違う事なり。形身は皆心の発る所、形に顕るる事なり。世間多くは執行の人、他流の是非を言い、或は試合などして負れば流儀をそしり、又勝つ時は流儀をよしと思う。皆是れ真学のなき執行なり。我が習う所の流儀を実に尊び、又尊び過て勝負の損を求むる事ある故、此所へ心をつけて古より流祖の立て置かれたる事実を察し、又師の実意を考へ、流儀の事にも不審を発し、或は業を勤めて自得する所肝要なり。或は勝負の所々にかかはりて、業に倦て執行を止むる人は武の本意を弁へさる故なり。

一　当流の本意を心得違いて　勝負合皆鎧の入身の如くなり、或は勝負に手間を取り、或は腰をかかめて敵を見込むを、勝負気と号し、或は中気を立てると云う。腹を張り身を反らして敵の踏へ処もかまはず、むしやうに突き掛るを教と心得たるものあり、何ぞ勝負に及んで是にてよしという事あらん。皆敵により変化自在の場なり。

身を反りてよき時もあらん。腰をこごめてよき時もあらん。是ぞと限る事なき事なり。然れば今日の執行専ら尽す事あり。右に備る時は左虚。左に備る時は右虚。前に備る時は後虚。後に備る時は前虚。備る所あれば虚あり。備なければ虚なし。凡て形する所は皆心の発する所、形に顕るるとの師伝也。今日筆を取るは悪筆なりとて止めて、又能筆なりとてなすと言う事なく、善悪共止む事を得すしてなす事なり。

一　師の曰く　只々心気の養い第一也　兎角心気の養い悪しければ理に泥み、業に倦む也。心気は居付かず、浮かず、掛らず、退かずして、今日怠らず、業を修業し、気分を健かに養う事第一肝要なり。是れ則ち勝負に及ぶ所、当流の切落し是れなり。今日日用はづれぬ業なり。

一　木刀の勝負　竹刀の勝負　先生へ問う　師答へて曰く　木刀は敵の気に当つて後に勝を制す。竹刀は躰へ当つて而して後に勝を制す。然れは竹刀は又竹刀にて仕合存分打合うて其自得有る事なり。別して竹刀は業を存分軽く、譬へは子供の遊の如くにし、勝負の処を深く思う事を嫌うて事可ならん。

一　先生曰く　教て人を取り立つる時、不習して道に近しという事あり。其仔細は今日入門の人、初めて木刀を手に執りて敵と相対する時、自然に敵に当る機あり。勝負の気ある人あり。然るを其の流に移さんと目付所を教へ、或は躰並足の踏み様、身の捻りなどして自然と具はる所の勝負気を惑はす事なきにしもあらず。是れ一通の事に非ず。其生れ付く所の芽しを育てて勝負に及んで自分の害となる所を知らせて直すべき事なり。譬へば駒を乗込むにひとし。馬は陽物にして、走る事馬の用なり。然るを乗り立ての善悪によりて、その馬の癖を直すとて馬の主とする走る事迄を失う事あり。然れは返し〳〵人を教ゆるに可慎事なり。

一　今日執行の節少々業を覚えて、打太刀なとするに、或は遣太刀の遣い悪き様に仕掛けて其上にて非点を打ち、裏などをぬきて執行する類は皆正道の実学に当らず。もと打太刀は人を導くの取次と知るべし。其遣太刀の機心を育て、邪気曲れる所を知らせて、得心なき時は、打ちても是非を正し、執行人の助けとするなり。又我より業の上達の人ならば無理に勝つ事なく、其人の善と悪とを相手になりて、よく見知りて我が執行の助けに致すべき事なり。只々勝ちたがる計りは執行にてはなく、そは邪気の強みと可知事なり。

一　当流の切組五十本を主とす。皆此形は形にて形になく、皆勝負の根本とする所外になき事なり。故に流祖も後々武士たるものの剣術の志あらん者に、何卒して勝負の真実を写さん為めに、其数々多端に出し、物に懈怠なく、我が心気の居付かぬ様にと数本教を立てられたる事を愚察する所なり。然れとも勝負気と云う処は初め一つ勝に数本の意味残る所なく有る事なり。則ち我が清眼を敵切落す内に無心の一息より勝口を生める所、形ちして形を捨て、思うて不思、切つて不切、突て不突皆此勝負は今日怠らざる処より生ると可知也。譬へは古へ名将良将と称するも、今日の内習不怠処よりして、指掛りての業にも微妙の変化あり。皆今日の実学より生ると可知也

一　清眼・上段・陰・下段・脇・本覚・霞・構とする所あらまし右の如し。諸流にも有りと雖も構は悪く心得る時は此の構にて敵の仕掛を待つ様になる事あり。愚按するに構は皆我れ敵と対すると、人情にて居付ある狐疑の心生ずる故、我か気を転し、我は敵の気を奪うの仮の道具なり。清眼も敵不打は突き込みて勝つへき期あらば遁さぬ事なり。皆形より生して形を離るる事業の主とする所なり。然れとも初めより形を離れ、或は無形に至る事は不叶事なり。今日人間の居る所は家也。家は無くて不叶也。其要用とする所は大工の手際物好にて色々美を尽す所には一向用なし。只々家の空虚に用あり。然れとも、家というには色々の道具を備へて家と言う。其用は空虚なるとても野原の空虚は用に立たす。然れは教の道に身を入れ、身を苦しみて猶切磋琢磨して、無形に至ると可知、爰に基き、人悪く心得ると、禅家なとの教にたよる事と心得違て、武道の害を生する如きの誤りもあるべし。其道々へ身を真実に入るるよりして極意にも至るべき所なり。

一　今日礼儀を正し、人込惣て事のあるへき様なる所へは不往。平日の慎肝要也。然れとも不得止事勝負に及ぶ時は我今日終る日来りたると観念して、敵を悪まず、負けると勝つとも聊か思慮に渡らず、顔に笑みを含みて、我頭上より立割にして給はれと、敵の足本迄可往心得なり。勝負は時の運、平日の執行真実より生する事なり。此所独座して朝思暮練して思案工夫第一の事なり。

一　運は時の運とて如何程剣術達者にても、運によるという事ありなどと云うて、執行も不致人は形は士にして真の士に非すと也。或人の咄に運の執行有る事なりという。其の執行を問うに運の執行というは今日武士の道何なりとも懈怠なく勉めて、扨其上にて仁義礼智信の道を不欠様に慎む事、則ち天命にそむかず、忠孝の道に叶うを以て運の執行と云う也。

一　師を尊ぶを礼の初めとす　随分親祖父の如く尊ぶべきなり。詞をいんきんにし、或は音信等を懇ろにし贈るを尊ぶとは不云事也。誠の尊ぶとは年月日を重ねて師に随身心服し、其師の事理を受得するを誠の尊ぶと云也。何事をなすにも実の字を心に籠めて執行する時は成就せすと云事なきなり。

祖父已来当流に寄りたるを以て予も亦其業に至らん事を願い、家伝の兵書を熟読するの心薄く、若年の間空しく書籍に怠り了はんぬ。今三十才に及んで初めて家書を尊ぶの心発れり。依て剣術執行猶怠る所あらは師伝の秘術を忘却する事あらんと、此書に筆記して先生の賢覧に備へ、加筆を乞て誤りを改めん事を願う而已。

安永四年乙未臘月　　山鹿高美

中西忠蔵殿

(二)　中西忠蔵しない打加筆

一　木刀の勝負　しないの勝負の事　しないは心を留めず、童の遊の如くして可ならんとの事　愚案するに刄引木刀は人々身を捨てて打つ事雖き故、巧者成る者に勝多く有之物なり。しないは面具足にて打相い微弱なるもの又は業に未熟の人も、身を捨て相打て懸る心になり。恐るる心薄き故、勝負分り兼候也。依て元師よりしないは乱に取扱不致様に誓文状にも有之候。乍去刄引木刀ばかりにては強く打相こころみ難き事多有之、末々に至り業弱く気相の論、或は禅言を用、剣術の物語に沈む物なり。木刀しないを離れて外に論はなき事と被存候。気相の事ばかりに成り候と、太刀先、口先にて欺き勝様になり候。又面具足の仕合ばかりにては小手に中り拳に中り候ても負けと不存、敵に強く打たれぬ内は負と不覚、一偏に相成る故、此方の修行心得には敵より打太刀少し中り候ても、自分は負と心得、此方よりは強く勝つ様に心得、木刀　刄引の如く修行可致事第一なり。

扨又しないは敵の気前を恐る心薄き故、強弱の分ちなく、常に大敵の人と斉しくなして相手とり修行致し候へは斯て勝事ならさる故、自ら業熟候様に可成候。兎角人々理に計り心をよせ、業弱く成るものなり。業熟すれば理は其内に可有事と被存候。変化自由相成候様に修行第一に候。

貴様御事　数年の御修業其上御志厚く　此度剣術の得失御賢慮の趣御認なされ御見しなされ誠に感心致候事に御座候　野子存寄も御座候へは書加申候様達て無仰趣候故外に存寄無御座　しないの個条の処計愚案申述候

正月三日　　中西忠蔵

山鹿八郎左衛門様

(三) 山鹿高厚むかし噺

しない打稽古の事は畢竟組太刀の助けとせん為めなり。依て我が身体の苦心、業の如何にも達者になる様心懸け修業せねばならぬ事なり。然るに今の稽古は先づ吾に当らぬ事を専らとして、只打たれぬ様に計り心懸る事多し。されど師の教は敵を打ちて勝ちたりと思はず、我に当る処を数へて習へとの事なり。故に敵を打ちても「かすり」と声をかけ、我に少し当りても「まいりたり」と思ふ事は忘れてならぬ処なり。兎角稽古は敵を打つ計り執行するに非ず、打たれて執行可致事なり。打たれて執行し、業をこなし、息合達者になる様に心懸くる事第一なり。数打たれて当る処皆我が非と思ひ、その非なる処を直さんと工夫第一の事なり。又相互に息一ぱい、腕一ぱい、根限りに打合、又稽古致す時は両肩より臂腰の廻りに血あざ生瘡のたゆる事なきものなり。兎角勝負を争はず、自分の身を苦しめて修業する事なり。勝負を争ふ稽古は全く打たれて執行すべしとの意に添はずと思はるるなり。我苦心の業の処を修行致すには子供抔を相手に致しても、右の処をよく考へて稽古致すならば随分稽古にもなるべし。兎角小供は小供の様に稽古を致し遣はす様に思ふはよろしからず。組の打太刀抔にも此の心得有る事なり。

打太刀は遣太刀の定木ともなるべきものなり。仍つて打太刀は遣太刀の初心の人抔へはその気を引立て快く遣ふ様に打つて導くものなり。稽古納、稽古初という事あれども我等は年中大晦日まで稽古致し、元日に遣い初致し候。この処よく〳〵思い合せ、日々忘らず執行あらば己が助けにもならんかと思ふのみ。

千時　文政十一戊子年　春二月

あとがき

本書の刊行については剣道愛好家多数の方々から手厚い御高配を頂いた事を深く感謝申上げます。数十年前から心懸けていましたので、本書のために題字の揮毫を賜わつた十六代将軍たるべき徳川家達、明治神宮々司陸軍大将一戸兵衛、大日本武徳会長陸軍大将浅田信興、楠公六百年祭に共に一刀流を奉納した剣道範士高野佐三郎、著者を教導した旧津軽藩指南役対馬健八、中畑英五郎、道統を承がした山鹿高智等諸先生は既に物故されました。本書出版を引受けた富山房は大戦で事成らず、又毎日新聞社印刷局刊行の企も沙汰止みとなりました。

そんないきさつで昵懇の剣友石垣金吾、石田一郎、稲葉夬郎諸士が同情協力し、剣道愛好の同志で刊行会を組織し、正進社高橋君の誠意で印刷に付し、限定版として刊行の運びになつたのであります。

本書の巻頭を飾る序文を全日本剣道連盟会長木村篤太郎、剣道範士十段斎村五郎、全国学校教職員剣道連盟会長野田孝、全日本実業団剣道連盟会長矢野一郎、最高裁判所判事石田和外諸先生から寄せられ深謝申上げます。

編集、装幀、体裁に付き旺文社川村豊三郎氏の親切な指導に預りました。茲に熱誠な御協力を賜わつた諸剣道団体の芳名を掲げ深甚な感謝をお捧げいたします。

全日本剣道連盟　　全日本学生剣道連盟並学連剣友会
全日本実業団剣道連盟　　東京都剣道連盟
全日本学校教職員剣道連盟　　東京都中学校体育連盟剣道部会
全国高等学校体育連盟剣道部会　　日本医師剣道連盟

重版にあたって

昭和五一年（一九七六）、二月一三日、故笹森順造が逝ってから早や十年の歳月が流れました。また生誕以来（明治一九年―西暦一八八六年五月一八日生）百年が過ぎましたが有志の方々の御発議もあり、笹森順造生誕百年記念事業の一つとして「一刀流極意」を重版することにいたしました。

「一刀流極意」は、早稲田大学稲門剣友会ＯＢ故石垣金吾氏の御盡力により、一刀流極意刊行会が組織され出版されたものですが、その石垣氏も今は故人となられました。本書は剣道界はもとより各界の方々から再版を望まれておりましたが、笹森順造生誕百年にあたり故石垣金吾氏未亡人澄子夫人の御理解により重版する運びとなった次第です。

今は故人となられた方々も沢山おられますが、父の武道、剣道に対する理念、情熱を理解し支えて下さった諸先輩、同志の方々への心からの感謝のしるしとして本書を再刊いたします。

笹森順造亡き後も、多勢の方々が各処において一刀流、林崎流、直元流など武道、剣道発展のため研鑽修錬を重ねていて下さることも感謝です。父の願いは伝統ある日本武道を一部の者のみに限定することなく、できるだけ多くの人々に広く門戸を開き修錬して欲しいということでした。そして世界中の人々の理解を得、武道を通し、真の平和と公義と公平を確立したいということでした。本書の再刊が、志を同じうする方々にいささかでも寄与することができるならば、関係者一同望外のよろこびとするところです。

今迄様々の形で御盡力下さった一刀流刊行会関係の方々、特に故石垣金吾氏、並に同未亡人澄子夫人に重ねて御礼申しあげます。

最後になりましたが、門人、遺族一同、力不足ではありますが力を合せ一層の努力修錬を続ける所存ですので皆様方の変らぬ御指導御支援をお願いいたします。

一九八六年五月

礼楽道門人
笹森順造遺族一同
文責　笹森建美

笹森順造年譜

― 哲学博士・小野派一刀流宗家・剣道範士 ―

明治19年	(1886)	5月18日	青森県弘前市若党町49番戸生れ
明治43年	(1910)	7月5日	早稲田大学政治経済学科卒業
明治43年	(1910)	8月1日	東京新公論主筆
明治45年	(1912)	4月10日	
大正4年	(1915)	11月12日	米国及カナダ太平洋沿岸連絡日本人会代表に選出され ワシントン会議に際しワシントン出張
大正4年	(1915)	12月1日	米国コロラド州日本美江教会主幹
大正7年	(1918)	8月31日	
大正9年	(1920)	6月20日	米国南加中央日本人会書記長
大正10年	(1921)	12月15日	
大正11年	(1922)	2月10日	東奥義塾塾長
昭和2年	(1927)	6月8日	北米合衆国デンバー大学院より ドクター・オブ・フィロソフィーの学位を受く
昭和5年	(1930)	8月24日	早稲田大学評議員
昭和14年	(1939)	11月15日	青山学院院長
昭和18年	(1943)	6月30日	
昭和21年	(1946)	4月10日	第22回衆議院議員総選挙に当選
昭和22年	(1947)	4月23日	第23回衆議院議員総選挙に当選
昭和22年	(1947)	6月1日	国務大臣に任命さる
昭和22年	(1947)	6月1日	復員庁総裁を命ぜらる
昭和23年	(1948)	2月10日	賠償庁長官を命ぜらる
昭和24年	(1949)	1月23日	第24回衆議院議員総選挙に当選
昭和24年	(1949)	6月16日	国際基督教大学理事（常任）
昭和25年	(1950)	3月5日	全日本撓（しない）競技連盟会長
昭和25年	(1950)	5月15日	日本経済短期大学長（現、アジア大学）
昭和26年	(1951)	6月6日	東京神学大学理事
昭和27年	(1952)	4月1日	大阪歯科大学理事
昭和27年	(1952)	10月1日	第25回衆議院議員総選挙に当選
昭和30年	(1955)	3月23日	文教委員長に当選、全日本学生剣道連盟会長
昭和31年	(1956)	7月8日	第4回参議院議員通常選挙に当選
昭和31年	(1956)	11月	礼楽堂道場創設
昭和35年	(1960)	6月27日	コンゴー国独立記念式典に参加する特派大使を命ぜらる
昭和37年	(1962)	7月3日	第6回参議院議員通常選挙に当選
昭和37年	(1962)	8月31日	憲法調査会委員に任命さる
昭和39年	(1964)	11月3日	勲一等に叙し瑞宝章を受く
昭和44年	(1969)	10月	駒場エデン教会創立に加わり役員となる
昭和48年	(1973)	7月10日	功労議員の表彰に関する件（昭和46年3月29日議長決定） にもとづき議長より表彰さる
昭和51年	(1976)	2月13日	午後6時45分召天（享年89才）

一刀流極意 新装版

検印省略
定価：4300円＋税

昭和61年5月23日 初版発行
平成25年3月31日 新装版第1刷発行
平成30年9月10日 新装版第2刷発行

●著　者 笹森順造
●発行者 礼楽堂
●発行所 株式会社体育とスポーツ出版社
〒101-0054 東京都千代田区神田錦町1-13
TEL 03-3291-0911
FAX 03-3293-7750
振替口座 00100-7-25587
http://www.taiiku-sports.co.jp
●印刷所 デジタルパブリッシングサービス

落丁・乱丁本はお取り替えいたします。
ISBN4-88458-270-8 C3075
定価はカバーに表示してあります。